HANS JÜRGEN EGGERS

EINFÜHRUNG IN DIE VORGESCHICHTE

AF645260

scripvaz

HANS JÜRGEN EGGERS

EINFÜHRUNG IN DIE VORGESCHICHTE

MIT DREISSIG KARTEN UND BILDTAFELN

Neu herausgegeben von Christof Krauskopf

Mit einem Nachwort von Claudia Theune,
einem aktualisierten Literaturverzeichnis
sowie einem Verzeichnis der Schriften
von Hans Jürgen Eggers

Schöneiche b. Berlin 2010

Die Deutsche Nationalbibliothek verzeichnet diese Publikation in der Deutschen Nationalbibliografie; detaillierte bibliografische Angaben sind im Internet über http://dnb.dnb.de abrufbar.

6. Auflage, herausgegeben von Christof Krauskopf

© 2010/2018 scrîpvaz-Verlag Christof Krauskopf
Neue Dorfstraße 38, 15537 Grünheide (Mark)

Alle Rechte vorbehalten

Karten und Bildtabellen: Annelore Niebuhr
Umschlagentwurf: Wolfgang Buechs, wb@destination.de / scrîpvaz-Verlag unter Verwendung einer Abbildung aus H. J. Eggers: Aus der Vorgeschichte unseres Kreises, in: Unsere Heimat. Bilder und Urkunden aus Geschichte und Volkstum des Kreises Grimmen. Grimmen 1931, Abb. 1
Layout: scrîpvaz-Verlag Christof Krauskopf
Druck und Bindung: WIRmachenDRUCK, Backnang

Vertrieb in Kommission durch:
Westhafen Verlag
Thomas Jaeger
Talstraße 89
60437 Frankfurt am Main

info@westhafenverlag.de
www.westhafenverlag.de

ISBN 978-3-942836-17-3

VORBEMERKUNG ZUR VIERTEN AUFLAGE

Ein Klassiker ist ein Werk, das über seine Zeit hinaus dauerhaften Wert besitzt und auch späteren Generationen etwas zu sagen hat. In diesem Sinne kann die „Einführung in die Vorgeschichte“ von Hans Jürgen Eggers mit Fug und Recht als Klassiker bezeichnet werden. Als das Buch 1959 erstmals erschien, wurde es von Studierenden, Fachkollegen und der Öffentlichkeit sofort mit großem Interesse aufgenommen. Verstand es der Autor doch in unvergleichlicher Weise, sein profundes Wissen auf anschauliche und angenehm lesbare Art zu vermitteln. Im Laufe der Jahre erlebte „der Eggers“ mehrere Neuauflagen, die alle schnell vergriffen waren. Für alle nachfolgenden Versuche, das Fach der Archäologie knapp und verständlich darzustellen, ist er bis heute Ausgangspunkt und inhaltliche Grundlage. So hat Hans Jürgen Eggers mit seinem Buch Maßstäbe gesetzt und dabei entscheidend dazu beigetragen, die „Wissenschaft von der Vorgeschichte“ auch außerhalb der Universitäten bekannt zu machen. In unseren heutigen Zeiten knapper Kassen, wo ganze archäologische Institute aus Unkenntnis ihrer Aufgaben und Verdienste weggestrichen werden, kann eine solche Bekanntheit überlebenswichtig sein.

Auch die Herausgeber dieser Neuausgabe, beide von Haus aus Archäologen, sind mit dem Werk von Hans Jürgen Eggers fachlich „sozialisiert“ worden. Es erschien uns sehr wünschenswert, die „Einführung in die Vorgeschichte“ nach vielen Jahren wieder im Buchhandel verfügbar zu machen. Dabei sollte eine Ausgabe entstehen, die insbesondere für Studenten erschwinglich ist und zugleich durch eine aktualisierte Liste der Forschungsliteratur einen erhöhten Nutzwert bietet. Wir danken in diesem Zusammenhang ganz besonders Annett Dittrich und Kerstin Geßner, die das Literaturverzeichnis zusammengestellt haben, sowie Claudia Theune, die mit ihrem Nachwort den Text von Hans Jürgen Eggers fachkundig in den neuesten Stand der Forschung einordnet und so deutlich macht, in welchen Bereichen er auch heute noch zur Pflichtlektüre für jeden angehenden Archäologen zählt.

Großer Dank gilt nicht zuletzt Herrn Alexander Eggers, der die Erlaubnis zur Wiederveröffentlichung des Werks seines Vaters erteilte.

Berlin, im Sommer 2004 — Th. Jaeger und Ch. Krauskopf

VORBEMERKUNG ZUR FÜNFTEN AUFLAGE

Als wir vor etwa eineinhalb Jahren dieses Buch neu herausgaben, rechneten wir ile des Buchs, also der originale Text, das Stichwortverzeichnis und die Literaturangaben von Hans Jürgen Eggers, sind auch in der fünften Auflage unverändert belassen worden. Claudia Theune hat sich dankenswerterweise bereit erklärt, das ausführliche aktualisierte Literaturverzeichnis zu überarbeiten sowie ihr Nachwort durchzusehen.

Besonders freuen wir uns, dass es uns dabei gelungen ist, den günstigen Preis beizubehalten. So kann der Eggers auch weiteren Generationen von Studierenden der archäologischen Fächer als zuverlässiger Begleiter dienen.

Berlin, im März 2006 Th. Jaeger und Ch. Krauskopf

VORBEMERKUNG ZUR SECHSTEN AUFLAGE

Nun erscheint „der Eggers“ in einer weiteren Auflage, 51 Jahre nach der Erstveröffentlichung. Von Bedeutung ist das Buch außer für forschungsgeschichtlich Interessierte immer noch für Studienanfänger. Seit der vierten Auflage – der ersten aus dem scrîpvaz-Verlag im Jahr 2004 – hat sich das Studium der Ur- und Frühgeschichte vor dem Hintergrund des Bologna-Prozesses stark verändert. Das sehr kurze Bachelor-Studium erlaubt kaum eine umfassende Ausbildung, Erfahrungen sammeln ist praktisch unmöglich. Die veränderten Strukturen haben neue Arten der Einführung notwendig gemacht. So gibt es ein spezielles Basis-Einführungsbuch von Manfred K. H. Eggert und Stefanie Samida.

„Der Eggers“ bleibt dennoch für das Curriculum wertvoll. Ich hoffe, dass Herangehensweise und Sprache von Hans Jürgen Eggers auch weitere Generationen von Wissenschaftlerinnen und Wissenschaftlern positiv beeinflussen.

Ich danke Prof. Dr. Claudia Theune für die erneute Anpassung des Nachwortes sowie des Literaturverzeichnisses. Es wurde ein Verzeichnis der Schriften Hans Jürgen Eggers‘ ergänzt, um ihn in seinem 35. Todesjahr zu ehren. Mein Dank gilt auch Prof. Dr. Eike Gringmuth-Dallmer (Berlin) und Dr. Stefan Fassbinder (Pommersches Landesmuseum Greifswald) für die Unterstützung bei der Überprüfung besonders der älteren Titel.

Schöneiche, im September 2010 Ch. Krauskopf

Inhalt

KAPITEL V

ANHANG

Meiner Frau

Prof. Dr. Hans Jürgen Eggers (1906–1975)

KAPITEL I

DIE FORSCHUNGSGESCHICHTE VON DEN ANFÄNGEN BIS ZUR BEGRÜNDUNG DES DREIPERIODENSYSTEMS

»Denn alles, was aus der ältesten, heidnischen Zeit stammt, schwebt für uns gleichsam in einem dichten Nebel, in einem unermeßlichen Zeitraum. Wir wissen, daß es älter ist als das Christentum, doch ob es ein paar Jahre oder ein paar Jahrhunderte, ja vielleicht um mehr als ein Jahrtausend älter ist, darüber läßt sich mehr oder weniger nur raten.«

Rasmus Nyerup, 1806

Wie alt ist die Wissenschaft von der Vorgeschichte?

Der Antrieb zur Beschäftigung mit der Vorzeit des eigenen Landes, Europas und schließlich der ganzen Welt entspringt dem Drange des Menschen, vor allem des europäischen Menschen, unbekanntes Land zu erforschen. Dieser Drang war nicht immer schon lebendig: er setzte in Europa vor rund 500 Jahren ein und hat sich seitdem von Jahrhundert zu Jahrhundert gesteigert.

Ob er sich tatsächlich auf unbekannte Länder in Übersee richtet, ob man mit dem Fernrohr den Sternenhimmel, ob man mit dem Mikroskop kleinere und kleinste Lebewesen erforscht – oder ob man endlich nach Methoden sucht, auch über die ältesten schriftlichen Nachrichten geschichtlicher Zeit hinaus in die unbekannten Tiefen *vor*-geschichtlicher Zeit vorzudringen, immer ist der Antrieb derselbe – die Befriedigung der »wissenschaftlichen Neugierde«.

Während eines vollen Jahrtausends, vor allem im

christlichen Mittelalter, hatte der europäische Mensch sich damit zufrieden gegeben, daß alles Wissenswerte über die Urgeschichte der Menschheit in der *Bibel* aufgezeichnet sei. Die »biblische Geschichte« war in den jüngeren Perioden eng verknüpft mit der von den alten Griechen und Römern überlieferten Geschichte des »klassischen« Altertums, die endlich, im vollen Licht schriftlicher Überlieferung, in die christlich-mittelalterliche Geschichte einmündete. Aber erst im Anfang des 19. Jahrhunderts regte sich im europäischen Menschen der Drang, über die Bibel und über die griechisch-römische Überlieferung hinauszugelangen und festzustellen, was eigentlich *vor* der schriftlich fixierten Geschichte gewesen sei.

Im Anfang einer jeden wissenschaftlichen Erkenntnis steht immer eine *Frage.* Ist erst die Frage richtig gestellt, dann findet sich meist auch bald ein Weg, eine Methode, ein Werkzeug, um der Beantwortung der Frage näherzukommen. Auch in der Vorgeschichtsforschung ist es die entscheidende Stunde gewesen, als in verschiedenen Ländern Europas fast gleichzeitig die Frage auftauchte, ob es wohl möglich sei, mit Hilfe der materiellen Hinterlassenschaft des vorgeschichtlichen Menschen – der Steinbeile, der Urnen, der Gräber und der Burgwälle – auch eine Antwort auf historische Fragen zu gewinnen.

Wir können heute mit gutem Recht das Alter der Vorgeschichtswissenschaft auf rund 150 Jahre beziffern. In jenen Jahren, für Europa das Zeitalter Napoleons und der Freiheitskriege, hat sich für die Vorgeschichte in den skandinavischen Ländern, in Deutschland und in einigen anderen europäischen Staaten der entscheidende Schritt vom *vor*wissenschaftlichen Stadium zur Wissenschaft im engeren Sinne vollzogen.

Im Sommer 1957 feierte das Dänische Nationalmuseum in Kopenhagen seine 150-Jahr-Feier, und dieses Jubiläum kann, wenn man überhaupt nach einem festen Datum sucht, auch zugleich als das Jubiläum der Vorgeschichte als Wissenschaft angesehen werden. Im Jahre 1806 nämlich arbeitete der dänische Professor *Rasmus Nyerup* einen Plan für dieses Museum aus, in dem er auch einen Raum für die »Vorzeit« bereitstellte, für den »dunklen Zeitraum«, in dem Gegenstände ausgestellt werden sollten, die älter waren als die Einführung des Christentums in Dänemark, »Gegenstände, die zwar für den Altertumsforscher unermeßlich wichtig sind, aber für eine zusammenhängende Geschichte keinen hinreichenden Stoff abgeben«, so schrieb Nyerup damals – »Denn alles, was aus der ältesten, heidnischen Zeit stammt, schwebt für uns gleichsam in einem dichten Nebel, in einem unermeßlichen Zeitraum. Wir wissen, daß es älter ist als das Christentum, doch ob es ein paar Jahre oder ein paar Jahrhunderte, ja vielleicht um mehr als ein Jahrtausend älter ist, darüber läßt sich mehr oder weniger nur raten.«

In diesen Sätzen spiegelt sich die ganze Hilflosigkeit wider, mit der die damalige erste Generation zunächst ihrem Quellenstoff gegenüberstand. Die Gegenstände sind zwar »unermeßlich wichtig«, aber für die »Geschichte« sind sie kein »hinreichender Stoff«. Alles schwebt »in einem dichten Nebel«, und über das Alter der Funde »läßt sich mehr oder weniger nur raten«. Und nur mit größter Vorsicht wagt es Nyerup anzudeuten, daß einige dieser Gegenstände vielleicht sogar mehr als 1000 Jahre älter sein könnten als die Einführung des Christentums in Dänemark, – in den Augen seiner Zeitgenossen war Nyerup vielleicht nicht so sehr vorsichtig, als vielmehr sehr mutig!

Auch 20 Jahre später war man noch nicht sehr viel weiter. So liest man 1826 im »Ersten Jahresbericht«, der auf Initiative des Freiherrn vom Stein gegründeten »*Pommerschen Gesellschaft für Geschichte und Altertumskunde* (um nur dieses Beispiel unter vielen herauszugreifen): »Gleich in der ersten Versammlung der Gesellschaft war der Gedanke in Anregung gebracht und allgemein gebilligt, eine antiquarische Karte von Pommern zu entwerfen, welche eine Übersicht der Hünengräber, Burgwälle und anderer Denkmale vorchristlicher Zeit gewähren sollte, so viel davon noch in der Provinz vorhanden ist. Eine ausführliche Beschreibung sollte dieser Zeichnung zur Seite gehen.

»Dies Unternehmen, mit welchem der Stettiner Ausschuß zuerst hervorgetreten, ist hin und wieder, selbst von Mitgliedern der Gesellschaft, gemißbilligt worden. Bei solchen Forschungen, hat man gemeint, werde nicht viel Gewinn für die Landesgeschichte herauskommen. Die Hauptsache sei, Chroniken und Urkunden durch den Druck allgemein zugänglich zu machen, denn nur aus diesen seien begründete historische Tatsachen zu entnehmen. Darauf glaubt der Ausschuß zu seiner Rechtfertigung einiges erwidern zu müssen.

»Für die Jahrhunderte seit Otto von Bamberg[1] sind allerdings Urkunden und seit Bugenhagen[2] auch Chroniken die wichtigsten Monumente der Pommerschen Geschichte: dies ist nicht übersehen worden. ... Von der anderen Seite aber kann sich der Ausschuß nicht überzeugen, daß unsere Hünengräber etc. so gar unbedeutend zu halten seien. Sie sind die ältesten, fast einzigen Erinnerungen aus heidnischer Zeit; die Aschenkrüge, Waffen und anderweitiges Geräth, welche sie bewahren, sind unwidersprechliche Zeugen von den Kunstfertigkeiten und der Lebensweise eines längst untergegangenen Volkes, das unseren Boden bewohnt

[1] Apostel der heidnischen Pomoranen 1124—1128

[2] Reformator Pommerns im 16. Jahrhundert

hat, und sie können allerdings einmal, wenn auch langsam und auf Umwegen vielleicht, zu geschichtlichen Resultaten führen, und wäre es zu nichts Weiterem als zu der Lösung der einen, vielbesprochenen Frage, ob Slaven von jeher, oder vor ihnen Germanen das Land an der Ostsee bewohnt haben.«

Sehr viel weiter als Nyerup sind die Herren des Stettiner Ausschusses also noch nicht gekommen, was die *positiven* Ergebnisse angeht – wohl aber macht sich der Abstand von 20 Jahren in anderen Dingen bemerkbar. Man hat das Ziel klarer erfaßt und man steht nicht mehr ganz so hilflos dem urgeschichtlichen Fundstoff gegenüber. Man kennt zwar die Methoden noch nicht, die einmal zu »geschichtlichen Resultaten« führen könnten, aber man rechnet mit der Möglichkeit, diese Methoden zu entwickeln. Man ist optimistischer geworden, und das ist schon sehr viel für diese Zeit.

Die »Antiquarische Karte von Pommern«, vornehmstes Ziel der Forschung jener ersten Generation, liegt auch heute, nach über 130 Jahren, noch nicht fertig vor. Dagegen sind die beiden anderen Fragen, die nach der Chronologie und die nach der historischen Deutung der vorgeschichtlichen Funde in der Zwischenzeit zwar noch nicht endgültig gelöst, wohl aber der Lösung beträchtlich näher geführt worden. Es ist dabei nicht ohne tieferen Sinn, daß in Kopenhagen zunächst nur die Frage nach dem Alter der Funde, in Stettin dagegen auch die nach der Volkszugehörigkeit von Bedeutung ist. Ähnliche Beobachtungen können wir auch in anderen Ländern machen, in denen in frühgeschichtlicher Zeit ein Bevölkerungswechsel stattgefunden hatte.

Diese beiden Themen, Chronologie und historische Deutung, gehören zu den Grundfragen der Urgeschichtsforschung. Sie sollen daher auch im Mittelpunkt unserer Darstellung stehen.

Wir werden sehen, wie die Forschung des 19. und 20. Jahrhunderts anfangs in rohen Umrissen, dann in immer feineren Abstufungen, zunächst die Fragen der Chronologie zu lösen versuchte und sich endlich auch anschickte, das Problem der historischen Deutung der Bodenfunde in Angriff zu nehmen, – »langsam und auf Umwegen« – wie jene Stettiner Herren es schon vor 130 Jahren vorausgeahnt hatten.

Was ist Vorgeschichte?

Vorgeschichte ist die »Wissenschaft des Spatens«. Es haben auch andere Wissenschaften den Versuch gemacht, in die Tiefen der Urzeit vorzudringen, aber die Spatenforschung hat doch in den letzten 100 Jahren unbestritten den Sieg davon getragen.

Vorgeschichte ist nicht die einzige Wissenschaft, die sich des Spatens bedient. Auch die »klassische« Archäologie Griechenlands und Roms gehört dazu und manche andere. Man hat daher auch von »vorgeschichtlicher« Archäologie gesprochen, und das Wort *Archäologie*, d. h. Altertumsforschung, als Sammelbegriff für alle Wissenschaften gewählt, die mit Hilfe des Spatens in die Erde eindringen, um die Hinterlassenschaft alter untergegangener Kulturen zu erforschen, sei es nun solcher *vor*-geschichtlicher oder geschichtlicher Zeit.

Die Wissenschaft der Vorgeschichte hat noch keinen einheitlichen Namen. Man benutzt das Fremdwort *Prähistorie* (franz.: Préhistoire) und übersetzt es mit *Vorgeschichte* oder *Urgeschichte*. Man spricht auch von *Vor- und Frühgeschichte*, wobei man unter Frühgeschichte die Zeiträume versteht, auf die schon das erste Licht schriftlicher Quellen fällt, aber doch den archäologischen Quellen noch immer entscheidende Bedeutung zukommt: man spricht auch von *Ur- und Frühge-*

schichte. Am häufigsten aber wird heute in der wissenschaftlichen Literatur das Wort *Vorgeschichte* als Sammelbegriff für Vor- und Frühgeschichte gebraucht, und in diesem Sinne soll es auch von uns verwendet werden.

Die Grenzen zwischen reiner Vorgeschichte und Geschichte sind fließend und unterscheiden sich in den einzelnen Ländern sehr voneinander. In Ägypten endet die Vorgeschichte um 3000 v. Christi Geburt, in Griechenland um 750, in Italien um 500, in West- und Süddeutschland um Christi Geburt, in Niedersachsen um 800 n. Chr., in Dänemark um 1000 n. Christi Geburt und in Osteuropa sogar erst um 1200 n. Chr. In vielen außereuropäischen Ländern fängt die Geschichte erst mit der Entdeckung durch die Europäer im 16.–18. Jahrhundert an, ja, in manchen Gebieten Innerafrikas, Innerasiens und vor allem Südamerikas verschwinden letzte prähistorische »Inseln« erst in der ersten Hälfte des 20. Jahrhunderts.

Es gibt aber auch Länder, in denen die Reihenfolge umgekehrt verlief. Süd- und Südwestgrönland waren bis ins 10. Jahrhundert n. Chr. fast unbesiedelt. Dann entdeckt 987 n. Chr. Erik der Rote Grönland, und damit beginnt, mit der Besiedlung durch isländische und norwegische Wikinger, seine Geschichte. Am besten sind wir über die geschichtlichen Verhältnisse des 11. Jahrhunderts unterrichtet, die schriftlichen Quellen des 12. bis 13. Jahrhunderts werden immer spärlicher, die archäologischen Quellen gewinnen an Bedeutung – aus Geschichte ist Frühgeschichte geworden.

Nur aus archäologischen Quellen wissen wir aber heute, daß sich die Wikingersiedlungen in Westgrönland noch bis ins 15. Jahrhundert gehalten haben und daß sie dann den vordringenden Eskimos zum Opfer fielen – aus Frühgeschichte ist Vorgeschichte geworden. Im 17. Jahrhundert setzt dann mit europäischen Walfängern und Missionaren zum zweitenmal die Geschichte Grönlands ein.

Auch die Kenntnis der Schrift bedeutet nicht immer den Beginn der Geschichte. Die bisher entzifferten kretisch-mykenischen Inschriften bieten uns in ihren Waren-Listen zwar hochinteressante kulturhistorische und sprachliche Aufschlüsse, geben aber für die politische Geschichte vorläufig noch nicht viel her. – Ähnlich steht es mit der altgermanischen Runenschrift, die fast ein Jahrtausend lang nur für religiös-magische Zwecke gebraucht wurde. Erst seit dem 10. Jahrhundert benutzt man sie, um gelegentlich auch historische Ereignisse mitzuteilen: so auf dem großen Jellingestein, den König Harald Gormsson setzen ließ (Abb. 18).

Das Verhältnis der Vorgeschichte zu ihren Nachbarwissenschaften

Das Wesen und die Grenzen der vor- und frühgeschichtlichen Forschung können wir am klarsten erkennen, wenn wir sie mit ihren Nachbarwissenschaften vergleichen.

Nur bedingt dürfen wir die *Geschichte* als Nachbar-Wissenschaft ansehen: es gibt nur *eine* Geschichte, und zu dieser gehört auch in vollem Umfang die Vorgeschichte. Unterschieden sind diese beiden Wissenschaften nur durch die Andersartigkeit ihrer *Quellen:* hier Schriftquellen, dort Bodenfunde. Beide Quellenarten bedürfen zu ihrer kritischen Auswertung verschiedenartiger Methoden. Da es über das physische Leistungsvermögen der meisten Forscherpersönlichkeiten hinausgeht, beide Quellengruppen, bei dem enormen Anschwellen des Stoffes in den letzten 100 Jahren, wirklich zu übersehen und methodisch-kritisch zu verarbeiten, werden Urgeschichte und Geschichte als zwei getrennte Disziplinen geführt – dem *Ziel* nach bleiben sie aber eine Einheit. Das zeigt sich praktisch heute schon in der *früh*geschichtlichen Forschung, wo der Historiker nicht ohne den Prähistoriker, der Prähistoriker nicht ohne den Historiker auskommt. Hier bereitet sich in den letzten Jahren eine Synthese vor, auch in methodischer Hinsicht. Hier lassen sich vor allem die Möglichkeiten und Grenzen der archäologischen Quellen am sichersten abschätzen und methodisch begründen; die Erfahrungen der frühgeschichtlichen Zeit aber helfen uns, die Verhältnisse in rein vorgeschichtlicher Zeit zu verstehen.

Von altersher ist die Vorgeschichtsforschung eng verknüpft mit der Sprachforschung oder *Philologie*, insbesondere mit der germanischen und indogermanischen Philologie. Schon Jacob Grimm und später Karl Müllenhoff standen in enger Verbindung mit den damaligen Prähistorikern. Es war ein Schüler Müllenhoffs, Gustaf Kossinna, der, wie wir noch sehen werden, der Urgeschichtsforschung neue Impulse brachte, indem er »die indogermanische Frage« – ein zunächst rein philologisches Thema – »archäologisch beantworten« wollte. – Die philologische Forschung hatte sich im Laufe des 19. Jahrhunderts Methoden erarbeitet, die es ihr gestatteten, nicht nur die Entwicklung der Sprachen und Dialekte in historischer Zeit, auf Grund von Schriftquellen, in allen Einzelheiten festzulegen, sondern sogar die Geschichte der Sprachen weit in prähistorische Zeiträume zurückzuverfolgen. Aus verschiedenen germanischen Dialekten, wie sie uns seit dem frühen Mittelalter schriftlich greifbar werden, rekonstruierte man eine gemeinsame urgermanische Sprache; aus den urgermanischen und den mit derselben Methode erschlossenen urkeltischen, urslawischen, uritalischen, urgriechischen, urpersischen und urindischen Sprachen schloß man auf eine indogermanische Ursprache, bald auch auf ein indogermanisches Urvolk und eine indogermanische Urheimat. – Natürlich erschöpfen sich die Aufgaben der Philologie nicht in derartigen Spekulationen. Es gibt Zweige der Philologie, die nichts mit Prähistorie zu tun haben. Aber in einem Sektor befaßt sich die philologische Forschung eben doch mit rein prähistorischen Fragen und bietet daher, neben der Geschichtsforschung, eine sehr wesentliche »Gegenprobe«. Auch hier wird es die Aufgabe der Zukunft sein, zu einer echten Synthese beider Wissenschaften zu gelangen.

Von allen Wissenschaften steht der Urgeschichte die »klassische« Archäologie methodisch am nächsten. Streng genommen sind beide Disziplinen sogar nur Teile ein und desselben Gegenstandes. Nur forschungsgeschichtlich haben sie einen verschiedenen Ursprung. Die Urgeschichte erwächst aus der Heimatforschung der mittel- und nordeuropäischen Länder, die »Archäologie« aus der Kunstgeschichte des »klassischen« Altertums, also Griechenlands und Roms, wie sie von Winckelmann im 18. Jahrhundert begründet wurde. Auch heute noch steht für viele Archäologen die Kunstgeschichte im Mittelpunkt der Forschung. Daneben haben aber auch viele Archäologen auf dem Gebiet der »allgemeinen Kulturgeschichte« des klassischen Altertums Großes geleistet, und immer wieder werden dort Bodenfunde, neben den Schriftquellen, vollwertig herangezogen. Überragende Forscherpersönlichkeiten wie Mommsen und v. Wilamowitz-Moellendorf haben stets eine Synthese zwischen klassischer Philologie, alter Geschichte und klassischer Archäologie angestrebt. – Zwangsläufig mußten die klassischen Archäologen bei ihren Ausgrabungen von Ruinenstätten historischer

Zeit auch auf darunter liegende Schichten prähistorischer Zeit stoßen. In großem Umfange hat seinerzeit Schliemann durch seine Ausgrabungen in Troja und Mykenae die Aufmerksamkeit auf die »vorklassische«, d. h. vorgeschichtliche Zeit Griechenlands gelenkt. Sein Werk wurde durch Dörpfeld, Evans und andere Forscher fortgesetzt. Heute ist die »Vorgeschichte der Mittelmeerländer« ein Teil der allgemeinen Prähistorie geworden.

Aber nicht nur der »prähistorische Sektor« der Archäologie ist für die Vorgeschichte von Bedeutung. Importfunde aus den »klassischen«, d. h. historischen Perioden Griechenlands und Italiens, die sich in Gräbern und Siedlungen Mittel- und Nordeuropas finden, bilden Festpunkte für die absolute Chronologie, und von der *provinzial-römischen Archäologie* der ersten nachchristlichen Jahrhunderte weiß man überhaupt nicht klar zu sagen, ob man sie zur klassischen oder zur frühgeschichtlichen Archäologie rechnen soll.

Von den Spezialgebieten der Archäologie hat für die Vor- und Frühgeschichte die *Numismatik* eine besondere Bedeutung, und zwar in dreifacher Hinsicht. Erstens sind die Nachahmungen von Münzen aus »klassischen« Ländern (griechischer in der keltischen La-Tène-Kultur, römischer in den germanischen Kulturen der Kaiser- und Völkerwanderungszeit) unmittelbar Gegenstand auch der Urgeschichtsforschung. Zweitens bieten importierte Münzen wichtige Fixpunkte für die absolute Chronologie. Drittens aber bilden die Münzschätze ein gemeinsames Forschungsobjekt der Numismatik und der Vorgeschichte: der Numismatiker weiß den Inhalt eines Schatzes auf Grund seiner Kenntnis der Münzgeschichte und des Münzumlaufes zu deuten; der Prähistoriker dagegen hat ein entscheidendes Wort mitzureden, wenn es sich um die Frage der geographischen Verbreitung von Einzelmünzen und Münzschätzen dreht. Solche Kartenbilder sind nur *dem* voll verständlich, der auch die anderen Fundgruppen derselben Zeit kennt, und das kann, nach Lage der Dinge, nur der Vorgeschichtsforscher sein.

Wenn klassische Archäologie vielfach mit »Kunstgeschichte des Altertums« gleichgesetzt wird, so dürfen wir hier auch noch kurz die Bedeutung der allgemeinen *Kunstgeschichte* für die Urgeschichte erwähnen. Kunsthistoriker sind es gewesen, die dem Prähistoriker die Augen geöffnet haben über das Wesen prähistorischer Kunst. Umgekehrt aber hat die Entdeckung vorgeschichtlicher Kunstwerke, insbesondere die der Höhlen- und Felsbilder der Altsteinzeit, umwälzend auf die Kunstwissenschaft selber gewirkt. Durch diese prähistorischen Entdeckungen – die anfangs in ihrer Echtheit angezweifelt wurden, weil man es für undenkbar hielt, daß im Anfang der Kunst derartige Meisterwerke stehen könnten – hat sich geradezu eine Revolution unserer Anschauungen über das Wesen und die Geschichte der Kunst vollzogen, die nicht ohne Rückwirkung auf die moderne Kunst geblieben ist.

Nach der Zerstörung der größeren Städte durch Bombenangriffe und bei ihrem Wiederaufbau entwikkelte sich die *Stadtkernforschung* als neuer Zweig der Archäologie. Ihre Träger waren indes nicht die mittelalterlichen Kunsthistoriker, sondern Prähistoriker, die allein die dazu notwendigen archäologischen Ausgrabungsmethoden beherrschten. Mit Staunen sahen die Kunsthistoriker, was alles man etwa für die Baugeschichte von Kirchen und anderen mittelalterlichen Anlagen durch exakte Grabungen feststellen konnte, welche Bedeutung unscheinbare Tonscherben für die Datierung von Baugruben und damit für wichtige Gebäudeteile haben konnten.

Doch kehren wir von diesem Abstecher in spätere Zeiten wieder zum Altertum zurück. Seit Napoleons Feldzug nach Ägypten (1798) und seit der genialen Entzifferung der Hieroglyphen durch Champollion (1824) gibt es die Wissenschaft der *Ägyptologie*. Auch hier können wir eine philologische, eine historische und eine archäologische Komponente unterscheiden. In zweifacher Hinsicht ist die Vorgeschichtsforschung an der Ägyptologie interessiert. Erstens ist man bei Ausgrabungen in Ägypten, ähnlich wie in Griechenland und Italien, unter und neben den großen Ruinenstätten historischer Zeit auch auf prähistorische Siedlungen und Gräber gestoßen, die also unmittelbar auch den Prähistoriker angehen. Zweitens aber ist Ägypten das Land, das für uns heute die älteste Schrift und die älteste gesicherte absolute Chronologie besitzt. Ägyptischer Import in Kreta und Griechenland leitet die »frühgeschichtliche Zeit« in Europa ein. Die absolute Chronologie der europäischen Jungsteinzeit und Bronzezeit ist bisher einzig auf dem Wege über Ägypten möglich, das also für diese frühen Zeiten die gleiche Bedeutung hat wie für die späteren Griechenland und Rom.

Das über die Ägyptologie Gesagte gilt sinngemäß auch für die *Assyriologie*, unter welchem Sammelbegriff man die Erforschung der alten Kulturen im Zweistromlande versteht. Hier leitet die Entzifferung der Keilschrift durch Grotefend und Rawlinson zunächst die philologische Forschung ein, der sehr bald auch die historische und archäologische folgen sollten. Wie schon in Ägypten stieß man auch in Mesopotamien bald auf prähistorische Kulturen. Wie die Ägyptologie verspricht auch die Assyriologie ein wichtiger Pfeiler für die absolute Chronologie der europäischen (und asiatischen) Prähistorie zu werden – sie verspricht es, wenn auch die Möglichkeiten bisher noch nicht in dem Maße praktisch ausgenutzt werden konnten wie bei der Ägyptologie.

Auch die Erforschung der alten Hochkulturen in *Indien* und *China* wird zweifellos in absehbarer Zeit wichtige Ergebnisse für die Vorgeschichte bringen. Auch dort hat man, neben den Hochkulturen, mit der Erforschung rein prähistorischer Kulturen, sogar solcher der Altsteinzeit, begonnen.

Damit aber nähern wir uns der Grenze der *Völkerkunde* oder *Ethnologie*, die sich seit dem Zeitalter der Entdeckungen, methodisch aber auch erst seit dem 19. Jahrhundert, zunächst mit der Beschreibung und Erforschung der *rezenten* Völker und Kulturen in den außereuropäischen Erdteilen befaßte. Bald zeigte es sich, daß man das Bild der dem europäischen Beobachter im 16.–18. Jahrhundert bekannt gewordenen Völker nicht so hinnehmen konnte, wie es sich darstellte. Auch hier mußte man die rezenten Zustände als Ergebnis einer langen historischen Entwicklung ansehen, nicht nur bei den Kultur-, sondern auch bei den sogenannten Naturvölkern. Auf zwei Wegen versucht der Völkerkundler heute die historische Tiefe zu erforschen: erstens durch Rückschlüsse aus den heutigen Zuständen, in Verbindung mit den ältesten erreichbaren schriftlichen Nachrichten; zweitens aber auch hier durch Ausgrabungen und anderweitige archäologische Beobachtungen. Am weitesten ist diese archäologische Forschung bisher in Mittelamerika ausgebildet, wo sie sich bereits zu einem selbständigen Zweig der Ethnologie zu entwickeln beginnt. – Diese archäologische Komponente ist also wieder ein Zweig der allgemeinen Vorgeschichte, und es beruht lediglich auf der Forschungsgeschichte und auf der Organisation der einzelnen Wissenschaftsgebiete, wenn die Erforscher der vorgeschichtlichen Hinterlassenschaft außer-europäischer Länder sich heute noch Ethnologen nennen. Andererseits hat aber auch die reine Ethnologie mehrfach entscheidenden Einfluß auf die Prähistorie genommen: so im 17. und 18. Jahrhundert, als man erstmals auf Grund ethnologischer Parallelen den wahren Charakter prähistorischer Fundstücke erkannte. So in der zweiten Hälfte des 19. Jahrhunderts als, besonders unter dem Einfluß Rudolf Virchows, die Vorgeschichte schon einmal eine Ehe mit der Ethnologie und mit der Anthropologie einging. Und wenn nicht alle Zeichen trügen, so wird die 2. Hälfte des 20. Jahrhunderts eine dritte Annäherung und teilweise Synthese bringen.

Es wurde soeben die *Anthropologie* erwähnt. Sie ist in dieser Übersicht die erste Wissenschaft, die nicht zu den Geistes-, sondern zu den Naturwissenschaften gehört. Die Anthropologie untersucht nämlich die *körperliche* Beschaffenheit des Menschen, nicht das, was der Mensch selber geschaffen hat. Auch bei der Anthropologie kann man, wie bei der Ethnologie, zwei Wege einschlagen. Man kann entweder von dem heutigen Erscheinungsbild des Menschen, von den verschiedenen rezenten Rassen ausgehen und von hier aus Rückschlüsse auf ihre Entstehung und Verbreitung in vorgeschichtlicher Zeit ziehen (»Aszendenzrichtung«) oder man kann von den ältesten erreichbaren menschlichen Skelettresten über immer jüngere Funde sich langsam der Gegenwart nähern und darauf seine Schlüsse aufbauen (»Deszendenzrichtung«). Es lag nahe, daß der erste Weg zunächst von Ethnologen, der zweite von Archäologen eingeschlagen wurde. Für die heutige Prähistorie ist die Anthropologie vor allem für die frühesten Menschheitsperioden von entscheidender Bedeutung. Für jüngere Perioden hat sie sich – ganz abgesehen von ihrer Überbewertung während des Dritten Reiches – bisher noch nicht gleichwertig durchsetzen können, einmal weil für viele Perioden einfach das Material fehlt (Leichenverbrennung), dann aber auch wegen der immer stärker werdenden Rassenmischung.

Von den übrigen naturwissenschaftlichen Disziplinen hat außerdem noch die *Geologie* für die Vorgeschichte eine überragende Bedeutung. Vor allem natürlich wieder für die ältesten Perioden. Vorgeschichte der älteren und mittleren Steinzeit kann nur ein Forscher treiben, der in der Geologie, vor allem der Diluvial- und Alluvial-Geologie, ebenso zu Hause ist wie in seinem eigenen Fach. Wir werden noch sehen, eine wie große Bedeutung die Geologie für die Chronologie der ältesten Menschheitsgeschichte hat und wie auch manche Methoden – z.B. die Stratigraphie – von der geologischen Forschung übernommen wurden.

Andere naturwissenschaftliche Fächer, z. B. *Zoologie* und *Botanik*, haben dagegen nur dienende Funktion. Sie helfen das Bild der Umwelt des vorgeschichtlichen Menschen abrunden, sind aber nicht mehr von entscheidender Bedeutung. Dasselbe gilt von allen übrigen natur- und geisteswissenschaftlichen Disziplinen. Es gibt keine einzige Wissenschaft, die die Vorgeschichte nicht gelegentlich als »Hilfswissenschaft« heranziehen müßte.

Zusammenfassend kann man sagen, daß der heutige Prähistoriker nur in Mittel-, West-, Nord- und Osteuropa sein Fach allein beherrscht. In Südeuropa und der übrigen Welt muß er sich mit »klassischen« Archäologen, Ägyptologen, Assyriologen, Ethnologen und anderen in die Herrschaft teilen. Dies ist forschungsgeschichtlich bedingt, denn auf Bodenfunde prähistorischer Zeit stieß man eben in verschiedenen Ländern aus ganz verschiedenen Anlässen.

Die vorwissenschaftliche Epoche der Vorgeschichtswissenschaft

Im Mittelalter und noch weit in die Neuzeit hinein galten die vorgeschichtlichen *Steinbeile* dem Volke, aber auch dem Gelehrten, als »Donnerkeile«, also als Naturprodukte, die durch den Blitz auf oder in die Erde gelangt seien. Allerlei abergläubische Vorstellungen wurden an diese Donnerkeile geknüpft, man verwandte sie als Blitzschutz und verbarg sie unter dem Dach der Häuser, man trug sie als Amulett, ja man nahm sie, in pulverisierter Form, als Arzneimittel ein. So ist uns überliefert, daß anno 1081 dem Kaiser Heinrich IV. neben anderen Kostbarkeiten ein in Gold gefaßter Donnerkeil geschenkt wurde. Sicher handelte es sich in diesem Fall um ein Amulett.

Im Mittelalter und noch weit in die Neuzeit hinein hielt man die vorgeschichtlichen *Urnen* mit den verbrannten Gebeinen der Toten für Naturprodukte, die in der Erde »gewachsen« seien. So schreibt 1589 der Geologe Petrus Albinus in seiner »Meissnischen Land- und Bergchronika«: »Die Lausitzer bei Lübben nennen sie gewachsene Töpfe, denn eines Theils des gemeinen Volkes nichts anderes denken, als sollen sie in der Erde gewachsen seyn, gleichwie sie sich in Thüringen nicht anders bereden lassen, als haben sie die Zwerg gebraucht und hinter sich verlassen... Die Letzteren seyen der Meinung, da sie nur im Sommer können gegraben werden, derhalben sie außerhalb der Sommerzeit in die 15, 18, 20 Schuh tief in der Erde liegen sollen; im Sommer aber und bald umb Pfingsten nicht über eine Elle tief.«

Diese Ansicht von den natürlich gewachsenen Urnen hat sich in gelehrten Werken noch bis in den Anfang des 19. Jahrhunderts gehalten; sie wird zuletzt ernst genommen in einer Geographie des Großherzogtums Posen aus dem Jahre 1816.

Im Mittelalter und noch weit in die Neuzeit hinein hielt man die vorgeschichtlichen *Großsteingräber* für Bauwerke der Riesen. Das älteste Zeugnis hierfür findet sich im 12. Jahrhundert in der Einleitung zu dem berühmten Geschichtswerk des Dänen Saxo Grammaticus, der meint, es müßten früher Riesen in Dänemark gelebt haben, wofür die gewaltigen Steine, welche auf die Grabhügel gesetzt seien, Zeugnis ablegten; denn es sei unglaubwürdig, daß gewöhnliche Menschenkräfte solche Steinmassen gehoben hätten, die man auf flachem Felde gar nicht oder nur sehr schwer bewegen könne. – Diese mittelalterliche Auffassung hat sich im Volk bis in späte Zeiten gehalten, wie die dänische Bezeichnung »Jaettestue« (Riesenstube), die deutsche »Hünengrab, Hünenbett«, die französische »chambres des géants« beweisen. Übrigens ist die Erwähnung bei Saxo einer der ganz seltenen Fälle, in denen ein mittelalterlicher Historiker diese Bauten deutet und offensichtlich mit der Vorzeit seines Landes in Verbindung bringt. Die meisten mittelalterlichen Erwähnungen stammen aus Grenzbeschreibungen, wo Hünengräber, Hügelgräber und Burgwälle als Eckpunkte von Gemarkungen neben anderen Geländemarken wie Bächen, Felsen, auffallenden Bäumen und ähnlichen Dingen aufgeführt werden.

Dies wird anders seit dem 16. Jahrhundert, wo im Zeichen des Humanismus und der Renaissance an die griechischen Philosophen angeknüpft wird, wo man die Enge der Scholastik überwindet und wo sich nach und nach die freie, durch keinerlei kirchliche Vorschriften gebundene Wissenschaft durchsetzt. Dieser Prozeß vollzog sich nicht an einem Tage; er dauerte über 300 Jahre und erreichte erst im Laufe des 19.

Jahrhunderts einen Höhepunkt. Er setzte sich auch nicht in allen Zweigen der Wissenschaft gleich rasch durch. Bevor sie damit begannen, Urgeschichtsforschung zu betreiben, beschäftigten sich die Humanisten mit den Bodenfunden des »klassischen« Altertums. Schon im 15. Jahrhundert hatte man in Italien mit der Ausgrabung antiker Kunstwerke wie Plastiken, Münzen, Vasen begonnen, hatte die Ruinen römischer und griechischer Bauten bewundert, und diese archäologische Hinterlassenschaft wirkte fast ebenso stark auf jene Zeit wie die Überreste der griechischen Literatur, die nach der Eroberung Konstantinopels durch die Türken (1453) von geflüchteten byzantinischen Gelehrten nach Italien gebracht wurden.

Seit dem 16. Jahrhundert begann man auch auf deutschem Boden, ebenso wie in Frankreich und England, nach den architektonischen Überresten der alten Römer zu forschen, sammelte Inschriften und Münzen und verband diese Bodenfunde erstmals mit den Nachrichten der alten Schriftsteller. Nach und nach bezog man auch rein urgeschichtliche Denkmäler in den Kreis der Betrachtungen ein. In der Regel aber wurden zunächst die vom Üblichen abweichenden, besonders auffallenden Denkmäler von den Gelehrten beachtet. So in England *Stonehenge*, jenes großartigste megalithische Bauwerk Alteuropas, so in Dänemark der Runenstein und die riesigen Grabhügel von *Jellinge* in Jütland, so in Schweden die Königshügel von *Alt-Uppsala*, die beiden letzten zugleich Zeugen der frühesten nationalen Geschichte dieser beiden Länder.

Bald gesellten sich aber zu diesen von jeher bekannten, jedoch erst jetzt beachteten, oberirdisch sichtbaren Denkmälern neu ausgegrabene Bodenfunde von überregionaler Bedeutung: 1639 und 1734 wurden in *Gallehus* bei Tondern in Nordschleswig zwei reich mit bildlichen Darstellungen versehene goldene Trinkhörner entdeckt, das eine sogar mit einer hoch-altertümlichen Runeninschrift. Über diese Goldhörner, die leider zu Beginn des 19. Jahrhunderts von Dieben gestohlen und eingeschmolzen wurden, gab es bald eine umfangreiche Literatur.

1653 wurde in *Tournay* in Belgien das reich ausgestattete Grab einer vornehmen Persönlichkeit entdeckt, durch Münzen in das Ende des 5. Jahrhunderts n. Chr. datiert und durch einen Siegelring mit der Inschrift CHILDIRICI REGIS als das Grab des Frankenkönigs Childerich, des Vaters von Chlodwig († 482 n. Chr.) ausgewiesen (Abbildung 16). Auch dieses Grab wurde später in Paris gestohlen und die Goldsachen wurden eingeschmolzen, dennoch sollte es aber im 19. Jahrhundert für die absolute Chronologie der Funde der Merowingerzeit große Bedeutung gewinnen. Es ist dabei sehr aufschlußreich, daß dieses Grab im 17. Jahrhundert trotz häufiger Behandlung im wissenschaftlichen Schrifttum *diese* Bedeutung für die Gelehrten noch nicht gewonnen hatte, weil man die Probleme noch nicht sah und es auch noch nicht verstand, methodisch einwandfrei vorzugehen.

Nach der Entdeckung solcher außergewöhnlicher Denkmäler begann man, sich seit dem 16. und 17. Jahrhundert aber auch mit den häufiger auftretenden Urgeschichtsfunden zu beschäftigen. Vor allem waren es hier die Großsteingräber in Norddeutschland, Dänemark und Schweden, die von den Gelehrten nun nicht mehr als Werke der Riesen, aber auch noch nicht als Gräber gedeutet wurden. Ole Worm, der Begründer der dänischen Urgeschichtsforschung, meint in seinem 1643 erschienenen Werke »Monumenta Danica«, es handle sich wohl um »Thingplätze der Urzeit, wo Recht und Gesetz gesprochen wurde, oder um eingehegte Kampfplätze, wo man Zweikämpfe ausfocht, oder es wären die Stätten, wo die Könige der Urzeit erwählt wurden oder möglicherweise heilige Altäre, an denen man den Götzen Opfer darbrachte.« – Daß Hünengräber, allerdings in sehr viel späterer Zeit, gelegentlich als Thing- und Gerichtsstätte benutzt wurden, beweisen Namen wie der des »Denghoog« auf Sylt, eines der größten Megalithgräber auf deutschem Boden. Die Vorstellung, daß es sich um Opfersteine handle, sowie die Bezeichnung der Feuersteinmesser und -dolche als »Opfermesser« ist offenbar von Berichten über die Eroberung von Mexiko und die blutigen aztekischen Opferbräuche beeinflußt. Dort spielten tatsächlich Opfersteine und Opfermesser aus Obsidian eine sehr große Rolle, während für die Germanen zwar Menschenopfer bei Tacitus und in anderen schriftlichen Quellen häufig genug bezeugt sind, jedoch nach völlig anderen Riten: Erhängen oder auch Versenken im Moor. Erst in der ersten Hälfte des 19. Jahrhunderts setzt sich auf Grund von exakten Ausgrabungsbefunden die richtige Auffassung durch, daß die Kammern der Großsteingräber Sippenbegräbnisse waren, die zur Aufnahme vieler Leichen bestimmt waren. Die Bedeutung der die Kammern einfriedenden Steinkreise, rechteckigen, trapezförmigen und dreieckigen Steinsetzungen ist dagegen bis auf den heutigen Tag noch nicht eindeutig geklärt.

Hatte der völkerkundliche Vergleich im Falle der Großsteingräber die Forschung auf einen Irrweg geführt, so sollte er sich in anderen Fällen als sehr fruchtbar erweisen. Seit dem Beginn des 18. Jahrhunderts begegnen immer wieder im archäologischen Schrifttum Europas Hinweise auf die »steinzeitliche« Kultur der Indianer Nordamerikas. Nun erst begann man zu ahnen, was es mit den »Donnerkeilen« wirklich auf sich hatte, daß es sich dabei nämlich um steinerne Beilklingen handelte, deren Holzschäfte verfallen waren. Von nun an begann man auch auf andere Arten von Steingeräten zu achten und sprach davon, daß die Ureinwohner ihrer Kulturhöhe nach »Wilde« gewesen sein müßten.

Diese Deutung der »Donnerkeile« entsprach auch vollkommen dem neuen Geist, der in die Wissenschaft durch den *Rationalismus* des 18. Jahrhunderts eingezogen war, und der sich überall gegen abergläubische Vorstellungen wandte. Dem konnte natürlich auch der Aberglaube von den »gewachsenen« *Urnen* nicht standhalten: sie wurden nun allgemein als Zeugnisse der Brandbestattung gewertet, wie man sie bei Völkern in Übersee kennengelernt hatte, wie man sie oft genug bei antiken Schriftstellern von Herodot bis Tacitus erwähnt fand und wie sie seit dem 18. Jahrhundert sogar langsam auch in Europa selber wieder üblich wurde.

Steinbeile, Urnen und andere »heidnische« Altertümer fanden im 16.–18. Jahrhundert Aufnahme in »Kunst- und Raritätenkabinetten«, wie sie sich an zahlreichen Fürstenhöfen, aber auch bei vielen Privatgelehrten nachweisen lassen. Anschaulich und launig schildert uns Theodor Fontane in seinem 1812/13 spielenden Roman »Vor dem Sturm« ein derartiges »Kuriositätenkabinett« des Pfarrers Seidentopf: »An der linken Flurwand standen allerhand Schränke, breite und schmale, alte und neue, deren Simse mit zerbrochenen Urnen garniert waren. Dazwischen, in den zahlreichen Ecken, hatten ausgegrabene Pfähle von versteinertem Holz, Walfischrippen und halbverwitterte Grabsteine ihren Platz gefunden, während an den Querbalken des Flures ausgestopfte Tiere hingen, darunter ein junger Alligator mit bemerkenswertem Gebiß, der, so oft der Wind auf der Haustür stand, immer unheimlich zu schaukeln begann, als flöge er durch die Luft. Alles in allem eine Ausstaffierung, die keinen Zweifel darüber lassen konnte, daß das Hohen-Vietzer Predigerhaus zugleich auch das Haus eines leidenschaftlichen Sammlers sei.«

Charakteristisch für diese alten Sammler ist es vor allem, daß sie sich noch nicht spezialisiert haben: Vorgeschichte, antike und mittelalterliche Kunst, aber auch ausgestopfte Tiere, Versteinerungen und Mineralien – kurz alles, was irgendwie bemerkenswert und »kurieus« war, wurde gesammelt. Teils war es eine Modesache, teils aber auch echter Wissensdrang, und die Mineralogie und Geologie, die klassische Archäologie wie die Urgeschichte und noch manche andere Wissenschaft haben ihren Ursprung in diesen Kunst- und Raritätenkabinetten.

Wenn man die Träger der europäischen Steinzeit, in Anlehnung an die Indianer Nordamerikas als »Wilde« bezeichnete, so hatte dieses Wort in den Ohren eines Menschen des 18. Jahrhunderts keineswegs einen abfälligen Klang. Es war das Jahrhundert *J. J. Rousseaus* (1712–1778) mit seiner Forderung »Zurück zur Natur«, es war das Jahrhundert in dem Defoes Roman »Robinson Crusoe« (erste Auflage 1719) einen so großen Erfolg hatte. Es kann keinem Zweifel unterliegen, daß gerade die Ideen Rousseaus indirekt das Interesse an primitiven Völkern der Gegenwart wie auch an primitiven Kulturen des alten Europa ganz ungeheuer gefördert haben.

Unter Rousseaus Einfluß standen *Herder* (1744–1803) und schließlich die *Romantiker*. Die romantische Bewegung ist es gewesen, die der Urgeschichtsforschung in den ersten Jahrzehnten des 19. Jahrhunderts einen so mächtigen Auftrieb verlieh. Verstärkt wurde dieser Auftrieb durch politische Bewegungen, die durch die

Französische Revolution, durch den Imperialismus Napoleons I. und durch die Befreiungskriege ausgelöst wurden. Es ist kein Zufall, daß derselbe *Freiherr vom Stein*, der den preußischen Staat nach der Niederlage von Jena reorganisierte, nun nach dem Siege der Organisator der deutschen Geschichts- und Altertumsvereine war, die seit den 20er Jahren des 19. Jahrhunderts die Träger auch einer planmäßigen Urgeschichtsforschung wurden.

Christian Thomsen und das Dreiperiodensystem

Im Jahre 1807 wurde auf Betreiben des Kopenhagener Professors Rasmus Nyerup, des uns schon bekannten Gründers des Dänischen Nationalmuseums, eine »Kommission zur Erhaltung von Altertümern« gegründet und er selber zu ihrem Sekretär gewählt.

Es war damals eine politisch bewegte Zeit. Napoleon hatte nach der Besiegung Preußens von Berlin aus die »Kontinentalsperre« über Europa verhängt, um den britischen Handel zu lähmen. Als Gegenschlag vernichtete Nelson dann im September 1807 die dänische Flotte im Kopenhagener Hafen und beschoß die Stadt mit 25 000 Brandraketen. Während dieser Katastrophe rettete ein junger Kaufmann, *Christian Thomsen*, eine wertvolle private Münzsammlung in das verschont gebliebene Gebäude des königlichen Münzkabinetts und machte bei dieser Gelegenheit die erste Bekanntschaft von Nyerup und den anderen Mitgliedern der »Kommission«. Thomsen, geboren im Jahre 1788, war der Sohn eines wohlhabenden Kaufmannes und Schiffsreeders. Er sollte später das väterliche Geschäft übernehmen, in dem er schon jetzt tätig war. Dies hinderte ihn aber nicht, sich in seinen Mußestunden allerlei wissenschaftlichen Liebhabereien zu widmen, unter denen ihn vor allem die Numismatik reizte. Er hatte sich bereits eine umfangreiche eigne Münzsammlung angelegt, als er 1807 mit Nyerup zusammenkam. Von nun an war er oft als freiwilliger Helfer bei der »Kommission« tätig, und als Nyerup im Jahre 1816 wegen Arbeitsüberlastung seinen Posten als Sekretär niederlegte, wußte er keinen würdigeren Mann als Nachfolger vorzuschlagen als den jungen Kaufmann Christian Thomsen. Über ihn schrieb Sophus Müller, der spätere Direktor des Dänischen Nationalmuseums: »Diese Stellung als Direktor einer öffentlichen Sammlung, welche, getragen von ungewöhnlichem allseitigem Interesse, in raschem Anwachsen begriffen war, setzte Thomsen in den Stand, im eigenen Lande wahrzunehmen, was in keinem der großen ausländischen Museen für klassische Kunst und Archäologie zu sehen war. Es konnte seiner Aufmerksamkeit nicht entgehen, daß in den an das Museum eingesandten Funden von *Stein*altertümern Sachen aus Metall fehlten und daß die *Bronze*funde ein eigenes Gepräge hatten, das sie von den Gesamtfunden mit *Eisen*sachen unterschied, welche sich im Ganzen am nächsten an das aus der ältesten historischen Zeit Bekannte anschlossen. Die Unterschiede der drei großen Zeitgruppen mußten sich in leicht begreiflicher Weise gerade dem Manne aufdrängen, der zuerst eine größere und planmäßig erweiterte Sammlung nordischer Altertümer unter seine Leitung bekam. Das Ausschlaggebende aber ist, daß er diese Unterschiede nicht bloß wahrnahm, sondern auch ihre Bedeutung als Kennzeichen der großen fernen Perioden richtig erfaßte, und das beruhte auf der Vereinigung eines feinen und scharfen Blickes für jede Art der Kunst und Archäologie mit einer genialen Auffassung und frischen Unmittelbarkeit in Thomsen. Man kann außerdem vielleicht auch noch sagen, daß es für ihn ein Vorteil war, daß er nicht die gelehrte Erziehung seiner Zeit erhalten hatte und somit nicht daran gewöhnt worden war, in Büchern Aufklärung zu suchen über Altertümer und ferne Zeiten, worüber die alten Schriften wenig zu vermelden wissen. Daher mußte es ihm um so leichter fallen, sich unmittelbar an die Funde selbst zu halten, um ihnen Kunde über die Zeiten abzuzwingen, für welche sie so ziemlich die einzigen Zeugen sind.«

Christian Thomsen ist als der Begründer des »Dreiperiodensystems«: der Einteilung der vorgeschichtlichen Epoche in *Steinzeit*, *Bronzezeit* und *Eisenzeit* in die Geschichte der Forschung eingegangen. Weil er aber kein »gelehrter« Mann war, sondern ein Mann der Praxis und eine gewisse Scheu hatte, Bücher zu schreiben, hat es volle 20 Jahre gedauert, bis er seine neuen und epochemachenden Ideen gedruckt vorlegte, in knappster Form und noch dazu, ohne seinen Namen unter diese kleine Schrift zu setzen. So ist es uns heute nicht leichtgemacht, festzustellen, wann Thomsen auf die Idee seines »Dreiperiodensystems« gekommen ist. 1816 jedenfalls übernahm er als »Sekretär« der »Kommission« die tatsächliche Leitung und Ordnung der Sammlung, wenn schon ihm der Titel »Direktor« erst viel später offiziell verliehen wurde. Schon drei Jahre danach, 1819, konnte er die Sammlung wohlgeordnet der Öffentlichkeit übergeben. 1821 erschien das Büchlein von Thaarup: »Merkwürdigkeiten Kopenhagens« – eine Art Baedeker – und dort heißt es bei der Beschreibung des Museums, daß die erste Gruppe von Altertümern, »Waffen, Symbole und Gerätschaften aus *Stein* natürlich zu den ältesten Sachen gehören und aus einer Zeit stammen, als die *Metalle* noch sehr teuer waren«. Falls diese »Baedeker-Notiz«, wie zu vermuten ist, auf Thomsen selber zurückgeht, würde dies bedeuten, daß er damals noch nicht an eine weltweite Steinzeit glaubte, sondern die nordische Steinzeit noch *neben* einer Metallzeit in anderen Ländern, wohl denen des Mittelmeergebietes, herlaufen ließ.

Aber schon wenige Jahre später, 1824, muß Thomsen in seinem Museum eine klare chronologische Scheidung von Stein-, Bronze- und Eisenzeit durchgeführt haben. Dies geht aus einem Briefwechsel mit dem Breslauer Professor Büsching hervor, der erst 1930 (!) veröffentlicht wurde und nun endgültig die Priorität Thomsens beweisen sollte. Für die Zeitgenossen jedenfalls war die Kopenhagener Schausammlung die Form der Publikation, durch die sie mit seinen Ideen bekannt wurden. Als er dann 1836, 20 Jahre nach Übernahme der Leitung der Sammlungen, seine neuen Gedanken in einem »Leitfaden zur nordischen Altertumskunde« endlich schriftlich niederlegte, handelte es sich hier auch nur um einen, noch dazu anonymen, Museumsführer.

Wenn wir heute dieses schmale Heftchen in die Hand nehmen, dann sind wir erstaunt, wie bescheiden, wie vorsichtig Thomsen seine neue Entdeckung verkündet. Er beschreibt zunächst, ohne auf die Chronologie einzugehen, verschiedene Sachgruppen von Altertümern der »Vorzeit des Nordens« und kommt dann in einem Schluß-Abschnitt auf »die verschiedenen Perioden, in welche die heidnischen Alterthümer gesetzt werden können«:

»Bevor wir dazu übergehen, von den Altertümern aus der christlichen Zeit des Nordens zu reden, wollen wir einen Blick auf die Gegenstände, welche wir nun berührt haben, zurückwerfen und einige Winke in bezug auf die verschiedenen Zeitalter geben, in welche sie wahrscheinlicherweise gesetzt werden können. Unsere Sammlungen sind indessen noch zu neu und unsere Erfahrungen zu gering, als daß man in allen Fällen mit Sicherheit Schlüsse daraus ziehen könnte. Was wir daher hier aufstellen wollen, darf man nur als Mutmaßungen ansehen, welche gerade durch die Beobachtungen und die Aufmerksamkeit vieler auf diese Gegenstände, gewiß besser aufgeklärt, und entweder bestätigt oder berichtigt werden können. Um die Übersicht zu erleichtern, wollen wir den verschiedenen Perioden, deren Grenzen doch nicht genau angegeben werden können, besondere Benennungen beilegen.« Es sind dies:

»Die *Steinzeit*, oder die Periode, als Waffen und Gerätschaften aus Stein, Holz, Knochen und dergleichen hergestellt wurden und in denen man Metalle entweder sehr wenig oder gar nicht gekannt hat. Wenn man auch annimmt, daß einige der steinernen Sachen später bei heiligen Handlungen gebraucht worden und daher von derselben Form und Materie geblieben sind wie in dem entfernteren Altertum, so werden sie doch so häufig im Norden gefunden und überdies so viele mit deutlichen Spuren davon, daß sie durch Gebrauch abgenützt und mehrere Male aufs Neue zugeschliffen sind, daß man nicht daran zweifeln kann, es habe eine Zeit gegeben, da diese Sachen hier im Norden im allgemeinen Gebrauch waren. Daß dies die älteste ist, in welcher wir finden, daß Menschen in unseren Gegenden gelebt haben, scheint außer allem Zweifel zu sein, sowie daß diese Bewohner Ähnlichkeit mit Wilden gehabt haben müssen ... Gegen die Periode hin, da die ersten Metalle, nach und nach und gewiß sparsam, im Norden in Gebrauch kamen, scheinen die großen Steingrabkammern gebaut worden zu sein. In ihnen hat man sehr oft die Leichen unverbrannt gefunden, neben diesen oft rohe Urnen, sehr selten etwas

Metall, in jedem Falle nur sehr wenig Bronze oder Gold, niemals Silber oder Eisen, sondern fast allein steinerne Sachen und einzelne Schmuckstücke aus Bernstein.

Die darauf folgende Periode glauben wir nennen zu müssen:

Die *Bronzezeit*, in welcher die Waffen und schneidenden Gerätschaften von Kupfer oder Bronze waren und als man entweder gar nicht oder nur sehr wenig mit Eisen und Silber bekannt gewesen ist. Nicht allein im Norden, sondern auch in den südlichen Ländern wird man finden, daß das Metall, welches zuerst erwähnt wird und gebraucht wurde, Kupfer oder Bronze ist ... Erst viel später ist man mit dem Eisen bekannt geworden, wovon die Ursache die zu sein scheint, daß das rohe Kupfer in einem Zustande gefunden wird, in welchem es als Metall viel leichter kenntlich ist als das Eisen, das, ehe es zur Verarbeitung gebraucht werden kann, erst eine Schmelzung durch eine starke Hitze erleiden muß, ein Verfahren, welches in den ältesten Zeiten unbekannt gewesen sein muß ...

In dieses Zeitalter gehören die Steinkisten und die mit Steinhaufen bedeckten kleinen Grabbehälter: dies war die eigentliche Verbrennungs-Zeit, und die großen Grabkammern waren nicht länger nötig. Die verbrannten Gebeine wurden in Urnen aufbewahrt oder in die Steinkisten gelegt. Oben in den Urnen dieser Zeit findet man oft eine Nadel, eine Pinzette und ein kleines Messer von Bronze, und in diese Zeit gehören gleichfalls die häufig vorkommenden sogenannten Celte und Paalstäbe (= Rand- und Absatzbeile) von Bronze. Auch werden Sachen von Gold und Electrum (Gold-Silber-Legierung), aber niemals von Silber gefunden. Es ist nicht bekannt, daß man auf irgendeinem Stücke, welches in die Bronzezeit gehört, Schrift gefunden hat...

Die *Eisenzeit*, die dritte und letzte Periode der heidnischen Zeit, in welcher man das Eisen zu *den* Gegenständen gebrauchte, zu denen es vorzugsweise geeignet ist, so daß es für diese an die Stelle der Bronze getreten ist. Zu solchen Sachen gehören natürlich alle schneidenden Waffen und Gerätschaften. Hingegen wurde Bronze in diesem späteren Zeitraum, ebensowohl als früher, aber freilich in veränderter Gestalt, zum Schmuck, zu Griffen, einzelnen Arten von Hausgerät, wie Löffeln und dergleichen gebraucht ... Die Grabkammern hatten eine andere Einrichtung bekommen, und Holzbauten finden sich oft in den Grabhügeln dieses Zeitalters. Zuweilen hat man die Leichen verbrannt, aber auch oft sie unverbrannt begraben ... auch hat man dem Verstorbenen zuweilen sein Pferd mitgegeben. In diesem Zeitraum, welcher bis zur Einführung des Christentums hinuntergeht, hat man Silber gehabt, auch Gefäße von Glas. Glasperlen scheinen indessen schon sehr früh, vielleicht schon gar im Steinzeitalter hierher gebracht worden zu sein.«

So weit Thomsen, der hier mit Absicht etwas ausführlicher zitiert wurde, um deutlich zu machen, wie groß der Fortschritt der vorgeschichtlichen Erkenntnis in drei Jahrzehnten gewesen ist, ein Fortschritt, der fast allein als Verdienst von Thomsen gewertet werden darf. Wie groß er war, kann man am besten ermessen, wenn man die Zeilen Thomsens mit denen vergleicht, die Nyerup 1806 niederschrieb, damals noch ein vollständiges Chaos, nun die ersten Ansätze zu einem wohlgeordneten Schema.

Besonders reizvoll aber ist es, auf Grund seiner eigenen Äußerungen der Methode nachzuspüren, die Thomsen anwandte und die offenbar von ihm selber aus der Praxis entwickelt wurde.

Für die Reihenfolge: Stein, Bronze, Eisen sind offenbar allgemeine Erwägungen maßgebend gewesen: daß das Steinalter das älteste war, »scheint außer allem Zweifel zu sein«. Daß das Eisenalter das jüngste ist, ergibt sich für ihn schon daraus, daß es »bis zur Einführung des Christentums hinuntergeht«. Für das Bronzealter bleibt dann nur die Mitte, zugleich erwähnt er aber auch Traditionen in südlichen Ländern, daß das Metall welches zuerst *erwähnt* wird, das Kupfer ist oder die Bronze (spielt er hier auf Homer an?). Bis auf diese allgemeinen Gesichtspunkte spiegelt aber jeder Satz eine jahrzehntelange Erfahrung mit sehr vielen Einzelbeobachtungen an Fundobjekten wider. Vor allem scheint Thomsen einer der ersten gewesen zu sein, der, vielleicht halb unbewußt noch, die Bedeutung des »geschlossenen Fundes« erkannt hat. Er hat offenbar beobachtet, daß mit Steinsachen auch solche aus Knochen zusammen gefunden werden, aber nur selten solche aus Metall, daß mit Kupfer und Bronze auch häufig Gold, und daß erst mit dem Eisen auch das Silber und gelegentlich Glas erscheint. Er kennt auch Ausnahmen, die teils auf mangelhafte Fundbeobachtungen zurückgehen werden, teils aber auch echte geschlossene Funde gewesen sein können. Vor allem aber hat er erkannt, daß auch in der Eisenzeit die Bronze als Schmuck noch weiterhin eine große Rolle spielte, und daß sich die eisenzeitlichen Bronzen von den bronzezeitlichen Bronzen in Form und Verzierungsart unterscheiden – ein erster Schritt zur stilistischen Einordnung und Datierung. Er war also alles andere als ein Mann, der starr an einem Schema hing oder der wahllos jeden Steingegenstand der Steinzeit, jeden Bronzegegenstand der Bronzezeit, jeden Eisengegenstand der Eisenzeit zugerechnet hätte – wie es ihm später von den Gegnern des »Dreiperiodensystems« fälschlich vorgeworfen worden ist.

Vor allem aber ist er der erste gewesen, der eine Parallelität zwischen dem Wandel der Geräteformen und dem der Grabformen feststellte. Er beobachtete, daß die Steingeräte meist aus Großsteingräbern mit Körperbestattungen, die Bronzen meist aus Hügeln mit Brandbestattungen stammten, daß man in der Eisenzeit teils verbrannte, teils bestattete. All dies stimmt in großen Zügen auch heute noch, wobei man berücksichtigen muß, daß Thomsen noch nicht alle Fundarten und auch noch nicht alle Epochen der dänischen Vorgeschichte gekannt hat. Aus der Steinzeit kennt er nur die Großsteingräber, noch nicht die Einzelgräber, aus der Bronzezeit sind ihm vorzugsweise die Brandbestattungen der jüngeren Bronzezeit aufgefallen, weniger die Körpergräber der älteren Bronzezeit, und die Eisenzeit ist für ihn vor allem durch Grabfunde der Wikingerzeit vertreten. Die La-Tène-Zeit wurde erst Jahrzehnte später im Norden entdeckt; die römische Kaiserzeit war vorerst nur durch römische Münzen und einige römische Bronzegefäße schattenhaft sichtbar geworden und die Völkerwanderungszeit durch einige verzierte Gold- und Bronzefunde, die man damals natürlich noch nicht stilistisch von denen der Wikingerzeit trennen konnte.

Es wäre eine reizvolle Aufgabe, einmal die knappen Angaben in Thomsens »Leitfaden« mit dem Material zu vergleichen, das ihm damals als Ausgangspunkt für seine Schlüsse zur Verfügung stand. Dies ist heute noch durchaus möglich: wir besitzen noch die Original-Kataloge des Kopenhagener Museums aus Thomsens Zeiten, und die Original-Funde sind auch noch alle vorhanden, denn das Dänische Nationalmuseum hat den Zweiten Weltkrieg unbeschädigt überdauert. Eine solche Untersuchung würde zweifellos die Leistung Thomsens noch deutlicher werden lassen.

Wie bei allen geistigen Großtaten hat man sich auch bei Thomsen anfangs gegen diese neuen Erkenntnisse gesträubt, und als sie schließlich allgemein anerkannt waren, hat man nachzuweisen versucht, sie wären gar nicht so *neu* gewesen, man hätte dies immer schon gewußt! So ist schon früh darauf hingewiesen worden, daß bei *Homer* die Bronze weit häufiger genannt wird als das Eisen (in der Ilias 279mal gegen 23, in der Odyssee 80mal gegen 25). *Hesiod* (8. Jahrhundert v. Chr.) spricht von einem goldenen, silbernen, bronzenen und eisernen Zeitalter, während *Lucretius* (1. Jahrhundert v. Chr.) in seinem Lehrgedicht »De rerum natura« wörtlich sagt: »In der Urzeit bildeten Hände, Nägel und Zähne, *Steine* und Baumzweige die Waffen, dann kamen das Eisen und die Bronze, aber zuerst die *Bronze*, denn die Verwendung des *Eisens* wurde erst später erkannt.« Es geht aus diesen Zeilen wohl eindeutig hervor, daß Lucretius mit den »Steinen«, die in der Urzeit als Waffe gebraucht wurden, nicht etwa Steinbeile und anderes bearbeitetes Steingerät gemeint hat, sondern natürliche Steine, mit denen man nach seinen Feinden warf. Dagegen beruht die Erwähnung der Bronze als des ersten Metalls auf einer echten, alten Überlieferung. Zahlreich finden sich z. B. bei *Pausanias*, dem griechischen »Baedeker« des 2. Jahrhunderts n. Chr., die Belege dafür, daß man bronzene Waffen und Geräte, die in den Heiligtümern aufbewahrt wurden, geradezu als Kennzeichen der »Heroenzeit« angesehen hat.

Auf diese antiken Zeugnisse begannen sich seit dem 16. Jahrhundert hin und wieder die Gelehrten zu besinnen, aber erst im 18. Jahrhundert begann man, sie mit tatsächlichen Bodenfunden zu verknüpfen. So wurden im Jahre 1751 beim Straßenbau in Frankreich 7 Bronzeschwerter gefunden, wohl ein Hortfund, der eine lebhafte Diskussion in der Französischen Akademie in Paris auslöste, wobei es sich zunächst darum drehte, ob es sich um wirkliche Waffen handele und falls ja, ob um solche der alten Gallier, der Römer oder der Franken. Der gelehrte Abbé Barthélemy verteidigte dabei drei Thesen, die der Wahrheit ziemlich nahe kamen:

1. Die ältesten Waffen der Griechen bestanden aus Bronze
2. Eisenwaffen kamen schon vor Homer und Hesiod in Gebrauch
3. In den folgenden Jahrhunderten wurde die Bronze nicht mehr von den Griechen und Römern, wohl aber von anderen Völkern in Europa zur Herstellung von Waffen verwendet.

1755 schrieb *Martin Mushard* in einer Abhandlung »Palaeogentilismus bremensis« (gedruckt erst 1928): »Sie kannten in der ersten Zeit keine anderen Waffen als diese *steinernen* ... Es kam *hierauf* eine Zeit, da man dieselben aus *Erz* machte. Daher man metallne Schwerter, Degen, Dolche, Spieße, Messer, Schermesser, Pfriemen, Nähnadeln, ja eine Holzart davon gefunden. Und können en regard derselben diese Keile für eine admirable Antiquität passieren. Denn was füglicher von *Erz* sein kann und von *Stein* ist, auch von *Eisen* besser dienen könnte und von Erz ist, das zeigt schon ein weiter zurückstehendes Alter an. Ohngeachtet dergleichen Gewehr ungleich besser zu gebrauchen waren denn die steinernen, hat man sie doch nicht für wahrhafte Waffen, sondern mit jenen für Simulacra armorum halten wollen, nicht die Zeiten unterscheidend.«

Eine weitere Äußerung stammt aus dem Jahre 1768. Damals war man in Potsdam, beim Bau des »Neuen Palais«, das Friedrich d. Gr. nach Beendigung des Siebenjährigen Krieges bauen ließ, auf Urnengräber gestoßen. In Zusammenhang mit diesem Funde veröffentlichte der Privatsammler Hofrat *Eltester* in einer Berliner »Wochenschrift« einen Aufsatz, in dem es heißt: »Es ist schon durch viele Anmerkungen bestätigt, daß dergleichen Monumente, worin *Eisen* gefunden wird, nicht ein so hohes Alter zeigen, als worin Metall oder *Erz* angetroffen wird. Die allerältesten Grabmale aber sind unstreitig diejenigen, worin das Hausgeräthe, Messer, Pfeile, Dolche, Keile, Hämmer und dergleichen von *Stein* angetroffen werden.«

Alle diese Zeugnisse des 18. Jahrhunderts indessen, die sich leicht vermehren ließen, blieben ohne nachhaltige Wirkung. Es waren einzelne Geistesblitze, Ideen, denen noch der Beweis fehlte, ganz einfach, weil die Zeit noch nicht reif dafür war.

Ganz anders Thomsens System, das von Anfang an durch die rasch berühmt werdende Kopenhagener Sammlung ein sehr starkes Gewicht erhielt. Hier in seiner Sammlung lagen die *Beweise* für sein System, das er selber in einem Brief an Büsching nur als eine »alte« Idee bezeichnete; er muß also von einigen seiner Vorläufer durchaus gewußt haben. Oder bezieht er sich auf das Zeugnis des Lucretius?

Konkurrenten und Gegner des Dreiperiodensystems

Es ist vielleicht mehr als ein Zufall, daß 1836, in demselben Jahr, in dem Thomsen endlich seine Ideen hatte drucken lassen, auch eine kleine Schrift des Salzwedeler Gymnasialrektors Danneil erschien, der unabhängig von Thomsen zu ganz ähnlichen Ergebnissen kam.

Johann Friedrich Danneil wurde 1783 in Calbe an der Milde geboren, wurde 1804 Lehrer und 1819 Rektor des Gymnasiums zu Salzwedel in der Altmark. Zunächst mehr stadtgeschichtlich interessiert, machte er um 1820 seine ersten prähistorischen Ausgrabungen, über die er in den 20er Jahren in Kruses »Deutschem Altertum«, danach in Förstemanns »Mitteilungen« berichtete. 1836 faßte er seine Ergebnisse in einem »Generalbericht« zusammen. Hier unterscheidet er drei Hauptgruppen von Gräbern:

1. Die *Hünengräber* (Großsteingräber), die nach Danneils Ansicht nur unbedeutende Funde liefern: »Einzelne Scherben von tönernen Gefäßen, sehr selten eine ganze, mit Sand gefüllte Urne, einzelne Streithämmer und keil- oder meißelförmige Geräte aus *Feuerstein oder anderem Gestein* von verschiedener Größe, das ist das wenige, was man für die Kosten hat.«
2. Die *Kegelgräber* (= Hügelgräber), die er nach dem Bau der Hügel und nach ihrem Inhalt in zwei Unterabteilungen gliedert: »Die Geräte, welche sich in den Urnen der *ersten Abteilung* finden, bestehen aus einer Mischung des Zinns, in der Regel *Erz* (= Bronze) genannt; Eisen kommt nicht vor, wenigstens äußerst selten, und wo es gefunden ist, mag es wohl aus Urnen genommen sein, die später von Slawen in den vorhandenen Hügeln beigesetzt wurden.« (Danneil kennt also schon Nachbestattungen, für seine Zeit eine erstaunliche Beobachtung!).
   In der *zweiten Unterabteilung* tritt nach Danneil das *Eisen* gemeinschaftlich mit dem Erz auf: »Darum müssen diese Gräber notwendigerweise einer späteren Zeit als die der ersten angehören.«
3. Gräber ohne künstliche Erhöhung (= Flachgräber), in denen das Eisen vorherrscht.

Die erste Gruppe wies Danneil den Urgermanen, die zweite den Germanen und die dritte den Wenden (= Slawen) zu, denn es war ihm bekannt, daß in der Altmark in karolingischer Zeit Wenden gesessen hatten, während vorher, nach dem Zeugnis römischer Schriftsteller (Tacitus) diese Gegenden von germanischen Stämmen bewohnt waren.

Nach seinem »Generalbericht« hat Danneil nicht mehr viel auf dem Gebiete der Urgeschichte gearbeitet. Sein Interesse wandte sich wieder orts- und familienkundlichen Forschungen zu; er verfaßte ein Wörterbuch der altmärkisch-plattdeutschen Mundart und starb hochbetagt in Salzwedel im Jahre 1868.

Danneil ist später, besonders von Mötefindt und Kossinna (1910), als der *eigentliche* Begründer des Dreiperiodensystems herausgestellt worden: So sagt Mötefindt: »Suchen wir zwischen Danneil und Thomsen zu entscheiden, dann werden wir folgendes finden: Zwischen beiden besteht ein großer, wichtiger Unterschied: ein Forscher, der durch eigene Prüfung der Fundverhältnisse, durch persönlich vorgenommene Ausgrabungen die Wissenschaft fördern will, im Gegensatz zu einem Museumsdirektor, der seine Museumsräume fast nie verläßt und der sich nur auf die Fundangaben verlassen muß, die ihm bei der Überreichung der Funde von den Findern gemacht werden ... Danneils ›Generalbericht‹ hat vor Thomsens Arbeit den großen Vorteil, daß Danneil bei seiner Arbeit die Ergebnisse seiner vielen Ausgrabungen als Beweise für die Richtigkeit seiner Aufstellung der drei Perioden zusammengestellt, während Thomsen Beweise überhaupt nicht veröffentlicht hat.« Kossinna schließt sich diesem Urteil vollständig an.

Schon Jacob-Friesen hat (in seinen »Grundfragen der Urgeschichtsforschung«) betont: »wenn Mötefindt und Kossinna versuchen, Thomsen die Priorität abzuerkennen und sie Danneil zuzusprechen, so beruht das zweifellos auf einer Verkennung der belehrenden Wirkung, die in der Museumsarbeit liegt und die ebenso nachhaltig die Öffentlichkeit beeinflußt wie der gedruckte Buchstabe.« Es muß auch noch hinzugefügt werden, daß es keineswegs als erwiesen gelten kann, daß Thomsen, im Gegensatz zu Danneil, nicht gegraben hätte. Im Gegenteil, wenn man seine Ausführungen liest, so hat man durchaus den Eindruck, daß er die Gräber und ihren Inhalt aus eigener Anschauung kennen gelernt hat.

Entscheidend aber ist folgendes: Danneil, ein in einer abgelegenen Gegend wohnender Gymnasialrektor, hat sich anderthalb bis zwei Jahrzehnte vorgeschichtlichen Ausgrabungen gewidmet und wandte sich nachher wieder anderen Liebhabereien zu. Seine Tätigkeit, so verdienstvoll sie war und so sehr wir ihm auch zugestehen wollen, daß er unabhängig von Thomsen das Dreiperiodensystem noch einmal gefunden hat, blieb doch in der »großen Welt« so gut wie unbekannt. Seine Leistung wurde später sozusagen erst wieder »ausgegraben«. Thomsen dagegen hat durch die Kopenhagener Schausammlung im höchsten Grade anregend gewirkt, nach seinem Vorbild wurden bald auch die vorgeschichtlichen Sammlungen in Stockholm, Oslo und anderen Städten geordnet. An *seiner* Person, und nicht an Danneil, entzündete sich der Kampf um das Dreiperiodensystem. Er und sein Schüler Worsaae haben jahrzehntelang darum gekämpft und sich schließlich durchgesetzt. Daher kann man ihm auch das Verdienst der Entdeckung nicht abstreiten.

Der andere Konkurrent Thomsens im Prioritätsstreit war *Friedrich Lisch*, geb. 1803 in Alt-Strelitz in Mecklenburg, seit 1834 am Geheimen und Hauptarchiv in

Schwerin tätig, 1835 gehörte er zu den Mitbegründern des »Vereins für mecklenburgische Geschichte und Altertumskunde«, gab seit 1836 die »Mecklenburger Jahrbücher« heraus, in denen er, unterdessen zum Leiter der Großherzoglichen Altertumssammlungen aufgestiegen, über vier Jahrzehnte seine Grabungsergebnisse veröffentlichte. Lisch gehörte bald zu den führenden Urgeschichtsforschern Deutschlands und erwarb sich große Verdienste um das Zustandekommen des »Gesamtvereins der deutschen Geschichts- und Altertumsvereine« (1850). Erstmals hat sich Lisch über eine chronologische (und ethnische) Einteilung der Urgeschichtsfunde Mecklenburgs im Jahre 1837 im 2. Band der »Mecklenburger Jahrbücher« geäußert – also ein Jahr nach Erscheinen von Thomsens »Ledetraad«. Er unterscheidet hierbei drei »Klassen« von Gräbern:

I. Klasse: *Germanen- oder Kegelgräber.* »Was in diesen Gräbern den Toten mitgegeben wurde, zeichnet sich zunächst nach dem Material aus. Vorherrschend ist überall die *Bronze* ... Alle Gegenstände sind stark von Rost angegriffen oder mit dem herrlichsten, glänzendsten edlen Rost bedeckt, wenn sie nicht im Moor gefunden sind, welches Sachen aus Bronze Jahrtausende lang völlig unversehrt und wie neu erhält. Zum Schmucke findet sich öfter reines Gold. Eisen ist bisher in keinem Kegelgrab bemerkt, jedoch an einzelnen gefundenen Gegenständen, wiewohl höchst selten, beobachtet. Silber ist nie gefunden. Bernstein ist nicht selten. Glasflüsse sind zweifelhaft.«

II. Klasse: *Slawengräber oder Urnenfriedhöfe.* »Das Material, aus dem die meisten Sachen gefertigt sind, ist *Eisen.* Bronze tritt in den Hintergrund, nur einzelne Gegenstände sind aus Erz gefertigt,

z. B. kleine Ringe, Knöpfe, Schnallen, Nadeln, moderne Stopfnadeln, kleine Brusthefteln mit gebogenen Bügeln und einer kleinen dünnen Nadel, während alle diese Gegenstände auch aus Eisen neben anderen derselben Art aus Erz vorkommen. Gold ist nie bemerkt. Silber findet sich häufig bei allen Gegenständen, die auch aus Erz vorkommen.«

III. Klasse: *Urgräber oder Hünengräber.* »Diese Art von Gräbern bietet die großartigste Erscheinung im Reiche der Gräber dar. Diese Gräber bilden in der Regel ein Oblongum von unbehauenen großen Granitpfeilern und sind am Ostende mit gewaltigen Granitplatten bedeckt ... Der Inhalt dieser Gräber ist sehr einfach. Gewöhnlich finden sich nur Scherben von rohen, dick geformten Urnen. Hin und wieder sind auch Gerippe von Menschen in den Hügeln gefunden. Das Material, welches in diesen Gräbern vorherrschend vorkommt, ist *Feuerstein:* jene viel besprochenen, breiten, schön geschliffenen Keile aus Feuerstein werden oft in großer Anzahl in ihnen gefunden... Außerdem finden sich auch Messer mancherlei Art aus Feuerstein in ihnen. Hiernach hat man diese Gräber einer uralten Zeit zugeschrieben, in welcher der Gebrauch der Metalle noch nicht bekannt war. Aber es ist unleugbar, daß in Mecklenburg in denselben auch Spuren von *Eisen* vorkommen; gewöhnlich ist dieses Metall vergangen, aber man hat auch einzelne Geräthe noch ziemlich gut erhalten aus ihnen hervorgeholt, wie Ringe, Streithämmer und dergl.«

Es ist nicht zu leugnen, daß Lisch *unabhängig* von Thomsen diese Zeilen niedergeschrieben hat – wie er selber später auch betont hat. Es ist aber auch ebenso unbestreitbar, daß Lisch im Jahre 1837 erst auf dem Wege dazu war, das Dreiperiodensystem zu entdecken. Sonst hätte er die Hünengräber nicht an die dritte Stelle gesetzt und das gelegentliche Vorkommen von Eisen in ihnen erwähnt. Offenbar schwankte er noch, wo er die Hünengräber einordnen sollte, und wenn er auch in einer Anmerkung hinzufügt, daß er durch Danneil darauf aufmerksam gemacht worden sei, daß es sich bei den Eisensachen in Hünengräbern offenbar um Nachbestattungen handelte, so ist dies eben doch nur als »Korrekturzusatz« zu werten.

Fest steht jedenfalls, daß Lisch erst 1839 und nun offenbar doch wohl unter Thomsens Einfluß, deutlich vom Dreiperiodensystem gesprochen hat: »Mag man auch die Urnen nach verschiedenen Ansichten anderen Völkern zuschreiben, so bleibt doch der Unterschied zwischen Stein-, Bronze- und Eisenzeit im Norden Deutschlands unbestreitbar.«

In den folgenden Jahren und Jahrzehnten hat Lisch immer mehr Beweise für die Richtigkeit des Dreiperiodensystems erbracht; er war sein Hauptverteidiger in dem nun einsetzenden heftigen Kampf gegen Thomsen.

Dessen Hauptgegner *Ludwig Lindenschmidt*, 1809 in Mainz geboren, 1831 bis 1875 Zeichenlehrer am Gymnasium seiner Vaterstadt, war einer der bedeutendsten süddeutschen Vertreter der Vorgeschichtsforschung um die Mitte des 19. Jahrhunderts. Im Jahre 1852 begründete er, in Zusammenarbeit mit dem Gesamtverein der deutschen Geschichts- und Altertumsvereine, das »Römisch-Germanische Zentralmuseum« in Mainz, das sich die Aufgabe gestellt hatte, alle wesentlichen in unzähligen Lokalmuseen verstreuten Funde Deutschlands, wenigstens in Nachbildungen, an einer Zentralstelle zusammenzubringen. Anfangs stand Lindenschmidt dem »nordischen« System nicht unbedingt ablehnend gegenüber. Er verhielt sich nur deshalb skeptisch, weil in seinem süddeutschen Bereich die Abfolge der Perioden nicht ganz so klar schien wie in Norddeutschland und Skandinavien. Noch 1858, als er den ersten Band seiner »Altertümer unserer heidnischen Vorzeit« herausgab, teilte er den Stoff ein in eine »Steinperiode, Erzperiode, Eisenperiode«, denen er dann noch, den süddeutschen Verhältnissen entsprechend, eine »Römische« und »Fränkisch-Alamannische Periode« hinzufügte. 1860 holte er dann in einem Exkurs zu seiner Beschreibung der Sammlungen zu Sigmaringen (»Die sogenannte Erzperiode«) zum ersten größeren Schlage gegen Thomsen aus. Schon hier ist der Grund gelegt zu seiner später noch oft vertretenen Anschauung, die im Norden gefundenen Bronzen (oder genauer: die besseren Bronzen) seien Einfuhrgut aus Griechenland, griechischen Kolonien oder Etrurien, eine »Erzperiode« habe es also im Norden nie gegeben. Er verstieg sich dabei zu ganz unhaltbaren Äußerungen wie: »Die kulturgeschichtlichen Phantasien, aus welchen die Einteilung der Vorwelt in ein Stein-, Erz- und Eisenalter hervorging, bieten als Reflex des poetischen Dämmerlichts alter Tradition manches Anziehende, allein mit der naturgemäßen Entwicklung der Dinge sind sie niemals in Einklang zu bringen und eine Abscheidung dieser drei Perioden bleibt im allgemeinen, wie bei den einzelnen Völkern, undenkbar.«

Den Höhepunkt aber erreichte der Kampf um das Dreiperiodensystem 1864, als sich durch den Dänisch-Deutschen Krieg um Schleswig-Holstein zu dem *sachlichen* Gegensatz nun auch der *nationale* gesellte. Hierüber besitzen wir einen höchst aufschlußreichen und humorvollen Bericht von Friedrich Lisch aus dem Jahre 1865: »Es ist im Jahre 1864 während des Krieges mit Dänemark von mehreren Seiten, namentlich von *v. Ledebur* zu Berlin, dem sich später *Hassler* zu Ulm angeschlossen hat, eine heftige, wie es scheint, politische Opposition gegen das angeblich von den Dänen eingeführte sogenannte ›System‹ der Einteilung der heidnischen Altertümer nach der Stein-, Bronze- und Eisen-Periode geführt worden, und auch Lindenschmidt zu Mainz hat fast gleichzeitig diese Einteilung verworfen; ja, es ist diese Unterscheidung als ein von *außen* her octroyirtes, mit wahrer Aufdringlichkeit gepredigtes System bezeichnet, mit dem Bestreben, ganz Deutschland zu danifizieren. Ich für mein Teil muß mich gegen diese, wie es mir scheint, aus irriger Auffassung entstandene Behauptung alles Ernstes verwahren, da ich in *Deutschland* dieses sogenannte System früher aufgestellt habe als die Dänen, mit deren Forschern und Forschungen ich zur Zeit der Aufstellung des ›Systems‹ völlig unbekannt war, so wie diese wiederum die antiquarischen Zustände in Deutschland noch gar nicht kannten. *Thomsen* hat mit der ihm eigentümlichen Bescheidenheit und Vorsicht, aber auch mit Sicherheit, seine Ansicht zuerst vollständig ausgesprochen in dem kleinen Buche »Leitfaden zur nordischen Altertumskunde«, welches Schuld an der angeblichen Danifizierung sein soll. Die Vorrede dieser deutschen Übersetzung, die v. Ledebur meint, ist vom *November 1837* datiert. Dieselben Ansichten habe ich in dem großen Werke: ›Friderico Franzisceum‹ ausgesprochen, die Vorrede ist vom *Januar 1837* datiert. Mir ist also in Deutschland kein dänisches System octroyirt und ich bin daher für Mecklenburg, welches bekanntlich in Deutschland liegt, leider genötigt, die Sünde der Erfindung dieses verhaßten Systems auf *mich* zu nehmen. Übrigens muß ich gestehen, daß ich nicht stark genug bin, in der *Wissenschaft* eine Unterscheidung von ›außen‹ und ›innen‹ anerkennen zu können; jedoch bekenne ich gerne, daß ich von ›außen her‹, wenn man es so nennen will, namentlich im Jahre 1864, viel gelernt habe und daß der Krieg von 1864 nicht von Einfluß auf meine Gesinnung gegen den ehrwürdigen Thomsen gewesen ist, welcher in der Altertumswissenschaft mehr wenigstens erfahren hat als alle anderen Studiengenossen.«

Es gehörte im Jahre 1865, wenige Monate nach Beendigung des Dänischen Krieges, sicherlich viel Mut dazu, derartige Worte niederzuschreiben, Worte, die für uns heute ein schönes Denkmal der wissenschaftlichen Persönlichkeit Friedrich Lischs geworden sind. Für die Frage der Priorität sind diese Zeilen heute gegenstandslos geworden, seitdem wir wissen, daß Thomsen schon 1824 das Dreiperiodensystem in einem Brief an den Breslauer Professor Büsching schriftlich fixiert hat. Wohl aber liegt eine gewisse Ironie in der Tatsache, daß es gerade diese Zeilen gewesen sind, die Jahrzehnte später von deutschen Nationalisten aufgegriffen wurden, um die Priorität Lischs, und damit der deutschen Forschung, zu beweisen.

Der Streit um das Dreiperiodensystem hat also drei Phasen durchgemacht: erst Ablehnung aus sachlichen Gründen, dann Ablehnung aus nationalistischen Gründen und schließlich, nachdem es allgemein anerkannt war, der Streit darum, ob dänische oder deutsche Forscher es zuerst entdeckt hätten.

KAPITEL II

DIE RELATIVE CHRONOLOGIE

»Die relative Chronologie beantwortet die Frage, ob ein Gegenstand älter oder jünger als andere Gegenstände ist. Die absolute Chronologie zeigt uns, aus welchem Jahrhundert vor oder nach Christi Geburt jener Gegenstand stammt.«

Oskar Montelius, 1903

Methoden zur Erforschung der relativen Chronologie

In der ersten Hälfte des 19. Jahrhunderts war mit der Begründung des »Dreiperiodensystems« die erste Grundlage für eine zeitliche Ordnung des vorgeschichtlichen Fundstoffes gewonnen worden. In den folgenden Jahrzehnten wurde in verschiedenen Ländern und von verschiedenen Persönlichkeiten der Versuch unternommen, dies System zu verfeinern. Vor allem aber ging es den Forschern der zweiten Hälfte des Jahrhunderts darum, die *Methoden* der Forschung so zu entwickeln, daß sie zu einem sicheren Instrument wurden, mit dem man auch in der Zukunft weiterarbeiten konnte.

In diesen Jahrzehnten begann man auch klar zwischen »relativer« und »absoluter« Chronologie zu unterscheiden, Begriffe, die vorher nicht so scharf auseinandergehalten wurden. So sagt Oskar Montelius, der führende Forscher jener Epoche: »Die *relative Chronologie* beantwortet die Frage, ob ein Gegenstand älter oder jünger als andere Gegenstände ist. Die *absolute Chronologie* zeigt uns, aus welchem Jahrhundert vor oder nach Christi Geburt jener Gegenstand stammt.«

Wir wollen in diesem Kapitel zunächst nur die *relative* Chronologie behandeln und werden neben den beiden rein archäologischen Methoden, die in der zweiten Hälfte des 19. Jahrhunderts entwickelt wurden:

a) der stratigraphischen Methode
b) der typologischen Methode
   auch noch
c) einige naturwissenschaftliche Methoden kennenlernen.

Die Stratigraphie altsteinzeitlicher Höhlen

Die stratigraphische Methode wurde zuerst an Hand des altsteinzeitlichen Materials in Frankreich entwickelt und lehnt sich, nicht zufällig, an Methoden an, die in der Geologie schon seit dem Ende des 18. Jahrhunderts mit Erfolg angewendet wurden. Auch in der Geologie arbeitete man mit übereinander liegenden Schichten oder »Straten«, von denen die unteren älter, die oberen jünger sein mußten. An Gebirgswänden, in Steinbrüchen und in Bergwerken beobachtete man die übereinander liegenden »Straten«, und mit Hilfe von Versteinerungen (Leitfossilien) gelang es, die Erdgeschichte zunächst im Sinne einer relativen Chronologie aufzuhellen.

Die beiden jüngsten geologischen Formationen sind das Diluvium (Eiszeit) und das Alluvium (Jetztzeit). Diluvium heißt eigentlich »Überschwemmungszeit«, also die Sintflut, denn mit ihr brachten die Geologen im 18. und frühen 19. Jahrhundert die Ablagerungen der Eiszeit in Verbindung. Alluvium heißt »Anschwemmungszeit«, und darunter verstanden die Geologen die jüngsten erdgeschichtlichen Bildungen, die Anschwemmungen an den Flußmündungen, die auch in der Gegenwart noch neu gebildet werden.

Daß der Mensch im Alluvium existierte, war von Anfang an bekannt, daß es aber auch schon einen *fossilen* Menschen gab, diese Erkenntnis konnte sich erst langsam und nach schweren Kämpfen durchsetzen. Noch im Jahre 1812 konnte der französische Geologe *C. Cuvier*, der Verfechter der sogenannten Katastrophentheorie (wonach am Ende einer jeden geologischen Periode die gesamte Lebewelt vernichtet und zu Beginn einer neuen Periode wieder neu geschaffen worden sei) erklären: »l'homme fossile n'existe pas« – der fossile Mensch existiert nicht. Das lateinische Wort »fossilis« bedeutet eigentlich »ausgegraben«, und unter fossilen Lebewesen verstand man alle Tier- und Pflanzenarten, die in der Gegenwart nicht mehr leben, die ausgestorben sind und daher nur noch ausgegraben werden können.

Von zwei Seiten wurde die Ansicht Cuviers langsam erschüttert: erstens durch Funde fossiler menschlicher *Skelettreste*, zweitens durch Funde von menschlichen *Geräten* in fossilen Schichten. Die Entdeckung eines urtümlichen menschlichen Schädels und anderer Skelettreste im *Neandertal* bei Düsseldorf im Jahre 1856 und der Versuch von *Fuhlrott*, ihn ins Diluvium zu datieren, brachte zunächst noch keinen Erfolg. Die Fachwelt beugte sich der Autorität eines *Rudolf Virchow*, des Begründers der »pathologischen Anatomie«. Er hatte die Reste des Skeletts untersucht, hielt die Abweichungen vom heutigen Menschen für pathologische Bildungen und nannte den Neandertaler sarkastisch »einen geplagten Dulder«.

Erst weitere Skelettfunde des »Neandertalmenschen« mußten folgen, bis um 1900 die Anatomen *Schwalbe* und *Klaatsch* die Frage erneut aufwarfen und die Existenz diluvialer Menschenrassen endgültig bewiesen.

Es geschah dies in einer Zeit, als die Existenz diluvialer menschlicher *Kulturen* schon seit Jahrzehnten Gemeingut der Wissenschaft geworden war. Bahnbrechend wurden hier vor allem die Arbeiten von *Boucher de Perthes*, *Lartet* und *Mortillet*.

Jacques Boucher de Crevecoeur, Sohn eines Zolldirektors, wurde 1788, also im selben Jahre wie Thomsen, in Abbeville geboren und entstammte einem alten französischen Adelsgeschlecht. Seine Mutter, Marie de Perthes, glaubte sogar ihre Familie auf Jeanne d'Arc, die Jungfrau von Orleans, zurückführen zu können. Vielleicht aus diesem Grunde nannte sich ihr Sohn später *Boucher de Perthes*, und unter diesem Namen ist er in die Literatur eingegangen. Auch er widmete sich erst dem Zolldienst, machte während der Kontinentalsperre Napoleons rasch Karriere und wurde schließlich 1825 Nachfolger seines Vaters in Abbeville.

Naturwissenschaftlich und geologisch interessiert, Mitglied eines wissenschaftlichen Lokalvereins in Abbeville, besuchte er in seiner Freizeit häufig die Kiesgruben im Tal der Somme, wo ihm bald merkwürdige regelmäßig behauene Feuersteine auffielen, die die Arbeiter »Katzenzungen« nannten und die uns heute unter dem Namen »Faustkeile« bekannt sind. Da sie in ungestörten Kiesschichten, die Boucher de Perthes, der Zeitgepflogenheit entsprechend, für Ablagerungen der Sintflut (Diluvium) hielt, zusammen mit Knochen des Altelefanten und des Merckschen Nashorns gefunden wurden, hielt er sie für »vorsintflutlich«. Er sagt u. a.: »Die horizontal übereinander liegenden Lager, die verschieden gefärbten und aus verschiedenartigen Stoffen gebildeten Schichten zeigen uns in grandiosen Schriftzügen die Geschichte der Vergangenheit. Die großen Erdkrisen scheinen daselbst von Gottes Hand verzeichnet zu sein. Hier fangen die Beweise an. Sie sind unwiderleglich, wenn es sich ergibt, daß das Werk des Menschen, das wir suchen, dieses Kunstprodukt, von dem ich behaupte, daß es dort liegt, sich eben daselbst schon seit der Ablagerung der Schichten befindet. Ebenso ungestört wie die Schicht, in der es gefunden wird, blieb es liegen, seitdem es abgelagert wurde, und weil es zur Bildung dieser Schicht beigetragen hat, existierte es *vor* ihr.« – Diese Ansichten trug Boucher de Perthes, nun schon 51 Jahre alt, 1839 in der Pariser Akademie vor – wurde aber verlacht. Und nicht ganz zu Unrecht. Denn neben Stücken, die wir auch heute als menschliche Werkzeuge anerkennen würden, hatte er auch reine Naturspiele gesammelt, ja, er war auf offensichtliche Fälschungen gelegentlich sogar hereingefallen. Außerdem glaubte er, gleichzeitig auch die »Symbolik« und »Hieroglyphik« des Urmenschen entdeckt zu haben! Gerade diese eigenartige Mischung von durchaus logischen Schlüssen und phantastischen Spekulationen hat dazu geführt, daß Boucher de Perthes' neue Entdeckungen volle 20 Jahre brauchten, um wissenschaftlich anerkannt zu werden. Wichtige Meilensteine auf diesem Wege waren 1854 der Versuch eines Dr. Rigollet, ihn durch Ausgrabungen in der Kiesgrube von *St. Acheul* zu widerlegen – ein Versuch, der aber mit dessen völliger Bekehrung endete – und 1859 der Besuch des berühmten englischen Geologen *Charles Lyell*, der eingehend die Kiesgruben des Sommetales untersuchte und sich in seinem Werk »Das Alter des Menschengeschlechtes auf der Erde« folgendermaßen zu Boucher de Perthes' Entdeckungen äußerte: »Manche der Keile (also der Faustkeile) haben eine ockergelbe Farbe, wenn sie im gelben Kies lagen, andere sind mehr weiß oder braun, je nach dem Muttergestein, welches sie einschloß. Diese Übereinstimmung der Färbung der Werkzeuge mit dem Charakter ihrer Lagerstätte beweist nicht bloß eine wirkliche Herkunft aus diesen Schichten, sondern auch einen Aufenthalt in denselben von ebensolcher Dauer, wie derjenige der natürlich zerbrochenen Feuersteine in denselben Lagen. Die Oberfläche vieler Werkzeuge ist bedeckt mit einem Überzug von kohlensaurem Kalk, während andere jene zweigförmigen Kristallisationen zeigen, welche man Dendriten nennt und welche gewöhnlich aus den gemischten Oxyden von Eisen und Mangan bestehen. Sie sind ein wertvolles Zeichen wirklichen Altertums, falls man die Arbeiter in Verdacht hat, daß sie künstlich nachgemachte Faustkeile verkauften. Das allgemeinste Zeichen der Echtheit der Werkzeuge indessen ist ihr firnis- oder glasähnlicher Glanz an der Oberfläche im Gegensatz zu dem dunklen Aussehen der frisch zerbrochenen Feuersteine... Die notwendige Schlußfolgerung aus allem ist die, daß die Steinwerkzeuge und ihre Verfertiger gleichzeitig mit den ausgestorbenen und in denselben Erdschichten begrabenen Säugetieren existiert haben mußten.« Lyell fährt dann fort: »Ich kann dieses Kapitel mit einem Ausspruch von Professor *Agassiz* schließen, welcher sagt, daß, wenn eine neue und überraschende wissenschaftliche Wahrheit entdeckt wird, die Menschen zuerst sagen: »Es ist nicht wahr«, alsdann: »Es streitet gegen die Religion«, und zuletzt: »Das hat man schon lange gewußt«.

Boucher de Perthes konnte mit diesem Urteil des führenden Geologen seiner Zeit wohl zufrieden sein. Noch im Herbst 1859 wurde er von wissenschaftlichen Gesellschaften in London und von der Pariser Akademie anerkannt. 1862 vollends genehmigte Kaiser Napoleon III., daß seine Sammlungen, die er schon lange dem französischen Staate schenken wollte, die aber immer wieder abgewiesen worden waren, angenommen wurden. Heute bilden sie einen wertvollen Bestandteil des Nationalmuseums in St. Germain en Laye bei Paris. Hochgeachtet starb Boucher de Perthes, achtzigjährig, 1868 in Abbeville.

Die hier etwas ausführlicher wiedergegebenen Zitate aus den Schriften von Boucher de Perthes und Lyell zeigen deutlich, in wie hohem Grade die archäologische Stratigraphie von der geologischen abhängig war, ja daß sie in dieser Frühzeit überhaupt noch kein eigenes Leben besitzt. Mangels archäologischer »Leitformen« bedient man sich geologischer »Leitfossilien« zur Altersbestimmung. Andererseits sieht man aber aus dem Bericht Lyells in aller Klarheit, wie hoch entwickelt damals bereits die geologische Methode war, auf wie viele verschiedene Dinge man achtete; nicht nur die Lage der Schicht ist wichtig, auch die Farbe und sonstige Merkmale gelten als Kriterien für Echtheit oder Fälschung. Eine solche Methode konnte erst das Ergebnis einer jahrzehntelangen exakten Forschung sein, und die Archäologen dieser frühen Periode hatten viel von der Geologie zu lernen. Bald aber sollten sie auch zur Ausarbeitung eigener stratigraphischer Methoden kommen, und wieder waren es die Franzosen, die hier als Pioniere der Altsteinzeitforschung gewirkt haben.

Edouard Lartet wurde 1801 in einem kleinen Dorf in den Pyrenäen geboren und ließ sich dort später als Rechtsanwalt nieder. 1834 gab er aber, von Hause aus vermögend, seine Praxis auf, um sich seinen Liebhabereien, vor allem der Geologie zu widmen und brachte es auf diesem Gebiet bald zu bedeutendem Ansehen. Anderthalb Jahrzehnte lang erforschte er die tertiären Ablagerungen bei Sansan in der Nähe seines Geburtsortes und erwarb sich hierbei die Praxis für exakte geologische Ausgrabungen, die ihm später bei den archäologischen Forschungen dann sehr zugute kam. Diese begannen 1860 in der Höhle von *Aurignac* an den Nordhängen der Pyrenäen. Dort hatten Straßenarbeiter bereits 1852 menschliche Skelette entdeckt – und sie anschließend in aller Einfalt auf dem Dorffriedhof »in geweihter Erde« nochmals beigesetzt. Erst 8 Jahre später erfuhr Lartet von dieser Entdeckung und beschloß sofort, dort weiterzugraben. Zwar an die Skelette kam er nicht mehr heran, wohl aber konnte er glaubhaft machen – auf Grund von Steingeräten, die auf der Oberfläche des Höhlenbodens lagen –, daß diese Skelette in die »Epoche des geschliffenen Steins« gehörten. Darunter fand er Kulturschichten, die sichtlich älter waren und nur behauene Feuersteingeräte enthielten. Zum erstenmal war der stratigraphische Nachweis erbracht, daß die Epochen der »älteren« und »jüngeren« Steinzeit, die man bisher nur formenkundlich unterschieden hatte, tatsächlich verschiedenen Zeiten angehörten.

Kurz darauf hörte Lartet von Steinzeitfunden im Tal des Flüßchens Vézère, besonders in der Umgebung des Dörfchens Les Eysies. Damit setzte für ihn eine außerordentlich fruchtbare Grabungstätigkeit ein, in dem klassischen Lande des Paläolithikums im Périgord. Begünstigt wurde diese Arbeit auch noch durch die Tatsache, daß von nun an Lartet auch unbegrenzte finanzielle Mittel zur Verfügung standen: der englische Bankier und Ethnologe *Henry Christy*, 10 Jahre jünger als Lartet und durch dessen Bericht über die Höhle von Aurignac auf ihn aufmerksam geworden, schlug ihm gemeinsame Erforschung der reichen Fundplätze des Périgord vor – und erklärte sich gleichzeitig bereit, alle Kosten für Grabungen usw. zu tragen. Lartet nahm dies großzügige Angebot an, und nun begann eine mehrjährige, gemeinsame Arbeit der beiden Forscher, die bald eng befreundet waren.

Von großer Bedeutung wurde die Ausgrabung der Höhle von *Laugerie-Haute*, wo die beiden Forscher zum erstenmal drei dunkle Kulturschichten erkannten, die durch helle (sterile, d. h. keine Funde führende) Zwischenschichten getrennt waren. 1864 berichteten Lartet in französischen und Christy in englischen Zeitschriften getrennt über ihre Grabungsergebnisse. Sie verglichen die von ihnen an verschiedenen Plätzen des Périgord festgestellten stratigraphischen Beobachtungen mit den Beobachtungen an anderen bereits früher in Frankreich und England ausgegrabenen Fundstellen und versuchten eine Parallelisierung und zugleich Einstufung. Es war dies der erste Versuch einer *»vergleichenden Stratigraphie«*, die nachher in der Erforschung des französischen Paläolithikums noch so große Triumphe feiern sollte.

Lartet stellte 1861 sein erstes chronologisches System auf und unterschied

1. die Periode des großen Höhlenbären
2. die Periode des Mammuts
3. die Periode des Rentiers
4. die Periode des Auerochsen, die der Periode des geschliffenen Beiles, der Jungsteinzeit, entsprach.

Kurz nach diesen Veröffentlichungen entdeckten Lartet und Christy die berühmten Fundplätze von *La Madeleine* und *Le Moustier*, die beide später namengebend für paläolithische Stufen werden sollten.

1865 starb Christy, erst 54 Jahre alt, plötzlich an einer Lungenentzündung, die er sich bei einer Grabung zugezogen hatte. Er hatte aber testamentarisch verfügt, daß die Arbeiten Lartets auch weiterhin von seinen Erben finanziert werden sollten. So konnte Lartet noch im Todesjahr Christys den ersten Band ihres gemeinsamen Werkes »Reliquiae Aquitaniae«

herausbringen, ein Denkmal dieser einzigartigen wissenschaftlichen Freundschaft. 1867 wurde Lartet Präsident der »Société Géologique«, 1869 Professor für Paläontologie in Paris. Dort starb er als 69jähriger während des Deutsch-Französischen Krieges im Januar 1871.

Es ist bezeichnend für Lartet, der von der Geologie her zur Vorgeschichte kam, daß er sich für die vorgeschichtlichen Stufen immer an Tiere als »Leitfossilien« hielt. Seine Zeit war noch nicht reif für die Erkenntnis, daß paläontologische Epochen in einem anderen »Rhythmus« verlaufen als archäologische. Erst der folgenden Generation gelang es, für archäologische Stufen auch archäologische Leittypen herauszusondern – ihr Bahnbrecher hieß de Mortillet.

Gabriel de Mortillet wurde 1821 in Meylon bei Grenoble in den französischen Alpen geboren. Er studierte Maschinenbau, daneben Geologie und Paläontologie. Schon in den 30er Jahren bekannte er sich als überzeugter Atheist und Republikaner und nahm als solcher aktiv an der Februarrevolution 1848 teil. Aber nicht die Republik siegte, sondern der »Bonapartismus«, und Louis Napoléon bestieg in wenigen Jahren als »Kaiser Napoleon III.« den französischen Thron. Schon vor diesem Ereignis war Mortillet wegen »Anstiftung zum Aufruhr durch Schrift« in absentia zu Gefängnis verurteilt worden. Er war aber noch rechtzeitig in die Schweiz geflüchtet, wo er bald als Ingenieur einer Baufirma, die in den Hochalpen und in der Lombardei ein Eisenbahnnetz baute, eine Tätigkeit fand. Mortillet, der sich schon in seiner Heimat für prähistorische Fragen interessiert und in Lokalmuseen mitgearbeitet hatte, fand nun auf seinem neuen Wirkungsfeld reichste Möglichkeiten, archäologische Fundplätze, die beim Bahnbau angeschnitten wurden, zu studieren. Eine Frucht dieser Studien waren zwei Abhandlungen über Spuren früher Menschen in der Lombardei, die beide 1860 erschienen. Daneben hielt er sich aber auch über den allgemeinen Forschungsstand in Vorgeschichte und Geologie auf dem laufenden und verfaßte 1861 einen Aufsatz über die »Existenz fossiler Menschen während der Eiszeit«, der ihn bereits in weiteren Fachkreisen bekanntmachte.

1863 mußte Napoleon III. einen liberaleren Kurs einschlagen, und eine Folge davon war, daß Mortillet amnestiert wurde und nach 16jähriger Verbannung wieder in seine Heimat zurückkehren konnte. Und nun beginnt sein steiler Aufstieg zu einem der führenden Prähistoriker der letzten Jahrzehnte des 19. Jahrhunderts. 1866 fand auf seine Anregung hin der »Erste Internationale Paläo-Ethnologische Kongreß« in Neuchâtel in der Schweiz statt, 1867 der »Zweite Prähistorische Kongreß« in Paris, gleichzeitig mit der Weltausstellung, auf der zwar noch Lartet das Präsidium der prähistorischen Ausstellungen innehatte, die Last der Arbeit und Organisation aber schon voll auf den Schultern Mortillets ruhte, dem Sekretär des Komitees. 1868 wurde er zum Direktor des Museums in St. Germain bei Paris ernannt, eine Stellung, die er 30 Jahre lang bekleiden sollte, und 1878 zum Professor an der »Ecole d'Anthropologie«.

1869 bereits hatte Mortillet sein auf stratigraphischen Beobachtungen beruhendes System der relativen Chronologie veröffentlicht, das seinen Weltruhm begründete. An Stelle von Lartets tierischen Leitfossilien führte er als erster rein archäologische »Leittypen« ein und benannte seine Stufen nach bekannten Fundplätzen: Moustérien, Solutréen, Aurignacien, Magdalénien; Namen, die auch heute noch gültig sind. Schwierigkeiten bereitete ihm nur das Verhältnis vom

Aurignacien zum Solutréen. Rein auf Grund stratigraphischer Beobachtungen hätte er eigentlich schon damals zu dem Schluß kommen müssen, das Aurignacien sei älter und das Solutréen jünger. Da er aber, ganz richtig, erkannt hatte, daß zwischen den Formen des Aurignacien und denen des Magdalénien ein genetischer Zusammenhang bestand, das Solutréen dagegen (wir werden die typischen Formen dieser verschiedenen Stufen sogleich kennenlernen) etwas ganz anderes war, so sträubte sich etwas in Mortillet, diese Stufe dazwischenzuschieben. Er ließ 1883 das Aurignacien ganz fallen, setzte nun aber vor das Moustérien noch die Stufe des Acheuléen, so daß seine Chronologie jetzt so aussah: 1. Acheuléen, 2. Moustérien, 3. Solutréen, 4. Magdalénien.

1889 gelang es einem Schüler Mortillets auf Grund stratigraphischer Beobachtungen im Sommetal, das Acheuléen aufzuteilen in ein 1. Chelléen und ein eigentliches 2. Acheuléen, die dem 3. Moustérien vorausgingen, so daß damals bereits die drei klassischen Perioden des »Alt-Paläolithikums« gefunden waren. Beim »Jungpaläolithikum« dagegen dauerte es noch bis zum Jahre 1906, bis *Henri Breuil* – der bis ins hohe Alter immer noch streitbare Mortillet war 1898 gestorben – das Aurignacien wieder zu Ehren brachte und nun endgültig die Reihenfolge

4. Aurignacien, 5. Solutréen, 6. Magdalénien

aufstellte. Er war dabei von den stratigraphischen Befunden auf sehr zahlreichen mehrschichtigen Fundplätzen ausgegangen, die seitdem in den letzten Jahrzehnten ausgegraben worden waren.

Eine dieser Höhlen, zugleich eine der wichtigsten auf deutschem Boden, ist die *Sirgensteinhöhle* (Abb. 1 A), die der Tübinger Professor R. R. Schmidt untersucht hat. Hier sehen wir in klassischer Klarheit zuunterst eine Schicht mit Geräten des Moustérien und darüber das Aurignacien, Solutréen und Magdalénien gelagert. Derartige Befunde waren für Breuil und die junge Generation, vor allem für den Deutsch-Österreicher *Hans Obermaier*, der jahrzehntelang in Madrid lebte und neben Breuil der führende Forscher des Paläolithikums wurde, maßgebend, Mortillet dagegen hat bis zu seinem Tode am »Entwicklungsgedanken« festgehalten, er konnte es sich nicht vorstellen, daß es in der Entwicklung auch Risse und Sprünge geben könne und daß die Geschichte oft nicht gerade den Gesetzen der Logik folgt. Mortillet sollte nicht das einzige Beispiel in der Vorgeschichtsforschung bleiben, daß sonst völlig auf der Höhe ihrer Zeit stehende Persönlichkeiten durch vorgefaßte Meinungen in die Irre geführt wurden; »langsam und auf Umwegen nur« konnte die Vorgeschichtsforschung ihre Erkenntnisse gewinnen.

Doch nun zu dem klassischen System der Altsteinzeit, wie es im ersten Jahrzehnt des 20. Jahrhunderts auf Grund exakter stratigraphischer Beobachtungen von Henri Breuil aufgestellt wurde. Wir haben auf den letzten Seiten eine ganze Reihe von Stufennamen kennengelernt, wir haben von »Leittypen« gesprochen: Was ist der Inhalt dieser Stufen; wie sehen die Leittypen aus?

Bevor wir sie beschreiben, müssen wir erst noch einige Worte über die steinzeitliche Technik sagen, ohne deren Kenntnis wir die Beschreibung der Typen nicht verstehen könnten. Das Hauptmaterial, aus dem der Mensch des »Paläolithikums«, d. h. der Altsteinzeit seine Geräte herstellte, war der *Feuerstein* oder *Flint*. Dies ist ein glasartiges, sprödes, außerordentlich hartes Gestein, das, ähnlich wie Glas, bei einem Schlage mit einem harten Gegenstand, also etwa einem Feldstein, zerspringt, und die Bruchstücke zeigen dann

Stratigraphie der altsteinzeitlichen Höhlen

A. Profil der Sirgensteinhöhle (Württemberg)

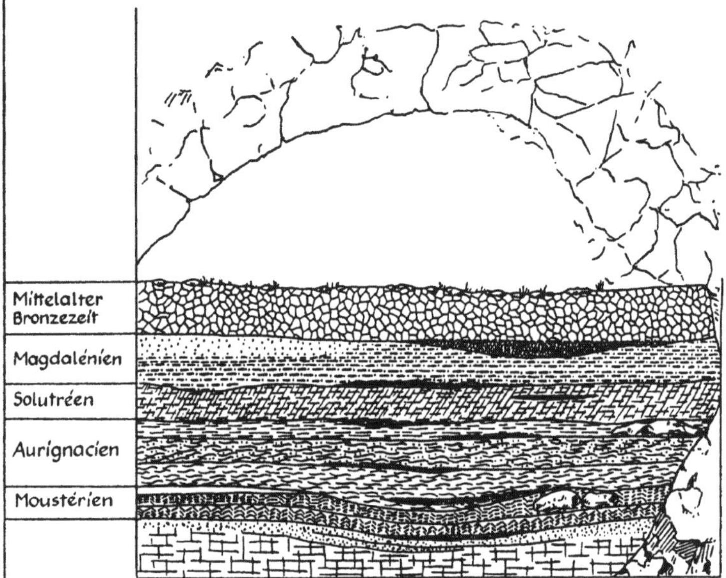

B. Höhlenmalereien aus Lascaux (Frankreich)

Untere Schicht: mittleres Magdalénien, darüber: spätes Magdalénien

Abb. 1

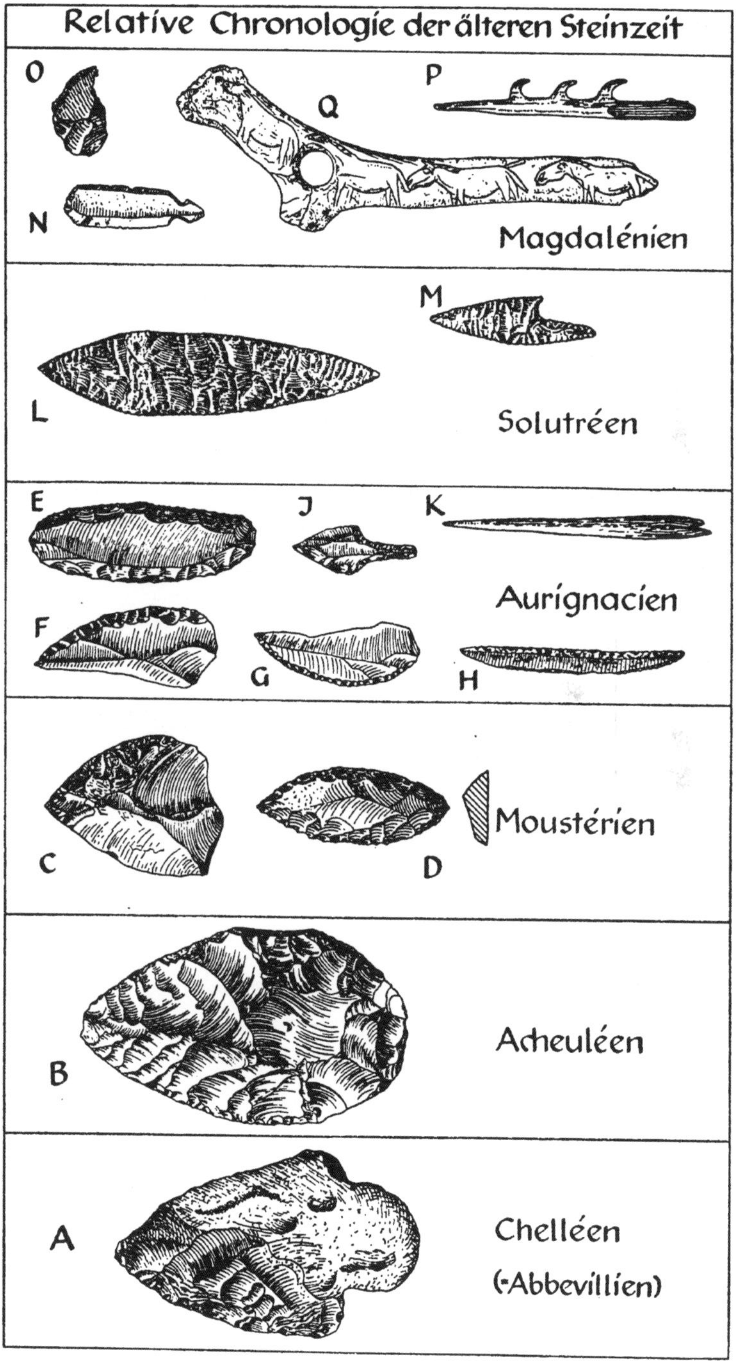
Relative Chronologie der älteren Steinzeit
O
P
Q
N
Magdalénien
M
L
Solutréen
E
J
K
Aurignacien
F
G
H
C
D
Moustérien
B
Acheuléen
A
Chelléen
(=Abbevillien)

Abb. 2

scharfe Kanten wie Glassplitter und lassen sich schon ohne weitere Bearbeitung zum Schneiden, Stechen usw. gebrauchen. Im Laufe der Jahrtausende hatte es aber der Urmensch immer besser gelernt, mit diesem spröden Material umzugehen, hatte gelernt, wie er den »Schlagstein« handhaben mußte, um durch einfaches Behauen bestimmte »gewollte« Formen zu erzielen, die er nun immer wieder in derselben Art herstellte. Aus diesem Grunde ist es auch dem heutigen Forscher möglich, diese »gewollten« Formen von Zufallsprodukten zu unterscheiden und damit »Typen« aufzustellen, die für bestimmte Zeiten kennzeichnend sind.

Zwei große Gruppen von Geräten aus Feuerstein können wir unterscheiden: a) Kerngeräte, b) Abschlagsgeräte.

Bei den *Kerngeräten* ist es die natürliche Feuersteinknolle selber, die wir uns etwa wie eine große unregelmäßig geformte Kartoffel vorstellen können und die durch Abschläge so zurechtgestutzt wird, daß ein Gerät entsteht. Die Abschläge bleiben als Abfall unbeachtet. So ist im Alt-Paläolithikum der Faustkeil entstanden, im Mesolithikum (= Mittlere Steinzeit) das *Kernbeil* und im Neolithikum (= Jüngere Steinzeit) das dünnackige und dicknackige Feuersteinbeil. Man kann aber auch die Abschläge »wollen« und das Kernstück (= Nucleus) der Feuersteinknolle als Abfall ansehen. In diesem Fall wird die Feuersteinknolle zunächst durch einen seitlichen Schlag »geköpft«; es entsteht oben eine waagerechte »Bearbeitungsfläche«, auf die nun mit dem Schlagstein senkrechte Schläge ausgeführt und »Klingen« abgetrennt werden. Eine solche Klinge, sie kann schmal, aber auch breit sein, je nachdem, was für ein Gerät man aus ihr herzustellen beabsichtigt, zeigt oben noch ein oft winziges Stück der Bearbeitungsfläche. Man sieht deutlich die »Schlagmarke«, und auf der Rückseite pflegt eine solche Klinge immer flach zu sein, mit einzelnen, konzentrischen »Erschütterungsringen«, die ihr Zentrum in der Schlagmarke haben. Die andere Seite der Klinge ist stets »fazettiert«. Diese Fazetten sind dadurch entstanden, daß von demselben Kernstück schon vorher andere Klingen heruntergeschlagen worden sind. – Um aus einer derartigen »Rohklinge« ein »Gerät« herzustellen, mußte sie dann noch »gedengelt« oder »retuschiert« werden: die Ränder werden durch viele ganz kleine Abschläge so nachgeformt, wie sie für den beabsichtigten Zweck notwendig sind. – Grobe Abschläge, aber durchaus gewollte Formen gab es schon im Alt-Paläolithikum. Ihre große Zeit erleben aber diese Abschläge in den »Klingenkulturen« des Jungpaläolithikums, spielen aber auch in der mittleren und jüngeren Steinzeit noch eine große Rolle.

Nach diesen technischen Vorbemerkungen können wir uns nun endgültig den »klassischen« Perioden der Altsteinzeit zuwenden:

1. Das *Chelléen* (nach Chelles bei Paris) mit rohen Faustkeilen (Abb. 2 A),
2. das *Acheuléen* (nach St. Acheul bei Amiens) mit feiner gearbeiteten Faustkeilen (Abb. 2 B), die beiderseits sauber behauen sind,
3. das *Moustérien* (nach La Moustier im Vézèretal, Dordogne) mit verkümmerten Faustkeilen, sogenannten Handspitzen (Abb. 2 C) und Doppelspitzen (Abb. 2 D). Aus dieser Epoche sind auch die ersten bestatteten Menschen vom Neandertal-Typus bekanntgeworden, z. B. der »Homo Moustériensis Hauseri« des Berliner Staatsmuseums.

Die drei ersten Stufen der Altsteinzeit werden unter der Bezeichnung »*Alt-Paläolithikum*« zusammengefaßt. Kennzeichnend ist für alle drei Stufen der Faustkeil in verschiedenen Entwicklungsstadien, ein zweiseitig aus dem Feuersteinknollen herausgehauenes Allerweltsgerät, sowie eine ziemlich grob bearbeitete Begleitindustrie von kleineren Werkzeugen, die noch keine allzu große Spezialisierung verraten.

Dagegen zeigen nun die folgenden drei Stufen des »*Jung-Paläolithikums*« ein völlig anderes Gepräge. Statt der groben Groß-Geräte jetzt eine sehr stark spezialisierte Kleinindustrie, meist aus Abschlägen (Klingen) hergestellt, Auftreten von Knochengeräten, Auftreten der Kunst. Dies alles offenbar das Werk einer neu in Europa auftauchenden Menschenrasse, des »Homo sapiens fossilis«, des Vorfahren des heutigen Menschen (z. B. der »Homo Aurignacensis Hauseri« des Berliner Staatsmuseums).

4. Das *Aurignacien* (nach der Höhle von Aurignac, Dép. Haute Garonne) mit sauber von einem Kernstück (Nucleus) herabgeschlagenen Klingen mit steiler Randretusche, darunter allseitig retuschierten Klingenkratzern (Abb. 2 E), einseitig retuschierten breiten Abri-Audi-Spitzen (Abb. 2 F), schlankeren Chatelperronspitzen (Abb. 2 G) und nadelförmigen Gravettespitzen (Abb. 2 H), die einem frühen, mittleren und späten Aurignacien entsprechen und die ebenfalls späten Stielspitzen vom Font-Robert-Typus (Abb. 2 I).

   Im Aurignacien tauchen auch die ersten Knochen- bzw. Elfenbeinspitzen mit gespaltener Basis auf (Abb. 2 K) und die frühesten Zeugen menschlicher Kunst: Tierdarstellungen an den Wänden von Höhlen, menschliche, vorzugsweise weibliche Statuetten aus Stein.

5. Das *Solutréen* (nach Solutré, Dép. Saône et Loire) zeigt ein völlig abweichendes Gepräge. Statt der

»steilen Randretusche« des Aurignacien finden wir jetzt eine »flache Schuppenretusche«, die die gesamte Oberfläche des Gerätes gleichmäßig bedeckt. Leittypen sind die »Lorbeerblattspitze« (Abb. 2 L) und die »Kerbspitze« (Abb. 2 M). Knochengeräte treten zurück, ebenso die Kunst – kein Wunder, daß Mortillet mit diesem Gegensatz zwischen Aurignacien und Solutréen nicht fertig wurde! Die Deutung dieses Befundes (Einwanderung eines neuen Volkes?) bereitet auch der heutigen Forschung noch Schwierigkeiten, wenn auch an der chronologischen Stellung zwischen Aurignacien und Magdalénien auf Grund von einwandfrei feststehenden stratigraphischen Beobachtungen nicht gezweifelt werden kann.

6. Das *Magdalénien* (nach La Madeleine im Vézèretal) ist demgegenüber die direkte Fortsetzung des Aurignacien, das sich offenbar in einem »Rückzugsgebiet« noch gehalten hatte. Das zeigen die Geräte aus Feuerstein, wie der »Papageienschnabelstichel« (Abb. 2 O) und Messer (Abb. 2 N), das zeigen Geräte aus Knochen, wie die Harpune mit Widerhaken (Abb. 2 P), das zeigt vor allem die Kunst, die nun ihre höchste Blüte erlebt: in Werken der Kleinkunst, wie den mit Tierzeichnungen bedeckten sogenannten »Kommandostäben« (Abb. 2 Q) und vor allem in der großen Kunst der Höhlenmalereien (Abb. 1 B).

In den folgenden Jahrzehnten wurde dieses »klassische System« vor allem durch die Arbeiten von H. Obermaier stark verfeinert und jede dieser Stufen mindestens in drei Unterstufen gegliedert. Für das Jungpaläolithikum hat sich hierbei grundsätzlich nicht viel geändert. Um so mehr dagegen für das Alt-Paläolithikum, wo, insbesondere durch neue Forschungen Henri Breuils, das Bild sich teilweise grundlegend gewandelt hat. Besonders durch die Aufstellung der neuen Kulturen des Clactonien und des Levalloisien.

Für das *Clactonien* (nach Clacton-on-Sea in Südostengland) sind grobe Abschläge kennzeichnend, die durch Anschlagen der Feuersteinknolle an einem großen Amboßstein hergestellt wurden. Diese »Breitklingen vom Clacton-Typ« laufen zeitlich neben dem Chelléen-Abbevillien und neben dem Acheuléen her (vgl. die Tabelle Abb. 22).

Bei dem *Levalloisien* (nach Levallois in Frankreich) wird zuerst die Feuersteinknolle durch saubere Abschläge zu einem schildkrötenförmigen Kernstein, dem sogenannten »Schildkern« geformt, von dem man dann die gewünschten Geräte abschlug. Die »Breitklingen vom Levallois-Typ« setzen später ein als die vom Clacton-Typ. Sie laufen zeitlich neben dem Acheuléen und Moustérien her (vgl. Tabelle Abb. 22).

Zum Schluß soll noch auf ein Sondergebiet der stratigraphischen Methode hingewiesen werden: die *paläolithischen Höhlenmalereien* in Südfrankreich und Spanien. Die Malereien finden sich vorzugsweise in Kulthöhlen, die jahrhundertelang, vielleicht jahrtausendelang in Betrieb waren. In Zusammenhang mit Jagdmagie wurden an die Höhlenwände und Decken Bilder gemalt, meist Tierbilder. Da immer wieder in denselben Höhlen und oft an derselben Stelle »gezaubert« wurde, liegen vielfach mehrere Bilder übereinander im Sinne von echten »Straten«, wenn diese hier auch jedesmal hauchdünn sind. Aber hier war ein sicherer Weg vorhanden, im Sinne einer exakten »vertikalen Stratigraphie« zu einer relativen Chronologie der Malereien zu gelangen. – Als Beispiel für eine derartige Stratigraphie der Höhlenbilder wählen wir eine Malerei aus der Höhle von Lascaux in Südfrankreich, die erst im Sommer 1940, kurz nach dem Frankreich-Feldzuge, entdeckt wurde, und die wohl eines der großartigsten Denkmäler altsteinzeitlicher Kunst ist. Unser Bildausschnitt (Abb. 1 B) zeigt in der unteren Schicht im »malerischen« Stil des mittleren Magdalénien: links oben ein Wildpferd, links unten mehrere Hirsche und rechts unten eine Kuh. Die obere Schicht dagegen zeigt, in den kräftigen Konturlinien des späteren Magdalénien, die riesige Darstellung eines Stieres. – Woher wissen wir, daß diese Höhlenmalereien in das Magdalénien datiert werden müssen? Die Höhlenbilder selber zeigen doch nur, was älter und was jünger sein muß, nicht aber die genaue Zeitstufe? Hierzu führt uns ein anderer Weg:

Dieser andere Weg war die *stilistische* Verknüpfung von Werken der »großen Kunst« mit solchen der Kleinkunst (Tierbilder auf Knochen, Elfenbein, Kalkstein usw.), die sich in vielen Höhlen-Straten, zusammen mit »Leittypen« fanden. Wir haben in Abb. 2 Q ein Knochengerät mit Wildpferdzeichnungen abgebildet, das in einer Magdalénienschicht gefunden wurde. Auf Grund derartiger Vergleiche ergab sich, daß das Alt-Paläolithikum noch keine Kunst kennt. Die Kunst wird geboren im Aurignacien, fehlt so gut wie ganz im Solutréen und erlebt ihren Höhepunkt im Magdalénien.

Wie bei den Gerätetypen steht also auch in der Kunst das Solutréen abseits, während das Aurignacien und Magdalénien eng miteinander verknüpft sind.

Die paläolithischen Fundplätze Frankreichs waren die *eine* Stelle, an der in der zweiten Hälfte des 19. Jahrhunderts die stratigraphische Methode entwickelt wurde; die andere Stelle heißt Troja.

Die Stratigraphie von Troja

Troja ist für immer mit dem Namen *Heinrich Schliemann* (1822–1890) verknüpft. Allgemein bekannt ist die Geschichte des mecklenburgischen Pfarrerssohnes, der schon als Kind den Plan faßte, Troja auszugraben, der sich dann mit ungeheurer Energie ein Millionenvermögen erwarb und schließlich auf der Höhe seines Lebens stehend, seinen Jugendtraum verwirklichte und Troja tatsächlich fand und ausgrub. Und doch gibt es wenige Menschen, deren Bild in den Augen der Mit- und Nachwelt so schwankt wie das Schliemanns: von begeisterter Verehrung, besonders in Laienkreisen, für die Schliemann oft geradezu der Prototyp des Ausgräbers und Archäologen ist, bis zu der sarkastischen Bemerkung des Archäologen E. Pernice: Troja sei nicht von den Griechen, sondern von Heinrich Schliemann zerstört worden – reicht die Skala der Urteile.

An der »Zerstörung« Trojas durch Schliemann ist soviel wahr, daß er bei seinen 1871 begonnenen Untersuchungen auf dem Hügel von Hissarlick, am Eingang der Dardanellen, zunächst durch die Mitte des Hügels einen breiten Suchgraben legen und dabei, um einen Überblick zu gewinnen, rücksichtslos alles Mauerwerk mit der Spitzhacke wegschlagen ließ, bis er schließlich auf dem »gewachsenen« Felsboden stand. Da dieser Graben ziemlich breit war und das Zentrum der Ansiedlung durchschnitt, hat Schliemann damals allerdings wichtige Gebäudereste ganz oder teilweise »zerstört«. Aber wer will ihm hieraus einen Vorwurf machen? Wer konnte damals, im Jahre 1871, besser graben? Wer war damals Fach-Prähistoriker im heutigen Sinne? Alle von uns bisher besprochenen Forscher von Thomsen bis Mortillet waren zunächst Laien und Autodidakten und haben sich in ihr neues Fach,

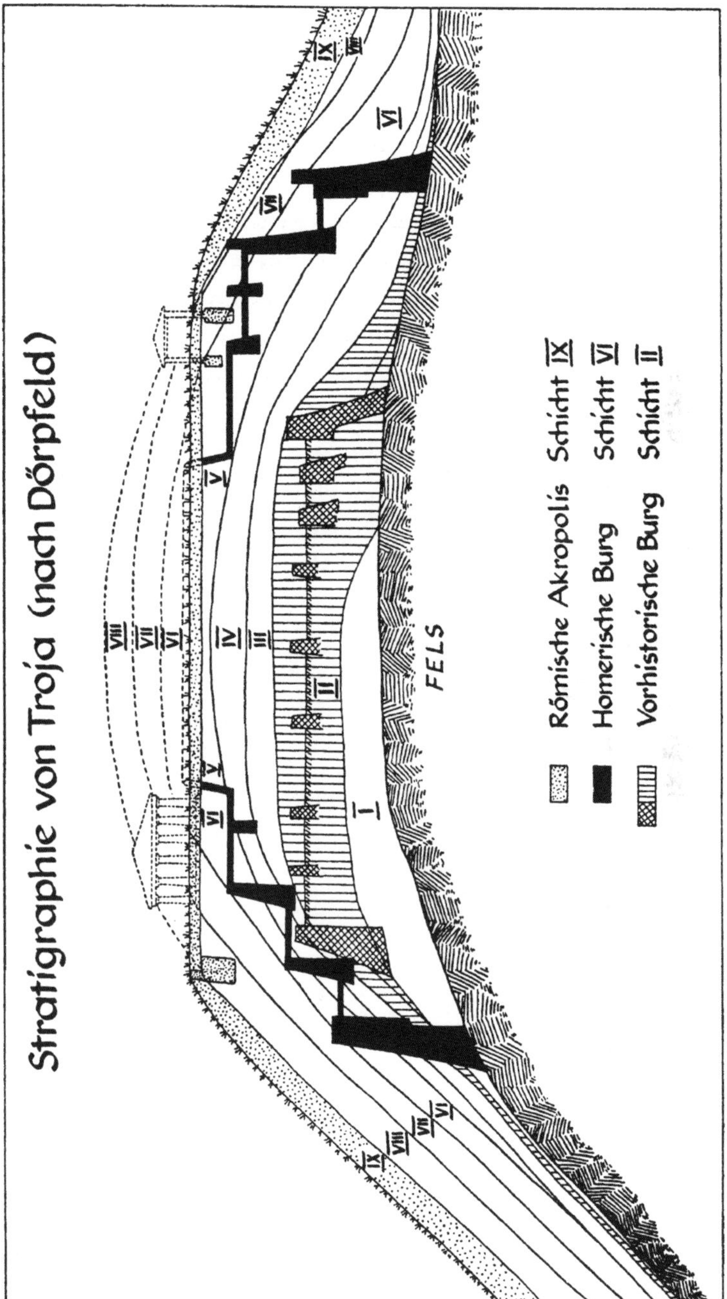
Stratigraphie von Troja (nach Dörpfeld)
Römische Akropolis Schicht IX
Homerische Burg Schicht VI
Vorhistorische Burg Schicht II
FELS

Abb. 3

das sie als Liebhaberei betrieben, erst nach und nach eingearbeitet. Schliemann aber war sicher nicht der Leichtsinnigste unter ihnen: er hat bei seinen Grabungen sorgfältige Tagebücher geführt, aus denen man heute noch manche wichtige Einzelheit rekonstruieren kann. Und wenn er auch selber nie dieses sehr komplizierten Grabungsobjektes, das Troja tatsächlich ist, Herr geworden war, so besaß er doch menschliche Größe genug, nach einer Reihe von Jahren den besten Ausgräber seiner Zeit, *Dörpfeld* mit heranzuziehen. Dörpfeld hatte sich gerade kurz vorher bei den Ausgrabungen in Olympia, der ersten Groß-Grabung, die das neu gegründete Deutsche Reich in den 70er Jahren finanzierte, die Sporen verdient. Seiner Erfahrung und seinem Scharfsinn ist es zu verdanken, daß in Troja noch gerettet wurde, was zu retten war. Es erwies sich zunächst sogar als ein gewisser Vorteil, daß Schliemann seinen berühmten Nord-Südgraben so rücksichtslos in die Tiefe getrieben hatte: nun sah Dörpfeld zwei riesige Profilwände vor sich, aus deren Studium sich für ihn das Bild von nicht weniger als neun Städten ergab, die hier an dieser verkehrstechnisch und strategisch gleich wichtigen Stelle nach und nach gestanden hatten (Abb. 3).

Die *erste* Stadt, auf den gewachsenen Felsen aufgebaut, ist erst durch die amerikanischen Grabungen der 30er Jahre (Blegens) näher bekanntgeworden. Schliemann und Dörpfeld kannten nur wenige unbedeutende Mauerreste im Nord-Südgraben, die der frühen Bronzezeit anzugehören schienen.

Die *zweite* Stadt, die »verbrannte« Stadt Schliemanns, ist eine stark befestigte Burg, deren Mauern zumeist aus Lehmziegeln auf Steinfundament bestehen, eine Bauweise, die Dörpfeld kurz vorher bereits am Heraion von Olympia beobachten konnte und die wir neuerdings sogar aus Süddeutschland, von der Heuneburg kennen (S. 157). Im Inneren sind Gebäude im Megaron-Typus (wie ihn Homer beschreibt) bemerkenswert. Zu der zweiten Stadt gehören reiche Metallschätze (»Goldschatz des Priamos« u. a.) und eine eigenartig entwickelte Keramik.

Die *dritte, vierte und fünfte »Stadt«* sind unbedeutend.

In der *sechsten* Stadt finden sich wieder starke Festungsmauern z. T. aus guten Kalksteinquadern. Die Stadt ist durch Brand und gewaltsame Zerstörung untergegangen, in den Ruinen legte man einfache Wohnhäuser oder Magazine an, die man zur *ersten Periode der siebenten Stadt* rechnet. In Troja VI und VII, 1 fanden sich zahlreiche mykenische Scherben.

In der 2. *Periode der siebenten Stadt* (VII, 2) fand sich dagegen eine fremdartige Buckelkeramik, auf die wir in anderem Zusammenhang noch eingehen werden.

Die *achte und neunte Stadt* endlich sind das archaisch-griechische und das hellenistisch-römische Ilion: der Platz, an dem der Perserkönig Xerxes 480 vor dem Übergang über den Hellespont dem Priamos und später Alexander d. Gr. 334 dem Achilleus Opfer darbrachten und wo Augustus den Athenatempel erneuern ließ. Diese Tatsachen wußte man aus den antiken Schriftquellen seit Herodot und fand das Milieu durch die Funde in den beiden obersten Schichten bestätigt. Schliemann suchte aber das *homerische* Troja und glaubte es in Troja II, seiner »verbrannten« Stadt wiedergefunden zu haben. Dörpfeld dagegen entdeckte, nach Schliemanns Tode (1890) die VI. Stadt, und da diese gleichfalls zerstört war und zudem mykenische Scherben enthielt, glaubte er, in dieser Schicht das homerische Troja zu besitzen.

Weit wichtiger aber als dieser Streit um die Identifizierung der Feste des Königs Priamos sollte für die Forschung die Tatsache werden, daß man hier an ein und derselben Stelle unter zwei historisch fixierbaren Schichten noch sieben rein prähistorische Schichten gefunden hatte, die bis an die Schwelle der jüngeren Steinzeit (1. Stadt) heranreichten. Für die nächsten Jahrzehnte war Troja für die gesamte Archäologie des östlichen Mittelmeergebietes der Fixpunkt, auf den man sich bei der relativen Chronologie beziehen konnte. Fand man irgendwo in Gräbern oder Siedlungen Tonscherben oder andere typische Kleinfunde, die auch in einer der trojanischen Schichten vorkamen, dann besaß man einen Anhaltspunkt für die Zeitstellung. Erst im 20. Jahrhundert konnte durch die Ausgrabung vieler weiterer Plätze das Netz der Beobachtungspunkte immer dichter geknüpft und damit die »Monopol«-Stellung Trojas gebrochen werden.

Ebenso wichtig wie als Fixpunkt für die Chronologie war aber auch Troja als Schule der Ausgrabungstechnik. Hier haben viele jüngere Archäologen unter Dörpfelds kundiger Leitung die stratigraphische Methode erlernt. Hier konnten sie auch sehen, daß Stratigraphie nicht immer ein einfaches Problem war. Schliemann z. B. hat nie etwas von Troja VI gewußt; aus einem ganz einfachen Grunde: im Zentrum des Hügels von Hissarlick fehlte nämlich diese Schicht. Als in Troja IX der große Athenatempel gebaut wurde, stellte der römische Architekt ein Planum her und trug alle Reste von Troja VI–VIII ab, so daß scheinbar Troja IX auf Troja V zu liegen kam. Erst als Dörpfeld nach Schliemanns Tod größere Flächen abdeckte, stieß er auf die Schichten von Troja VI bis VIII und fand auch den Mauerring von Troja VI und einige Häuser am Rande der Stadt. Der Palast von Troja VI dagegen war schon seit dem Altertum unwiederbringlich verloren.

Die Stratigraphie von Grabhügeln

Die paläolithischen Höhlen in Südfrankreich und der Hügel von Hissarlick-Troja sind zwei Beispiele für die archäologische *Stratigraphie bei Siedlungen.* Man hat sich in der zweiten Hälfte des 19. Jahrhunderts aber auch schon mit dem Problem der *Stratigraphie von Gräbern* befaßt und derjenige, der dies Problem am klarsten erkannte, war *Oskar Montelius.*

Montelius weist z. B. auf einen Grabhügel in *Eldsberga* in Süd-Schweden hin: er enthielt 1. zuunterst, in den gewachsenen Boden eingetieft, ein *Ganggrab der jüngeren Steinzeit* mit flachem Erdhügel – 2. darüber ein hoch gewölbtes Steinhügelgrab der *älteren Bronzezeit mit zwei Baumsärgen* mit unverbrannten Leichen – 3. im darüber gewölbten Erdhügel drei kleine *Brandgräber* der *jüngeren Bronzezeit.* – Der stratigraphische Befund ist hier völlig eindeutig: das Ganggrab *muß* älter sein als der Steinhügel mit den Baumsärgen, die jungbronzezeitlichen Nachbestattungen *können* erst angelegt worden sein, als der Steinhügel schon bestand (Abb. 4 oben).

Ein anderer von Montelius untersuchter schwedischer Grabhügel, *Lundby* in Västergötland, enthielt: 1. ein Ganggrab – 2. zwei Gräber aus der jüngeren Bronzezeit – 3. Waffen aus der älteren Eisenzeit. Dieser Hügel könnte gewissermaßen als eine stratigraphische Bestätigung von Thomsens Dreiperiodensystem angesehen werden.

In großem Maßstab hat *Sophus Müller*, der große dänische Zeitgenosse von Oskar Montelius, die Stratigraphie von Gräbern an einem besonders dankbaren Objekt entwickelt: an der sogenannten *»Jütländischen Einzelgrabkultur«* (Abb. 4 unten). In den letzten Jahrzehnten des 19. Jahrhunderts wurden in Jütland große

Heidegebiete, die seit Jahrtausenden unbebaut dalagen, urbar gemacht und hierbei viele Grabhügel eingeebnet. Es ist das Verdienst Sophus Müllers und seines Mitarbeiterstabes am Dänischen Nationalmuseum, in einer 10jährigen Kampagne – dem größten »Notgrabungsprogramm«, das die Vorgeschichtswissenschaft bis dahin kannte – Hunderte und Aberhunderte von Hügeln untersucht zu haben. Ein großer Teil von ihnen gehörte der jüngeren Steinzeit an, aber einer Kultur, die bis dahin fast unbekannt geblieben war, der Einzelgrabkultur. Im Gegensatz zu den schon seit Jahrhunderten bekannten Großsteingräbern (Dolmen und Ganggräber), bei denen es sich um Sippenbegräbnisse handelt (in der Kammer, die von Anfang an auf Nachbestattungen eingerichtet war, liegen bis zu 100 Skelette), war in diesen Hügeln zunächst nur *ein* Toter bestattet. In vielen Fällen konnte Sophus Müller beobachten, daß später, und zwar offensichtlich von Leuten derselben Kultur, die von der ersten Bestattung genau wußten, *über* diesem Grabe ein zweites, danach oft sogar ein drittes und ein viertes Grab angelegt wurde. So ergab sich eine klare Stratigraphie, und auf Grund von Hunderten von Einzelbeobachtungen gelangte er zu folgendem chronologischem Schema:

1. Untergräber (in den Boden eingetieft)
2. Bodengräber (in Bodenniveau)
3. Obergräber (höher im Hügel)
4. Oberstgräber (ganz oben im Hügelmantel).

Für jede dieser stratigraphisch gesicherten Stufen konnte Sophus Müller eine Reihe von »Leittypen« aufstellen, Tongefäße (meist Becher) und Lochäxte aus Felsgestein, die einer deutlich erkennbaren Entwicklung unterworfen waren. Die drei ersten Stufen gehören noch voll der jüngeren Steinzeit an und gehen zeitlich parallel

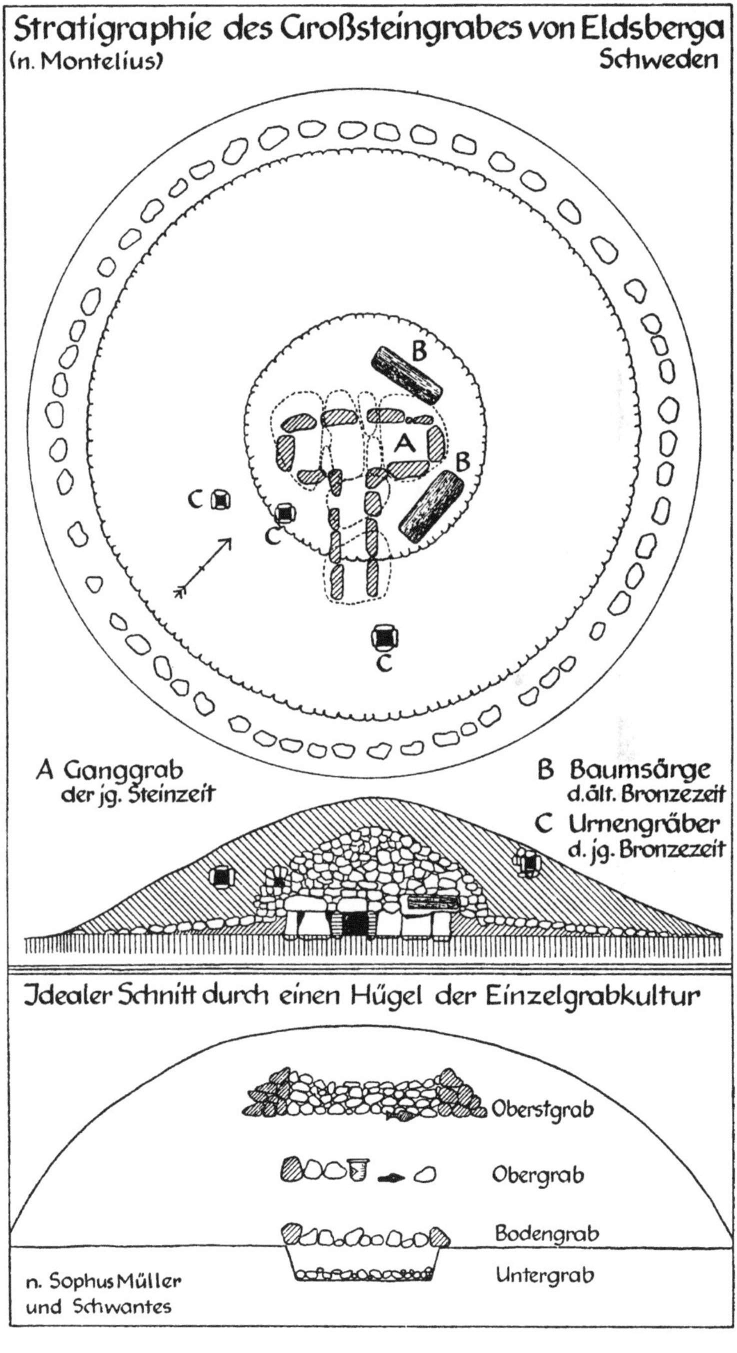
Stratigraphie des Großsteingrabes von Eldsberga
(n. Montelius)
Schweden
A Ganggrab
der jg. Steinzeit
B Baumsärge
d. ält. Bronzezeit
C Urnengräber
d. jg. Bronzezeit
Jdealer Schnitt durch einen Hügel der Einzelgrabkultur
Oberstgrab
Obergrab
Bodengrab
Untergrab
n. Sophus Müller
und Schwantes

Abb. 4

mit den jüngeren Ganggräbern, die vierte Stufe dagegen, wegen der für sie kennzeichnenden schönen Feuersteindolche auch »Dolchzeit« genannt, gehört, wie wir heute wissen, bereits in die erste Periode der Bronzezeit.

Die horizontale Stratigraphie

Alle bisher besprochenen Fälle, bei Siedlungen und bei Gräbern, waren Beispiele für *vertikale Stratigraphie.* Es gibt aber auch Beispiele für *»horizontale« Stratigraphie,* auf deren Bedeutung, insbesondere bei Gräberfeldern, wieder Montelius als erster aufmerksam gemacht hat. Horizontale Stratigraphie ist eigentlich ein paradoxer Ausdruck, der sich aber doch bewährt hat.

Das älteste der von ihm herangezogenen Beispiele ist das von dem dänischen Forscher *Vedel* untersuchte Gräberfeld von *Kannikegaard* (Abb. 5) auf der Insel Bornholm. Vedel, in den 60er und 70er Jahren einer der führenden Gelehrten auf dem Gebiete der Eisenzeitforschung, jahrelang »Amtmann« der Insel Bornholm, hat dort u. a. auch dieses Gräberfeld planmäßig untersucht und dabei eine Reihe von Gräbergruppen unterscheiden können, die sich von Norden nach Süden hinziehen. Dabei ergab sich später, als Montelius 1895 sein Werk über die »Chronologie der Eisenzeit« schrieb, daß diese Gruppen jeweils eine geschlossene Zeitstufe repräsentierten und die nördlichsten Gräber die ältesten, die südlichen die jüngsten sind:

A′ = Spät-Latène-Gräber (Gräber aus dem 1. Jahrhundert n. Chr. selten),
A″ = Spät-Latène-Gräber (und mehrere Gräber aus dem 1. Jahrhundert n. Chr.),

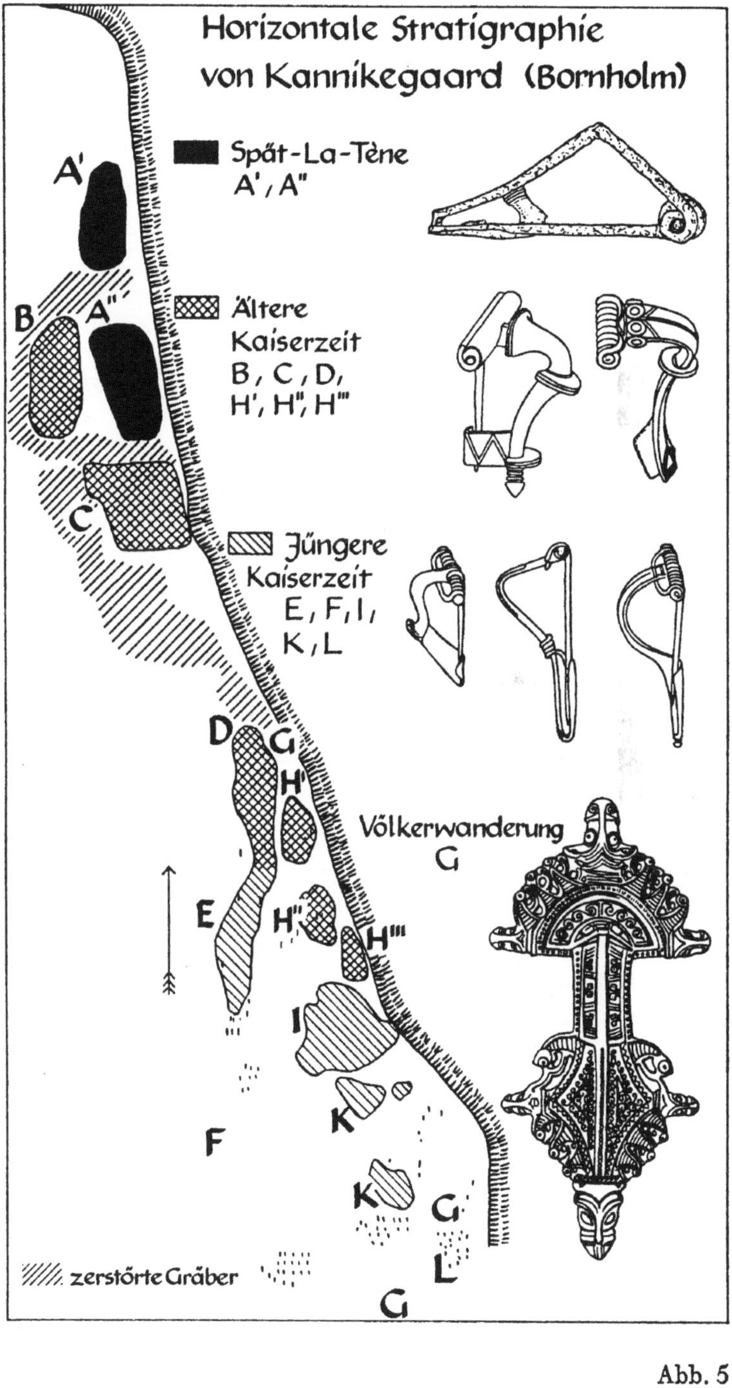
Horizontale Stratigraphie
von Kannikegaard (Bornholm)
Spät-La-Tène
A', A"
Ältere
Kaiserzeit
B, C, D,
H', H", H'"
Jüngere
Kaiserzeit
E, F, I,
K, L
Völkerwanderung
G
A'
A"
B
C
D
G
H'
E
H"
H'"
I
K
F
K
G
L
G
zerstörte Gräber

Abb. 5

B, C, D und H′ aus dem 1. Jahrhundert n. Chr. (spätere Gräber sehr selten),

H″ und H‴ Gräber aus dem 2. Jahrhundert n. Chr.

E, F, I, K und L hauptsächlich Gräber aus dem 3. und 4. Jahrhundert n. Chr., einige aus dem 5. Jahrhundert.

G ist eine kleine Gruppe solcher späteren Gräber der Völkerwanderung.

Zwischen C und D, wie die übrigen schraffierten Stellen, zerstörte Gräber.

Als ähnlich chronologisch aufgebaut erwiesen sich das Gräberfeld von Bläsnungs auf Gotland, das von *O. Tischler* untersuchte Gräberfeld von Dolkeim in Ostpreußen und das von *Hostmann*, leider ohne Plan, veröffentlichte Gräberfeld von Darzau in Hannover. Die »horizontale Stratigraphie« ist keine exakte Methode, nie kann man mit ihr allein einen schlüssigen Beweis erbringen. Aber in Verbindung mit anderen Methoden kann sie manche chronologische Unsicherheit beseitigen helfen und vor allem auch andere Fragen, z. B. solche der Soziologie, der Lösung näher bringen. In den letzten Jahren haben sich verschiedene Forscher, vor allem *R. Hachmann*, mit der Analyse von Gräberfeldplänen befaßt und überraschende Erfolge gezeitigt. (Groß-Romstedt, Harsefeld, Hornbeck, Körchow, Rondsen und Simris.)

Die Kombination von vertikaler und horizontaler Stratigraphie

In einigen Fällen ist es gelungen, die Methoden der vertikalen und die der horizontalen Stratigraphie miteinander zu verknüpfen. Das schönste Beispiel dafür ist Haithabu.

Haithabu, die berühmte Wikingerstadt an der Schlei, wurde seit 1930 unter der Leitung von *G. Schwantes* und später *H. Jankuhn* planmäßig untersucht. Außer einigen großen Suchgräben von Westen nach Osten und von Norden nach Süden, wurde in den Jahren 1937 bis 1939 vor allem eine größere Fläche rund um den Unterlauf eines Baches untersucht, der seinerzeit die Stadt mit Süßwasser versorgt hatte. Es erwies sich bei der Grabung, daß der Bach durch ein hölzernes Bollwerk eingedämmt war. Da er viel Schwemmsand mit sich führte, erhöhte sich der Bachgrund, und entsprechend mußte auch die hölzerne Eindämmung mehrmals erhöht werden. Die Ausgrabung des Bachbettes in 10 m starken Schichten ergab eine klare *vertikale Stratigraphie*. In die Schwemmsandschichten eingebettet fanden sich zahlreiche Tonscherben, Metall- und Knochengeräte, die einen lückenlosen Überblick über die relative Chronologie gestatteten. In den unteren und mittleren Bachbettschichten (Abb. 6 oben) fanden sich auch viele Scherben aus Westdeutschland importierter Tongefäße: von »Reliefbandamphoren«, von »Tatinger« Kannen, von »Badorfer« Gefäßen. In den mittleren und oberen Schichten dagegen fanden sich Scherben von »Pingsdorfer« Gefäßen. Daraufhin ließen sich die unteren Bachbettschichten ins 9. Jahrhundert, die mittleren ins 10. und die oberen Schichten ins 11. Jahrhundert datieren.

Das Stadtgebiet von Haithabu ist auch heute noch von einem mächtigen Halbkreiswall umgeben (Abb. 6 unten). Früher glaubte man, daß dieser Wall schon bald nach der Gründung von Haithabu (808 n. Chr.) angelegt worden wäre, und man verteilte daher die zahlreichen Bauperioden des Walles auf das 9., 10. und 11. Jahrhundert. Die Auswertung der Bachbettchronologie im Sinne einer *horizontalen Stratigraphie* brachte aber für die Topographie von Haithabu völlig neue Ergebnisse. H. Jankuhn trug die Fundstellen der Importkeramik in den Stadtplan ein und stellte fest, daß sich Importscherben des 9. Jahrhunderts nur in einem verhältnismäßig kleinen Gebiet nördlich der alten Bachmündung fanden. Im Laufe des 10. Jahrhunderts dehnte sich die besiedelte Fläche nach Norden und Westen aus, und erst die Scherben des 11. Jahrhunderts waren über die ganze Innenfläche des Halbkreiswalles verstreut. Solange diese horizontale Stratigraphie sich nur auf die Importkeramik stützte, war es Jankuhn – nach seinem eigenen Zeugnis – durchaus noch nicht sicher, ob man diesen Befund chronologisch oder etwa soziologisch ausdeuten sollte. Soziologisch in dem Sinne, daß die verschiedenen Stadtviertel von verschiedenen »Ständen« bewohnt waren. Es wäre ja denkbar gewesen, daß im 9. Jahrhundert sich nur die reichen Kaufleute das feine und kostbare Importgeschirr leisten konnten. Die ärmeren Bevölkerungsschichten hätten dann in den Randgebieten, in der Nähe des Halbkreiswalles gesiedelt, die Kaufleute an der Bachmündung, und erst im Laufe des 10. und 11. Jahrhunderts hätten sich die Standesunterschiede und die Kaufkraft der einzelnen Bevölkerungsgruppen so stark nivelliert, daß nun auch das Importgeschirr von allen Ständen in Gebrauch genommen wurde. Dies war indessen nur eine theoretische Erwägung.

Jankuhn untersuchte nun auch die gewöhnliche, einheimische Gebrauchskeramik und konnte auch hier auf Grund der Bachbett-Stratigraphie die Scherben des 9., 10. und 11. Jahrhunderts von einander trennen. Da auch hier die Kartierung der Funde im Sinne einer »horizontalen Stratigraphie« dasselbe Bild ergab, konnte der Befund jetzt einwandfrei chronologisch gedeutet werden.

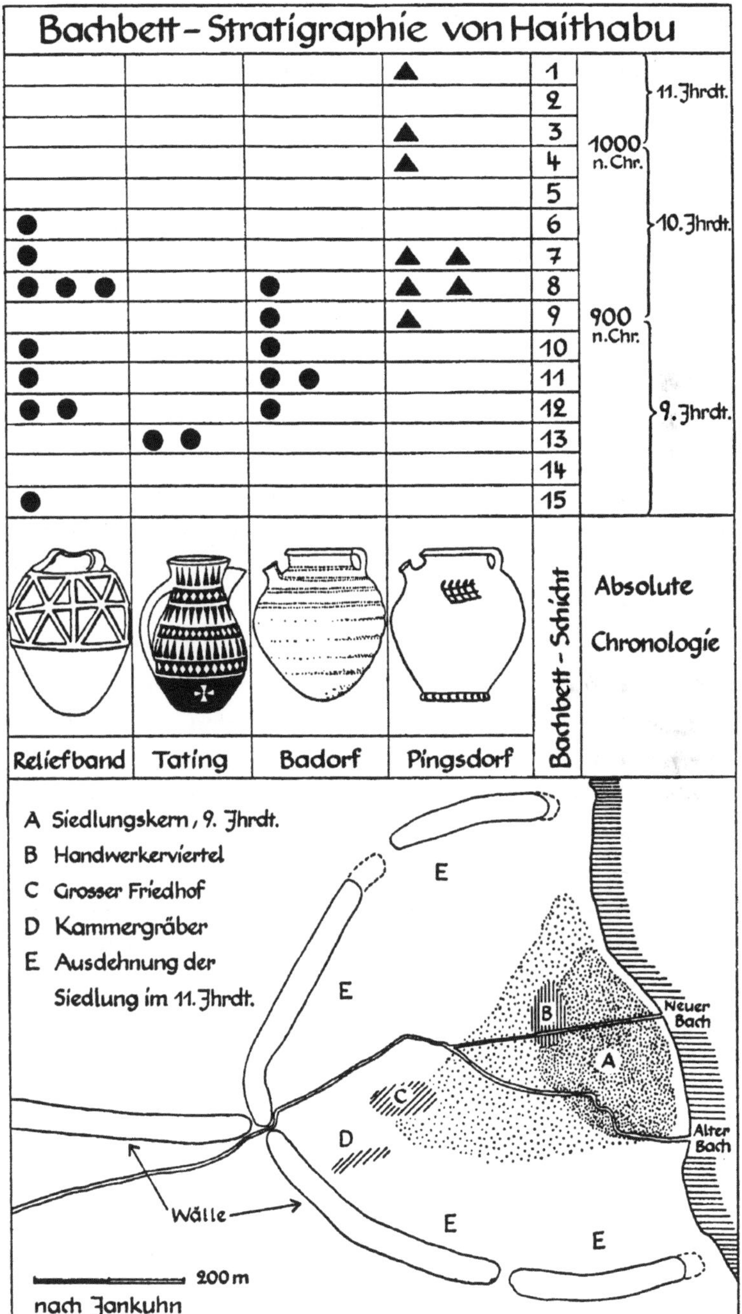

Bachbett-Stratigraphie von Haithabu
1
2
3
4
5
6
7
8
9
10
11
12
13
14
15
11. Jhrdt.
1000 n. Chr.
10. Jhrdt.
900 n. Chr.
9. Jhrdt.
Reliefband
Tating
Badorf
Pingsdorf
Bachbett-Schicht
Absolute Chronologie
A Siedlungskern, 9. Jhrdt.
B Handwerkerviertel
C Grosser Friedhof
D Kammergräber
E Ausdehnung der Siedlung im 11. Jhrdt.
E
E
A
B
C
D
Neuer Bach
Alter Bach
Wälle
E
E
200 m
nach Jankuhn

Abb. 6

Haithabu, der große Handelsplatz an der Schleswig-Holsteinischen Landenge, an dem Seewege von Dorestad in Friesland nach Birka am Mälarsee und später auch nach Wollin an der Odermündung, war auf Grund dieser Beobachtungen zunächst eine unbefestigte Kaufmannssiedlung an der tief eingeschnittenen Ostseebucht der Schlei, der sich Mitte des 9. Jahrhunderts eine Handwerkersiedlung angliederte. Vor den »Toren« der Stadt, an der Straße, die nach Westen zur Nordsee führte, lagen zwei Friedhöfe mit den großen Kammergräbern der reichen Kaufleute und ärmeren Gräbern der übrigen Bevölkerung. Die Verteilung der Tonscherben zeigt uns dann weiter an, wie sich die Stadt längs der Straße nach Westen, aber auch an der Hafenfront nach Norden ausdehnte und wie dann in der zweiten Hälfte des 10. Jahrhunderts und im 11. Jahrhundert das ganze Gebiet bis zum Fuße des Halbkreiswalles besiedelt wurde. Wahrscheinlich ist der Wall selber erst um die Mitte des 10. Jahrhunderts gebaut worden, also zur Zeit der Könige Gorm und Harald Blauzahn. Er wäre dann zeitgleich mit dem Halbkreiswall von Birka im Mälarsee und dem Wolliner Silberberg (der in den 30er Jahren von K. A. Wilde untersucht wurde), und wahrscheinlich machten ähnliche politische und strategische Hintergründe jetzt die Befestigung der großen Handelsplätze notwendig, für die im 9. Jahrhundert wohl noch eigene starke Flotten als Schutz ausgereicht hatten.

Oskar Montelius und die typologische Methode

Die »typologische Methode« wird von der heutigen Generation meist mit dem Namen *Oskar Montelius* in Verbindung gebracht. Und doch ist seine geistige Urheberschaft gerade in dieser Frage umstritten. Zumindest muß er sich hier mit seinem etwa gleichaltrigen Stockholmer Kollegen *Hildebrand* in den Ruhm teilen. Montelius' Bedeutung beruht auf etwas ganz anderem: er ist nicht der »Erfinder« der Typologie, sondern der erste, der *alle* Methoden, die zu einer exakten relativen und absoluten Chronologie führen können, klar in ihren Vorzügen und Nachteilen gegeneinander abwog und aus ihnen allen zusammen sein System schuf. Er wendet die Stratigraphie ebenso an wie die Typologie, und wenn er überhaupt von etwas der »Erfinder« ist, so ist er der des »geschlossenen Fundes«; erst aus der Kombination aller Möglichkeiten ergibt sich für ihn die nötige feste Basis. Bezeichnenderweise heißt eines seiner grundlegenden Werke nicht »Die typologische Methode«, wie gelegentlich sogar in Fachschriften zitiert wird, sondern ganz einfach »Die Methode«.

Oskar Montelius wurde 1843 in Stockholm geboren. Nach Worsaae ist er wohl der erste Prähistoriker, der nicht auf dem Umweg über ein anderes Fach zur Vorgeschichte gelangte, sondern sich schon als junger Mensch für diese Wissenschaft begeisterte und sie sofort als Hauptberuf ergriff – mit ein Zeichen dafür, wie stark das allgemeine Interesse an diesem Fach in einem halben Jahrhundert gestiegen war. Mit 20 Jahren trat Montelius als Assistent am »Statens Historiska Museum« in den Museums- und Staatsdienst ein, dem er volle 50 Jahre treu geblieben ist. Dort lernte er einen anderen jüngeren Kollegen kennen, *Hans Hildebrand*, den Sohn des »älteren« Hildebrand (schwedischer Reichsantiquar zu Thomsens Zeiten; später sollte Montelius selber dies höchste, von König Gustaf Adolf 1630 gegründete Amt bekleiden). Über das Verhältnis dieser beiden jungen Archäologen hat sich Oscar Almgren, im Nachruf auf Hildebrand, folgendermaßen geäußert: »Hildebrand hatte 1870 eine einjährige Studienreise nach Dänemark, Deutschland, Belgien, Österreich-Ungarn und Italien unternommen. Durch den umfassenden Überblick über das archäologische Material, den er auf dieser Reise gewann, wurde es ihm klar, daß auch in den Erzeugnissen des menschlichen Handwerks Entwicklungserscheinungen beobachtet werden können, die für die relative Chronologie der Altsachen und die Geschichte ihrer Herkunft von größter Bedeutung sind. Gleichzeitig hatte sein Kollege, Oskar Montelius, bei seinen Studien über die nordische Bronzezeit dieselbe Beobachtung gemacht, und so wurden diese beiden jungen Beamten des Stockholmer Museums unabhängig voneinander Begründer der für den weiteren Fortschritt der urgeschichtlichen Forschung so ungemein wichtigen typologischen Methode.«

Hildebrand veröffentlichte in den 70er Jahren seine grundlegende Abhandlung »Bidrag till spännets historia« (= Beitrag zur Geschichte der Fibel), in der er auf der typologischen Methode ebenso fußte wie Montelius in denselben Jahren in Vorträgen auf internationalen Kongressen und in kleineren Aufsätzen. Und dann kam im Jahre 1885 der große Wurf, das Werk »Om tidsbestämning in om Bronsåldern« (= Über die Zeitbestimmung in der Bronzezeit), eine Arbeit, durch die Montelius mit einem Schlag in die erste Reihe der Vorgeschichtsforscher aufrückte, eine Stellung, die er sich bis zu seinem Tode (1921) zu bewahren wußte. Denn während Hildebrand nach der Veröffentlichung seines Jugendwerkes sich von der Archäologie abwandte und in späteren Jahren mehr der reinen Geschichtsforschung widmete, baute Montelius sein System immer weiter aus, den 6 Perioden der Bronzezeit folgten die 4 Perioden der jüngeren Steinzeit und schließlich die 8 Perioden der Eisenzeit. Er dehnte sein Forschungsgebiet gleichzeitig von den nordischen Ländern über Mitteleuropa bis nach Italien, Griechenland, Ägypten und den Vorderen Orient aus, schrieb über viele dieser Länder grundlegende Arbeiten und sah sich im Alter als der König der prähistorischen Archäologie allgemein in Europa anerkannt.

Doch zurück zu seinem Erstlingswerk, der »Zeitbestimmung in der Bronzezeit«. Hier finden wir zum ersten Male in vollendeter Weise die Monteliussche »Methode«, von der die »typologische Methode« eben doch nur ein Teil ist, dargestellt. Und es ist richtunggebend geworden nicht nur für die relative, sondern auch für die absolute Chronologie.

In der Darstellung der *typologischen* Methode aber folgen wir der berühmten Abhandlung aus dem Jahre 1903 – »Die Methode« betitelt. Montelius beginnt diese Arbeit nicht mit »typologischen Reihen«, sondern zunächst mit der Definition dessen, was unter einem »Fund« oder, wie er sich präziser ausdrückt, unter einem »sicheren Fund« zu verstehen sei. Heute hat sich hierfür der Begriff »geschlossener Fund« eingebürgert.

»Ein *Fund* in dieser Meinung kann als *die Summe* von denjenigen *Gegenständen* angesehen werden, *welche unter solchen Verhältnissen gefunden worden sind, daß sie als ganz gleichzeitig niedergelegt betrachtet werden müssen*«, sagt er, und dieser Satz ist bis heute grundlegend geblieben.

Montelius geht dann weiter darauf ein, was für Arten von Funden es gibt und unterscheidet hier

1. Wohnplatzfunde (heute »Siedlungsfunde«)
2. Grabfunde
3. Depotfunde (heute »Hortfunde«)
4. Zufallsfunde (heute »Einzelfunde«),

von denen die 4. Art für chronologische Forschungen ausscheidet.

Bei den ersten drei Gruppen umreißt er dann genauer, wann sie als »sicherer« Fund anzusehen seien. *Wohnplätze* könnte man in den meisten Fällen nicht dazu rechnen. »Die Höhle oder der Pfahlbau, die Burg oder die Stadt kann sehr lange bewohnt gewesen und der eine dort gefundene Gegenstand kann viel älter als der andere sein.« Wo wir dagegen in einer Höhle oder einem Pfahlbau mehrere Schichten übereinander finden, da könnte der Inhalt *einer* Schicht als *ungefähr* gleichzeitig angesehen werden; »die unterste Schicht ist natürlich älter als die mittlere und diese wieder älter als die oberste«. Auch der Inhalt eines *Gräberfeldes* sei nicht, wie häufig geschehen, als »geschlossener Fund« zu betrachten. In einem Gräberfelde können Bestattungen ganz verschiedener Jahrhunderte enthalten sein, und hier weist Montelius auf die Gräberfelder von Kannikegaard auf Bornholm und Bläsnungs auf Gotland hin. Auch der Inhalt eines *Grabhügels* braucht nicht immer ein »geschlossener« Fund zu sein wie die Hügel von Eldsberga und Lundby bewiesen. Selbst der Inhalt eines *Großsteingrabes* sei kein »Fund«, denn diese Gräber seien von vornherein auf Nachbestattungen eingerichtet und enthielten gelegentlich bis zu 100 Bestattungen, die sich auf längere Zeiträume erstrecken könnten. Jedoch könne man den Inhalt *eines* Grabes (also die Beigaben eines Skelettes, den Inhalt einer Urne mit Leichenbrand) unbedenklich als einen »geschlossenen« Fund ansehen.

Auch die *Depotfunde* sieht Montelius als »geschlossen« an. Allerdings gibt es dort auch Ausnahmen. So kann z. B. an einer Stelle, etwa an einer heiligen Quelle, durch mehrere Jahrhunderte geopfert worden sein, wie z. B. beim berühmten *Pyrmonter Brunnenfund*, wo sich Fibeln und andere Gegenstände aus mehreren Jahrhunderten der römischen Kaiserzeit fanden.

Auf diesem Gebiet hat sich selbst Montelius einmal geirrt: so sieht er z. B. den *Thorsberger Moorfund* als »geschlossenen« Fund an, während wir heute wissen, daß auch hier ein Heiligtum gelegen hat, in dem mehrere Jahrhunderte lang von dem 1. Jahrhundert vor bis zum 4. Jahrhundert nach Christi Geburt geopfert worden ist.

Aber, so fährt Montelius einschränkend fort, auch ein »geschlossener« Fund beweist nur, »daß sämtliche Gegenstände auf einmal *niedergelegt* worden sind. Ein solcher Fund ist aber gar kein Beweis, daß sämtliche Gegenstände zur selben Zeit *verfertigt* wurden. *Ein* Gegenstand *kann* sehr alt, *ein anderer* ganz neu gewesen sein, als er in die Erde kam. Aber, so spricht Montelius dann beruhigend, auf Grund langjähriger Erfahrung, »die Hauptmasse der gleichzeitig gebrauchten Sachen war aber früher, wie in unseren Tagen, ungefähr zur selben Zeit, d. h. im Laufe von ein paar Jahrzehnten, verfertigt.« Diese beiden Sätze von Montelius sind oft mißdeutet worden, die einen hielten sich an den ersten, die anderen an den zweiten Satz und verallgemeinerten ihn jeweils. Selten hat man beide Sätze zusammen als Einheit gelesen – wie Montelius es sicher gewollt hat. Wir aber stellen fest, daß Montelius, noch bevor er auf die Typologie zu sprechen kommt, zunächst das Problem der »geschlossenen Funde« genau untersucht hat. Dann folgt eine Betrachtung über die Stratigraphie von Siedlungen und Grabhügeln, und erst dann kommt er auf die Typologie. Er sagt: »Es ist doch nur verhältnismäßig selten, daß man durch die Lage das relative Alter der Funde und der Periode bestimmen kann. Glücklicherweise gibt es aber eine andere Methode, die fast in allen Fällen angewendet werden kann, um das Aufeinanderfolgen der Perioden festzustellen. Diese Methode ist die *typologische.*«

Die »typologische Methode« geht von der Beobachtung aus, daß jeder Gegenstand, den der Mensch herstellt, bestimmten Entwicklungsgesetzen unterworfen ist. Diese Entwicklung kann eine rein technische sein, die dem Streben nach Verbesserung eines Werkzeuges entspringt. Sie kann aber auch Änderungen des Geschmacks, des Stils, der künstlerischen Entwicklung unterworfen sein. Montelius sagt dazu: »Es ist übrigens wunderbar, daß der Mensch bei seinen Arbeiten dem Gesetze der Entwicklung unterworfen gewesen ist und unterworfen bleibt. Ist die menschliche Freiheit wirklich so beschränkt, daß wir nicht jede beliebige Form bilden können? Sind wir gezwungen, nur Schritt für Schritt von einer Form zur anderen, sei sie auch wenig abweichend, überzugehen?

Ehe man diese Verhältnisse näher studiert hat, könnte man verleitet werden, solche Fragen mit ›nein‹ zu beantworten. Seitdem man die merkwürdige Geschichte der menschlichen Arbeit eingehender studiert hat, findet man indessen, daß die Antwort ›ja‹ sein muß. Die Entwicklung kann langsam oder schnell verlaufen, immer ist aber der Mensch bei seinem Schaffen von neuen Formen genötigt, demselben Gesetz der Entwicklung zu gehorchen, das für die übrige Natur gilt.«

Durch diese letzten Worte gibt Montelius zu erkennen, von wo er die Anregung zu seiner »typologischen Methode« bekommen hat: von den Naturwissenschaften. Das 1859 erschienene Werk des englischen Naturforschers *Charles Darwin* »Über die Entstehung der Arten durch natürliche Zuchtwahl« hatte nicht nur auf die Naturwissenschaften einen ungeheuren Einfluß ausgeübt, der unter dem Namen »Darwinismus« bekannt ist; es hatte auch eine nicht zu unterschätzende Wirkung auf die Geisteswissenschaften, und ein Beispiel dafür ist die neue Methode von Oskar Montelius.

Um seine Theorie von dem Entwicklungsgesetz, dem nicht nur die Natur, sondern auch die Werke des Menschen unterworfen sein, zu erläutern und zu stützen, führt Montelius u. a. die Entwicklung der schwedischen Eisenbahnwagen des 19. Jahrhunderts als Beispiel an. Er zeigt in einer Reihe von Abbildungen, daß die ältesten Eisenbahnwagen aussehen wie drei oder vier aneinandergeklebte Postkutschen. Etwas später werden Eisenbahnwagen hergestellt, die schon geradlinige Formen, die hierfür zweckmäßig waren, zeigen, die aber noch durch Bemalung die »typologische« Herkunft aus der Postkutsche verraten. Die dritte Stufe ist unser heutiger »Personenzugwagen«. Wer denkt heute wohl noch daran, wenn er ein solches Abteil besteigt, daß die Tür in der Mitte des Abteils und die beiden kleinen Fenster rechts und links noch immer die Erinnerung an die Postkutsche bewahren? Erst die modernen Eil- und D-Zugwagen haben diese Tradition vergessen und sich völlig dem neuen Zweck angepaßt.

Wenn Montelius *heute* schreiben würde, dann hätte er sicher auch auf die »typologische« Entwicklung des Autos hingewiesen: der Motorwagen der 90er Jahre, der noch ganz so aussieht wie eine »Pferdedroschke ohne Pferde«, das Automobil des Jahres 1910, und schließlich der moderne Stromlinienwagen.

Wenn nun schon der moderne Mensch und die moderne Technik einem so starken Zwang unterworfen sind, wieviel stärker mußte sich dieser in vorgeschichtlicher Zeit auswirken! Montelius zeigt dies an Hand einer Reihe von Beispielen, an Hand der Entwicklung der bronzezeitlichen Beile, Schwerter, Fibeln und Gürteldosen (Abb. 7).

Die ältesten im Norden gefundenen *Metallbeile* sind die sogenannten Flachbeile (Typ A) aus Kupfer oder zinnarmer Bronze. Um die weitere Entwicklung dieses

Typs zu verstehen, müssen wir uns zunächst die Schäftung derartiger Beile ansehen, die in einigen seltenen Fällen erhalten geblieben ist. Im Gegensatz zu den *Äxten*, die ein Loch haben, durch das man den Schaft, ähnlich wie bei unseren heutigen Äxten, hindurchsteckte, wurden die *Beile* in das gespaltene Ende eines knieförmig gebogenen Schaftes eingeklemmt und durch Umwicklung mit einer Schnur festgehalten. Da es sich zeigte, daß beim Schlage ein derartiges Flachbeil oft hin- und herwackelte und schließlich die Umwicklung zerriß, wurde nach einiger Zeit ein erhabener Rand mitgegossen, und es entstand das *Randbeil* (Typ B). Aber auch dies war noch keine ideale Lösung. Das Randbeil wurde durch den Schlag immer tiefer in den Schaft hineingetrieben und spaltete ihn schließlich auf. Um dies zu verhindern, goß man in der Mitte eine Art »Steg« mit, und es entstand das *Absatzbeil* (Typ C). Endlich kam man auf die Idee, die Tülle, die man schon seit Generationen von den Lanzenspitzen her kannte, nun auch auf das Beil zu übertragen, und so entstand das *Tüllenbeil* (Typ D). Die ältesten Tüllenbeile verraten in gewissen Details noch die Herkunft aus dem Rand- bzw. Absatzbeil: so ist am unteren Ende der Tülle gelegentlich noch ein Absatz zu erkennen, und auch die Umwicklung ist ornamental nachgeahmt. Mit der Erfindung des Tüllenbeils hatte das Bronzebeil seine *technische* Vollkommenheit erreicht. Von nun an war es nur noch einer geschmacklichen, d. h. stilistischen Entwicklung unterworfen, ohne technisch verbessert zu werden. Die ältesten Tüllenbeile sind recht schlank, die jüngeren Formen werden immer gedrungener (Typ E) und die jüngsten sind breite, kurze Typen mit breit ausladender, geschweifter Schneide (Typ F).

Die Entwicklung des *Schwertes* setzt mit dem *Dolch*

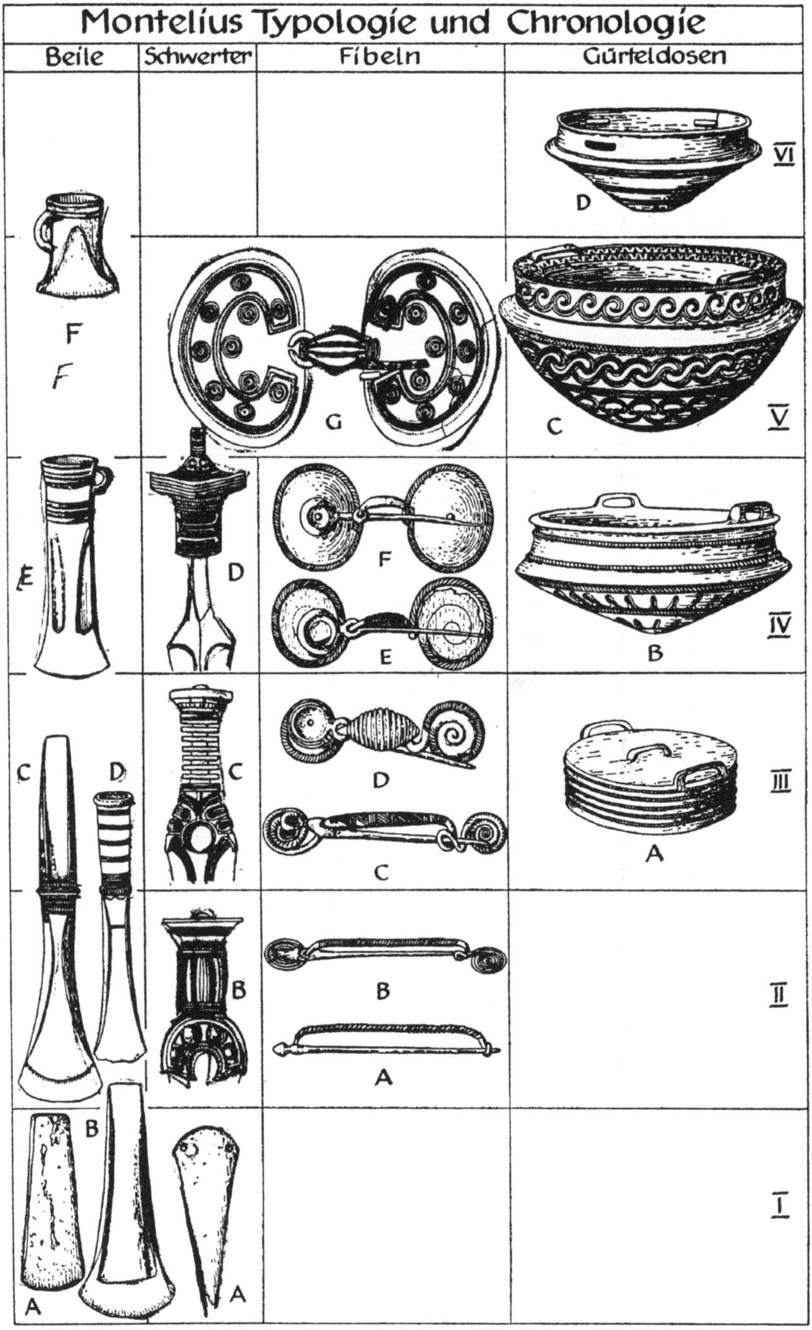
Montelius Typologie und Chronologie
Beile
Schwerter
Fibeln
Gürteldosen
VI
V
IV
III
II
I

Abb. 7

ein. Zu seinen ältesten Typen gehören kurze dreieckige Klingen mit meist nur zwei Nietlöchern, der Holzgriff ist zerfallen (Typ A). Bald tauchen auch Griffe aus Bronze auf, die zuerst noch mit echten Nieten an die Klinge angenietet (Abb. 8 b), bald aber aus einem Stück gegossen werden (Scheinnieten). Bei diesen Vollgriffdolchen ist die Klinge schon etwas länger. Wird sie noch länger, so entsteht das Kurzschwert und schließlich das Schwert, mit dem man einem nur mit dem Dolch bewaffneten Gegner im Kampf sicher überlegen war. Die älteren nordischen Vollgriffschwerter (Typ B) haben eine ovale Knaufplatte, einen massiven Griff und eine halbkreisförmig ausgesparte Nietplatte, die in elegant geschweiften Zungen endet. Bei jüngeren Exemplaren nähern sich die beiden Zungenenden immer mehr, bis sie schließlich »zusammenwachsen«, die Knaufplatte wird spitzoval und schließlich rhombisch, und der Griff selber löst sich in eine Reihe von Scheiben auf, die dadurch uns heute sichtbar werden, weil die Zwischenräume, einem Zeitgeschmack entsprechend, mit einer dunklen Harzmasse ausgefüllt waren, die später zerfallen ist (Typ C). Noch jüngere Vollgriffschwerter haben nur noch eine »Angel« aus Metall und einen Griff aus organischem Material, der natürlich nicht erhalten ist. Nur der Knauf ist noch aus Bronze, mit lang ausgezogenen Enden, der sogenannte »Hörnerknauf« (Typ D). Auch dieser Knauf verschwindet schließlich bzw. ist aus organischem Material hergestellt, und so steht am Ende der Entwicklungsreihe das einfache »Griffangelschwert«.

Die *Fibel* ist aus der Nadel herzuleiten, die durch einen gedrehten Faden aus organischem Material »gesichert« wurde, so daß sie nicht aus dem Gewande herausrutschen konnte. Goß man nun diesen Faden aus Bronze, so war der Bügel der ältesten »Sicherheitsnadel«, d. h. der Fibel, erfunden (Typ A). Um dem Bügel mehr Halt zu geben, rollte man seine Enden in zwei Spiralscheiben auf, und es entstand die »nordische Urfibel« (Typ B). In der weiteren Entwicklung wird der Bügel verkürzt, aber zugleich höher gewölbt, wird die äußerste Windung der Spiralplatten verdickt und durch Querkerben verziert, werden die Spiralplatten größer und innen platt gehämmert (Typ C–D), die Spirale nur noch ornamental angedeutet (Typ E–F, flache Plattenfibel). Die Platten werden schließlich gewölbt, sind von nierenförmiger Gestalt und oft mit einem Hufeisenmuster verziert (Typ G, gewölbte Plattenfibel oder Hufeisenfibel).

Die letzte der von Montelius untersuchten Typenreihen ist die der *Gürteldosen.* Ihr Vorbild haben wir uns aus Holz vorzustellen, und offenbar ahmen die ältesten Bronzedosen (Typ A) ziemlich genau die flachzylindrische Holzdose nach; sogar die Reifen, die sie zusammenhalten sollten, sind getreulich in Bronze nachgegossen worden. Auch das eingetiefte Sternmuster unter dem Boden hat Vorbilder in Holz, wie wir von Holztassen wissen, die sich in dänischen Baumsarggräbern in einer wenig älteren Zeit im Original erhalten haben.

Bei der weiteren Entwicklung dieser Gürteldosen kann man verschiedene Tendenzen beobachten. Zunächst wird der Boden zu einer geschweiften Spitze ausgezogen und endet in einem Knopf oder nimmt schließlich kegelförmige Gestalt an; gleichzeitig wird das Sternmuster reicher ausgestaltet und die Seiten der Dose werden nach außen geschweift (Typ B). Jüngere Dosen haben einen kugelförmig gewölbten Boden, zeigen eine »barocke« Weiterentwicklung des alten Sternornamentes und sind oft von riesigen Dimensionen (Typ C). Die jüngsten Exemplare haben nicht mehr, wie alle früheren Varianten, hervorstehende Ösen, sondern in die Seitenwand eingearbeitete Schlitze, und die Verzierung ist offenbar auf Grund fremder Einflüsse in ein schlichtes Mäanderornament umgewandelt (Typ D).

Alle diese Reihen von Typen sind für Montelius zunächst nichts weiter als »Arbeitshypothesen«, Versuchsreihen, »wie es hätte gewesen sein können«, aber noch kein Beweis dafür, »wie es wirklich gewesen ist«. Es ist das Große an Montelius, und dadurch unterscheidet er sich von vielen seiner Nachahmer, daß er klar erkannte, daß die Typenreihe allein gar nichts sei, daß sie erst noch des *Beweises* bedürfe, um etwas zu werden. Wir dürfen annehmen, daß die von Montelius *publizierten* Typenreihen nur diejenigen sind, die allen Prüfungen standgehalten haben, daß er daneben aber noch eine ganze Anzahl weiterer »Versuchsreihen« aufgestellt hat, die er später wieder verwarf.

Drei Beweise für die Richtigkeit seiner typologischen Reihen hat Montelius herausgearbeitet:

1. das »typologische Rudiment«
2. den »geschlossenen Fund«
3. die Stratigraphie.

Nur der erste Beweis ist aus der Reihe selbst zu entnehmen. Wenn ein Element des Gegenstandes, das ursprünglich eine praktische Funktion hatte, diese verliert, aber als Ornament weiterlebt, dann sprechen wir von einem *»typologischen Rudiment«*. Beispiele hierfür sind die nachgeahmten Nieten bei den Schwertern, die nachgeahmte Spirale bei den Plattenfibeln, die »Reifen« der frühesten Bronzedosen usw. Das typologische Rudiment ist wichtig, um festzustellen in welcher Richtung eine typologische Reihe verläuft, denn in einigen Fällen kann man im Zweifel sein, welche Form am Anfang, welche am Ende steht, ob man die Reihe nicht auch in umgekehrter Richtung lesen könnte.

Der zweite Beweis ist der *geschlossene Fund*, dem Montelius bekanntlich eine überragende Bedeutung zumißt. Lassen wir ihn hier wieder selber reden, denn knapper und treffender kann man dies nicht ausdrücken: »Vergleichen wir die typologischen Serien mit geschlossenen Funden, so sehen wir, daß die Typen wirklich in der Reihenfolge nacheinander auftreten, welche anzunehmen die typologische Untersuchung uns veranlaßte. Eine der besten Kontrollen hierbei ist die, zu ergründen, welche Aufschlüsse die Funde zweier Serien aus derselben Gegend in dieser Beziehung geben, von denen man annehmen darf, daß sie parallel verlaufen, wenngleich die eine etwas früher begonnen haben mag als die andere.

Zwei für diese Frage sehr wichtige Serien bilden im Norden die Fibeln und die Gürteldosen. Ich nenne die verschiedenen Typen jeder Serie: A, B, C etc.; A ist der älteste Typus, B ist der nächst jüngere usw. Betrachten wir nun die Funde, welche Repräsentanten von diesen beiden Serien enthalten, dann finden wir:

> daß Fibeln vom Typus A und B nicht mit Gürteldosen zusammen gefunden worden sind; d. h. jene Fibeln sind älter als die Gürteldosen vom Typus A,
> daß Fibeln vom Typus C und D mit Dosen vom Typus A gleichzeitig sind,
> daß Fibeln vom Typus E und F dagegen mit Dosen vom Typus B und Fibeln vom Typus G mit Dosen vom Typus C zusammen gefunden wurden.

Niemals aber fand man zusammen

> Fibeln vom Typus A–D mit einer Dose vom Typus B–D,
> Fibeln vom Typus E–F mit einer Dose vom Typus A, C oder D,
> Fibeln vom Typus G mit Dosen vom Typus A, B oder D.

Auf gleiche Weise verhält es sich mit den übrigen Serien, wie aus den meiner Arbeit ›Om tidsbestämning in om Bronsåldern‹ beigefügten Tabellen ersichtlich ist, in welchem der Inhalt sämtlicher aus Skandinavien im Jahre 1885 bekannter Funde, die für diese Frage von Wichtigkeit sein könnten, so übersichtlich, wie ich es vermochte, zusammengestellt wurden.

Von der größten Bedeutung ist es, daß die zahlreichen Funde aus der Bronzezeit, welche man in Skandinavien während der letzten 17 Jahre, seitdem ich die angeführte Arbeit publizierte, gemacht hat, und die ebenso zahlreichen Funde, welche man in Norddeutschland angetroffen hat, sämtlich dieselben Resultate ergeben.

Wenn *ein* Fund eine Fibula vom Typus G und eine Dose vom Typus C enthält, so ist das freilich nur eine Andeutung, daß beide Typen gleichzeitig sind. Wiederholt sich aber das Zusammentreffen dieser Typen in anderen Funden, dann wird es mehr und mehr wahrscheinlich, daß Fibeln und Dosen der genannten Formen wirklich derselben Zeit angehören, und mit der Zahl der Funde, in welchen sie beisammen ans Licht kommen, wächst diese Wahrscheinlichkeit. Ist die Zahl der Funde, wo Fibeln vom Typus G mit Gefäßen vom Typus C beisammen gefunden wurden, so groß, wie es bereits der Fall ist – nämlich mehr als 30 – dann dürfen wir den Ausdruck Wahrscheinlichkeit mit *Gewißheit* vertauschen und ohne Bedenken behaupten, daß Fibeln und Dosen dieser Art wirklich gleichzeitig sind.

Der auf diese Weise festgestellte Parallelismus der verschiedenen Serien ist für die vorliegende Frage von der allergrößten Wichtigkeit. Unter ›Parallelismus‹ verstehe ich, daß ein älterer Typus der einen Serie mit einem älteren Typus der anderen Serie und ein jüngerer Typus der einen, mit einem jüngeren Typus der anderen Serie gleichzeitig ist.

Parallel sind folglich zwei Serien, falls sie auf folgende Weise miteinander verbunden sind:

A	A	oder	A	A
B	B		B	
C	C		C	B
D	D		D	
E	E		E	C
F	F		F	D

Folgende Serien sind aber *nicht* parallel:

A	
B	B
C	A
D	E
E	D
F	C

Diejenigen Serien, die parallel verlaufen, sind offenbar richtig. Dies wird um so sicherer, wenn wir mehrere mit einander auf diese Weise übereinstimmende Serien haben. Falls aber zwei Serien *nicht* parallel sein sollten, so beweist dies, daß irgendein Fehler bei ihrer Aufstellung begangen worden sein muß.

Bei typologischen Untersuchungen darf man übrigens nie vergessen, daß die Entwicklung sich oft verzweigt, indem aus einem Typus zwei oder mehrere verschiedene Serien entstehen können. Eine Typenserie kann also nicht mit einem Baum ohne Zweige, mit einer Palme, die in einer geraden Linie aufsteigt, verglichen werden; oft ist sie vielmehr einer vielästigen Eiche oder einem genealogischen Stammbaum ähnlich.«

Wie sieht nun das aus, was Montelius durch die Parallelisierung dieser vier typologischen Reihen erreicht hat? Es ist das Gerüst seiner relativen Chronologie der nordischen Bronzezeit, seiner berühmten sechs Perioden, die hier in einer Übersichtstabelle, etwas vereinfacht, zusammengefaßt sind (Abb. 7).

Wenn wir diese Tabelle der Leittypen kritisch betrachten, so sehen wir, daß keine der Reihen über alle sechs Perioden reicht, ausgenommen die Beile, aber diese sind nach einer sehr raschen Entwicklung in der I. und II. Periode in den folgenden so wenig »typologisch empfindlich« geworden, daß *ein* Typ immer für *zwei* Perioden ausreichen muß. – Die Typologie der Vollgriffschwerter reicht, selbst wenn wir die Dolche mitrechnen, nur von der I.–IV. Periode, denn das »Angelschwert« kann man zwar als typologisches Schlußstadium, nicht aber mehr als wirkliches »Vollgriffschwert« mitzählen. Die Fibeln reichen von der II.–V. Periode, die Gürteldosen von der III.–VI.; sie umfassen also beide nur je vier Stufen.

Noch ungünstiger liegen die Verhältnisse bei allen anderen Gerät- und Schmuckformen, die Montelius als »typisch« für seine Perioden anführt. Manche sind auf drei, andere auf zwei, ja sogar nur auf eine beschränkt. Von »typologischen« Reihen kann man also hier nicht mehr reden. Und doch hat sich Montelius' Zuweisung dieser kurzlebigen Typen auf bestimmte Perioden auch in der Folgezeit bewährt und ist durch Neufunde weiter gestützt worden.

Wir sehen daraus, daß auch für Montelius der »geschlossene Fund«, die »Vergesellschaftung« der Typen entscheidend war. Die Typologie ist ihm offenbar nur im Anfang, als er noch völlig im Dunkeln tappte, ein gewisser Anhaltspunkt gewesen; später bedurfte er dieser »Krücken« nicht mehr. Dabei müssen wir berücksichtigen, daß das Material der nordischen Bronzezeit ein besonders dankbares Objekt für typologische Untersuchungen ist. In anderen Gegenden Europas,

z. B. in Süddeutschland, bieten die Grab- und Hortfunde nicht so zahlreiche Möglichkeiten einer typologischen Verknüpfung.

Paul Reinecke und die Chronologie der süddeutschen Bronze- und Hallstattzeit

Es ist das große Verdienst *Paul Reineckes* (1872–1958), des jüngst verstorbenen Altmeisters süddeutscher Vorgeschichtsforschung, trotzdem für sein Arbeitsgebiet ein chronologisches System geschaffen zu haben, das dem seines schwedischen Vorgängers in jeder Hinsicht ebenbürtig zur Seite treten konnte. Reinecke hat den Mut gehabt, in erster Linie auf Grund der Fundkombinationen seine Stufen herauszuarbeiten; er benutzt die Typologie nur gelegentlich und mehr zur zusätzlichen Bestätigung der von ihm gewonnenen relativen Chronologie. Reinecke stellte für Süddeutschland acht Perioden auf. Seine »Bronzezeit«-Stufen A-D entsprechen der älteren nordischen Bronzezeit, Montelius I.–III., während seine »Hallstatt«-Stufen A–D mit der jüngeren nordischen Bronzezeit, Montelius IV.–VI., parallel laufen.

Die Hallstattzeit hat ihren Namen von dem großen Gräberfeld bei *Hallstatt* im Salzkammergut. Dort grub der Bergwerksdirektor Ramsauer, unter Aufsicht des Barons von Sacken von der Kaiserlichen Münz- und Antiquitätensammlung in Wien, in den Jahren von 1846–1864 nicht weniger als 993 Gräber aus, teils Brand-, teils Körperbestattungen. Es handelt sich offenbar um die Nekropole einer Siedlung, die durch die Salzbergwerke dieser Gegend reich geworden war und nun einer ganzen Epoche den Namen gegeben hatte. Die meisten Gräber von Hallstatt gehören in die Stufen Reinecke HC und HD.

Paul Reinecke hat uns keine umfangreichen Bücher über seine grundlegenden Forschungen zur Bronze- und Hallstattzeit hinterlassen. Noch sehr viel weniger hat er es, wie Montelius, unternommen, seine Methode darzulegen. In zahlreichen kleinen Aufsätzen, in Buchbesprechungen, in Anmerkungen hat er weit verstreut sein Wissen niedergelegt, oft nur angedeutet. In liebenswürdiger Bosheit hat er es der jüngeren Generation nicht leicht gemacht, sich in sein System hineinzufinden. Oft zählt er nur die Fundorte auf, die jeweils charakteristische Typen für seine Stufen geliefert haben. Er sagt aber nicht, in welchen Museen diese Funde aufbewahrt werden oder wo sie publiziert sind. Trotz dieser zunächst verblüffenden Gleichgültigkeit gegen die äußere Form hat sich Reineckes Schema der relativen Chronologie überall in Mitteleuropa durchgesetzt. Immer wieder merkte man bei der Überprüfung seiner Behauptungen, welch ungeheures Wissen hinter seinen knappen Sätzen und Worten stand, ein Wissen, das weit über sein engeres Arbeitsgebiet hinausging, das sich über ganz Europa erstreckte.

Bei unserer Tabelle (Abb. 8) ist der Versuch gemacht worden, einige der wichtigsten Typen der Reineckeschen Stufen zusammenzustellen. Dabei beschränken wir uns absichtlich auf die Schwerter, die Beile, die Fibeln (und Nadeln), also auf dieselben Typen, die auch auf unserer Montelius-Tabelle dargestellt wurden, damit der Vergleich zwischen beiden Systemen leicht möglich ist.

Die *Stufe A* entspricht mit ihren triangulären Dolchen [a) Adlerberg bei Worms, b) Gaubickelheim, Rheinhessen], dem Randbeil [c) Lanquaid, Niederbayern] der Periode Montelius I, während die Rudernadel [d) Straubing, Niederbayern] im Norden keine Gegenstücke hat.

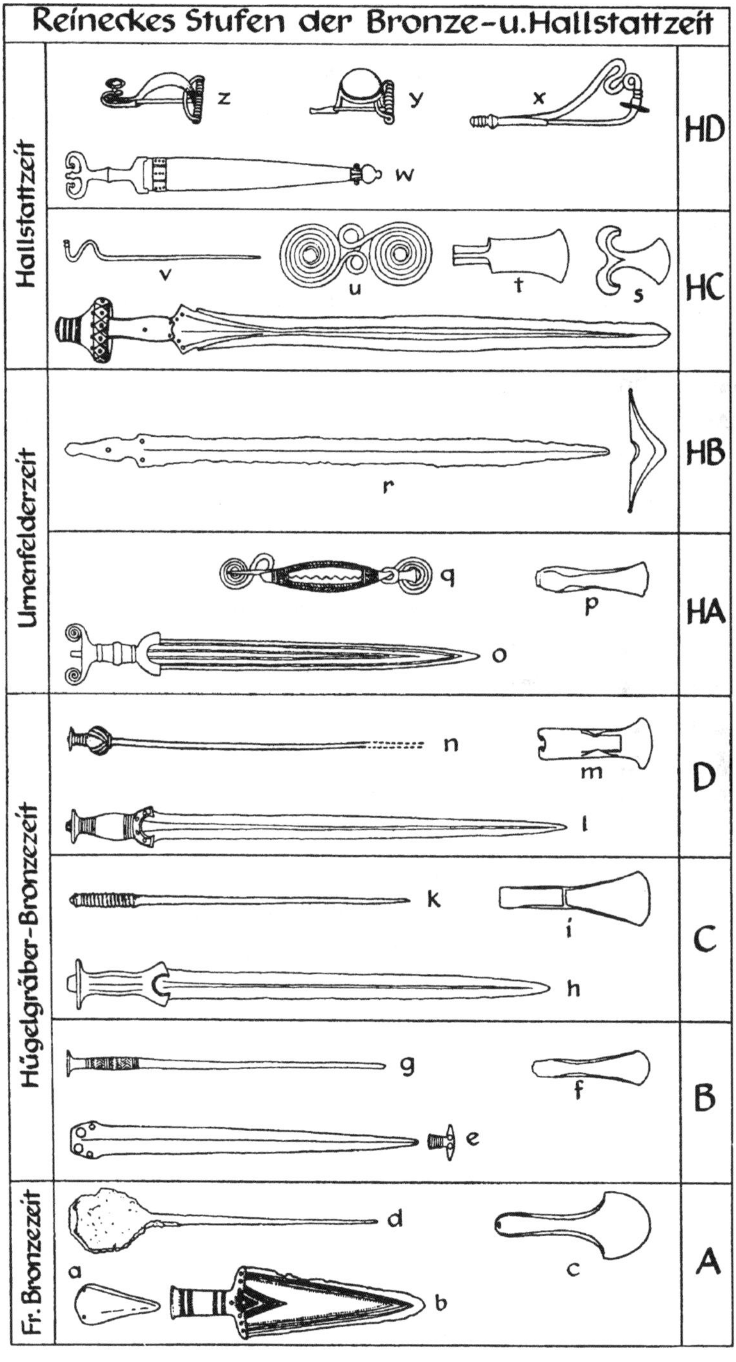
Reineckes Stufen der Bronze-u. Hallstattzeit
Hallstattzeit
Urnenfelderzeit
Hügelgräber-Bronzezeit
Fr. Bronzezeit
HD
HC
HB
HA
D
C
B
A
z
y
x
w
v
u
t
s
r
q
p
o
n
m
l
k
i
h
g
f
e
d
a
c
b

Abb. 8

Die *Stufe B* schiebt Reinecke zwischen Montelius' I. und II. Periode ein. Für sie sind Schwerter mit trapezförmiger Griffplatte [e) Hagenau, Oberpfalz], Randbeile [f) Asch, Bayer. Schwaben] und Nadeln mit strichgruppenverziertem, geschwollenem Hals [g) Asch] charakteristisch.

In der *Stufe C* sind die achtkantigen Vollgriffschwerter [h) Traubing, Oberbayern] auch in der Montelius-Periode II sehr häufig (vgl. Abb. 29 unten), desgleichen das Absatzbeil [i) Schifferstadt, Rheinpfalz], wenn auch von einer anderen Variante, während die Nadel mit geripptem Kolbenkopf [k) Asenkofen, Oberbayern] in der Randzone des nordischen Kreises meist erst in Periode III-Funden auftritt.

In der *Stufe D* ist das Vollgriffschwert mit ovalem Griff [l) Riegsee, Oberbayern] im Norden unbekannt, das mittelständige Lappenbeil [m) Windsbach, Mittelfranken] kommt gelegentlich in Funden der III. Periode Montelius' vor, während die Vasenkopfnadel [n) Grünwald, Oberbayern] schon auf die IV. Periode hindeutet.

Die Stufe Reinecke A wird auch als »Frühe Bronzezeit« bezeichnet und entspricht der aus Böhmen und angrenzenden Gebieten bekannten »Aunjetitzer« Kultur. Die Stufen Reinecke B–D faßt man unter dem Sammelnamen »Hügelgräber-Bronzezeit« zusammen, im Gegensatz zur »Urnenfelderzeit«, die bereits in die Hallstattstufen A und B gesetzt werden muß, während die Stufen C und D auch als »Hallstattzeit« im engeren Sinne bezeichnet werden.

In der Stufe *Hallstatt A* kommen Antennenschwerter [o) Münchenroda, Süd-Thüringen] und endständige Lappenbeile [p) Münchenroda] nur in Hortfunden vor, während die Spiralplattenfibel mit spitzovalem Bügel [q) Weinheim, Rheinhessen] auch in Urnengräbern vorkommt. Die Fibel entspricht der »Spindlersfelder Fibel«, die in der Randzone des nordischen Kreises in die III.-IV. Periode Montelius' gesetzt wird. Dagegen kommen Antennenschwerter und endständige Lappenbeile in norddeutschen Hortfunden der IV.–V. Periode vor.

Aus der Stufe *Hallstatt B* bildet Reinecke, außer zahlreicher Keramik aus Urnengräbern, nur das Hallstatt-Griffzungenschwert mit Flügelortband [r) Hennenhof, Oberpfalz] ab. Gegenstücke finden sich im Norden in den Montelius-Perioden V–VI.

Für die Stufe *Hallstatt C* sind Hallstatt-Griffzungenschwerter mit Pilzknauf und mit eingerolltem Flügelortband [s) Mindelheim, Bayr.-Schwaben] sowie endständige Lappenbeile mit verbreitertem Blatt [t) Archenleiten, Oberpfalz] kennzeichnend. Die einteilige Brillenfibel [u) Schrotzhofen, Oberpfalz] ist das Vorbild der ostdeutschen zweiteiligen Brillenfibel der VI. Periode Montelius'. Auch die Schwanenhalsnadel [v) Koberstadt, Hessen] kommt in zahlreichen nordischen Gräbern der VI. Periode vor.

In der Stufe *Hallstatt D* greift der Antennendolch [w) Hundersingen, Schwaben] alte Traditionen der Urnenfelderzeit wieder auf, während die Schlangenfibel [x) Hallstatt, Salzkammergut], die Paukenfibel [y) Oberbayern] und die Fibel mit Fußzier [z) Staufersbusch, Oberpfalz] auf italische Vorbilder zurückgehen.

Die Analyse der kleinen Auswahl von Typen auf unserer Tabelle zeigt also schon eine Fülle von Möglichkeiten, die Stufen von Montelius mit denen von Reinecke zu parallelisieren. Sie zeigt aber auch, daß beide Systeme sich nicht decken, daß die Entwicklung im Norden und die in Mitteleuropa in einem anderen Rhythmus verlief und daher die Grenzen zwischen den

Perioden verschieden verliefen. Wir haben auch unberücksichtigt gelassen, daß es der jüngeren Generation an verschiedenen Punkten gelungen ist, das Reinecke-Schema zu verfeinern und zu modifizieren, daß manche Stufen Reineckes nur regionale Bedeutung haben und manche sich daher zeitlich teilweise decken, so z. B. Bronzezeit-D und Hallstatt-A, oder Hallstatt-D und Latène-A.

Während in Süddeutschland 8 Stufen den 6 Perioden von Montelius entsprechen, konnte in Dänemark *Sophus Müller*, der große Antipode des schwedischen Reichsantiquars, für sein Land sogar neun bronzezeitliche »Zeitgruppen« aufstellen. Diese Verfeinerung kam allerdings ausschließlich der älteren Bronzezeit zugute: die 1. Zeitgruppe entspricht einem späteren Entwicklungsstadium der I. Periode nach Montelius, die 2.–4. Zeitgruppe der II. Periode, die 5.–6. Zeitgruppe der III. Periode. Die 7.–9. Zeitgruppe deckt sich fast vollständig mit den Montelius-Perioden IV bis VI. Sophus Müller war die Unterteilung der II. Periode in drei, der III. Periode in zwei Unterstufen möglich geworden durch das außerordentlich reiche Material Dänemarks. Hier war für die ältere Bronzezeit sogar noch eine Verfeinerung der »typologischen Methode« möglich, die durch sehr zahlreiche geschlossene Funde nachgeprüft und bestätigt werden konnte.

Stilistik der germanischen Tierornamentik

Nah mit der typologischen Methode verwandt, aber doch nicht mit ihr identisch, ist die »Stilistik«. Sie ist eine von der kunstgeschichtlichen Forschung entwickelte Methode, wichtig zur Analyse von Werken der großen Kunst, und ermöglicht es sogar, außer »Zeitstilen« auch den Stil ganz bestimmter Künstler und

»Schulen« zu unterscheiden. In der Vorgeschichte findet die Stilistik vor allem bei der Analyse der Ornamentik ein reiches Betätigungsfeld. So war das, was Sophus Müller bei der Herausarbeitung seiner bronzezeitlichen Zeitgruppen geleistet hat, schon eher »Stilistik« als »Typologie« zu nennen.

Am reinsten finden wir an einem prähistorischen Objekt diese kunsthistorische Methode bei der Analyse der altgermanischen *Tierornamentik* der Völkerwanderungs- und Wikingerzeit entwickelt. Ihr Meister war *Bernhard Salin* (1861–1931), ein Schüler von Montelius, der im Jahre 1906 ein grundlegendes Buch über dieses Thema geschrieben hat. Salin teilte die Tierornamentik der späten Völkerwanderung in drei Stile ein, von denen der I. etwa dem 6. Jahrhundert, der II. dem 7. und der III. dem 8. Jahrhundert n. Chr. angehört.

In unserer Abb. 9 ist unten eine Tierfigur des *I. Stiles* wiedergegeben. Da es einem heutigen Betrachter schwerfallen dürfte, dieses Liniengewirr überhaupt als ein Tier zu erkennen, ist unsere Zeichnung in zwei Phasen zerlegt. Links sehen wir nur den Kopf, den Hals und den Rumpf, rechts die vollständige Figur mit je einem Vorder- und Hinterbein. Zunächst die Zeichnung links: Wir gehen aus vom Auge, einem runden Punkt. Um das Auge erkennen wir eine halbrunde Augenumrandung, die an der linken Seite durch einen senkrechten Strich abgeschlossen wird. Daran schließt sich weiter nach links das »Maul« an, eine achtförmige Schlinge. Nach rechts ist an die Augenumrandung das rautenförmige »Ohr« angesetzt, darunter eine senkrechte, geschweifte Linie: der »Hals«, darunter eine schrägwaagerechte gebogene Linie: der »Rumpf«. – Bei der rechten, vollständigen Tierfigur ist rechts unten das »Vorderbein« angefügt, mit birnenförmigem

Oberschenkel, senkrecht erhobenem Unterschenkel, der in zwei Krallen endet. Links unten, am Ende des Rumpfes ist das Hinterbein angefügt, mit birnenförmigem Oberschenkel, schräg nach oben und dann wieder nach unten gebogenem Unterschenkel und wieder zwei Krallen. Die ganze Figur zeigt, wenn man sich erst in sie hineingesehen hat, ein liegendes Tier mit erhobenem, zurückblickendem Kopf, mit ruhendem Hinter- und erhobenem Vorderbein.

Ende des 6. oder Anfang des 7. Jahrhunderts tritt, wahrscheinlich auf Grund von Einflüssen aus südgermanischem Gebiet (Langobarden, Franken) der *II. Stil* in den nordischen Ländern auf. Bei unserem Beispiel (Abb. 9 Mitte), einer Beschlagplatte aus dem schwedischen Bootsgräberfelde von Vendel in Uppland, wonach dieser Stil auch *Vendelstil* genannt wird, sehen wir zwei Tierfiguren in eine quadratische Fläche hineinkomponiert. Wieder sind es zwei ruhende Tiere in strenger Profilansicht, der Hals erhoben und der Kopf gesenkt, das Hinterbein ruhend und das Vorderbein erhoben. Neu sind die Formen des Kopfes, die spitze Kinnlade, die elegant geschwungenen Kiefer und die Stirnlocke; neu sind auch die menschliche Gesichtsmaske auf dem immer noch birnenförmigen Oberschenkel des Hinterbeines, die Form der Krallen, vor allem aber die Auflösung des Rumpfes in zwei kräftige Randlinien, die von den übrigen Körperteilen »umflochten« sind. Denn der in dieser Zeit auftretende »Flechtstil« ist ein sehr wesentliches Element des II. Stiles geworden.

Während der I. und II. Stil bei Nord- und Südgermanen beliebt waren, ist der dem 8. Jahrhundert angehörende *III. Stil* (auch »jüngerer Vendelstil« genannt) auf nordgermanisches Gebiet beschränkt. Noch immer ist die enge Verflechtung der Tierfiguren be-

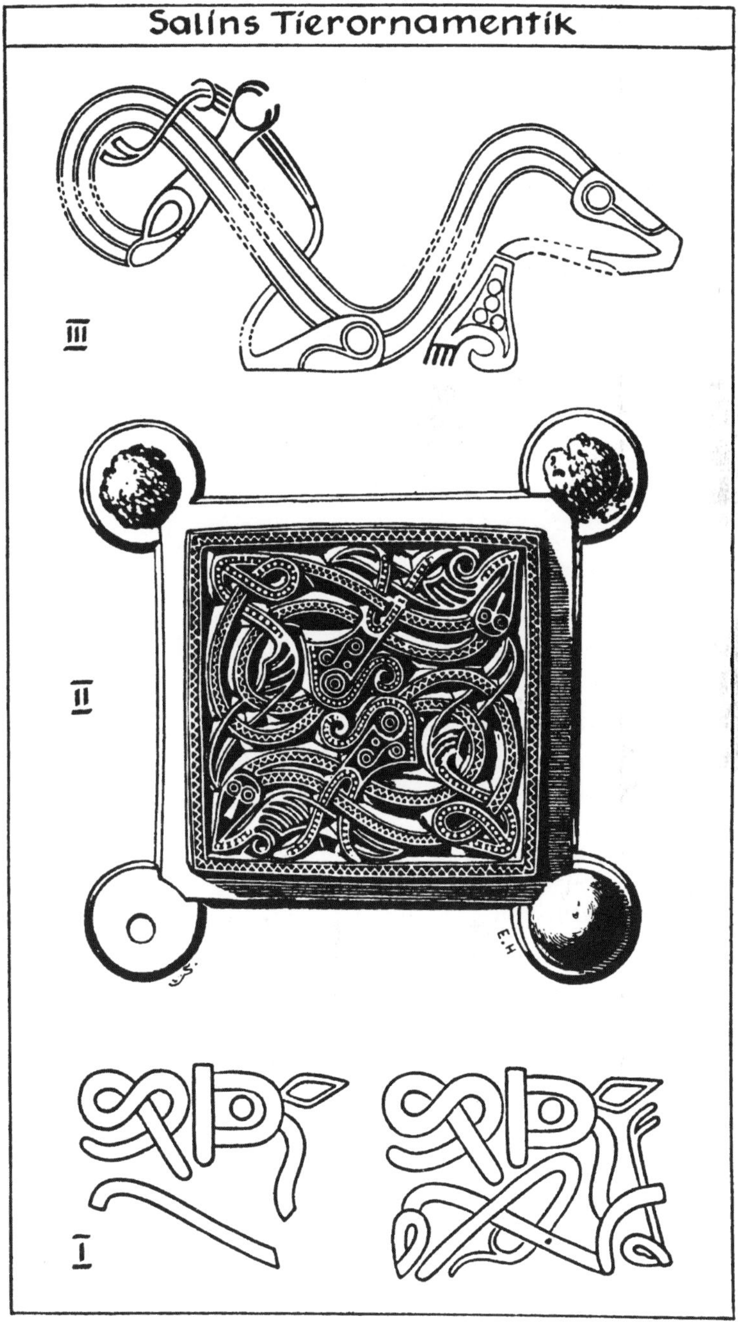

Abb. 9

liebt. Aber jetzt wird wieder der Rumpf als Körper respektiert, nie werden seine Randlinien in die Verflechtung mit einbezogen (Abb. 9 oben). Während man bei der Analyse von Tierfiguren des I. und II. Stiles immer zuerst das Auge, dann den Kopf suchen muß und danach leicht die übrigen Körperteile findet, muß man beim III. Stil vom Rumpf ausgehen, der stets dominierend in Erscheinung tritt. Danach suche man die Stellen, an denen die Oberschenkel von Vorder- und Hinterbein ansetzen, verfolge die oft lianenartig ausgestalteten Unterschenkel und Krallen, und ganz zum Schluß wird es dann auch möglich sein, am Ende des Halses, den Kopf des Tieres zu finden.

Der moderne Betrachter altgermanischer Tierornamentik wird zunächst kaum glauben können, daß es sich hier überhaupt um Tiere handelt. Er wird auch meistens beim ersten Anblick dieser verschlungenen Linien verzweifelt fragen, ob ihm eine Analyse jemals möglich sein werde. Wenn er sich aber dann doch daran wagt und ernsthaft bemüht ist, sich in diese Figuren hineinzusehen, dann wird er bald merken, daß dies gar nicht so schwer ist, wie man zunächst vermuten möchte. Denn es ist ja immer dasselbe Tier, in unendlichen Abwandlungen, das hier dargestellt wird. Und wenn er sich schließlich von der Ansicht freimacht, daß die alten Künstler ein Tier »naturgetreu« zeichnen wollten, daß sie vielmehr das Tier nur als Element ihrer Ornamentik benutzten, mit der sie oft auf geradezu geniale Weise die verschiedenartigsten Flächen ausfüllten, dann wird sich ihm auch die Schönheit dieser Kunst erschließen.

Es ist übrigens eigenartig, daß man durch drei Jahrhunderte immer nur die eine liegende Tiergestalt im Profil abwandelte und nicht auf neue Formen kam. Hier zeigt es sich, wie konservativ diese alte Kunst war.

Durch eine eingehende Analyse dieser Tierstile ist es der heutigen Forschung möglich, sogar verschiedene »Schulen« von Künstlern zu unterscheiden. Gegenstände mit Tierornamentik nehmen demnach für die relative Chronologie der Völkerwanderungs- und Wikingerzeit eine ähnliche Schlüsselstellung ein wie die Leittypen der Montelius-Perioden für die Bronzezeit.

Die bisher besprochenen Methoden zur relativen Chronologie beruhten alle auf archäologischen Beobachtungen. Daneben gibt es aber auch noch eine Reihe von Methoden, die von den Naturwissenschaften, vor allem der Geologie, entwickelt wurden.

Meeresspiegelschwankungen und Wurtenforschung

Eng mit der Eiszeit hängen die *Meeresspiegelschwankungen* zusammen. Während der Eiszeiten waren riesige Wassermengen in den Gletschern gebunden, was ein Sinken des Meeresspiegels um mehrere Meter zur Folge hatte. Während der Zwischeneiszeiten und vor allem in der Nacheiszeit schmolzen die Gletscher, und der Spiegel des Weltmeeres stieg wieder an. Andererseits übten die riesigen Eismassen, die teilweise über 1000 Meter stark waren, einen gewaltigen Druck auf das darunter liegende Land aus, der weichen mußte, wenn das Eis schmolz. Aus beiden Gründen haben sich Landhebungen und Landsenkungen ergeben, haben sich die Küstenlinien Nordeuropas dauernd verändert. So hat man in Schweden seit der mittleren Steinzeit eine dauernde Landhebung beobachtet, die bis zur Gegenwart anhält. Siedlungen, die früher an der Küste lagen, findet man heute oft viele Kilometer landeinwärts. Durch genaue Registrierung der alten Strandlinien ist es in den skandinavischen Ländern möglich geworden, eine relative Chronologie der mittel- und jungsteinzeitlichen Wohnplätze aufzubauen.

Umgekehrt hat die Landsenkung im Nordseeküstengebiet dazu geführt, daß die Marschenbewohner in den Jahrhunderten nach Christi Geburt sich künstliche Wohnhügel schaffen mußten, die sturmflutsicher waren, die sogenannten *Terpen* oder *Wurten.* Senkte sich das Land weiter, so mußte die Wurt immer wieder von neuem erhöht werden, bis die Eindeichung des Nordseegebietes im hohen Mittelalter eine weitere Erhöhung der Wurten überflüssig machte. Die *Wurtenforschung* ist heute zu einem selbständigen Zweige der Vorgeschichtsforschung geworden. Die Wurten-Stratigraphie bietet dem Prähistoriker zunächst nur eine relative Chronologie. Kann er diese aber auf Grund der archäologisch-historischen Methode in eine absolute umwandeln, dann ist es in diesem Falle der Archäologe, der dem Geologen die absoluten Daten liefert. – Die Wurtenarchäologie wurde zuerst von dem holländischen Gelehrten *E. van Giffen* entwickelt (Terp von Ezinge), später von dem deutschen Forscher *W. Haarnagel* mit großem Erfolg weitergeführt (Wurt von Feddersen-Wierde bei Bremerhaven).

Die Pollenanalyse

Eine andere naturwissenschaftliche Methode zur relativen Chronologie vorgeschichtlicher Funde ist die Pollenanalyse, die von dem schwedischen Moorgeologen *Lennart von Post* entwickelt wurde.

Jedes Jahr im Frühling werden durch den Wind die Blütenstaubkörner, die Pollen, weit über das Land getragen. Fallen sie auf Erde oder Stein, so verfaulen sie bald, fallen sie aber auf ein stehendes Gewässer, einen See oder Teich, so saugen sie sich voll Wasser und sinken auf den Grund des Gewässers, wo sie erhalten bleiben. Vermoorte nun ein solcher See, so bildete sich Torf, und in Torfschichten lagerten, wohlkonserviert, die Pollen bis auf den heutigen Tag. Von Post hat es nun unternommen, Torfproben aus verschiedenen Tiefen eines Moores, etwa im Abstand von 10 zu 10 cm, im Wasser auszuschwemmen und den prozentualen Anteil der verschiedenen Baumpollen in den einzelnen Proben festzustellen. Er ging von der Voraussetzung aus, daß der prozentuale Anteil der Pollen ungefähr dem prozentualen Anteil der zugehörigen Waldbäume in dem das Moor umgebenden Lande entsprach. Er kam zu dem aufsehenerregenden Ergebnis, daß der Anteil der Waldbäume von der Nacheiszeit bis zur Gegenwart großen Schwankungen unterworfen gewesen war. Die Pollenanalyse gibt uns also zunächst nur eine relative Chronologie des wechselnden Waldkleides einer bestimmten Gegend; sie kann aber in eine absolute Chronologie verwandelt werden, wenn man vorgeschichtliche Funde, deren Alter man kennt, zur Datierung der einzelnen Schichten des Pollendiagramms benutzt.

Die Pollenanalyse ist für die Vorgeschichtsforschung von zwiefacher Bedeutung: erstens lehrt sie uns die wechselnde Umwelt des prähistorischen Menschen kennen, was für viele Fragen von großer Bedeutung sein kann; zweitens aber können wir auf diesem Wege manche Gegenstände datieren, die wir weder in Siedlungen noch in Gräbern normalerweise anzutreffen pflegen, also etwa Gegenstände aus Holz und Gewebe, die sich im Moor erhalten haben, in der Erde aber längst verrottet sind.

Die erste Stelle in Deutschland, an der die Pollen-Analyse in großem Umfang mit vorgeschichtlichen Fundstellen verknüpft wurde, war das Federseemoor, ein im 18. Jahrhundert weitgehend trockengelegter See, in der Nähe der mittelalterlichen Reichsstadt Buchau in Württemberg. Hier wurden seit dem Jahre 1919 bis in die 30er Jahre hinein Jahr für Jahr vom »Urgeschichtlichen Forschungsinstitut« in Tübingen unter der Leitung von R. R. Schmidt und H. Reinerth umfangreiche Grabungen durchgeführt. Sie führten zu der Entdeckung von zahlreichen Siedlungen der mittleren und jüngeren Steinzeit, sowie der Urnenfelderzeit (Hallstatt A und B). Diese Grabungen erregten in den 20er Jahren großes Aufsehen, weil dort zum ersten Male wohlerhaltene vorgeschichtliche Holzbauten aus verschiedenen Epochen freigelegt wurden, die nicht nur die Grundrisse der Häuser, sondern ganze Gehöfte, ja ganze Dorfpläne wiedererstehen ließen. Seit 1927 nahm auch der Moorgeologe K. Bertsch an den Grabungen teil und nahm an zahlreichen Stellen des Federseemoores Pollendiagramme auf. Besonders wichtig waren die Diagramme von den verschiedenen Siedlungsstellen und die Feststellung, an welche Stellen im Pollenspektrum jeweils die Siedlungsschichten gehörten (Abb. 10).

Dadurch war erstmals auf einem eng begrenzten Gebiet die Möglichkeit der Verknüpfung von vorgeschichtlichen Stufen und bestimmten Punkten des Pollendiagramms gegeben. Unsere Abbildung 10 zeigt ein Durchschnittsdiagramm des Federseemoores. Rechts sind in einer Sonderspalte die wichtigsten untersuchten Siedlungen eingetragen:

1. Die Siedlung beim Torfwerk, die in die mittlere Steinzeit, Kultur des »Tardenoisien«, gehört, liegt im Diagramm in der Nähe des »Haselgipfels«, d. h. also in einer Zeit, als über die Hälfte aller Pollen vom Haselnußstrauch stammten.

2.–3. Die Moordörfer »Aichbühl« und »Riedschachen«,

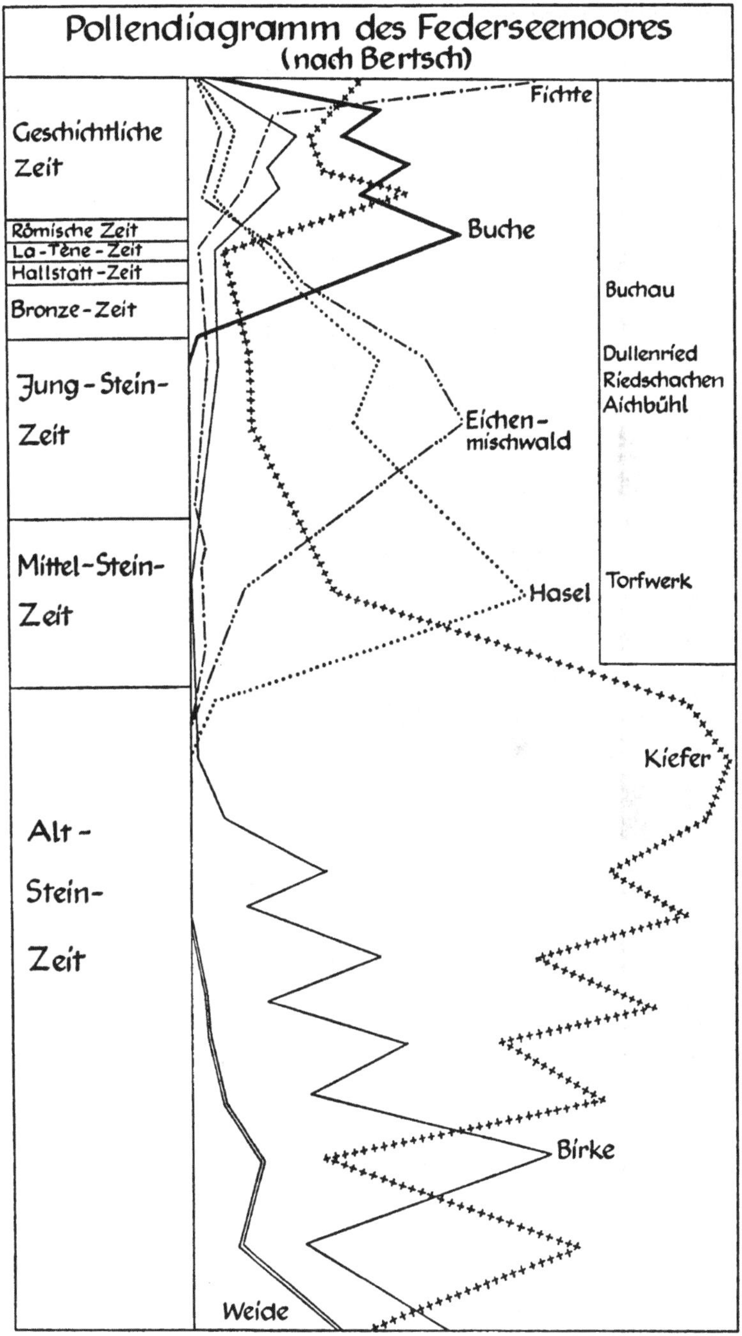
Pollendiagramm des Federseemoores
(nach Bertsch)
Geschichtliche Zeit
Römische Zeit
La-Tène-Zeit
Hallstatt-Zeit
Bronze-Zeit
Jung-Stein-Zeit
Mittel-Stein-Zeit
Alt-Stein-Zeit
Fichte
Buche
Eichen-mischwald
Hasel
Kiefer
Birke
Weide
Buchau
Dullenried
Riedschachen
Aichbühl
Torfwerk

Abb. 10

die beide der jüngeren Steinzeit angehören, liegen im Diagramm im Höhepunkt des »Eichenmischwaldes«, d. h. eines Waldes, der hauptsächlich aus Eichen, Linden und Ulmen bestand.

4. Das Moordorf »Dullenried« gehört ebenfalls noch in die jüngere Steinzeit. Als man es in den zwanziger Jahren ausgrub, hielt man es sogar für noch älter als die Siedlungen von Aichbühl und Riedschachen. Man war daher überrascht, es im Pollendiagramm an einer Stelle zu finden, wo bereits die Buche den Eichenmischwald abzulösen begann, und glaubte an eine vereinzelte Schwankung durch zufällig in der Nähe des Dorfes zahlreich vorhandene Buchen. Die weitere Erforschung der Chronologie der jüngeren Steinzeit hat aber ergeben, daß derartige Keramik, wie sie in Dullenried gefunden wurde, tatsächlich jünger ist als die der anderen jungsteinzeitlichen Siedlungen. Die Pollenanalyse hat also schon 10 Jahre früher den wahren Tatbestand angezeigt.
5. Die »Wasserburg Buchau«, auf einer kleinen Insel im Federsee gelegen, gehört in die Urnenfelderzeit (Hallstatt A–B). Im Pollendiagramm herrscht jetzt die Buche vor.

Das Diagramm des Federseemoores hat also deutlich gezeigt, daß sich das Waldkleid der süddeutschen Landschaft dauernd gewandelt hat. Es war jetzt möglich, die mittlere Steinzeit mit dem Vorherrschen des Haselnußstrauches, die jüngere Steinzeit mit dem Eichenmischwald und die Bronze- und Hallstattzeit mit dem Buchengipfel zeitlich gleichzusetzen.

Zahlreiche weitere Pollendiagramme in allen Teilen Deutschlands und Europas und zahlreiche neue Beobachtungen an gut datierten vorgeschichtlichen Fundplätzen haben das Bild der vorgeschichtlichen Pflanzendecke und ihres Verhältnisses zu den einzelnen Epochen der vorgeschichtlichen Kultur ungemein vertieft. Heute sind wir sogar in der Lage, die Pollen der Gräser und Kräuter zu bestimmen und auszuwerten. Mit Hilfe der Getreidepollen ist es z. B. sogar möglich gewesen, den Zeitpunkt der Einführung des Ackerbaues in Dänemark genau zu bestimmen: in die Dolmenzeit, d. h. in die älteste jungsteinzeitliche Kultur jenes Landes. Durch ein Ackerunkraut, den Wegerich, der nur dort wächst, wo Menschen herumlaufen (»Trampelvegetation«), konnte H. Jankuhn, in Zusammenarbeit mit G. Schüttrumpf, eine tatsächliche siedlungsleere Epoche in der Landschaft Angeln (Schleswig) feststellen und damit eine Nachricht des angelsächsischen Geschichtsschreibers Beda, der diese Tatsache behauptet hatte (»angulus desertus«) von seiten der Pollenanalyse her bestätigen.

KAPITEL III

DIE ABSOLUTE CHRONOLOGIE

»Auf Grund der gewonnenen Ergebnisse stehe ich nicht an, die Einführung des ägyptischen Kalenders am 19. Juli 4241 vor Christo als das erste sichere Datum der Weltgeschichte zu bezeichnen.«

Eduard Meyer, 1904

Was ist absolute Chronologie?

Die absolute Chronologie zeigt uns, aus welchem Jahrhundert vor oder nach Christi Geburt ein Gegenstand stammt – so definierte sie Oskar Montelius.

Der Bezug auf die christliche Ära ist nicht unbedingt notwendig für den Begriff der absoluten Chronologie. Auch ein Bezug auf die Gründung der Stadt Rom – 753 v. Chr. – oder auf die Hedschra – 622 n. Chr. – oder gar auf die Französische Revolution von 1789 wäre denkbar. Wesentlich ist nur, daß es sich um eine Ära handelt, die allgemein anerkannt ist und die es jedem Menschen gestattet, den Abstand eines historischen Ereignisses von der jeweiligen Gegenwart in Jahreszahlen auszudrücken – und das ist in der heutigen europäischen Welt die christliche Ära.

Es gibt zwei Möglichkeiten, das absolute Alter eines prähistorischen Gegenstandes zu ermitteln:

1. durch die archäologisch-historische Methode
2. durch naturwissenschaftliche Methoden.

Grundlegend für die archäologisch-historische Methode waren wieder die Arbeiten von Oskar Montelius. Er hat der Forschung die Wege gewiesen, wie sie archäologische Funde aus *noch* vorgeschichtlichen Räumen durch Anknüpfung an Funde aus *bereits* geschichtlichen Räumen absolut datieren kann. Voraussetzung dieser Methode ist, daß es irgendwo auf der Erde schon Länder mit Schrift und historischer Überlieferung gibt, d. h. die archäologisch-historische Methode hat die Existenz der »Geschichte« zur Voraussetzung. Die absolute Chronologie der reinen Prähistorie ist dagegen nur mit naturwissenschaftlichen Methoden möglich.

Christliche, römische und griechische Chronologie

Ehe wir die Methoden kennenlernen, mit denen Montelius prähistorische Funde absolut datierte, müssen wir uns mit den Methoden auseinandersetzen, die der moderne Geschichtsforscher benutzt, um historische Ereignisse zu datieren.

Alle historischen Daten werden von der europäischen Wissenschaft auf die *christliche* Ära bezogen, d. h. sie werden ausgedrückt in Jahreszahlen vor und nach Christi Geburt. Das Datum der Geburt Christi ist ein fiktives, erst nachträglich errechnetes Datum. Diese Berechnung stellte der römische Mönch Dionysius Exiguus auf und wandte sie bei seiner Ostertafel vom Jahre 532 n. Chr. an. Seinem Beispiel folgen anfangs nur Gelehrte in chronologischen Werken, erst seit dem 8. Jahrhundert taucht die Datierung nach Christi Geburt gelegentlich in Urkunden auf und wird erst im hohen Mittelalter allgemein üblich.

Dieser christliche Kalender fußt im übrigen auf dem Julianischen, welcher seit der Kalenderreform des Julius Cäsar (1. Januar 45 v. Chr.) im Römischen Reiche üblich war. Das Jahr hatte hier, wie bei uns heute noch, 365 Tage. Da aber das Jahr tatsächlich ungefähr 365¼ Tage lang ist, wurde alle 4 Jahre ein Schaltjahr von 366 Tagen eingelegt. Die wirkliche Länge eines astronomischen Jahres (d. h. eines Erdumlaufes um die Sonne) beträgt aber 365,2420 Tage im Mittel. Dies hatte bis zum 16. Jahrhundert n. Chr. tatsächlich eine Differenz von vollen 10 Tagen zur Folge. Die Fehler des »Julianischen Kalenders« (»alter Stil«) wurden durch Dekret des Papstes Gregor XIII. beseitigt. Der 5. Oktober 1582 »alten Stils« wurde zum 15. Oktober »neuen Stils« (= Gregorianischer Kalender). Um erneute Fehlerquellen auszuschalten, ließ man ferner in einem Zeitraum von 400 Jahren 3 Schaltjahre ausfallen (das Jahr 1600 war ein Schaltjahr, die Jahre 1700, 1800, 1900 dagegen nicht). Aus diesem Grunde beträgt heute die Differenz zwischen dem Kalender »alten« und »neuen« Stils bereits 13 Tage.

Die christlichen Chronographen (Kirchenväter) der Spätantike hatten an der Chronologie nicht nur ein wissenschaftliches, sondern auch ein starkes religiöses Interesse. Zwei Dinge vor allem suchte man mit Hilfe einer exakten Chronologie zu ergründen: erstens das Datum der Erschaffung der Welt, zweitens das Datum des Weltuntergangs. Bei dem ersten Datum lag den Kirchenvätern vor allem daran, den Nachweis zu erbringen, daß die in der Bibel überlieferte Geschichte Jahrtausende älter wäre als die älteste von antiken Autoren berichtete »profane« Geschichte. Zu diesem Zweck fertigte man »synchronistische Tabellen« an und stützte sich dabei auf die reiche hellenistische und römische chronographische Literatur.

Weder in Griechenland noch in Rom gab es eine allgemein gültige »Ära«, d. h. ein festes Datum, auf das sich alle Jahreszahlen bezogen. Zwar kannte man in Rom die Zählung »ab urbe condita«, d. h. seit Gründung der Stadt Rom und in Griechenland die Olympiadenrechnung, auf die sich die Chronographen bezogen. Es gab aber noch unzählige andere Systeme. In Griechenland z. B. hatte fast jede Stadt, jedes Heiligtum seine eigene Chronologie. In Athen gab es die »Archontenlisten«, in denen stand, welche hohen Staatsbeamten Jahr für Jahr regiert hatten; in Sparta gab es eine Liste der Könige. Alle diese Listen konnten gelegentlich auch auf wichtige historische Ereignisse hinweisen, auf einen Krieg, auf eine Plünderung. In den Listen konnten auch Persönlichkeiten auftauchen, die in der großen Politik eine Rolle gespielt hatten; so gab es eine Reihe von Punkten, die eine Parallelisierung ermöglichten. Auf solche Fixpunkte haben dann hellenistische Gelehrte, vor allem in Alexandrien, eine Chronologie aufgebaut und sie auf einen »Generalnenner« gebracht, als den sie die Siegerlisten der Olympischen Festspiele, die seit 776 v. Chr. alle 4 Jahre stattfanden, benutzten. Seitdem gibt es die *Olympiadenrechnung*, die also auch erst nachträglich auf die allgemeine Geschichte der griechischen Welt übertragen worden ist. Die Methoden dieser Berechnung waren exakt und unterscheiden sich nicht grundsätzlich von denen, die auch heute noch üblich sind. Und da diese chronologischen Werke der Spätantike wiederum von den christlichen Chronographen benutzt wurden, so ist die christliche und antike Chronologie so eng miteinander verzahnt, daß wir von der Gegenwart zurück bis etwa 750 v. Chr. ein in sich ruhendes chronologisches System besitzen, das nur in Kleinigkeiten, die für die Vorgeschichtsforschung ohne Belang sind, noch Unstimmigkeiten aufweist. Außerdem lassen sich einige Punkte durch astronomische Daten heute noch nachprüfen.

Weit schwieriger als die absolute Chronologie der griechisch-römischen Welt läßt sich dagegen die Chronologie *Ägyptens* festlegen. Die alten Ägypter bezogen ihre Geschichtsdaten auf die Regierungsjahre der Pharaonen. In hellenistischer Zeit hat dann ein ägyptischer Priester, *Manetho* mit Namen, Zeitgenosse Ptolemaios' II. (285–247), eine Geschichte Ägyptens in griechischer Sprache verfaßt und hier die Pharaonen, altägyptischen Quellen folgend, in 31 Dynastien geordnet.

Das Werk des Manetho ist uns nicht im Original erhalten. Wieder sind es die Kirchenväter, denen wir wenigstens Auszüge aus seinem Werk verdanken. Julius Africanus, der im 3. Jahrhundert in Alexandrien lebte und Eusebius von Caesarea (etwa 270–340) haben uns die vollständigsten Auszüge übermittelt. Wir besitzen von ihnen Listen mit den Namen der Pharaonen, nach Dynastien geordnet und zu jedem Pharao die Zahl seiner Regierungsjahre. Auf diese Weise hätte es eigentlich möglich sein müssen, von den Pharaonen der jüngsten Dynastien, die uns bereits durch griechische Quellen chronologisch faßbar sind, bis zu dem ältesten Herrscher, Menes mit Namen (der die beiden Reiche Ober- und Unterägypten erstmals unter seinem Zepter vereinigte) durch einfache Addition der Regierungsjahre vorzudringen.

So einfach liegen die Dinge aber leider nicht. Erstens stellt man schon bei der Überlieferung des Manetho selber, also in den Listen bei Eusebius und Africanus, allerlei Unstimmigkeiten und Fehler fest. Zweitens aber weicht Manetho in vielen Einzelheiten nicht unerheblich von Bruchstücken originaler ägyptischer Königslisten (Stein von Palermo, Turiner Papyros usw.) ab. So ist es von größter Bedeutung, daß wir von anderer Seite her den Manetho kontrollieren können. Die bahnbrechenden Untersuchungen zur ägyptischen Chronologie verdanken wir dem Althistoriker *Eduard Meyer* (geboren in Hamburg 1855, gestorben in Berlin 1930). Er ging aus von dem *altägyptischen Kalender*. Schon aus antiken Quellen war bekannt, daß die Ägypter ein Jahr von 365 Tagen hatten. Dieser »bürgerliche« Kalender war also um einen Vierteltag zu kurz. Der ägyptische Neujahrstag wurde ursprünglich im Juli gefeiert, zur Zeit des Beginns der Nilschwelle, des wichtigsten Ereignisses für den ägyptischen Landwirt. Vier Jahre nach Einführung dieses Kalenders war er bereits um 1 Tag hinter dem wirklichen, d. h. astronomischen Jahr zurück, in 40 Jahren um 10 Tage, in 400 Jahren um 100 Tage, also um ein volles Vierteljahr. Der Kalender, der ursprünglich dazu dienen sollte, den Bauern den ungefähren Eintritt der Nilschwelle anzuzeigen, konnte diesen Zweck daher nicht mehr erfüllen. Nun hatten die Priester wohl schon nach einiger Zeit errechnet, daß das Jahr tatsächlich 365¼ Tage lang war. Sie hatten auch beobachtet, daß der Fixstern Sirius, den sie *Sotis* nannten, nachdem er längere Zeit unsichtbar gewesen war, ungefähr um die Zeit der Nilschwelle, kurz vor Sonnenaufgang zum erstenmal wieder sichtbar wurde. Diese beiden Ereignisse wurden miteinander in Verbindung gebracht und der Frühaufgang des Sotis mit einem Sotisfest begangen. Der Sotis hieß geradezu »der Bringer des Nils«.

Der *bürgerliche Kalender* hatte 12 Monate zu je 30 Tagen und am Ende des Jahres 5 Schalttage. Auf unserer Abb. 11 ist dieser Kalender als Kreis dargestellt. Jeder Monat hatte einen Namen und je 4 Monate wurden zu einer Jahreszeit zusammengefaßt: a) Echet = Überschwemmung, b) Prôjet = Saat, c) Somu = Ernte.

Der *Sotiskalender* hatte 365¼ Tage. Nach einem

Zyklus von 4 × 365, also 1460 Jahren hatte das Sotisfest alle Monate des bürgerlichen Kalenderjahres durchlaufen und fiel wieder auf den 1. Thout, den 1. Tag des 1. Monats, d. h. es begann eine neue *Sotisperiode.* Es gehört zu den wunderbarsten Erscheinungen der ägyptischen Geschichte, es ist ein Zeichen für die Stetigkeit ihrer Kulturentwicklung, daß ihr Kalender *mehrere* Sotisperioden durchlaufen hat, ehe er in spätrömischer Zeit abgeschafft wurde. Für die Geschichte Ägyptens und darüber hinaus für die prähistorische absolute Chronologie ist es aber von größter Bedeutung, daß uns der Beginn der letzten Sotisperiode, am 19. Juli 139 n. Christi Geburt durch den spätrömischen Dichter *Censorinus* in einer kleinen Schrift »De die natali« (238 n. Chr.) überliefert worden ist. Auf diese Weise war es Eduard Meyer möglich, den Beginn der früheren Sotisperioden auf die Jahre 1321 v. Chr., 2781 v. Chr. und 4241 v. Chr. festzulegen. Seine Untersuchungen gipfelten in dem stolzen Satz: »Auf Grund der gewonnenen Ergebnisse stehe ich nicht an, die Einführung des Kalenders in Ägypten am 19. Juli 4241 v. Chr. als das erste sichere Datum der Weltgeschichte zu bezeichnen.«

Dieser Satz ist allerdings von der neueren Forschung widerlegt worden. Es war eine zwar scharfsinnige, aber dennoch trügerische Schlußfolgerung, wenn Eduard Meyer annahm, es müßten unbedingt der bürgerliche und der Sotiskalender an ein und demselben Tag eingeführt worden sein. Der Astronom Neugebauer hat dagegen geltend gemacht, daß erst nach Jahrzehnten oder Jahrhunderten, als sich die Unzulänglichkeit des alten Kalenders herausgestellt hatte, die Notwendigkeit einer Kalenderreform von der Priesterschaft erkannt und daraufhin die Sotisrechnung eingeführt wurde. Neugebauer hält es sogar für sehr wahrscheinlich, daß der älteste Kalender überhaupt nicht astrono-

Der ägyptische Kalender

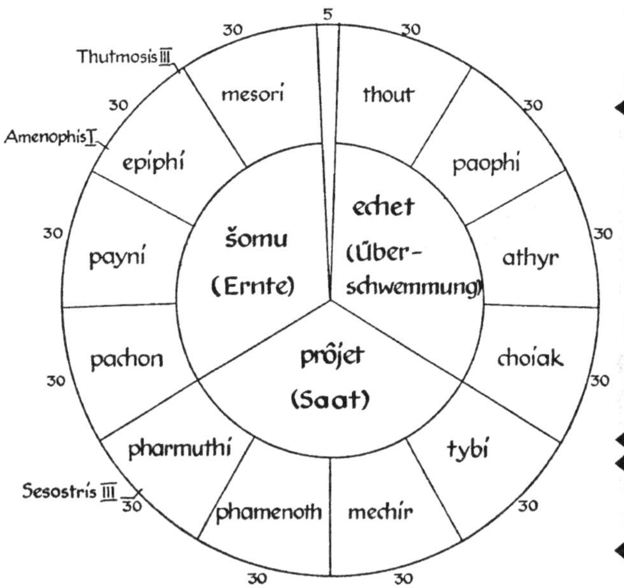

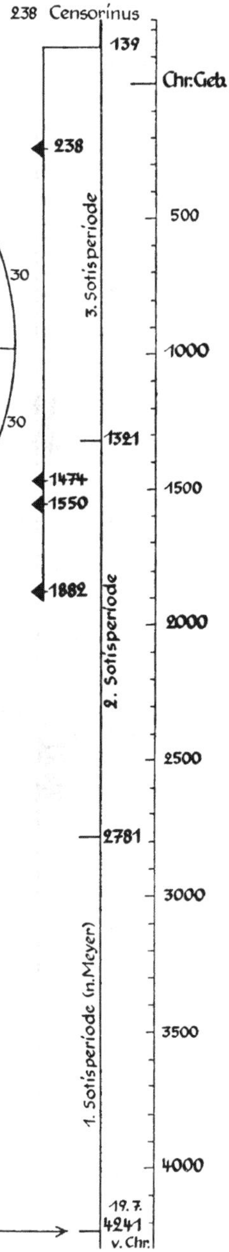

Sotisdaten:

Dekret von Kanopus
1. Payni, 9. Jahr Ptolemaeus III
= 19. 7. 238 v. Chr.

Opferliste von Elephanthine
28. Epiphi, ein Jahr unter Thutmosis III (18. Dyn.)
= 19. 7. 1474/3 – 1471/0

Papyrus Ebers
9. Epiphi, 9. Jahr Amenophis I (18. Dyn.)
= 19. 7. 1550/49 – 1547/6

Papyrus von Kahun
16. Pharmuthi, 7. Jahr Sesostris III (12. Dyn.)
= 19. 7. 1882/1 – 1879/8

E. Meyers „Ältestes Datum der Weltgeschichte" →

Abb. 11

mische Beobachtungen zur Voraussetzung hatte, sondern ganz einfach ein »Nil-Kalender« war. Schon 20 bis 30 Jahre der Beobachtung der Nilschwelle dürften genügt haben, um auf eine durchschnittliche Jahreslänge von 365 Tagen zu kommen. Denn die Nilschwelle war abhängig von der Regenzeit in Abessinien, und diese wieder vom Umlauf der Erde um die Sonne. Das genaue Jahr der Einführung des ägyptischen Kalenders wird man also wohl niemals ermitteln können.

Wenn in diesem einen Punkt Eduard Meyer widerlegt werden konnte, so haben andere Pfeiler seines Systems um so fester gehalten. Ihm ist es vor allem geglückt, mit Hilfe einiger auf altägyptischen Denkmälern überlieferter Sotisdaten, d. h. Tagen des bürgerlichen Jahres, an denen das Sotisfest gefeiert wurde, ein festes Gerüst für die absolute Chronologie des »Mittleren« und »Neuen« Reiches zu gewinnen.

Neben der Einteilung der ägyptischen Geschichte in 31 Dynastien kennt man nämlich auch die Gruppierung der Dynastien in »Reiche«, eine Einteilung, die allerdings erst von den europäischen Gelehrten des 19. Jahrhunderts vorgenommen wurde. Die 1.–2. Dynastie bezeichnet man als »Thinitenzeit«, da damals die Hauptstadt in Thinis in Oberägypten lag. Die 3.–6. Dynastie wird als »Altes Reich« zusammengefaßt, dem die 1. Zwischenzeit (7.–10. Dynastie) folgte. Die 11.–13. Dynastie nennt man »Mittleres Reich«, die 14.–17. Dynastie »Zweite Zwischenzeit« oder »Hyksoszeit«, die 18.–20. Dynastie »Neues Reich«, dem die »Spätzeit« folgt, in der nur die 26. Dynastie, die »Saïtenzeit« (nach der Hauptstadt Saïs) noch als letzte Nachblüte hervorzuheben ist.

Eduard Meyer[1] stellt nun folgende »Sotisdaten« fest:

[1] Wir benutzen für die Zeit nach 2000 v. Chr. der Einfachheit halber die von E. Meyer errechneten Daten.

a) Papyrus von Kahún: im 7. Jahr Sesostris III. (12. Dynastie) wurde das Sotisfest am 16. Pharmuti gefeiert, d. h. 1882/81–1879/78 v. Chr.
b) Papyrus Ebers: im 9. Jahr Amenophis' I. (18. Dynastie) fiel das Sotisfest auf den 9. Epiphi, d. h. 1550/49–1547/46 v. Chr.
c) Opferliste von Elephantine: in einem Jahr unter der Regierung Thutmosis' III. (18. Dynastie) fiel das Sotisfest auf den 28. Epiphi, d. h. 1474/73 bis 1471/70.

Zu diesen Jahreszahlen ist zunächst zu bemerken, daß die »Doppeljahre«, also 1882/81 dadurch zustande kommen, daß der christliche und der ägyptische Neujahrstag ungefähr ein halbes Jahr auseinanderliegen, daß sich ein ägyptisches Jahr also über zwei verschiedene christliche Jahre erstreckt. Die Zeitspanne von 4 Jahren ergibt sich dagegen daraus, daß erst nach 4 Jahren eine Differenz zwischen bürgerlichem und Sotisjahr zutage trat, man alle »sicheren« Daten also nur mit einer Fehlerquelle von 4 Jahren ermitteln kann.

Voraussetzung all dieser Datierungen aber ist, daß die überlieferten Sotisdaten der Sotisperiode 2781–1321 angehören. Diese Tatsache ist für die beiden Könige der 18. Dynastie unbestritten, die 12. Dynastie mit Sesostris III. setzt dagegen ein anderer Ägyptologe, Petrie, um eine ganze Sotisperiode früher, also statt um 1881 um 3341 an. Diese Frühdatierung würde bedingen, daß die Zwischenzeit vom Ende der 12. bis zum Anfang der 18. Dynastie rund 1670 Jahre betrug, eine Zahl, die die aus Manetho zu errechnende, schon viel zu hohe Summe noch übersteigt und die mit dem Denkmälerbestand und der Kulturentwicklung dieser Epoche absolut unvereinbar ist. Demnach kann auch die 12. Dynastie nur in die Sotisperiode 2781–1321 gesetzt werden.

Durch die drei absoluten, sogar astronomisch nachprüfbaren Fixpunkte, einem aus dem »Mittleren« und zweien aus dem »Neuen« Reich, gelang es nun Eduard Meyer, nicht nur die Regierungsjahre der anderen Pharaonen der 12. und 18.–20. Dynastie auf 4 Jahre genau zu ermitteln, sondern auch die »Zweite Zwischenzeit«, die bei Manetho nach der Überlieferung von Africanus 1590 Jahre lang war, auf nur 210 Jahre zusammenschrumpfen zu lassen. Vier Jahre spielen für prähistorische Zeiten keine Rolle, dagegen 210 oder 1590, das sind auch für den Vorgeschichtsforscher Differenzen, die von entscheidender Bedeutung sein könnten.

Wir haben diese drei Sotisdaten auf Abb. 11 erstens mit dem beigefügten Herrschernamen am Rande der den Kalender darstellenden Kreisfläche an den entsprechenden Monatstagen eingetragen, zweitens auf der rechten Seite der Abbildung als Dreiecke mit beigeschriebener Jahreszahl vermerkt. Es sind dies die drei »Nägel«, an denen letzten Endes die gesamte Chronologie der jüngeren Steinzeit und Bronzezeit Europas hängt.

Eduard Meyer kennt noch ein viertes Sotisdatum, das der folgenden Sotisperiode 1321 vor bis 139 n. Chr. angehört. Es ist das sogenannte *Dekret von Kanopus*, das von dem hellenistischen König Ptolomäus III. am 19. Juli 238 v. Chr. erlassen wurde. Danach wurde das Sotisfest im 9. Regierungsjahr dieses Herrschers am 1. Payni gefeiert. Dies Datum bietet uns zwar für Ptolomäus III., der schon im hellsten Lichte der Geschichte steht, nichts Neues; es ist uns aber von großem Wert bei der Nachprüfung des von Censorinus überlieferten Datums, das hierdurch bestätigt wird.

Eduard Meyers chronologische Schlüsse sind für das Mittlere und das Neue Reich durch die Forschung der letzten 50 Jahre auf das glänzendste bestätigt worden. Bis rund zum Jahre 2000 v. Chr. Geburt kann die ägyptische Chronologie, und alles was von ihr abhängt, als sicher angesehen werden.

Anders steht es mit dem »Alten Reich«. Aus ihm kannte Eduard Meyer kein Sotisdatum und auch die intensive Ausgrabungstätigkeit der letzten Jahrzehnte hat hier keinen Wandel schaffen können. Für das »Alte Reich« und vor allem für die »Erste Zwischenzeit« war er also auf allgemeine Spekulationen angewiesen. Denn das Alte Reich selber (d. h. die 3.–6. Dynastie) ist uns historisch sehr gut bekannt. Wir kennen neben Manetho auch zahlreiche altägyptische Denkmäler, die uns nicht nur die Königsnamen und die Dauer ihrer Regierung, sondern auch viele ihrer historischen Leistungen, ja sogar persönliche Charakterzüge erkennen lassen. Die 3.–6. Dynastie ist gleichsam eine »historische Insel« inmitten einer prähistorischen Umgebung. Daher kann es nicht Wunder nehmen, wenn der Abstand dieser »Insel« vom »Festland« der Geschichte von verschiedenen Forschern verschieden lang angenommen wurde.

Alle prähistorischen Kulturen – es handelt sich um solche der jüngeren Steinzeit – die durch das Alte Reich absolut datiert werden, müssen früher oder später angesetzt werden – je nach dem Forschungsstand der Ägyptologie. Und es handelt sich dabei um Schwankungen von über 1000 Jahren – wenn man Manetho und Petrie folgen will, sogar um über 2000 Jahre! Die Tendenz in den letzten Jahrzehnten geht jedoch dahin, eher kürzere Zeiten anzunehmen, und heute wird sogar der König Menes aus der 1. Dynastie *nach* dem Jahre 3000 v. Chr. angesetzt.

Zusammenfassend kann man also sagen, daß wir mit

einer gesicherten Chronologie über Rom, Griechenland und Ägypten bis zum Jahre 2000 v. Chr. gelangen, mit einem gewissen Unsicherheitsfaktor noch gerade bis zum Jahre 3000 v. Chr. Weiter zurück reicht die »historische« Chronologie nicht und also auch nicht die von ihr abhängige archäologisch-historische Methode.

Die archäologisch-historische Methode

Sie ist zuerst von Montelius in seinem berühmten Werk »Om tidsbestämning in om Bronsåldern« angewandt worden. Schon hier hat er den Weg beschritten, zuerst eine *relative* Chronologie aufzubauen. Erst nachdem dieses System gesichert war, schaute er sich nach Fixpunkten für die *absolute* Chronologie um. Diese Fixpunkte waren für ihn Importstücke aus dem Süden, Importstücke aus Ländern, die schon »Geschichte« hatten, also für die Bronzezeit Ägypten, für die Hallstatt- und Latène-Zeit Griechenland und Italien, für die Kaiserzeit Rom. Erst in der Völkerwanderungs- (400–800) und Wikingerzeit (800–1050 n. Chr.) mehren sich in Mittel- und Nordeuropa Denkmäler, die man »primär«, d. h. mit einheimischen Gegenständen absolut datieren kann. Aber auch in dieser Spätzeit spielt der Import noch immer eine große Rolle.

Methodisch hat sich Montelius erst 1895 in einer Arbeit über die »Chronologie der Eisenzeit« (Jernålderns Kronologie) ausführlicher zu dieser Frage geäußert:

»Erst die letzte Periode unserer Eisenzeit, besser bekannt unter dem Namen ›Wikingerzeit‹ ist ›historisch‹. Für keinen anderen Abschnitt unserer Heidenzeit hat nämlich die ausschließlich aus schriftlichen Quellen schöpfende ›Geschichte‹ namhaftere Aufschlüsse zu gewähren. Bis auf äußerst seltene Ausnahmen können indessen auch die Funde dieser Periode mit *historischen* Methoden zeitlich nicht näher bestimmt werden. Dies muß vielmehr mit *archäologischen* Methoden geschehen, das heißt durch die Untersuchung der typologischen Entwicklung sowie die genaue Beobachtung dessen, was Münzen und andere zu den fraglichen Funden gehörige Gegenstände über ihr Alter zu berichten haben.

Über das Alter von all den Gegenständen, die aus den Perioden vor der Wikingerzeit erhalten geblieben sind, kann man natürlich nur auf archäologischem Wege irgendeinen Aufschluß gewinnen. Hierbei hat man zuerst mit Hilfe der Typologie und der Fundumstände die *relative Chronologie* zu ermitteln, d. h. die aufeinanderfolgenden Perioden auszuscheiden, wobei es natürlich wünschenswert ist, daß diese Perioden so zahlreich und folglich so kurz sind als mit nötiger Sicherheit nur irgend zu vereinen ist.

Danach hat man, mit Hilfe der in geschlossenen Funden einer jeden Periode vorkommenden Münzen oder anderen Importgegenständen von bekanntem Alter, den Versuch zu machen, die *absolute* Chronologie zu ermitteln, d. h. zu bestimmen, welches Jahrhundert oder welche Jahrhunderte vor oder nach Christi Geburt jede Periode umfaßt.

Im Hinblick auf die Beweiskraft, die in unserer Chronologie einer Münze oder einem anderen Importgegenstand aus fremden Ländern zukommen kann, der in nordischen Funden zusammen mit einheimischen Arbeiten angetroffen wird, dürfte folgendes zu beachten sein:

Unter einem ›Fund‹ verstehe ich natürlich die Summe von Gegenständen, die von glaubwürdigen und mit dem notwendigen Beobachtungsvermögen ausgerüsteten Leuten unter solchen Umständen zusammen angetroffen wurden, daß man annehmen muß, daß sie zu ein und demselben Zeitpunkt an der Stelle niedergelegt wurden, wo sie gefunden wurden. Wenn nun *ein* solcher Fund eine Münze enthält – ich benutze wegen der Kürze diesen Ausdruck an Stelle von »Münze oder anderer Importgegenstand« – die zusammen mit einer einheimischen Arbeit angetroffen wurde, so haben wir hierdurch eine *Andeutung* darüber bekommen, daß sie beide ungefähr gleichzeitig sind. Mehr als eine Andeutung ist es nämlich nicht, denn die Münze kann sehr alt gewesen sein und die einheimische Arbeit ganz neu, als sie beide zusammen niedergelegt wurden, aber es kann auch das Gegenteil der Fall gewesen sein.

Findet man dagegen ein zweitesmal eine Münze desselben Herrschers zusammen mit einer einheimischen Arbeit vom selben Typus wie in dem ersten Fund, so wird die Wahrscheinlichkeit, daß beide tatsächlich ungefähr gleichzeitig sind, schon bedeutend größer. Es ist nämlich wenig glaubhaft, daß reiner Zufall die beiden Gegenstände noch ein zweitesmal zusammengeführt haben sollte. Möglich ist dieses aber doch, und einige Beispiele hierfür sind vorhanden. Es erbringen also nicht einmal zwei zusammenstimmende Funde einen schlüssigen Beweis, sondern lediglich einen weit höheren Grad der Wahrscheinlichkeit als ein einzelner Fund.

Der Grad der Wahrscheinlichkeit für die wirkliche Gleichzeitigkeit dieser beiden Gegenstände wächst indessen mit jedem neuen Fund, der sie beide enthält, und dieser Grad wächst sehr schnell. Wenn *ein* Fund der hier in Frage stehenden Art uns eine »Andeutung« gibt, so sind *zwei* Funde mit ziemlicher Wahrscheinlichkeit gleichzeitig, während *drei* Funde eine große Wahrscheinlichkeit und *vier* eine sehr große Wahrscheinlichkeit bieten. Für jeden weiteren Fund derselben Art wird die Wahrscheinlichkeit immer größer, bis sie sich der vollen Gewißheit so sehr nähert, wie dies in einer empirischen Wissenschaft überhaupt möglich ist.«

Es ist kein Zufall, daß Montelius gerade am *eisenzeitlichen* Material die Methode der absoluten Chronologie zuerst exakt entwickelt und begründet hat. Hier in diesen letzten anderthalb Jahrtausenden der Frühgeschichte (500 v. bis 1000 n. Chr.) fand er bereits in den 90er Jahren genügend gut datiertes Importmaterial vor, das für den einheimischen Fundstoff als Fixpunkt dienen konnte. Denn wenn man Import als Fixpunkt für die absolute Chronologie benutzen will, dann muß man zunächst wissen, wie es um die absolute Chronologie des Imports selber steht. Wenn wir aber sehen, daß erst im Jahre 1904 die ägyptische Chronologie durch Eduard Meyer auf eine feste Grundlage gestellt wurde, dann können wir nicht erwarten, daß Montelius 20 Jahre früher, als er sein berühmtes Erstlingswerk über die »Zeitbestimmung in der Bronzezeit« schrieb, mehr wußte als die Ägyptologen selber. Aber auch wenn die Ägyptologie schon 1885 so weit gewesen wäre, dann hätte auch das für Montelius nur bedingten Wert gehabt, weil die Zwischenglieder noch fehlten, um die ägyptische Chronologie in Etappen von Land zu Land auf den Norden zu übertragen. Die erste dieser Etappen hieß *Kreta.*

Ägypten, Kreta und Griechenland

Heinrich Schliemann hat nicht nur Troja ausgegraben. Er hat mindestens ebensoviel Zeit, Geld und Kraft auf die Erforschung der berühmten, von Homer erwähnten Fürstensitze auf dem griechischen Festland verwandt.

In erster Linie ist hier an Mykenae, die Residenz des Agamemnon, zu erinnern, wo seit dem Altertum die Reste der Burg mit dem Löwentor und die größtenteils ausgeplünderten Kuppelgräber bekannt waren und wo Schliemann 1876 im »Gräberrund«, nahe dem Löwentor, die »Schachtgräber« mit ihren ungeahnten Goldschätzen entdeckte. Einige Jahre später grub er in Orchomenos und Tiryns zwei weitere Fürstensitze der griechischen Heroenzeit aus, und nach und nach entstand vor den Augen seiner staunenden Zeitgenossen das Bild einer bis dahin unbekannten Welt, der *Mykenischen Kultur*. Wir wissen heute, daß Schliemann sich noch ein Jahr vor seinem Tode (1890) mit dem Gedanken trug, noch einen weiteren Fürstensitz auszugraben: den Palast von Knossos auf Kreta, von wo aus der sagenhafte König Minos seine »Thalassokratie«, seine Seeherrschaft über die gesamte ägäische Inselwelt ausgeübt haben sollte, wie wir aus einer Bemerkung des Thukydides wissen. Hätte Schliemann diesen Plan ausgeführt, dann wäre dies sicher die Krönung seines Lebenswerkes geworden. Aber wir dürfen bezweifeln, ob er dieser Aufgabe voll gewachsen gewesen wäre und ob Knossos, von ihm ausgegraben, für uns heute die chronologische Schlüsselstellung einnehmen würde, die es tatsächlich seit einigen Jahrzehnten besitzt.

Der Mann, dem Knossos diese Stellung verdankt, hieß *Arthur Evans*, und er begann seine Ausgrabungen im Jahre 1900, also genau ein Jahrzehnt nach Schliemanns Tode. Evans wurde 1851 geboren, studierte in Oxford und Göttingen und kam ursprünglich nur nach Kreta, um nach »hieroglyphischen« Schrifttafeln zu suchen, die man dort gelegentlich gefunden hatte. Aber der Schutthügel von Knossos hielt ihn fest, Jahr um Jahr mußte er den Abschluß der Grabungen hinausschieben, und erst in den Jahren 1921–1935 konnte er seine Arbeit in dem vierbändigen Werk »The Palace of Minos« (= Der Palast des Minos) zum Abschluß bringen.

Es ist hier nicht der Ort, über den riesigen Palast mit seinem, um einen großen Innenhof gruppierten »Labyrinth« von Sälen und Zimmern, von Treppen, Lichtschächten und Kellern zu berichten. Nur soviel, daß das Wort »Labyrinth«, das die Griechen der späteren Zeit gerade mit dem König Minos von Kreta in Verbindung brachten, wohl aus der lebendigen Anschauung der damals noch wesentlich besser erhaltenen Ruinen erwachsen ist, die sie nicht für die Reste des Palastes, sondern für einen raffiniert geplanten »Irrgarten« hielten.

Es ist im Rahmen dieses Buches nicht möglich, die Bedeutung Kretas und seiner Seeherrschaft, mit einer die Insel gegen jeden denkbaren Feind schützenden großen Flotte – die Paläste von Knossos, Phaistos und Hagia Triada sind nicht durch Mauern geschützt wie die des griechischen Festlandes – eingehend zu würdigen; es kann auch nicht unsere Aufgabe sein, die hochentwickelte Kunst und die stark verfeinerte und endlich dekadente höfische Zivilisation Kretas zu schildern. Ja, nicht einmal bei der kretischen Schrift, die in den letzten Jahren wenigstens teilweise entziffert wurde, dürfen wir uns aufhalten. Unsere Aufgabe ist es, Kretas Bedeutung für die absolute Chronologie der jüngeren Steinzeit und älteren Bronzezeit Europas darzulegen.

Sicher lag Evans bei Beginn der Grabungen nichts ferner, als gerade zu diesem Thema etwas beizusteuern. Aber als er daranging, nach und nach den Palast in Knossos freizulegen, da stellte er bald fest, daß dieses riesige Bauwerk nicht in einer einzigen Epoche entstanden sein konnte. Er stellte Umbauten und Erweiterungsbauten fest; er beobachtete aber vor allem, daß der Palast mehrere Male zerstört und wieder aufgebaut worden war, und kam schließlich zu einer Stratigraphie von Knossos. Bei dieser Stratigraphie muß man bedenken, daß die Ausgrabungstechnik in den dreißig Jahren seit Schliemanns ersten Versuchsgrabungen in Troja, nicht zuletzt durch die »Schule Dörpfeld«, aber auch durch zahlreiche andere Großgrabungen der Engländer, der Franzosen, der Italiener, der Amerikaner immer stärker verfeinert worden war, und auch Evans hat zu dieser Verfeinerung sein Teil beigetragen. So suchte man jetzt nicht mehr nur nach Fundamenten von Festungsmauern und Toren, von Palästen und Tempeln, sondern man achtete immer stärker auf Kleinfunde, vor allem auf Scherben von Tongefäßen, und benutzte sie zu einer genaueren Datierung der Schichten, der Fundamentgruben und schließlich auch der Gebäude selber. Dieser peinlichen Sorgfalt bei der Registrierung von oft nur unscheinbaren Kleinfunden verdanken wir es, daß wir u. a. auch über die Fundumstände der ägyptischen Importstücke, die im Palast von Knossos gefunden wurden, genauestens unterrichtet sind, daß wir wissen, aus welcher Schicht sie stammen und mit welcher einheimischen Ware sie zusammengefunden wurden. Dies aber war die unbedingte Voraussetzung, wenn man ägyptischen Import zur absoluten Datierung der kretischen Kulturstufen benutzen wollte.

Evans stellte fest, daß man den Palast von Knossos auf einem Platze errichtet hat, der schon vorher, im kretischen Neolithikum, stark besiedelt war. Diese Schichten der jüngeren Steinzeit waren sogar weit mächtiger als alle späteren Schichten zusammen. Die bronzezeitlichen Schichten faßte Evans in drei Epochen zusammen: a) die Frühminoische Zeit, b) die Mittelminoische Zeit, c) die Spätminoische Zeit. Jede dieser Stufen hat er dann noch in drei Unterstufen I, II und III gegliedert. Diese Gliederung der »Minoischen« Epoche Kretas (nach dem sagenhaften König Minos) beruht zwar vorwiegend auf der Stratigraphie von Knossos, ist aber von Evans und anderen Forschern an zahlreichen anderen Fundstellen Kretas nachgeprüft, bestätigt und erweitert worden. Man hat auch versucht, die kretische Chronologie auf das griechische Festland zu übertragen, kam aber bald zu der Überzeugung, daß dort die relative Chronologie in Einzelheiten etwas anders verlaufen ist. Dort spricht man daher von der »helladischen« Kultur (nach Hellas = Griechenland) und gliedert sie ebenfalls in eine Früh-, Mittel- und Späthelladische Zeit. Die Späthelladische Zeit entspricht ziemlich genau der Spätminoischen Zeit, und beide zusammen entsprechen der Mykenischen Zeit. Wir kommen also zu folgendem Schema:

Späthelladisch I = Frühmykenisch
= Spätminoisch I
Späthelladisch II = Mittelmykenisch
= Spätminoisch II
Späthelladisch III = Spätmykenisch
= Spätminoisch III.

Kreta und Griechenland sind die ersten europäischen Gebiete, die mit einem »historischen« Lande, Ägypten, in engeren Kontakt treten. Diese Beziehungen sind gegenseitig: man findet nicht nur ägyptischen Import auf Kreta und in Griechenland, sondern umgekehrt auch »ägäische« Importstücke (ägäisch ist ein Sammelbegriff für Kreta und Griechenland) in Ägypten. Dies ist besonders wichtig für eine Kontrolle und Gegenkontrolle der absoluten Chronologie der einzelnen relativen Stufen. Wir erinnern dabei an die klassische Formulierung von Montelius: *ein* Importstück gibt nur eine Andeutung, *zwei* geben eine Wahrscheinlichkeit, *drei* eine große Wahrscheinlichkeit und *vier* eine sehr große Wahrscheinlichkeit.

Auf unserer Abb. 12 haben wir rechts die ägyptischen Dynastien, nochmals mit den drei »Nägeln« der absoluten Sotisdaten, links die relativen Stufen von Kreta und Griechenland dargestellt. In dem breiten Mittelfeld sind die wichtigsten ägyptischen und kretisch-griechischen Importfunde abgebildet und die wechselseitigen Beziehungen durch Pfeile dargestellt.

Spätneolithikum und Frühminoische Zeit: In Knossos fand man in spätneolithischen Schichten eine vollständige ägyptische Steinvase (Abb. 12 unten) und Bruchstücke von solchen, die während des Alten Reiches vorzugsweise während der 3. Dynastie hergestellt worden sind. Nachahmungen von ägyptischen Steinvasen der 4. und 5. Dynastie fanden sich in kretischen Gräbern der Zeiten Frühminoisch II–III. Daraufhin kann man das kretische Spätneolithikum und die Frühminoische Epoche etwa mit dem Alten Reich in Ägypten, der Zeit, in der die großen Pyramiden erbaut wurden, gleichsetzen.

Mittelminoische Zeit: In Knossos fand Evans in einer reinen Mittelminoisch II-Schicht eine ägyptische Diorit-Statuette (Abb. 12) mit Hieroglypheninschrift Jeb-neb, die in die 12., spätestens 13. Dynastie datiert werden kann. Es ist dies die Zeit des ältesten Palastes in Knossos. Die Gleichsetzung der Mittelminoischen Epoche mit dem Mittleren Reich wird durch kretische Funde in Ägypten bestätigt: so fand man in Kahún, in einer Stadt, die der Pharao Sesostris II. (1906–1887) bei Errichtung seiner Pyramide für die Arbeiter bauen ließ, eine größere Anzahl kretischer Tonscherben, der sogenannten Kamaresware, die in die Stufe Mittel-

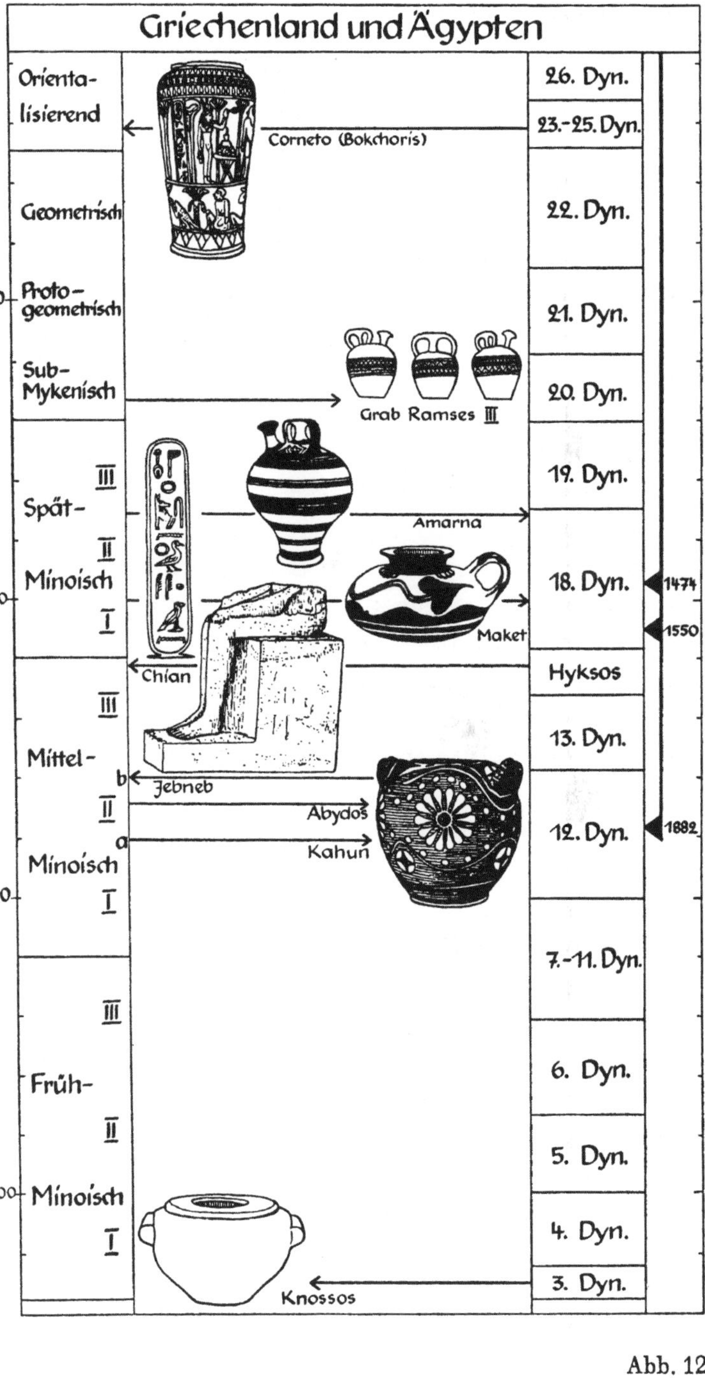
Griechenland und Ägypten
Orienta-lisierend
Geometrisch
Proto-geometrisch
Sub-Mykenisch
III
Spät-
II
Minoisch
I
III
Mittel-
b
II
a
Minoisch
I
III
Früh-
II
Minoisch
I
1000
1500
2000
2500
Corneto (Bokchoris)
Grab Ramses III
Amarna
Maket
Chian
Jebneb
Abydos
Kahun
Knossos
26. Dyn.
23.-25. Dyn.
22. Dyn.
21. Dyn.
20. Dyn.
19. Dyn.
18. Dyn.
Hyksos
13. Dyn.
12. Dyn.
7.-11. Dyn.
6. Dyn.
5. Dyn.
4. Dyn.
3. Dyn.
1474
1550
1882

Abb. 12

minoisch II gehören. Eine weitere Kamaresvase fand man in einem Grabe der Zeit der 12. Dynastie in Abydos in Oberägypten. – In das Ende der Mittelminoischen Zeit gehört dagegen ein Alabasterdeckel mit Hieroglypheninschrift des Hyksoskönigs Chian (Abb. 12), der in Knossos in einer Brandschicht *unter* den Fundamenten des Palastes der I. Spätminoischen Epoche gefunden wurde. Die Hyksos waren ein asiatisches Fremdvolk, das während der sogenannten »Zweiten Zwischenzeit« über Ägypten herrschte und durch die ersten Pharaonen der 18. Dynastie vertrieben wurde (um 1580 v. Chr.). Mit diesem Sieg setzte die glanzvolle Zeit des »Neuen Reiches« in Ägypten ein.

Spätminoische Zeit: Auch jetzt gibt es eine Reihe von Importbeziehungen zwischen Kreta und Ägypten, die zeigen, daß die Stufen Spätminoisch I und II dem Anfang und der Mitte der sehr lange regierenden 18. Dynastie entsprechen. So fand sich im sogenannten »Maketgrab» in Kahún, zusammen mit Gegenständen der Zeit Thutmosis' II. und III., die beide im Anfang der 18. Dynastie regierten, eine mykenische Vase der Stufe Spätminoisch I, d. h. der Frühmykenischen oder der Schachtgräberzeit (Abb. 12). Der Beginn der Stufe Spätminoisch III (= Spätmykenische Zeit) fällt mit dem Ende der 18. Dynastie zusammen. In der neuen Residenz, die sich der »Ketzerkönig« Amenophis IV., später Echn-Aton, Gemahl der Königin Nofretete, in Tell-el-Amarna erbaut hatte, und die nach dem Tode seines Nachfolgers Tut-ench-Amun, dessen Grab in den 20er Jahren so großes Aufsehen erregte, rasch wieder verödete, fand man eine größere Anzahl spätmykenischer Scherben, darunter solche von Bügelkannen (Abb. 12), die durch die angedeuteten politischen Verhältnisse auf wenige Jahrzehnte scharf datiert werden können (ca. 1375–1350 v. Chr.). Auch in Mykenae selbst hat man ägyptischen Import der Amarnazeit gefunden, so eine Fayencevase mit der Kartusche Amenophis' III., so Bruchstücke einer Fayenceplatte mit Aufschriften desselben Herrschers, so ein »Skarabäus« (Siegel in Form eines Käfers) mit Namen der Königin Teje, der Gemahlin Amenophis' III. und Mutter Amenophis' IV. Alle diese Funde stammen aus Gräbern und Siedlungsschichten der Spätmykenischen Zeit, also Spätminoisch III.

Spätmykenische Funde lassen sich aber auch noch in die Zeit der 19. Dynastie datieren. In einer nubischen Nekropole, 160 km nilaufwärts von Assuan, wurde in einem Grab, das sicher in die Zeit Ramses' II. (1292–1225) gehört, eine spätmykenische Bügelkanne gefunden.

Spätmykenische Bügelkannen wurden indes nicht nur in Ägypten eingeführt, sie wurden sogar von den Ägyptern in Fayence nachgeahmt, und eine Reihe von Bügelkannen ist sogar in einer Wandmalerei im Grabe Ramses' III. (1198–67), des bedeutendsten Pharao der 20. Dynastie, abgebildet (Abb. 12).

Das Ende der 19. und der Anfang der 20. Dynastie in Ägypten waren eine unruhige Zeit für das östliche Mittelmeer. Es war die Zeit der »Großen Wanderung«, von der die »Dorische Wanderung« der griechischen Sage nur ein Teil war. Die Zeit um und kurz nach 1200 sieht den Untergang der kretisch-mykenischen Kultur, den Untergang von Troja, den Untergang des Hethither-Reiches in Kleinasien, ja, bis an die Grenzen Ägyptens branden die Ausläufer dieser »Nordvölker«- oder »Seevölker«-Bewegung. Eine Inschrift Ramses' III. an einem Tempel von Medinet Habu bei Theben in Oberägypten gibt uns ein eindrucksvolles Bild von diesem kriegerischen Ansturm aus dem Norden:

»Nicht hielt irgendein Land stand vor ihnen von Hatti an. Kode, Karkemisch, Arzawa, Alaschija waren vernichtet. Sie schlugen Feldlager auf an einem Orte in Amurru. Sie richteten seine Leute zugrunde, als wären sie nie gewesen. Sie kamen, indem ein Feuer vor ihnen herging, auf Ägypten zu. Als Verbündete waren unter ihnen die Pelset, Zeker, Schekeresch, Denen und Weschesch vereint. Sie legten ihre Hände auf die Länder bis zum Erdrand, ihre Herzen waren voll Vertrauen, und sie sagten: unsere Pläne gelingen.« – Wer denkt wohl bei diesen Sätzen nicht an gewisse Ereignisse in nicht allzu ferner Vergangenheit? –

Ramses III. gelang es zwar, die Gefahr für Ägypten abzuwenden, aber nach seiner Zeit reißen die regen Handelsbeziehungen zwischen Ägypten und der ägäischen Welt völlig ab, was sich auch in unseren Funden spiegelt. Für etwa 400 Jahre fällt der griechische Raum, der sich schon fast der »Geschichte« genähert hatte, wieder in reine Vorgeschichte zurück.

Mit der Zeit der großen Wanderung, die etwa mit dem Ende des Neuen Reiches in Ägypten zusammenfällt, ist nicht nur für die Geschichte des alten Europa ein wichtiger Abschnitt erreicht, es ist auch zugleich für die archäologisch-historische Methode die Zeit beendet, in der sich die absolute Chronologie in der Hauptsache auf Ägypten gründet. Kreta und Griechenland sind in dieser Frühzeit die einzigen Gebiete Europas, die in der »Kontaktzone« mit bereits »historischen« Ländern liegen, die also unmittelbar durch Import datiert sind. Alle übrigen Länder Europas empfangen dagegen nur »mittelbar« ihre absolute Chronologie, die in Etappen von Land zu Land, nach den Methoden der vergleichenden relativen Chronologie übertragen werden muß. Je weiter das Land entfernt ist, je mehr Grenzen überschritten, je mehr Etappen überwunden werden müssen, um so größer die Fehlerquellen, um so größer also auch die Vorsicht bei der Anwendung dieser Methode. Die Wege nach Mittel- und Nordeuropa gehen anfangs hauptsächlich über den Balkan und den Donauraum, später über Italien.

Absolute Chronologie auf Grund von Importbeziehungen von Land zu Land

An einem Beispiel soll gezeigt werden, wie es der heutigen Forschung möglich ist, die absolute Chronologie, auch wenn keine direkten Importbeziehungen vorhanden sind, von Land zu Land, über sehr große Entfernungen hinweg zu übertragen (Abb. 13).

In spätmykenischer Zeit war die »Bügelkanne« ein beliebter Exportartikel. Sie findet sich daher nicht nur in Mykenae und anderen Zentren des griechischen Festlandes und der ägäischen Inselwelt, sondern auch an den Küsten des vorderen Orients und vor allem in *Ägypten.* Wir begegneten ihr in Tell-el-Amarna, also in der letzten Zeit der 18. Dynastie, wir begegneten ihr in Gräbern der Zeit Ramses' II., also der 19. Dynastie und auch noch, wenigstens in bildlichen Darstellungen, im Grabe Ramses' III., also der 20. Dynastie. Danach ist die Lebensdauer der spätmykenischen Bügelkannen für die Zeit von rund 1350–1150 v. Chr. gesichert (Abb. 13 unten).

In *Mykenae* taucht in spätmykenischer Zeit eine Fibel auf, die unserer modernen Sicherheitsnadel sehr stark gleicht und die den Namen Peschierafibel (nach dem Fundort Peschiera in Oberitalien) oder Violinbogenfibel führt. Eine feinere Gliederung der spätmykenischen Keramik in die Unterstufen A, B und C durch den schwedischen Archäologen Furumark erlaubte die Feststellung, daß die Peschierafibel in der

Unterstufe A, d. h. in der Amarnazeit, noch fehlt. Sie taucht erst in der Unterstufe B auf und hält sich bis zur Unterstufe C, d. h. sie war in Mykenae zusammen mit jüngeren Bügelkannen der Zeit von rund 1300 bis 1200 bzw. 1150 in Gebrauch.

Eine Peschierafibel, die sich nur durch den etwas erhöhten Nadelhalter (Abb. 13) von dem Normaltypus unterscheidet, fand sich in einem Brandgrab von *Mühlau* bei Innsbruck in Nordtirol. Gero von Merhart hat dieses Grab in seiner Bedeutung für die absolute Chronologie erkannt und 1930 publiziert. Dies Grab enthielt unter seinen reichen Beigaben teils Typen der späten Hügelgräber-Bronzezeit, Reinecke Stufe D (z. B. eine Vasenkopfnadel wie unsere Abb. 8 n), teils solche der Urnenfelderzeit, Hallstatt A. Zu diesen Typen gehört auch die »Säulchen-Urne« (Abb. 13), die in Nordtirol häufig in Gräberfeldern der Urnenfelderkultur vorkommt.

Eng verwandt mit diesen Nordtiroler Säulchen-Urnen ist eine Urne von *Fanger*, Kr. Naugard in Pommern, aus einem Grab, das der Verfasser dieses Buches im Herbst 1938 ausgrub: dieselben schmalen Zierhenkel, dieselben Buckelumrandungen an der stärksten Stelle des Gefäßbauches (Abb. 13). Fanger war ein typisch mittelpommersches Hügelgrab der IV. Periode nach Montelius. Auf einem sauberen Pflaster in der Hügelmitte lag der Leichenbrand herumgestreut, daneben standen vier Tongefäße »Lausitzer« Art und lag eine Reihe von Bronzebeigaben, darunter eine nordische Plattenfibel der IV. Periode (Abb. 13), die den Montelius-Typen E-F auf unserer Abb. 7 entspricht.

Eine Plattenfibel ganz ähnlicher Art, nur sehr viel reicher verziert und mit Goldplattierung, fand sich in dem »Kung Björns Hög« bei *Håga* in Uppland. Dieser »Hügel des Königs Björn« stand wegen seiner Größe

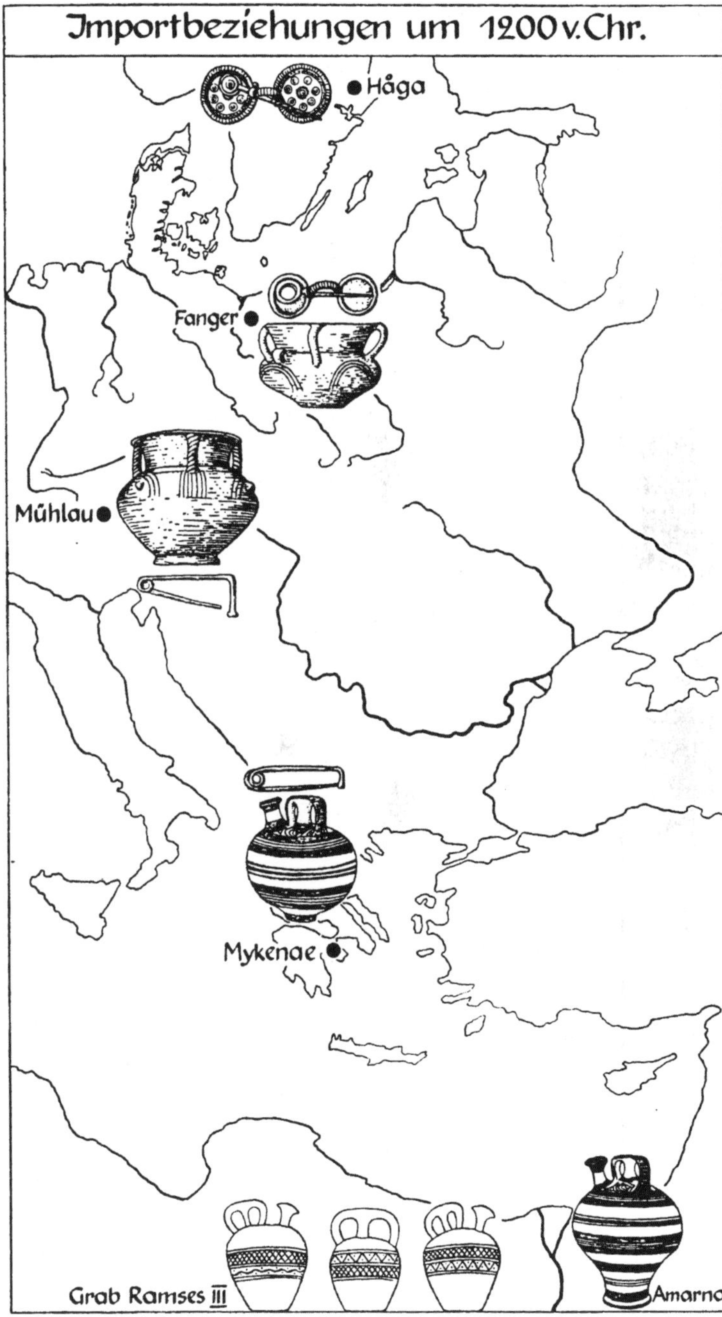
Jmportbeziehungen um 1200 v. Chr.
Håga
Fanger
Mühlau
Mykenae
Grab Ramses III
Amarna

Abb. 13

ursprünglich in Verdacht, einer der Grabhügel der altschwedischen Ynglinger-Dynastie zu sein (vgl. S. 185ff.). Die Grabung im Jahre 1903 ergab aber, daß es sich um eine Bestattung weit älterer Zeit, der IV. Periode der Bronzezeit, handelte. Auch hier war der Tote verbrannt und auch hier, wie in Fanger, war der Leichenbrand nicht in einer Urne geborgen, sondern umhergestreut in einem hölzernen, mannslangen Sarg. Außer der Fibel enthielt das Grab noch ein Griffzungenschwert der IV. Periode, ein Rasiermesser, zwei Stangentutuli, zwei Doppelknöpfe – alle diese Stücke mit Goldblech belegt oder mit Golddraht umwickelt. Ferner fanden sich mehrere Ziernägel und Spiralröllchen aus feinstem Golddraht – genaue Gegenstücke fanden sich übrigens in dem Grabe von Mühlau, also eine weitere Beziehung, diesmal sogar eine direkte, unter Umgehung von Fanger.

Das Beispiel der Importbeziehungen um 1200 v. Chr., das uns von Ägypten über Griechenland nach Tirol und weiter über Pommern bis hinauf nach Schweden führte, sollte zeigen, wie etwa der moderne Prähistoriker arbeitet, wenn er über weite Entfernungen hinweg die absolute Chronologie eines Landes wenigstens ungefähr festlegen will. Natürlich sind die Dinge in Wirklichkeit weit komplizierter, als es unsere Karte mit den in Art eines »Dominospieles« zusammenpassenden Funden darstellt. Aber im Prinzip ist es doch die Methode, die Montelius bereits 1885 anwandte.

Auf Grund dieser vergleichenden Chronologie konnte die Forschung der letzten Jahrzehnte feststellen (vgl. die Tabelle Abb. 20–21), daß mit dem *Alten Reich* (ca. 2700–2100 v. Chr.) die Frühminoische Epoche auf Kreta, die Bandkeramik (= Donaukultur) in Mitteleuropa (also eine neolithische Bauernkultur) und endlich die jüngere Ertebölle-Kultur (= Muschelhaufenkultur) in Nordeuropa (also eine mesolithische Jäger- und Fischerkultur) gleichzeitig sind. Daß mit dem *Mittleren Reich* (ca. 2000–1700 v. Chr.) die Mittelminoische Epoche auf Kreta, die Remedello-Kultur in Italien, jungneolithische Kulturen in Mitteleuropa (Rössen und Jordansmühl, Trichterbecher, Michelsberg, Schnurkeramik und Glockenbecher) und endlich die Megalith- und Einzelgrabkultur in Nordeuropa gleichzeitig sind. Daß mit dem *Neuen Reich* (ca. 1600–1100 v. Chr.) die Spätminoische Epoche auf Kreta, die Mykenische Kultur in Griechenland, die Terramaren- und Peschiera-Kultur in Italien, die Aunjetitzer Kultur und die Hügelgräber-Bronzezeit in Mitteleuropa und die Ältere Bronzezeit in Nordeuropa (Montelius Per. I und II) gleichzeitig sind. Die III. Periode der nordischen Bronzezeit, in der sich die Brandbestattung durchsetzt, ist gleichzeitig mit der älteren Lausitzer Kultur in Ostdeutschland und der Urnenfelderkultur in Mitteleuropa. Manche Forscher nehmen an, daß die Urnenfelderkultur in Zusammenhang mit der »Großen Wanderung« im Donau- und Balkanraum und im östlichen Mitteleuropa gestanden hätte, daß sie mit der 20. Dynastie in Ägypten, mit der das Neue Reich zu Ende geht, etwa gleichzeitig sein müßte, was die besprochenen Funde (Abb. 13) durchaus bestätigen.

Griechenland und die Chronologie der Spät-Hallstatt- und Früh-Latène-Zeit

Die Dorische Wanderung und der Untergang der Kretisch-Mykenischen Welt brachte zunächst einen starken Kulturrückgang auf allen Gebieten des Lebens. Aber nach einigen Jahrhunderten hatte sich die griechische Welt wieder erholt und nun setzte, seit der Mitte des 8. Jahrhunderts (Homerische Zeit) jener steile Aufstieg ein, der schließlich in die klassische Periode Griechenlands im 5. Jahrhundert einmündete.

Mehrere Generationen lang hatten sich die klassischen Archäologen mit der griechischen Vasenmalerei befaßt, hatten verschiedene Stilphasen unterscheiden können, die teilweise durch stratigraphische Beobachtungen in ihrer relativen Chronologie bestätigt worden waren. Gegen Ende des 19. Jahrhunderts hatte sich folgende Reihenfolge der Stile als sicher durchgesetzt:

Auf die mykenische Tonware folgte zunächst die submykenische. Ihr folgte der proto-geometrische, darauf der geometrische und schließlich der sub-geometrische Stil, danach der orientalisierende Stil, zu dem u.a. die proto-korinthische und korinthische Vasenmalerei zu zählen sind, endlich die schwarzfigurige und die rotfigurige Vasenmalerei.

Wenn man nun nach der absoluten Chronologie dieser Töpferstile fragt, so stehen wir vor der eigenartigen Tatsache, daß nur die erste Phase, die submykenische Tonware, noch zu datieren ist und zwar auf Grund von Importbeziehungen zur 20. Dynastie in Ägypten, in das 12. Jahrhundert. In den folgenden 350–400 Jahren fehlen alle absoluten Fixpunkte, d. h. der protogeometrische, der geometrische und der sub-geometrische Stil gehörten in eine Zeit des »Rückfalls in die Prähistorie«. Es handelt sich also nur um ganz schematische Berechnungen, wenn man den protogeometrischen Stil in das 11. Jahrhundert, den geometrischen in das 10. und 9. Jahrhundert und den subgeometrischen in die Wende des 9. zum 8. Jahrhundert v. Chr. setzt.

Absolute Fixpunkte gibt es erst wieder seit der Mitte des 8. Jahrhunderts. Noch einmal meldet sich Ägypten mit einem Importfund: eine Alabastervase des Pharao Bokchoris (24. Dynastie 718–712 v. Chr.), die in einem etruskischen Grabe in Corneto in Mittelitalien, zusammen mit mehreren aus Griechenland importierten proto-korinthischen Vasen gefunden wurde (Abb. 12 oben). Es ist das letzte Mal, daß Ägypten als primäre Quelle in der Chronologie eine Rolle spielt, denn um dieselbe Zeit beginnt die zusammenhängende schriftliche Überlieferung: Griechenland wird selber historisch. Im 8. Jahrhundert dichtete Homer; im Jahre 776 war die 1. Olympiade; seit diesem Jahr gibt es schriftlich fixierte Siegerlisten in Olympia; bald danach dürfen wir mit Beamtenlisten der griechischen Städte, Priesterlisten der großen Heiligtümer und anderweitigen Annalen rechnen, die sehr viel später, von hellenistischen Gelehrten in Alexandrien auf die Olympiaden umgerechnet wurden. Und auf diesem Umweg sind uns nun auch die Gründungsdaten der griechischen Kolonialstädte in Unteritalien und Sizilien überliefert worden, die, nochmals umgerechnet auf die christliche Ära, folgende Jahreszahlen bieten:

Um 750 v. Chr. wurde Cumae gegründet, 734 Syrakus, 730 Megara Hybläa, 690 Gela, 673 Lokroi, 629 Selinunt.

Es war dies die erste große Welle der griechischen Kolonisation. Cumae, die Vorgängerin von Neapel (= Neustadt) machte den Anfang und war eine Pflanzstadt von Chalkis auf Euböa: daher wurde die chalkidische Variante des griechischen Alphabets die Grundlage der lateinischen Schrift – zugleich ein Beweis dafür, eine wie große Rolle die Schrift bei den Griechen bereits im 8. Jahrhundert gespielt haben muß.

Man hat nun die Nekropolen (= Friedhöfe) dieser griechischen Kolonialstädte ausgegraben und dabei festgestellt, daß je älter das Gründungsdatum, um so älter auch die Keramik ist, die sich in den frühesten Gräbern findet.

Wenn man sich also im 8. und 7. Jahrhundert sozusagen noch auf dem Umweg über die gründungsdatierten griechischen Kolonien an die absolute Chronologie herantasten muß, so beginnen sich vom 6. Jahrhundert an die absoluten Fixpunkte zu häufen. Denn nun setzt allmählich die zusammenhängende Geschichtsschreibung ein, und wenn uns auch diese frühesten Quellen nur in Fragmenten erhalten sind, so haben sie doch irgendwie in der späteren historischen Literatur ihren Niederschlag gefunden.

Aus dem Anfang des 6. Jahrhunderts besitzen wir auch das erste astronomisch fixierte Datum der griechischen Geschichte: die von Herodot erwähnte Sonnenfinsternis vom 28. Mai 585 v. Chr., die der Philosoph Thales von Milet vorausberechnet hatte und die in der Schlacht am Halys dem Lyderkönig Alyattes den Sieg über die Meder einbrachte. Dadurch läßt sich auch die Regierungszeit seines Sohnes, des Königs Kroisos von Lydien (560–546) nachprüfen, und ein glücklicher Zufall wollte es, daß uns einige Bruchstücke von Säulen mit Reliefdarstellungen vom Dianatempel in Ephesos, demselben Tempel der noch in der Apostelgeschichte erwähnt wird, erhalten sind, die laut erhaltener Inschrift von Kroisos gestiftet worden waren. Denn Kroisos war ein sehr reicher König; Herodot berichtet viele Wunderdinge von seinen goldenen Weihgeschenken in Delphi, und noch heute nennt man einen reichen Mann einen »Krösus«. Die erhaltenen Reliefs von den Kroisos-Säulen aber zeigen in ihrer Menschendarstellung und im Faltenwurf ihrer Gewänder gewisse Stileigentümlichkeiten, die uns auch bei der schwarzfigurigen Vasenmalerei begegnen, welche sich danach, aber auch auf Grund einer Reihe von weiteren Fixpunkten, in den größten Teil des 6. Jahrhunderts datieren läßt. In den letzten beiden Jahrzehnten des 6. Jahrhunderts

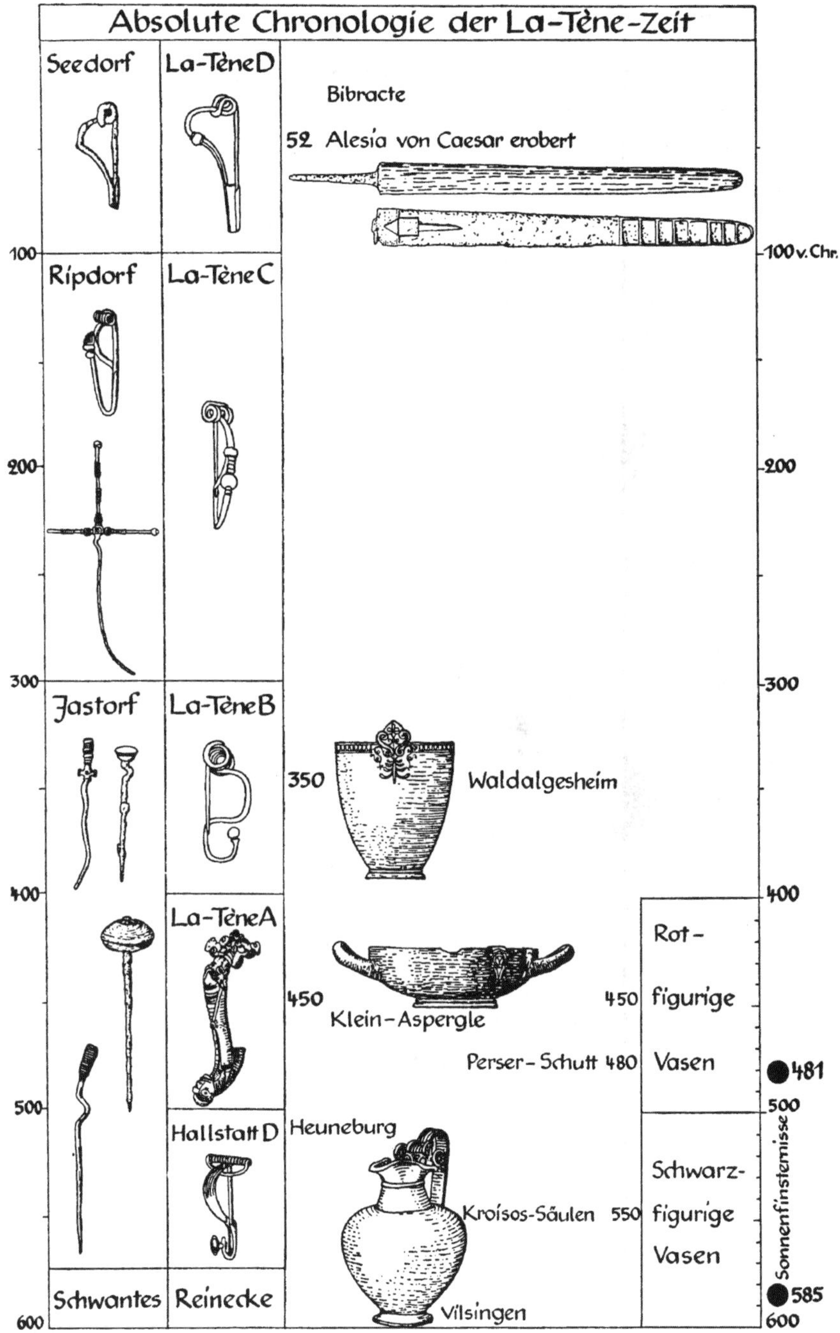

Absolute Chronologie der La-Tène-Zeit
Seedorf
La-TèneD
Bibracte
52 Alesia von Caesar erobert
100
100 v. Chr.
Ripdorf
La-TèneC
200
200
300
300
Jastorf
La-TèneB
350
Waldalgesheim
400
400
La-TèneA
Rot-
figurige
Vasen
450
Klein-Aspergle
450
Perser-Schutt 480
481
500
500
Hallstatt D
Heuneburg
Kroisos-Säulen
550
Schwarz-
figurige
Vasen
Sonnenfinsternisse
585
Schwantes
Reinecke
Vilsingen
600
600

Abb. 14

können wir in der griechischen Vasenmalerei den Übergang vom »schwarzfigurigen« zum »rotfigurigen« Stil beobachten. Beim ersteren hatte man die menschlichen und tierischen Figuren mit schwarzem Firnis auf den helleren Tonuntergrund gemalt. Jetzt machte man die Erfindung, den Hintergrund schwarz zu malen und die Figuren hell auszusparen. Es war also zunächst nur eine technische Neuerung, der aber zugleich ein Stilwandel entsprach. Die ältere Archäologen-Generation des 19. Jahrhunderts hatte die schwarzfigurigen Vasen noch bis zu den Perserkriegen (492–479) reichen lassen und die rotfigurigen Vasen erst nach 480 datiert. Die großen Ausgrabungen auf der Akropolis von Athen hatten aber in den 80er Jahren des 19. Jahrhunderts gezeigt, daß dies nicht zutreffen konnte. Wir wissen durch Herodot, daß der Perserkönig Xerxes im Jahre 480 die Akropolis von Athen zerstörte, und bei den Ausgrabungen konnte man den »Perserschutt« als deutliche stratigraphische Schicht von anderen Schichten trennen. Im Perserschutt fand man eine große Anzahl rotfiguriger Scherben. Diese Vasengattung mußte schon einige Jahrzehnte vorher in Gebrauch gewesen sein, und man konnte feststellen, bis zu welchem Stadium sich der rotfigurige Stil bis 480 v. Chr. Geburt entwickelt hatte. Ein glücklicher Zufall wollte es, daß das Jahr vorher wieder ein astronomisch fixierbares ist: Herodot berichtet uns von dem großen Schrecken, der Xerxes durch eine Sonnenfinsternis eingeflößt wurde, die mitten in seinen Kriegsvorbereitungen beobachtet worden war. Diese Sonnenfinsternis fiel auf den 10. April 481. Ein astronomisch fixiertes historisches und ein historisch fixiertes archäologisches Datum liegen also nur ein Jahr auseinander. Es braucht wohl kaum noch besonders betont zu werden, daß diese beiden archäologischen Fixpunkte des 6. und 5. Jahrhunderts (Kroisos-Säulen von Ephesos und Perserschutt auf der Akropolis) nur historisch besonders eindrucksvoll sind, aber keineswegs einzig dastehen. Es gibt noch eine ganze Reihe weiterer Fixpunkte, die teils auf dem Stilvergleich mit datierbaren Werken der Großplastik, teils auf griechischen Münzen beruhen, welche seit dem 6. Jahrhundert zu einer neuen, an Bedeutung ständig zunehmenden Quelle für die absolute Chronologie werden. Die Stilentwicklung der griechischen Kunst läßt sich daher im 5. und 4. Jahrhundert v. Chr. Geburt fast von Jahrzehnt zu Jahrzehnt genau verfolgen, und überall im prähistorischen Europa, wo wir stilistisch datierbarem griechischem Import begegnen, haben wir also eine solide Grundlage für die absolute Chronologie gewonnen.

Griechischer Import erreicht Mitteleuropa erst in der *Hallstattstufe D.* In den Fürstengräbern von Vilsingen und Kappel fanden sich griechische Bronzekannen der ersten Hälfte des 6. Jahrhunderts (Abb. 14 unten). Auf der »Heuneburg« an der oberen Donau, welche in den letzten Jahren von A. Rieth und W. Dehn untersucht wurde, fanden sich erstmals auf deutschem Boden griechische schwarzfigurige Scherben der zweiten Hälfte des sechsten Jahrhunderts. Die darunterliegende Schicht der Heuneburg brachte eine weitere große Überraschung: die Mauer war, nach altgriechischer Art, aus luftgetrockneten Lehmziegeln, auf einem Sockel aus Felsgestein, ausgeführt. Eine für das feuchte Klima nördlich der Alpen unpraktische Bauweise, die aber den Gedanken nahelegt, daß sich der auf der Heuneburg residierende Hallstattfürst einen griechischen Baumeister geleistet hat, der vielleicht über Massilia (das heutige Marseille) in das Keltenland vorgedrungen ist.

Voll ausgebildet tritt uns das Keltentum dann in der

Latène-Zeit entgegen. *La-Tène* am Neuenburger See in der Schweiz ist der namengebende Fundort für eine ganze Epoche geworden. In dem ungewöhnlich trokkenen Sommer 1854, als der Spiegel vieler Schweizer Seen stark gesunken war, entdeckte man an den ausgetrockneten Seeufern die ersten *Pfahlbauten:* Dörfer der jüngeren Steinzeit und Bronzezeit, mit ungeheuren Mengen von Stein- und Bronzegeräten, viele noch mit den erhaltenen hölzernen Schäftungen, und viele andere Gegenstände aus Material, das normalerweise zu zerfallen pflegt, hier aber im Wasser unter Luftabschluß sich über die Jahrtausende erhalten hatte.

Die Pfahlbauten wurden rasch populär. Überall in der Schweiz suchte man in den 50er Jahren nach ihnen. So auch ein Oberst Schwab, der bei dieser Gelegenheit im Herbst 1857 an einer flachen Stelle am Nordende des Neuenburger Sees, von den Anwohnern »La-Tène« genannt, auf eiserne Waffen stieß und in den nächsten Jahren Hunderte von eisernen Schwertern, Lanzen, Fibeln und anderen Gegenständen aus dem Wasser fischte. Diese Funde erregten großes Aufsehen und wurden, als französische Gelehrte in den 60er Jahren im Auftrage Napoleons III. römische und keltische Befestigungen der Zeit Cäsars ausgruben und dort ähnliche Waffen fanden, in die letzten Jahrhunderte vor Christi Geburt datiert. Hallstatt galt bald darauf als Repräsentant eines älteren, La-Tène als der eines jüngeren Abschnitts der vorrömischen Eisenzeit.

Durch den ostpreußischen Vorgeschichtsforscher *Otto Tischler* wurde die jüngere vorrömische Eisenzeit, auf Grund der Typologie der Schwerter und Fibeln, in eine Früh-Latène-, Mittel-Latène- und Spät-Latènezeit unterteilt. Im Jahre 1902 hat dann *Paul Reinecke* die Latène-Chronologie »im Raume nordwärts der Alpen« wesentlich vertieft und verfeinert und die 4 Stufen A,

B, C und D aufgestellt, die bis heute grundlegend für alle Arbeiten über diese Epoche geblieben sind. In unserer Tabelle Abb. 14 haben wir die Fibeln nach Reineckes Schema dargestellt. Für *Latène-A* sind prachtvoll verzierte sogenannte »Maskenfibeln« kennzeichnend, die sich aus der »Fibel mit Fußzier« der letzten Hallstatt-Stufe entwickelt haben. In der Stufe *Latène-B* treten die Fibeln vom »Früh-Latène-Schema« auf, mit aufgebogenem, freistehendem Fußende; in *Latène-C*, neben noch immer zahlreichen Fibeln vom Früh-Latène-Schema, die Fibeln vom »Mittel-Latène-Schema«, bei denen das Fußende mit einer Klammer oder einer aufgeschobenen Kugel am Bügel der Fibel befestigt ist. In der Stufe *Latène-D* endlich treten, neben Mittel-Latène-Fibeln, die Fibeln vom »Spät-Latène-Schema« auf: Fuß und Bügel zusammen aus einem Stück gegossen, und nur ein »Bügelknopf« erinnert noch als »typologisches Rudiment« gelegentlich an die Herkunft dieses Fibeltyps.

Im Jahre 1910 gelang es *Gustav Schwantes* auch für Nordwestdeutschland, also für ein nicht von keltischen, sondern von germanischen Stämmen bewohntes Gebiet, eine feinere Chronologie der vorrömischen Eisenzeit aufzubauen. Er ging von einer Reihe von Urnenfriedhöfen aus, die er selber in der Umgebung von Ülzen, Niedersachsen, untersucht hatte und deren Fundorte nun namengebend für die einzelnen Zeitstufen wurden:

Die Stufe von *Jastorf* geht zeitlich parallel mit Hallstatt-D, Latène-A und B und kennt noch keine Fibeln. Für sie sind dagegen verschiedene Nadelformen typisch: die schlichte »Kropfnadel« (wohl eine Weiterbildung der Schwanenhalsnadel der Hallstattstufe C), die »Bombennadel« mit aufgeschobenem, oft sehr großem, hohlem Bronzekopf, die »Flügelnadel« mit zwei kurzen seitlichen »Flügeln« und die »Holsteinische« Nadel mit kegelförmigem Kopf. In der Stufe von *Ripdorf*, die zeitlich etwa der Latène-Stufe C entspricht, treten neben extrem ausgebildeten Flügelnadeln die ersten Fibeln vom Früh-Latène-Schema auf. In der Stufe von *Seedorf* endlich, die etwa gleichzeitig mit Latène-D sein dürfte, finden wir neben Fibeln vom Mittel-Latène-Schema auch solche vom Spät-Latène-Schema.

Nach diesem Abstecher in die relative Chronologie der Latène-Zeit wenden wir uns wieder den Fragen der absoluten Chronologie zu.

Für die Latène-Stufe A sind rotfigurige griechische Vasen ebenso typisch wie die schwarzfigurigen Vasen für die Hallstatt-Stufe D. Griechischer Import spielt aber nicht nur als Datierungsgrundlage eine Rolle. Er ist ein wesentliches Element bei der Ausbildung des Latène-Stiles gewesen, der sich so grundlegend vom Hallstatt-Stil unterscheidet: in Hallstatt sind streng geometrische Muster beliebt, von hier führt kein Weg zu dem »Fischblasen«- und Bogenschnörkel-Ornament der Latène-A-Kultur, das sich zwanglos aus der griechischen Palmette ableiten läßt.

Diese Kultur wird uns in ihrem frühesten Stadium greifbar in den Fürstengräbern der Frühlatènezeit, im Raum zwischen Mittelrhein und Marne, wahrscheinlich der Wiege des frühen Keltentums. Rotfigurige attisch-griechische Vasen finden sich in den Fürstengräbern vom Klein-Aspergle in Württemberg (Abb. 14) und Somme-Bionne im Marnegebiet, ein attischer »Schuppenkantharos« in dem Fürstengrabe von Rodenbach in der Pfalz, und auch einige Siedlungen der Frühlatènezeit enthalten rotfigurige Vasenscherben. Alle diese Gefäße gehören der Mitte des 5. Jahrhunderts an, etwa der Zeit von 460–420 v. Chr. Geburt. In denselben Gräbern finden sich auch zahlreiche griechische und etruskische Bronzegefäße, vor allem die sogenannten »Schnabelkannen«, die ebenfalls in das 5. Jahrhundert gehören und also auch eine einwandfreie absolute Datierung gestatten.

Dieser reiche Importstrom beschränkt sich indessen auf Reineckes Latène-Stufe A. Schon in Latène B beginnt er zu versiegen: nur in einem Fall, im Fürstengrabe von Waldalgesheim in der Pfalz begegnen wir noch datierbarem Import: einem griechischen Bronzeeimer mit Palmette aus dem Anfang des 4. Jahrhunderts. Damit hört vorläufig jeder Import in Mitteleuropa auf. Die Latène-Stufe Reinecke C, die sogenannte Mittel-Latène-Zeit ist nicht fest zu datieren. Sie muß *nach* dem 4. Jahrhundert liegen und *vor* dem 1. Jahrhundert v. Chr., wo mit reichem römischem Import die Latène-Stufe D oder Spät-Latène-Zeit einsetzt.

Ähnlich wie zwischen der Epoche des ägyptischen und der des griechischen Imports eine »tote« Zone von 350–400 Jahren lag, können wir also auch zwischen der griechischen und römischen Periode eine importlose Zeit von etwa 200 Jahren beobachten. Diese Tatsache ist um so auffälliger, als gerade das 4. und 3. Jahrhundert eine große Expansion des Keltentums brachte, die »keltische Wanderung«: Anfang des 4. Jahrhunderts besetzten die Kelten, die sich Gallier nannten, die Po-Ebene in Oberitalien und 387/86 bedrohten sie Rom (Brennus). Hundert Jahre später drangen die Kelten nach Thrakien, Mazedonien und Griechenland vor und plünderten 279 Delphi. Im selben Jahr setzten sie nach Kleinasien über und gründeten dort das Galaterreich, das durch den Brief des Apostels Paulus an die Galater bekannt ist. Es ist vielleicht mehr als ein Zufall, daß sowohl auf die »große Wanderung« des 12. als auch auf die »keltische Wanderung« des

4. Jahrhunderts eine importlose Epoche folgt, für die daher auch Fixpunkte für die absolute Chronologie fehlen.

Rom und die Chronologie der Spät-Latène- und Kaiserzeit

Die dritte Import-Epoche ist die *römische* und setzt etwa zur Zeit von Cäsars Gallischem Krieg ein. Cäsar beschreibt uns ausführlich die keltischen »Oppida«, stadtähnliche Großsiedlungen mit gewaltigen Mauern aus Stein und Holz (»murus gallicus«), mit Heiligtümern und Märkten, mit Priestern (Druiden), Adligen, Kaufleuten und Handwerkern, die die Stadt bewohnten. Die für die Chronologie wichtigsten Oppida sind Bibracte und Alesia.

Bibracte, schon 58 v. Chr. von Cäsar besetzt, ist kurz vor Christi Geburt von den Einwohnern geräumt worden, die von Augustus in einen neuen Ort, Augustodonum (das heutige Autun) umgesiedelt wurden. Wenn auch eine schwache Besiedlung noch bis in die Kaiserzeit fortbestanden hat und ein kleines Heiligtum noch bis zum 4. Jahrhundert n. Chr. nachweisbar ist, so bietet die gesamte Siedlungsfläche von mehreren Quadratkilometern doch, auf Grund jahrzehntelanger Grabungen (die von den Zeiten Napoleons III. bis in die Gegenwart fortgeführt wurden) das beste Gesamtbild eines Oppidums, das wir bisher kennen. Die Masse der Funde gibt einen fast lückenlosen Überblick über die materielle Kultur der Kelten im 1. Jahrhundert v. Christi Geburt, d. h. während der sogenannten Spät-Latène-Zeit (= Reineckes Stufe Latène-D).

Anders liegen die Dinge in *Alesia*, dem Oppidum, in das sich der gallische Freiheitsheld Vercingetorix im Jahre 52 v. Christi Geburt zurückzog und das nach monatelanger Belagerung von Cäsar erobert wurde. Das Oppidum selber ist zwar in späterer, römischer Zeit so stark überbaut worden, daß wir die keltischen Altertümer nur aus spärlichen Resten kennen. Aber ein anderer Fund aus Alesia entschädigt uns völlig: in den 60er Jahren des vorigen Jahrhunderts haben französische Gelehrte im Auftrag von Napoleon III. in der Umgebung Alesias gegraben und dabei einen erstaunlichen Fund gemacht: sie fanden die Laufgräben, mit denen Cäsar die belagerte Festung »zernieren« wollte, und sie fanden dort eine Stelle, an der Cäsar einen großen Teil der gefallenen gallischen Krieger in diese Gräben hatte werfen lassen, ehe er sie, nach dem Siege, zuschütten ließ. Münzen bestätigen uns, daß diese Gräben tatsächlich aus Cäsars Zeit stammen, keine ist jünger als das Jahr 54 v. Chr. Bei den toten Kriegern fanden sich nun eine große Menge von Waffen: Schwerter (Abb. 14), Lanzenspitzen, Pfeilspitzen, Schildbukkel, Fibeln, kurz: alles, was zur keltischen Kriegerausrüstung in der Mitte des 1. Jahrhunderts v. Chr. gehörte. So wird Alesia zu einem chronologischen Fixpunkt allerersten Ranges.

Eine der Folgen von Cäsars Gallischem Krieg war, daß seit der Mitte des 1. Jahrhunderts vor Christi Geburt die Germanen unmittelbare Grenznachbarn der Römer geworden, d. h. in die Kontaktzone zu einem »historischen« Volke geraten waren. Mußte man sich vorher die Fixpunkte für die absolute Chronologie der vorgeschichtlichen Stufen Nordeuropas weit herholen, zuerst aus Ägypten, dann aus Griechenland, dann aus Italien, dann aus dem keltischen Mitteleuropa und dabei viele Grenzen überschreiten, viele Fehlerquellen berücksichtigen, so fällt diese Schwierigkeit nunmehr fort.

Die sogenannte »Spät-Latène-Zeit« im »nordischen

Kreise«, d. h. in Nord- und Ostdeutschland, in Dänemark und Skandinavien wird erstens datiert durch einheimische Arbeiten, die ganz offensichtlich keltische Metallarbeiten nachahmen (vgl. das keltische Schwert von Alesia, Abb. 14, und das germanische Schwert Abb. 25 oben), zweitens durch römischen Import, meist Bronzegefäße aus Capua in Süditalien.

Noch größer dagegen ist die Rolle, die der römische Import, vorzugsweise das römische Bronzegeschirr, für die Datierung der *Römischen Kaiserzeit* im freien Germanien spielt.

Die Bedeutung des römischen Imports beruht vor allem auf der Tatsache, daß man jetzt in den Gräbern nicht mehr vereinzelt, sondern in großer Zahl römische Bronze-, Glas- und Silbergefäße vorfindet, die in gewisser Hinsicht einen integrierenden Bestandteil der reicheren germanischen Bestattungen bilden.

Zum erstenmal kann man den Import nach den Gesetzen der Häufigkeitsstatistik auswerten, und dabei kommt man zu dem Ergebnis, daß in der Regel die römischen Gegenstände nicht länger in Umlauf waren als die germanischen, daß also gewisse häufiger vorkommende römische Bronze- bzw. Glasgefäße genau so kennzeichnend für eine relative Stufe sein können wie die einheimischen Arbeiten. Das schließt natürlich nicht aus, daß einzelne Gegenstände, vor allem kostbare Prunkstücke aus Edelmetall, sich auch mehrere Generationen lang in Familienbesitz gehalten haben können, ehe sie als Grabbeigabe in die Erde gelangten.

Die römischen Bronzegefäße sind aus diesen Gründen hervorragend geeignet für Untersuchungen über die absolute Chronologie. Voraussetzung allerdings ist, daß sie selber gut datiert sind. Ein einzigartiges Datum für die absolute Chronologie bieten die Funde aus *Pompeji*, das im Jahre 79 n. Christi Geburt bei einem Ausbruch des Vesuv völlig verschüttet wurde. Seit dem 18. Jahrhundert wird Pompeji wieder ausgegraben, und seit der zweiten Hälfte des 19. Jahrhunderts werden Bronzegefäße aus Pompeji zur absoluten Chronologie der älteren Kaiserzeit herangezogen. Seit den 90er Jahren grub die »Reichslimes-Kommission« die Kastelle des »Obergermanisch-Rhaetischen Limes« aus, also den römischen Grenzwall, der den strategisch ungünstigen Winkel zwischen Rhein und Donau abschneiden sollte. Die Limes-Kastelle reichen zeitlich vom Chattenkrieg des Kaisers Domitian (83 n. Chr.) bis zu den Alamanneneinfällen des 3. Jahrhunderts (260 n. Chr.). Bald nach der Jahrhundertwende begann die Ausgrabung des augusteischen Lagers Haltern in Westfalen, bald danach die des claudischen Lagers Hofheim in Hessen, um nur diese beiden zu nennen. So boten die Funde aus den römischen Militäranlagen, die sich durch Münzen, Terrasigillata und Inschriften in Verbindung mit den Nachrichten der antiken Schriftsteller über die kriegerischen Ereignisse oft auf das Jahrzehnt genau datieren ließen, eine einzigartige Grundlage für chronologische Untersuchungen.

Eine Schwierigkeit war nur der oft sehr schlechte Erhaltungszustand der in den Kastellen gefundenen Bronzegefäße. Vollständig erhaltene Gefäße sind selten; meist findet man nur kleine Fragmente, deren Bedeutung in vielen Fällen zunächst unklar blieb. Erst die planmäßige Bearbeitung des römischen Imports im freien Germanien schuf hier Wandel: die in germanischen Gräbern gefundenen und vollständig erhaltenen Bronzegefäße zeigten an, wozu die Fragmente in den Kastellen ursprünglich gehört hatten; umgekehrt boten die Kastellfunde die Möglichkeit, die Importfunde im freien Germanien und damit auch die germanischen relativen Stufen zu datieren.

Auf unserer Tabelle Abb. 15 sind links die germanischen relativen Zeitstufen dargestellt. Der Buchstabe A bedeutet »Spät-Latène«, die Buchstaben B 1 und B 2 »ältere Kaiserzeit«, die Buchstaben C 1, C 2 und C 3 bedeuten »jüngere Kaiserzeit«. Aus der Fülle von Grabbeigaben sind in unserer Tabelle für jede Stufe nur ein oder zwei germanische Fibeln und einige römische Bronzegefäße ausgewählt, die einerseits kennzeichnend für die Stufe, die aber zugleich auch in Fragmenten aus gut datierten Kastellen bekanntgeworden sind, die in der mittleren Spalte unserer Tabelle dargestellt wurden. In germanischen Gräbern fanden sich:

Stufe B 1: Frühe Fibeln »mit zweilappiger Rollenkappe« (Lübsow III, 1913 in Pommern); Fußbecken mit beweglichen Griffen und aufgelöteten Palmetten (Poggendorf, Pommern).

Stufe B 2: Späte »kräftig profilierte Fibeln« (Skröbeshave, Fünen); späte Fibel mit zweilappiger Rollenkappe (Lübsow 2, 1925, Pommern); Kasserolle mit rundem Loch und Stempel P. CIPI · POLIBI (Marwedel II, Niedersachsen); schmalschaftige Kelle mit Sieb (Repov, Böhmen).

Stufe C 1: Fibel mit hohem Nadelhalter (Nordrup, Seeland); geriffelter Bronzeeimer (Vallöby, Seeland).

Stufe C 2: »Schildfibel« (Häven, Mecklenburg); Fibel vom »Sakrauer Typ« (Sakrau III, Schlesien); bronzenes »Ausgußbecken« mit Halbdeckel (Himlingöi, Seeland).

Stufe C 3: »Silberblechfibel« mit rechteckiger Kopfplatte (Nyrup, Seeland).

Für die absolute Chronologie ist es nun von Bedeutung, daß sich in dem augusteischen Kastell *Haltern* in Westfalen außer wenig Spät-Latène fast nur B 1-

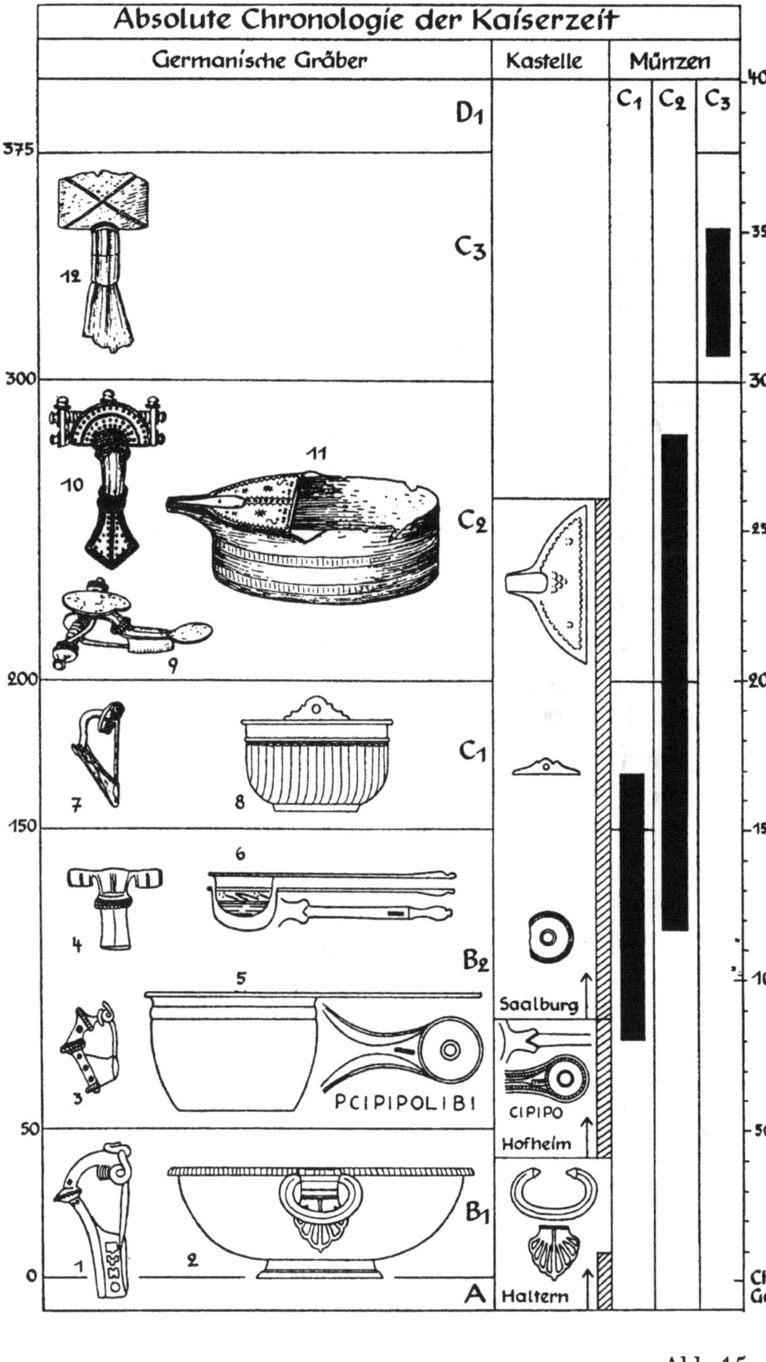
Absolute Chronologie der Kaiserzeit
Germanische Gräber
Kastelle
Münzen
400
C_1
C_2
C_3
D_1
375
C_3
12
350
300
300
11
10
C_2
250
9
200
200
C_1
7
8
150
150
6
4
B_2
100
5
Saalburg
3
PCIPIPOLIBI
CIPIPO
50
50
Hofheim
B_1
1
2
0
A
Haltern
Chr. Geb.

Abb. 15

Typen gefunden haben, so eine Palmette und der Griff eines Fußbeckens. Haltern wurde 11–9 v. Christi Geburt von Drusus gegründet und im Jahre 9 n. Christi Geburt nach der Varusschlacht zerstört. Daraufhin können wir den Beginn der Stufe B 1 und damit der älteren Kaiserzeit um Christi Geburt annehmen.

In dem claudischen Lager *Hofheim* in Hessen fand man neben B 1-Typen auch solche der Stufe B 2, so Fragmente einer Kasserolle mit rundem Loch und Stempel [P] CIPIPO [LIBI] und einer schmalschaftigen Bronzekelle. Hofheim wurde unter Claudius im Jahre 41 gegründet und 83 n. Christi Geburt während des Chattenkrieges zerstört. Danach muß das Ende der Stufe B 1 *nach* 41 und der Anfang von B 2 *vor* 83 n. Chr. Geburt angenommen werden. Bestätigt wird diese Vermutung durch den Befund von Pompeji (79 n. Chr.), wo wir neben sehr zahlreichen B 2-Typen auch noch solche der Stufe B 1 vorfinden.

Als Repräsentant der Limes-Kastelle haben wir die *Saalburg* in unsere Tabelle eingetragen. Die Saalburg ist durch die jahrzehntelange Tätigkeit Jacobis und durch die reichlichen finanziellen Hilfen Kaiser Wilhelms II., der von seinem nahe gelegenen Sommersitz Bad Homburg die Ausgrabungen mit regem Interesse verfolgte, das am vollständigsten untersuchte Limeskastell geworden. Entsprechend groß ist auch die Zahl der Kleinfunde. Es fanden sich in dem Kastell noch Fragmente von B 2-Typen (z. B. das Griffende einer Kasserolle mit rundem Loch), von C 1-Typen (so die Attache eines geriffelten Bronzeeimers) und am häufigsten C 2-Typen (so der Halbdeckel eines Ausgußbeckens). Die Saalburg wurde etwa 83 n. Chr. unter Domitian gegründet und etwa 260 n. Chr. bei der Räumung des Limes aufgegeben. Danach muß die Stufe B 2 *nach* 83 noch gelebt haben, irgendwann zwischen

83 und 260 muß die Stufe C 1 angesetzt werden, und die Stufe C 2 muß *vor* 260 n. Chr. begonnen haben.

Die auf der Saalburg gewonnenen Ergebnisse werden durch die übrigen Limeskastelle in jeder Hinsicht bestätigt. Für die Stufe C 3 fehlen bisher noch fest datierte Plätze. Die spätrömischen »burgi« des 4. Jahrhunderts haben noch keine geeigneten Kleinfunde geliefert. Aber für C 3 treten nun münzdatierte Funde an die Stelle, die auch für C 1 und C 2 in größerer Zahl vorhanden sind, für die ältere Kaiserzeit jedoch noch völlig fehlen. Durch die Münzfunde sind wir auch in der Lage, die etwas grobe Datierung durch die Limeskastelle zu verfeinern.

Auf der rechten Seite der Tabelle Abb. 15 ist der »Münzspiegel« der germanischen Grabfunde der Stufen C 1, C 2 und C 3 eingetragen: Die schwarzen Balken zeigen die Regierungszeit der Kaiser an, auf die die Münzen geprägt sind. Dabei muß man beachten, daß der Münzspiegel der Stufe C 1 sich auf 4 Funde, der der Stufe C 2 auf 16 und der der Stufe C 3 auf nur einen Fund gründet. Bei einem Fund kann der »Fehler der kleinen Zahl« eine Rolle spielen, bei 4 Funden schon weniger, bei 16 Funden dürfte er fast ausgeschlossen sein. Wichtig ist vor allem die »Schlußmünze«, d. h. die jüngste Münze einer relativen Stufe. Bei C 1 ist es ein Denar des Lucius Verus (161–169 n. Chr.), bei C 2 ein Aureus des Probus (276–282 n. Chr.) und bei C 3 ein Aureus des Constans (337–350 n. Chr.).

Es ist von großem Interesse, zu beobachten, wie die Chronologie auf Grund der Kastelle und auf Grund der Münzen durchaus zu denselben Ergebnissen kommt bzw. sich gegenseitig stützt und ergänzt. Wenn man nun noch die (in unserer Tabelle fehlenden) Funde von römischen Gläsern und Terrasigillata in germanischen

Gräbern mit zur Kontrolle heranzieht, dann kommt man zu dem Ergebnis, daß die Stufe B 1 bald nach 50, die Stufe B 2 bald nach 150, die Stufe C 1 um 200 und die Stufe C 2 um 300 n. Chr. geendet haben muß. Die Stufe C 3 ist eine Übergangszeit zwischen jüngerer Kaiserzeit und früher Völkerwanderung; sie dürfte spätestens um 375 n. Chr. ihr Ende gefunden haben.

Diese Daten liegen etwa 50 Jahre früher, als man sie in den geläufigen Darstellungen anzunehmen pflegt. In den letzten Jahren ist eine eifrige Diskussion über die »lange« oder die »kurze« Chronologie in Gang gekommen. Unter »kurzer« Chronologie versteht man nicht, daß jeder Gegenstand schon nach kurzer Umlaufszeit in die Erde gelangt ist. Man versteht darunter vielmehr, daß man nicht zu dem jüngsten durch Münzen oder Import nahegelegten absoluten Datum noch eine »Pauschale« von 50 oder 100 Jahren hinzufügen darf, wie die Vertreter der »langen« Chronologie dies tun. Die Diskussion über »lange« und »kurze« Chronologie beschränkt sich nicht auf die Kaiserzeit; sie ist für alle Epochen der Vorgeschichte von grundsätzlicher Bedeutung, so auch für die Völkerwanderungs- und Merowingerzeit.

Das Childerichgrab

In der Völkerwanderungs- und Merowingerzeit stehen münzdatierte Funde für die Chronologie an erster Stelle. Nur selten aber läßt sich die Münzdatierung durch historische, d. h. schriftliche Nachrichten überprüfen. Das wichtigste Beispiel ist das Grab des Königs *Childerich*, des Vaters von König Chlodwig, der das Frankenreich gründete (Abb. 16).

Im Jahre 1653 fand man in Tournay (Doornak) in Belgien das reich ausgestattete Grab einer vornehmen

Persönlichkeit. Daß es sich tatsächlich um das Grab des historisch bekannten Childerich handelte, dafür sprachen folgende Gründe:

1. fand man im Grabe einen goldenen Siegelring mit der Umschrift CHILDERICI REGIS,
2. enthielt das Grab zahlreiche Münzen, die jüngsten Münzen aber stammten vom Kaiser Zeno (474 bis 491 n. Chr.), während dessen Regierungszeit König Childerich starb.
3. Der merowingische Geschichtsschreiber Gregor von Tours berichtet, daß Childerich, der Vater des Chlodwig, im Jahre 482 starb.
4. Gregor von Tours berichtet ferner, daß Tournay ein merowingischer Hauptort war.
5. Wenn also während der Regierungszeit des Kaisers Zeno in Tournay eine vornehme Persönlichkeit mit einem Siegelring des Königs Childerich und einer wahrhaft königlichen Grabausstattung beigesetzt wurde, so kann es sich nur um den 482 verstorbenen Vater des Chlodwig handeln.

Es gibt in der Archäologie wenige Fälle, die ägyptischen Pharaonengräber natürlich ausgenommen, bei denen sich der Tote so einwandfrei identifizieren läßt wie in diesem Fall.

Das Grab des Childerich enthielt eine ganze Anzahl kostbarster Beigaben, so das zweischneidige Langschwert (Spatha) mit goldbeschlagenem Griff und goldbeschlagener Scheide, beide mit roten Halbedelsteinen, Almandinen, eingelegt (Abb. 16 rechts). Ferner lag in dem Grabe ein einschneidiges Kurzschwert (Skramasax), ebenfalls mit Gold und Almandinen geschmückt, eine eiserne Wurfaxt (Francisca), ein massiver goldener Armring und neben zahlreichen anderen Ausstattungsstücken auch eine größere Anzahl von goldenen Bienen, die Flügel mit roten Almandinen (Abb. 16) eingelegt. Diese Bienen dienten vielleicht als Besatz des Mantels. Als Napoleon I. sich 1804 in Paris zum Kaiser krönte und nach einem Symbol für seine junge Dynastie suchte, das die bourbonischen Lilien ersetzen könnte, entschied er sich für die Bienen des Childerich.

Das Childerichgrab erlaubte es der Forschung, um die Mitte des 19. Jahrhunderts die Gräber der Völkerwanderungszeit in Mitteleuropa von denen der provinzialrömischen Kultur zu trennen. Für uns aber ist dieses Grab heute wichtig zur Entscheidung der Frage, ob die Vertreter der »kurzen« oder die der »langen« Chronologie recht haben.

Das Childerichgrab ist das klassische Beispiel dafür, daß ein Grab Beigaben enthalten kann, die lange in Umlauf waren, ehe sie in die Erde gelangten. Von den ca. 300 Münzen, die dem König mitgegeben wurden, waren 200 aus Silber und 100 aus Gold. Die Münzen sind an der linken Seite der Tabelle Abb. 16 in Kästchen dargestellt, deren Höhe der Regierungszeit des Herrschers, deren Breite der Anzahl der jeweils vorhandenen Münzen entspricht. Bei den Silbermünzen sind die Kästchen schraffiert, bei den Goldmünzen schwarz dargestellt. Die älteste Silbermünze ist noch aus der Zeit der Römischen Republik; sie war also mehr als 500 Jahre alt, als sie ins Grab gelangte. Aus dem 1. Jahrhundert stammt eine Silbermünze des Nero. Am zahlreichsten sind die Münzen des 2. und frühen 3. Jahrhunderts. Hier sind alle Herrscher von Trajan bis Caracalla vertreten, am häufigsten Marc Aurel, von dem das Childerichgrab nicht weniger als 16 Münzen enthielt (mitgezählt wurden hier und auch bei einigen anderen Kaisern die Frau bzw. die Mitregenten). Aus dem 4. Jahrhundert ist eine Münze von Constantius II. vorhanden. Alle Münzen der Kaiserzeit sind aus Silber.

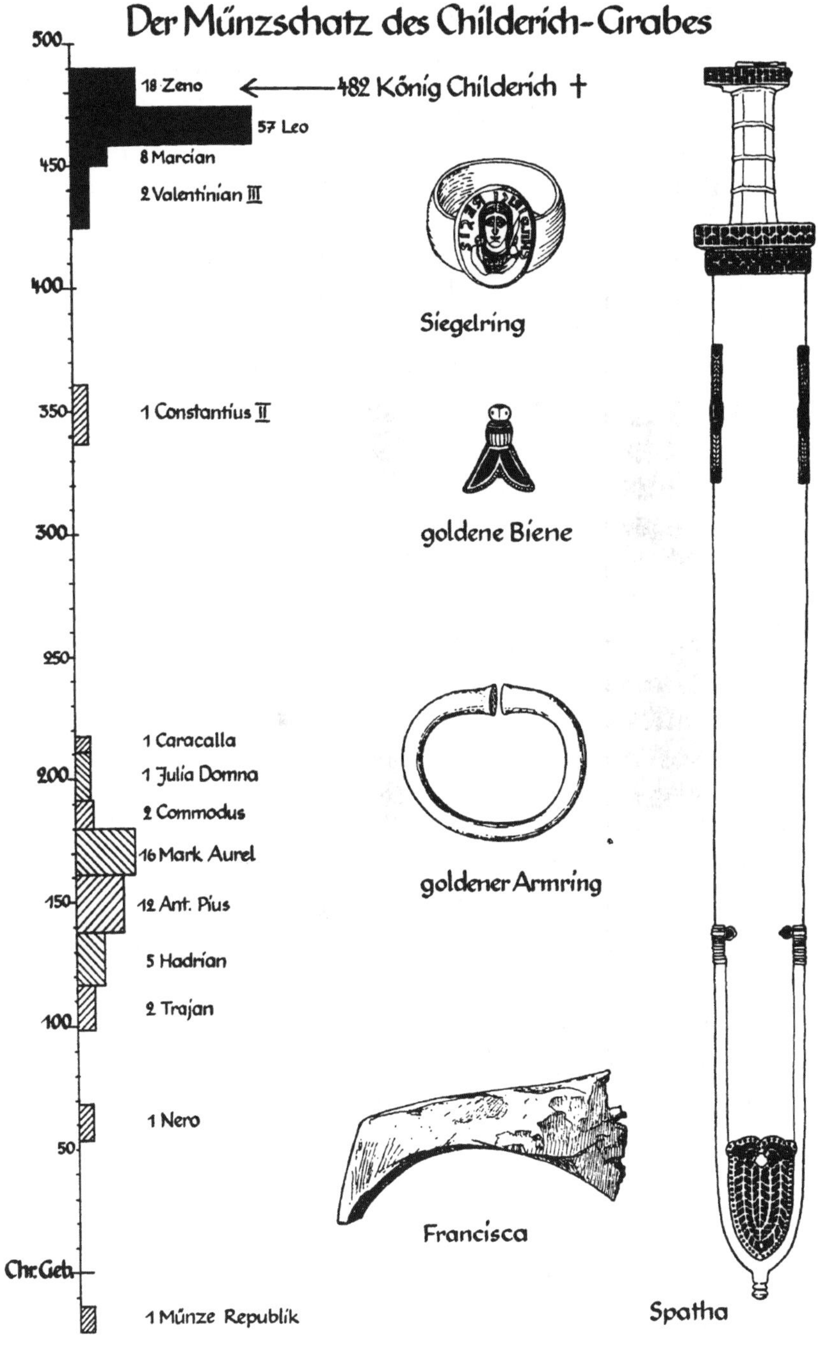
Der Münzschatz des Childerich-Grabes
500
450
400
350
300
250
200
150
100
50
Chr. Geb.
18 Zeno
482 König Childerich †
57 Leo
8 Marcian
2 Valentinian III
1 Constantius II
1 Caracalla
1 Julia Domna
2 Commodus
16 Mark Aurel
12 Ant. Pius
5 Hadrian
2 Trajan
1 Nero
1 Münze Republik
Siegelring
goldene Biene
goldener Armring
Francisca
Spatha

Abb. 16

Dagegen sind die Goldmünzen alle aus dem 5. Jahrhundert und zwar in deutlicher Steigerung 2 von Valentinian III., 8 von Marcian, 57 von Leo und 18 von Zeno. Die beiden Zeitgenossen des Childerich sind also bei weitem am stärksten in seinem Grabe vertreten.

Das Childerichgrab zeigt uns zwei Dinge in großer Klarheit:

1. daß ein Grab in einzelnen Fällen nicht nur alte, sondern sogar sehr alte Gegenstände enthalten kann;
2. daß aber bei einer genügend großen Zahl von Gegenständen das absolute Alter eines Fundes durch das jeweils jüngste Stück repräsentiert wird und daß dieses dem tatsächlichen Bestattungsjahr sehr nahe kommen kann.

Das Childerichgrab ist also nicht ein Beweis für die »lange«, sondern ein Beweis für die »kurze« Chronologie.

Münzdatierte Reihengräber

Bei den 300 Münzen des Childerichgrabes war der »Fehler der kleinen Zahl« so gut wie ausgeschaltet. Anders liegen natürlich die Dinge, wenn ein Grab nur *eine* Münze enthält. Wie, wenn uns von dem Schatz des Childerich-Grabes nur eine der Münzen des Marc Aurel erhalten geblieben wäre?

Tatsächlich gibt es Gräber der Völkerwanderungs- und Merowingerzeit, die als einzige Münze einen Denar der Kaiserzeit enthalten. Daneben aber gibt es andere Gräber, mit genau denselben Fibeln, Schwertern, Tongefäßen, die Münzen des 5., 6. oder 7. Jahrhunderts enthalten. Um den Fehler der kleinen Zahl auszuschalten, muß man also *alle* Münzen einer relativen Stufe zusammenfassen, muß man den »Münzspiegel« feststellen. Dies haben wir bereits bei den münzdatierten Funden der Kaiserzeit getan (Abb. 15), und nach demselben Prinzip ist auch die Tabelle Abb. 17 aufgebaut.

Wir fußen auf einer Arbeit von *J. Werner*, der vor etwas über zwei Jahrzehnten die münzdatierten Reihengräber Süd- und Westdeutschlands ausgewertet hat. Werner sammelte zunächst alle münzdatierten Grabfunde seines Arbeitsgebietes, ordnete sie dann aber – methodisch völlig einwandfrei – nicht nach dem Alter der in ihnen enthaltenen Münzen, sondern zunächst nach den einheimischen Beigaben: den Fibeln, den Waffen, der Keramik. Mit Hilfe dieser Beigaben baute er zunächst eine relative Chronologie der Reihengräberzeit auf und kam hier zu der Aufstellung von fünf chronologischen Gruppen.

Als Repräsentanten dieser Gruppen bilden wir in Abb. 17 die Bügelfibeln mit ovalem Fuß und Tierkopfende ab.

Gruppe I: Das einzige von Werner behandelte münzdatierte Grab enthält keine Fibel.

Gruppe II: Bügelfibel mit »ausgezackter Kopfplatte«, reich mit Almandinen eingelegt, aus dem Gräberfeld von Weimar, Thüringen.

Gruppe III: Bügelfibel mit rechteckiger Kopfplatte und Kerbschnittverzierung aus einem Gräberfeld bei Worms am Rhein.

Gruppe IV: Bügelfibel mit rechteckiger Kopfplatte und mit Tierornamentik in Salins Stil II aus Soest in Westfalen.

Gruppe V: Die Bügelfibeln sterben aus. An ihre Stelle treten runde Scheibenfibeln, oft aus Edelmetall und reich mit Halbedelsteinen verziert: das abgebildete Exemplar von Wonsheim, Kr. Alzey, Rheinhessen. In demselben Grabe lag auch eine »koptische« Bronzepfanne.

Koptisches Bronzegeschirr, aus dem christlichen Ägypten der Spätzeit, *vor* dem Einbruch des Islam (642 n. Chr.), ist für Werners Gruppen IV und V genau so typisch wie der II. Tierstil.

Den Münzspiegel dieser fünf Gruppen haben wir auf der rechten Seite der Tabelle Abb. 17 dargestellt. Nun ergibt sich zwischen den Schlußmünzen der einzelnen Gruppen und dem von Werner errechneten Schlußdatum eine eigenartige Diskrepanz:

Die Gruppe I endet nach Werner um 520 n. Chr. – die Schlußmünze ist eine Nachprägung einer Goldmünze des Theodosius II. (410–441). Die Gruppe II endet nach Werner um 550 n. Chr. – die Schlußmünze ist eine Goldmünze des Zeno (474–491).
Die Gruppe III endet nach Werner um 600 n. Chr. – die Schlußmünze ist eine Goldmünze des Justinian I. (538–565).

Die Gruppe IV endet nach Werner um 650 n. Chr. – die Schlußmünze ist eine Goldmünze des Mauricius Tiberius (582–602). Später könnte allenfalls ein angelsächsischer »Sceatta« sein, aber die Datierung dieser Münze ist selber abhängig von der Datierung der archäologischen Umwelt, also als primäre Quelle nicht verwendbar.

Die Gruppe V endet nach Werner um 700 n. Chr. – die Schlußmünzen sind eine Goldmünze des Heraclius und Heraclius Constantinus (613/14–630) und eine Mainzer Münze, die etwa 580–650 geprägt wurde.

Woher diese starken Unterschiede zwischen dem Schlußdatum der Münzen und dem von Werner geforderten Schlußdatum der Gruppe, Unterschiede von durchschnittlich 50 Jahren?

Zunächst ist es natürlich bemerkenswert, daß, ohne daß wir im einzelnen das absolute Alter beurteilen, die Schlußdaten der Münzen, als »relatives« Schema, die

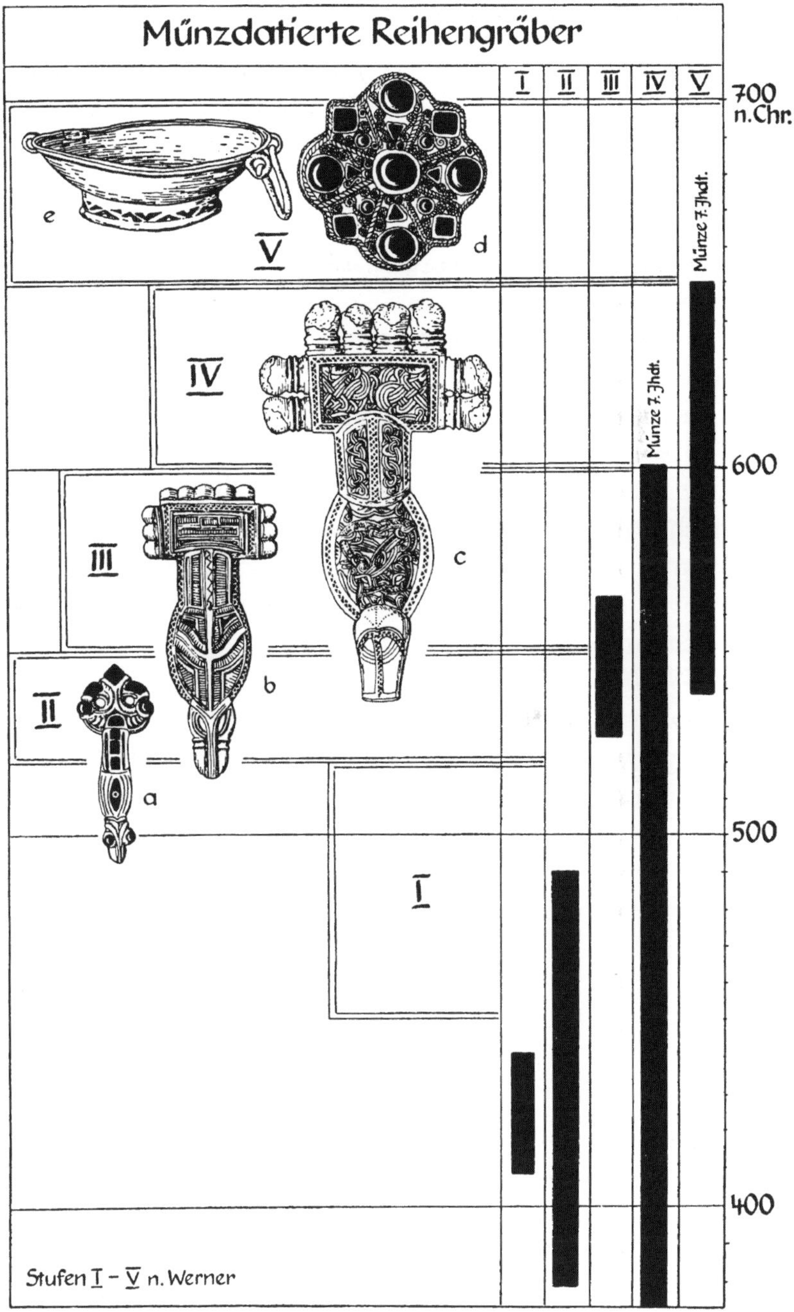
Műnzdatierte Reihengräber
I
II
III
IV
V
700 n.Chr.
600
500
400
e
V
d
IV
III
c
II
b
a
I
Münze 7. Jhdt.
Münze 7. Jhdt.
Stufen I – V n. Werner

Abb. 17

relative Chronologie von Werner bestätigen. Die schwarzen Balken des Münzspiegels bilden in ihrer Gesamtheit eine »Treppe«, die übrigens die Treppe der münzdatierten Funde der Kaiserzeit (Abb. 15) genau fortsetzt.

Ferner muß man berücksichtigen, daß auch bei Werners Gruppen der Münzspiegel teilweise dem »Fehler der kleinen Zahl« unterworfen ist. Aus Gruppe I hat er nur einen Fund, aus Gruppe II vier Funde, aus Gruppe III vierzehn Funde, aus Gruppe IV achtzehn Funde, aus Gruppe V acht Funde, wozu noch neun Funde kommen, die entweder nach Gruppe IV oder nach Gruppe V gehören. Der »Fehler der kleinen Zahl« kommt also vor allem für die Gruppen I und II in Frage, für die übrigen Gruppen müßte die Zahl ausreichend sein.

Wenn Werner trotzdem die Schlußmünzen lediglich als »terminus post quem« benutzte, so hatte er hierfür gewichtige Gründe. Große Bedeutung maß er z. B. bestimmten historischen Ereignissen bei, vor allem der Sperrung der Alpenpässe durch byzantinische Truppen, wodurch in der 2. Hälfte des 6. Jahrhunderts der Verkehr zwischen Süddeutschland und dem Langobardenreich in Italien unterbunden gewesen sei.

Das letzte Wort ist in dieser Frage noch nicht gesprochen. Es kam uns hier nur darauf an, zu zeigen, daß auch bei einer ausreichenden Zahl von Fixpunkten die Ansichten über die anzuwendenden Methoden bei den verschiedenen Forschern noch weit auseinander gehen. Man wird das Problem wohl noch eine Reihe von Jahren weiter diskutieren müssen, ehe man zu einer endgültigen Entscheidung kommt.

Zum Schluß dieses Abschnittes über münzdatierte Funde wollen wir noch eine fürstliche Bestattung kennenlernen, die ebenfalls für die Chronologie von großer Bedeutung ist: das angelsächsische Schiffsgrab von *Sutton Hoo* in Ostengland, das im Sommer 1939, kurz vor Ausbruch des Zweiten Weltkrieges, entdeckt wurde. Es gehört zu den reichsten vorgeschichtlichen Funden überhaupt. Das hölzerne Schiff zeigt größte Verwandtschaft mit denen der Bootsgräber in Uppland: Vendel, Valsgärde, Ulltuna usw. Auch der Helm und der Schild zeigen engste Beziehungen zur Vendelkultur Schwedens.

Andere Beigaben sind einheimisch-angelsächsischen und irischen Ursprungs. Auch festländisch-germanischer Import aus dem fränkischen, burgundischen und langobardischen Bereich ist reichlich vorhanden. Diese germanischen Arbeiten sind meist aus Gold und meist mit Tierornamentik im zweiten Stil verziert. Ferner enthielt dieses Grab aber auch noch italisches und byzantinisches Silber- und koptisches Bronzegeschirr aus Ägypten. Es ist, als wenn sich das ganze damalige Europa in diesem Fund ein Stelldichein gegeben hätte.

Eines der Silbergefäße gehört übrigens noch ins Ende des 4. Jahrhunderts. Andere Metallgefäße werden ins 5. und 6. Jahrhundert datiert. Aber die Hauptmasse der Fundstücke, vor allem die germanischen Waffen und Schmucksachen gehören doch in den Anfang des 7. Jahrhunderts. Auf diese Zeit weisen denn auch die im Grabe gefundenen fränkischen Goldmünzen hin, deren jüngste nicht nach 650 datiert werden können.

Sutton-Hoo ist also ein weiteres Beispiel dafür, daß sich in einzelnen Fällen in einem Grabe sehr alte Gegenstände mit jüngeren zusammen finden können. Immer wird der jüngste Gegenstand maßgeblich für die Datierung sein.

Die Zeit um 650, aus der Sutton-Hoo stammt, ist auch das Ende der Reihengräberzeit. Um diese Zeit hörte wohl auf Grund verstärkten kirchlichen Einflusses die Sitte auf, dem Toten Beigaben mitzugeben. Damit scheiden aber auch die Gräber für die Archäologie als Quelle der relativen und absoluten Chronologie aus.

Gerade um diese Zeit, seit dem 7. Jahrhundert, setzt aber nun im fränkisch-angelsächsisch-langobardischen Bereich eine neue Quellengruppe ein, die auch für die Chronologie von Bedeutung ist. Es handelt sich um die Kirchen- und Klosterschätze, also Altertümer, die strenggenommen gar nicht mehr in das Arbeitsgebiet der Archäologie gehören, weil sie niemals in der Erde vergraben gewesen sind, weil sie über der Erde mehr als 1000 Jahre »gelebt« haben. Seit der Karolingerzeit mehrt sich diese Gruppe von Altertümern von Jahrhundert zu Jahrhundert und ist Forschungsobjekt der Kunsthistoriker. Aber die ältesten Stücke dieser Kirchenschätze, die noch bis ins 7. und 8. Jahrhundert zurückreichen und die teils durch Inschriften, teils durch schriftliche Zeugnisse absolut datierbar sind, spielen in der archäologischen Literatur des letzten Jahrzehnts besonders durch die Forschungen von *G. Haseloff* eine immer größer werdende Rolle. Mit ihnen hat aber in Mitteleuropa auch die vor- und frühgeschichtliche Archäologie endgültig ihren Abschluß gefunden.

Anders in Nord- und Osteuropa. Durch die Ereignisse der Völkerwanderungszeit war das ostelbische Gebiet von germanischen Stämmen geräumt worden und seit dem 7. Jahrhundert wurde es langsam von slawischen Völkerschaften besetzt. Das nordgermanische Gebiet geriet dadurch in eine gewisse Isolierung, machte zwar noch im 6. und 7. Jahrhundert die festländische Entwicklung mit, erlebte sogar noch die Blüte des II. Tierstiles, der aber im Norden eigene Wege einschlug und im 8. Jahrhundert zu dem *nur* noch skandinavischen III. Tierstil führte, der auf dem Festland unbekannt ist.

Noch stärker zeigt sich diese Isolierung beim datierenden Import. Römische und byzantinische Münzen kennen wir aus den skandinavischen Ländern nur noch bis zur Mitte des 6. Jahrhunderts, d. h. genau so lange, wie sie auch im ostelbischen Raum noch nachweisbar sind. Eins der jüngsten münzdatierten Gräber in Schweden ist der sogenannte Ottarshügel bei Vendel in Uppland, wahrscheinlich das Grab eines Ynglingerkönigs (Goldmünze des Basiliskos, 476–477). In Schatzfunden ist Münzimport nur bis in die Zeit des I. Stiles vertreten, der deswegen in das 6. Jahrhundert gesetzt wird. Niemals dagegen hat man im Norden Münzen mit Funden im II. und III. Tierstil beobachtet. Der II. Stil kann zwar noch durch münzdatierte Parallelfunde außerhalb der skandinavischen Länder, z. B. Sutton Hoo, ins 7. Jahrhundert gesetzt werden; auch kommt gelegentlich ein importiertes fränkisches Glasgefäß (Rüsselbecher) in nordischen Funden vor. Die Zeit des III. Stiles aber hängt chronologisch völlig in der Luft: wir setzen ihn ins 8. Jahrhundert, weil er jünger sein muß als der II. Stil des 7. Jahrhunderts und älter als der früheste Wikingerstil des 9. Jahrhunderts. Zum drittenmal also erleben wir eine importlose Epoche nach einer Zeit großer Unruhen, diesmal nach der germanischen Völkerwanderung.

Chronologische Fixpunkte zur Wikingerzeit

Münzdatierte Funde, und zwar Münzen in Gräbern, in Horten und Siedlungen setzen dagegen wieder in größter Stärke in der Wikingerzeit (800–1050 n. Chr.) ein. In Haithabu hat es die Bachbett-Stratigraphie

(Abb. 6) in Verbindung mit Münzen und anderem datierbarem Import gestattet, nicht nur die Dauer, sondern auch die topographische Entwicklung der Stadt in allen Einzelheiten festzulegen. In Birka, der großen schwedischen Wikingerstadt, haben dagegen die zahlreichen münzdatierten Gräber eine sichere Grundlage der absoluten Chronologie von Waffen und Schmucksachen gestattet. Diese Münzen sind teils karolingisch-deutschen, teils angelsächsischen, teils arabisch-islamischen Ursprungs. Bei den islamischen Münzen ist der Prähistoriker also auch einmal gezwungen, die Zeitrechnung nach der Hedschra (622 n. Chr.) zur Kenntnis zu nehmen und sie auf die christliche Ära umzurechnen. Die karolingischen Münzen, besonders die des friesischen Handelsplatzes Dorestadt, sind sogar im Norden selber nachgeahmt worden, wo mit den sogenannten Birkamünzen (die aber vielleicht in Haithabu geprägt wurden) die einheimische Münzprägung einsetzt. Unter den angelsächsischen Münzen spielen als wichtiger Horizont die »Ethelredmünzen« eine Rolle. Dieser schwache Herrscher prägte Silbermünzen mit seinem Namen fast nur zu dem Zweck, an nordische Seeräuber Tribute zu zahlen. Daher tauchen Ethelredmünzen (978–1016) in sehr zahlreichen skandinavischen Funden auf. Es bildet eines der gewichtigsten Argumente für den Untergang von Birka zwischen 950 und 975, daß sich an diesem Handelsplatz keine einzige Ethelredmünze gefunden hat, dagegen in Sigtuna, der Nachfolgerin Birkas, sehr viele Münzen dieser Art.

Nach Montelius ist die Wikingerzeit bereits »historisch«, d. h. man kann die Geschichte des 9.–11. Jahrhunderts auch in den nordischen Ländern in großen Zügen auf Grund schriftlicher Quellen darstellen (Abb. 18).

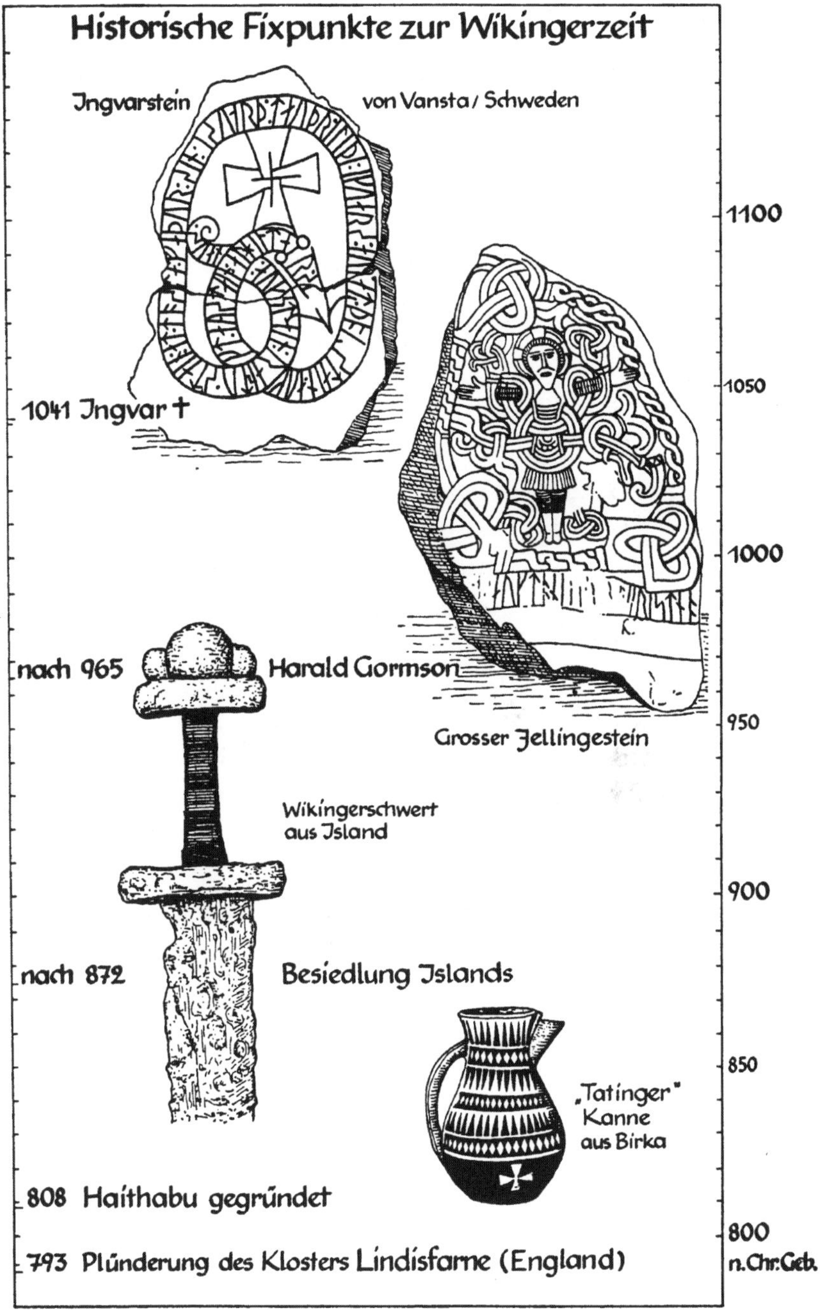

Historische Fixpunkte zur Wikingerzeit
Jngvarstein von Vansta / Schweden
1041 Jngvar †
nach 965 Harald Gormson
Grosser Jellingestein
Wikingerschwert aus Jsland
nach 872 Besiedlung Jslands
„Tatinger" Kanne aus Birka
808 Haithabu gegründet
793 Plünderung des Klosters Lindisfarne (England)
1100
1050
1000
950
900
850
800
n.Chr.Geb.

Abb. 18

Historisch ist das Datum der Gründung von Haithabu (= Sliesthorp), der Wikingerstadt an der Schlei, im Jahre 808. Sie steht in Zusammenhang mit der Unterwerfung der heidnischen Sachsen durch Karl den Großen und der Gründung der »Dänischen Mark« im heutigen Holstein. Daher müssen alle Funde von Haithabu jünger sein als das Jahr 808.

Historisch ist die Besiedlung Islands durch Norweger, die sich der Alleinherrschaft Harald Schönhaars nicht beugen wollten. Da diese Alleinherrschaft im Jahre 872 begann, müssen alle Wikingerfunde in Island nach dem Jahre 872 datiert werden. Die meisten gehören in das 10. und 11. Jahrhundert.

Historisch ist auch der Dänenkönig Harald Gormson (etwa 940–1000), der sich außer Dänemark auch Norwegen unterwarf und spätestens 965 zum Christentum übertrat. Es war dies weniger ein religiöser als ein politischer Schritt. Harald erhielt hierfür das vom Deutschen Kaiser besetzte Haithabu wieder zurück. Auf dem bald nach 965 anzusetzenden großen Jellingestein (Abb. 18) können wir in Runen die stolze Inschrift lesen: »König Harald setzte diesen Stein für Gorm, seinen Vater, und Thyra, seine Mutter, *der* Harald, der ganz Dänemark und Norwegen gewann und die Dänen zu Christen machte.« Worte, die Harald als einen Mann ausweisen, der es verstand, auch eine militärische Niederlage in einen Sieg umzudeuten. Sein Stein ist aber reich verziert und gestattet uns, noch eine Reihe weiterer Denkmäler, z. B. den Camminer Schrein, in das Ende des 10. Jahrhunderts zu setzen (vgl. S. 260).

Historisch ist endlich auch Ingvar »der Weitfahrende«, dessen Heerzug nach Rußland und Serkland (Sarazenenland, vielleicht das Gebiet an der unteren Wolga und um das Kaspische Meer) im Jahre 1041 mit seinem Untergang endete, wie die Isländischen Annalen berichten. Wir besitzen heute noch etwa 20 schwedische Runensteine, die zum Gedächtnis von Kriegern errichtet wurden, die mit Ingvar nach Osten zogen und nicht zurückgekehrt waren. Diese »Ingvarsteine« sind oft in dem charakteristischen späten Tierstil verziert, der dadurch in die Mitte des 11. Jahrhunderts datiert werden kann und die letzte Phase der einheimisch-nordischen Kunst repräsentiert. Der von uns (Abb. 18) wiedergegebene Ingvarstein von Vansta, Södermanland (Schweden), trägt die Inschrift: »Svenn und Steinn errichteten den Stein für Toste, ihren Vater, der tot blieb in Ingvars Gefolgschaft und für Torsteinn und für Östeinn, Alfhilds Sohn«.

Die Chronologie der Ynglinger

Ingvar, der Weitfahrende, war vielleicht ein Angehöriger des altschwedischen Königsgeschlechtes der Ynglinger, das seine Herkunft von dem Gotte Yngvi-Freyr herleitete, der in dem Tempel in Alt-Uppsala in Schweden verehrt wurde.

Das Ynglingergeschlecht bietet uns die Gelegenheit, ein chronologisches Problem zu behandeln, das die enge Verzahnung zwischen archäologischen und literarischen Quellen, aber auch von mündlicher Überlieferung aufzuzeigen geeignet scheint.

Der große isländische Historiker des 13. Jahrhunderts *Snorri Sturlason*, dem wir u. a. auch die Snorra Edda verdanken, hat eine Geschichte der norwegischen Könige geschrieben. Der erste Teil seines Werkes ist die Ynglinga-Saga, d. h. die Geschichte des Ynglingergeschlechtes. Diese Geschichte beginnt in Uppsala, schildert die Herkunft der Könige vom Fruchtbarkeitsgott Yngvi-Freyr. Der 21. König der Ynglinger-Dynastie ist Olaf der Baumfäller, der Schweden verläßt und Wärmland besiedelt. Seine Nachkommen wandern weiter und sind die Ahnherren des norwegischen Reichsgründers Harald Schönhaar. Haralds Großmutter war die Königin Asa, als deren Grab wir mit guten Gründen den berühmten *Osebergfund* des 9. Jahrhunderts ansehen können, mit seinen reich geschnitzten Wagen, Schlitten und Betten, der im Jahre 1904 durch den norwegischen Forscher *Gustavson* mustergültig ausgegraben wurde. Auf unserer Abb. 19 haben wir einen Ausschnitt aus einem Bildteppich wiedergegeben, der Pferde und Wagen, schreitende Krieger und Frauen darstellt.

Asa war die zweite Frau König Gudröds; aus erster Ehe stammte der Sohn Olaf, mit Beinamen »Geirstadralf«, dessen Grab wir mit ebenfalls guten Gründen in dem *Gokstadschiff* vermuten dürfen, das auf Abb. 19 oben abgebildet ist.

Olafs Sohn war der Jarl Rögnvald, der Vetter König Harald Schönhaars. Auf ihn dichtete der Skalde *Tjodolf von Hvin* Ende des 9. Jahrhunderts das Ynglingatal, das uns durch Zitate in Snorris Königsbuch, für dessen ältesten Teil es die Hauptquelle darstellt, fast vollständig erhalten ist.

Das Ynglingatal ist ein Gedicht in der kunstvollen Sprache der Skalden. Durch diese kunstvolle Sprache war das Gedicht vor dem »Zersingen« geschützt. Wir dürfen daher annehmen, daß es die rund 350 Jahre mündlicher Überlieferung von Tjodolf bis Snorri fast unversehrt überdauert hat. Tjodolf selber hat aber sicher aus einem älteren Gedicht geschöpft, einem schlichten Merkgedicht (Thul), das zumindest die Reihe der Königsnamen getreulich überliefert hat. Wie treu, das zeigt uns eine Kontrolle durch die angelsächsische Überlieferung.

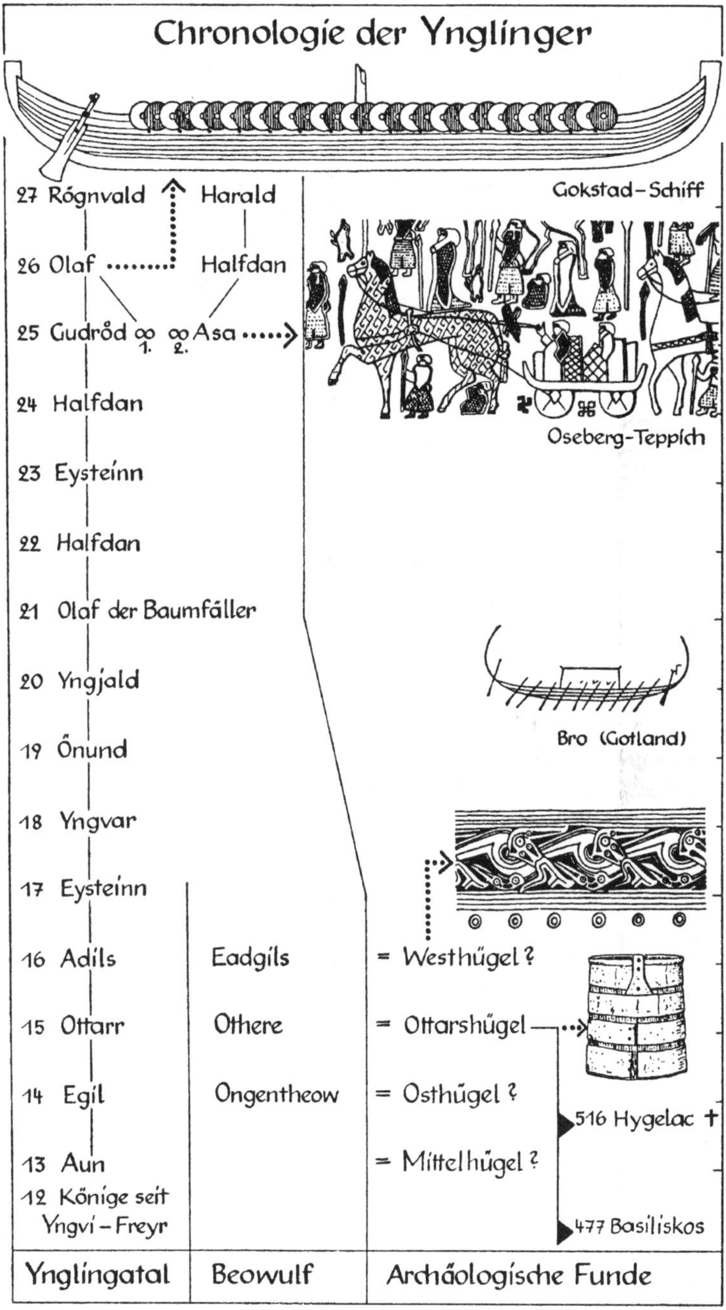
Chronologie der Ynglinger
27 Rögnvald
Harald
Gokstad-Schiff
26 Olaf
Halfdan
25 Gudröd ∞ 1.
∞ 2. Asa
800
24 Halfdan
Oseberg-Teppich
23 Eysteinn
22 Halfdan
21 Olaf der Baumfäller
700
20 Yngjald
Bro (Gotland)
19 Önund
18 Yngvar
17 Eysteinn
600
16 Adils
Eadgils
= Westhügel ?
15 Ottarr
Othere
= Ottarshügel
14 Egil
Ongentheow
= Osthügel ?
516 Hygelac †
13 Aun
= Mittelhügel ?
500
12 Könige seit Yngvi-Freyr
477 Basiliskos
Ynglingatal
Beowulf
Archäologische Funde

Abb. 19

Das angelsächsische Nationalepos ist der *Beowulf*. Der Beowulf ist uns in einer Handschrift des 10. Jahrhunderts erhalten, geht aber zurück auf ein Original des 7. Jahrhunderts. Im 7. Jahrhundert konnte aber eine Erinnerung an historische Vorgänge des 6. Jahrhunderts noch durchaus lebendig sein.

Im Beowulf wird uns auch von drei schwedischen Königen berichtet, die aufeinander in der Regierung gefolgt waren und die die Namen Ongentheow, Othere und Eadgils tragen. Die Namen des 13.–16. Königs der Ynglinger-Dynastie lauten nach Snorrris Überlieferung: Aun der Alte, Egil, Ottarr Vendilkraka und Adils. Die beiden letzten Namen stimmen völlig überein (Ottarr = Othere und Adils = Eadgils), wenn man den abweichenden isländischen und angelsächsischen Lautstand berücksichtigt. Die Gleichsetzung von Ongentheow und Aun oder Egil ist nicht ganz so einfach. Als Gesamtbild ergibt sich aber doch eine überraschende Übereinstimmung in diesen räumlich und zeitlich weit voneinander entfernten Quellen.

Im Beowulf wird von dem König Othere berichtet, daß er einmal mit einem König Hygelac Krieg führte; beide waren demnach Zeitgenossen. Von Hygelac wird im Beowulf ferner berichtet, daß er einen Raubzug nach Friesland unternahm, dort viel Beute gewann, die Franken ihm aber die Beute wieder abjagten und er bei dieser Gelegenheit ums Leben kam. Dieselbe Episode berichtet der merowingische Geschichtsschreiber Gregor von Tours in allen Einzelheiten zum Jahre 516 von einem Dänenkönig Cochilaicus, das ist lautlich dasselbe wie Hygelac. Danach müßte König Ottarr, der Zeitgenosse des Hygelac, etwa um 500 n. Chr. gelebt haben.

Ottarr führt im Ynglingatal den Beinamen »Vendilkraka«. In Vendel in Uppland, berühmt durch das

Bootsgräberfeld, findet sich auch ein riesiger Grabhügel, der »Ottarshögen«, d. h. Hügel des Ottar. Hier fanden 1914–16 Ausgrabungen durch Sune Lindqvist statt. In der Mitte des Hügels lagen in einem Holzeimer mit Bronzebeschlägen (Abb. 19) die verbrannten Gebeine eines Mannes und neben verschiedenen mehr oder weniger stark durch Brand zerstörten Beigaben, die durchlochte Goldmünze des byzantinischen Kaisers Basiliskos, der nach kurzer Regierungszeit 477 starb. Auch auf diesem Wege kämen wir also für Ottarr auf die Zeit um 500 n. Chr.

Die Bauart des »Ottarshügels« zeigt nun engste Verwandtschaft mit der der drei großen Königshügel von Alt-Uppsala. Der »Osthügel« wurde 1846 durch den damaligen schwedischen Reichsantiquar B. E. Hildebrand untersucht, der Mittelhügel ist nur teilweise untersucht, der Westhügel im Jahre 1874, anläßlich eines in Stockholm tagenden internationalen »Anthropologisch-Archäologischen Kongresses«, ebenfalls von B. E. Hildebrand. Alle drei Hügel zeigten in ihrer Bauart starke Übereinstimmung. Bei allen war offenbar ursprünglich ein Hügel in Form eines Kegelstumpfes aufgeschüttet worden, bei allen war auf der Mittelfläche des Kegelstumpfes ein Pflaster mit den Überresten des Scheiterhaufens zu sehen, und endlich die Brandbestattung selbst, über die, nach der Begräbniszeremonie, der abschließende Hügel gewölbt worden war.

Im Westhügel fand man u. a. eine Knochenplatte, die mit Tierfiguren im typischen II. Stil verziert war, also in die Zeit um 600 datiert werden kann. Genaue Analysen der Grabinventare haben nach Lindqvist folgende zeitliche Reihenfolge der Königshügel ergeben: Der Mittelhügel ist der älteste, darauf folgt der Osthügel und zum Schluß der Westhügel. Ferner glaubt Lindqvist, den Ottarshügel von Vendel zeitlich zwischen den Ost- und den Westhügel von Uppsala einschieben zu können. Dann würde sich ergeben, daß

Aun im Mittelhügel }
Egil im Osthügel } von Alt-Uppsala
Ottarr im Ottarrshügel von Vendel
Adils im Westhügel von Alt-Uppsala

bestattet ist. Bis auf Ottarr ist dies natürlich nur mit einem gewissen Vorbehalt als »sicheres Ergebnis« zu werten.

Die norwegischen Könige leiteten sich von den schwedischen Ynglingern ab. Die norwegischen Könige wurden jedoch in großen Schiffen bestattet, die schwedischen Könige in großen Hügeln verbrannt. Trotzdem ist es nicht ausgeschlossen, daß die norwegische Dynastie tatsächlich aus Schweden stammte, allerdings wären ihre Vorfahren dann nicht die Ynglinger gewesen, sondern Angehörige eines jener uppländischen Großbauerngeschlechter, die ihre Toten in den Bootsgräberfeldern von Vendel, Valsgärde und Ulltuna bestatteten. Diese Boote waren noch nicht Segelschiffe wie die von Gokstad und Oseberg, sondern große Ruderschiffe wie das von Sutton Hoo und wie das Schiff, das auf dem Bildstein von Bro in Gotland abgebildet ist (unsere Abb. 19 Mitte).

Als König Harald Schönhaar groß und mächtig geworden war, brauchte er, wie jeder Gründer eines großen Reiches, einen vornehmen Stammbaum. Diesen Stammbaum besorgten ihm seine Hofgeschichtsschreiber; das waren in jener Zeit die Skalden. Dunkel erinnerte man sich daran, daß Haralds Geschlecht aus Schweden stammte. Aus Schweden? Dann natürlich aus dem vornehmsten schwedischen Geschlecht, dem der Ynglinger. Und so wurde uns durch diese kleine Geschichtsfälschung, die erst die moderne Archäologie entlarvte, der Stammbaum nicht nur der norwegischen, sondern auch der der schwedischen Könige überliefert.

Uns aber gab die Darlegung der komplizierten Ynglinger-Chronologie die Gelegenheit, den Versuch einer Synthese von literarischen und archäologischen Quellen zu wagen und zugleich eine der wichtigsten Denkmälergruppen der nordischen Frühzeit kennenzulernen.

Zusammenfassung der Ergebnisse der archäologisch-historischen Methode

Auf der Doppeltabelle Abb. 20–21 ist noch einmal alles zusammengefaßt, was wir uns über die absolute Chronologie erarbeitet haben. In fünf Spalten sind die relativen und absoluten Zeitstufen von Ägypten, Griechenland, Italien, Mitteleuropa und Nordeuropa dargestellt. Sie umfassen einen Zeitraum von 4000 Jahren. Die bereits historischen Epochen sind von kräftigen schwarzen Linien umrandet. An der rechten Seite erscheinen noch einmal die Sotisdaten der 12. und der 18. Dynastie, noch einmal die Sonnenfinsternisse von 585 und 481 v. Chr. Im übrigen brauchen wir nichts weiter zur Erläuterung dieser Tabelle zu sagen, sie ist nur ein Auszug aus den Tabellen 11–18.

Die Darstellung der Fixpunkte der absoluten Chronologie auf Grund der archäologisch-historischen Methode hat uns durch vier Jahrtausende geführt, von den Zeiten des Menes, des ersten ägyptischen Königs, der um 3000 v. Chr. lebte, bis zu dem Dänenkönig Harald Gormson, der um 1000 n. Chr. Geburt regierte. Ein Stück Weltgeschichte ist vor unseren Augen abgerollt, ja, eigentlich war es die gesamte Weltgeschichte bis zum hohen Mittelalter, auf deren Hintergrund sich die vorgeschichtliche Chronologie abspielte. Streng ge-

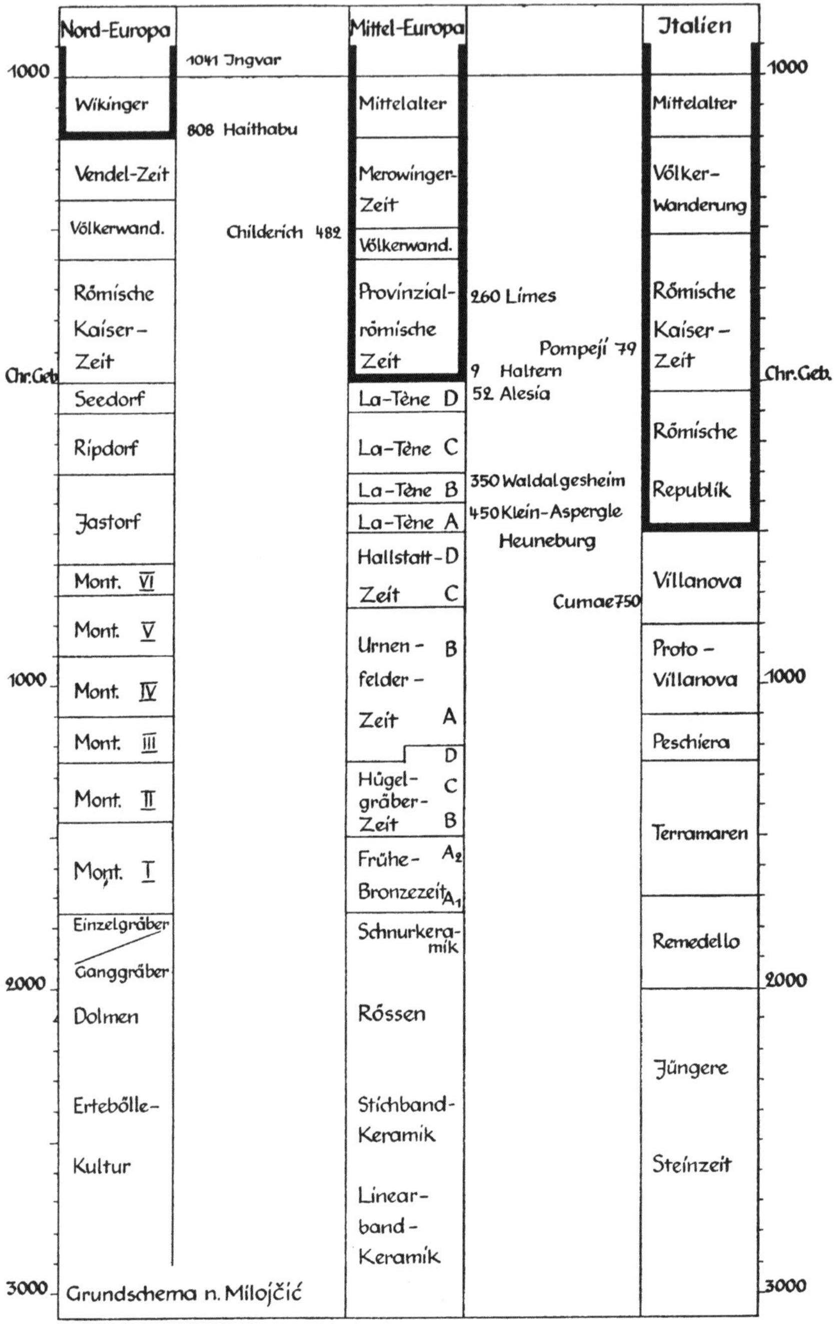

Nord-Europa
Mittel-Europa
Jtalien
1000
Chr.Geb.
1000
2000
3000
1041 Jngvar
Wikinger
808 Haithabu
Vendel-Zeit
Völkerwand.
Childerich 482
Römische Kaiser-Zeit
Seedorf
Ripdorf
Jastorf
Mont. VI
Mont. V
Mont. IV
Mont. III
Mont. II
Mont. I
Einzelgräber
Ganggräber
Dolmen
Ertebölle-Kultur
Grundschema n. Milojčić
Mittelalter
Merowinger-Zeit
Völkerwand.
Provinzial-römische Zeit
La-Tène D
La-Tène C
La-Tène B
La-Tène A
Hallstatt-Zeit D
C
Urnen-felder-Zeit B
A
D
Hügel-gräber-Zeit C
B
Frühe-Bronzezeit A2
A1
Schnurkeramik
Rössen
Stichband-Keramik
Linear-band-Keramik
260 Limes
Pompeji 79
9 Haltern
52 Alesia
350 Waldalgesheim
450 Klein-Aspergle
Heuneburg
Cumae 750
Mittelalter
Völker-Wanderung
Römische Kaiser-Zeit
Römische Republik
Villanova
Proto-Villanova
Peschiera
Terramaren
Remedello
Jüngere Steinzeit

Abb. 20

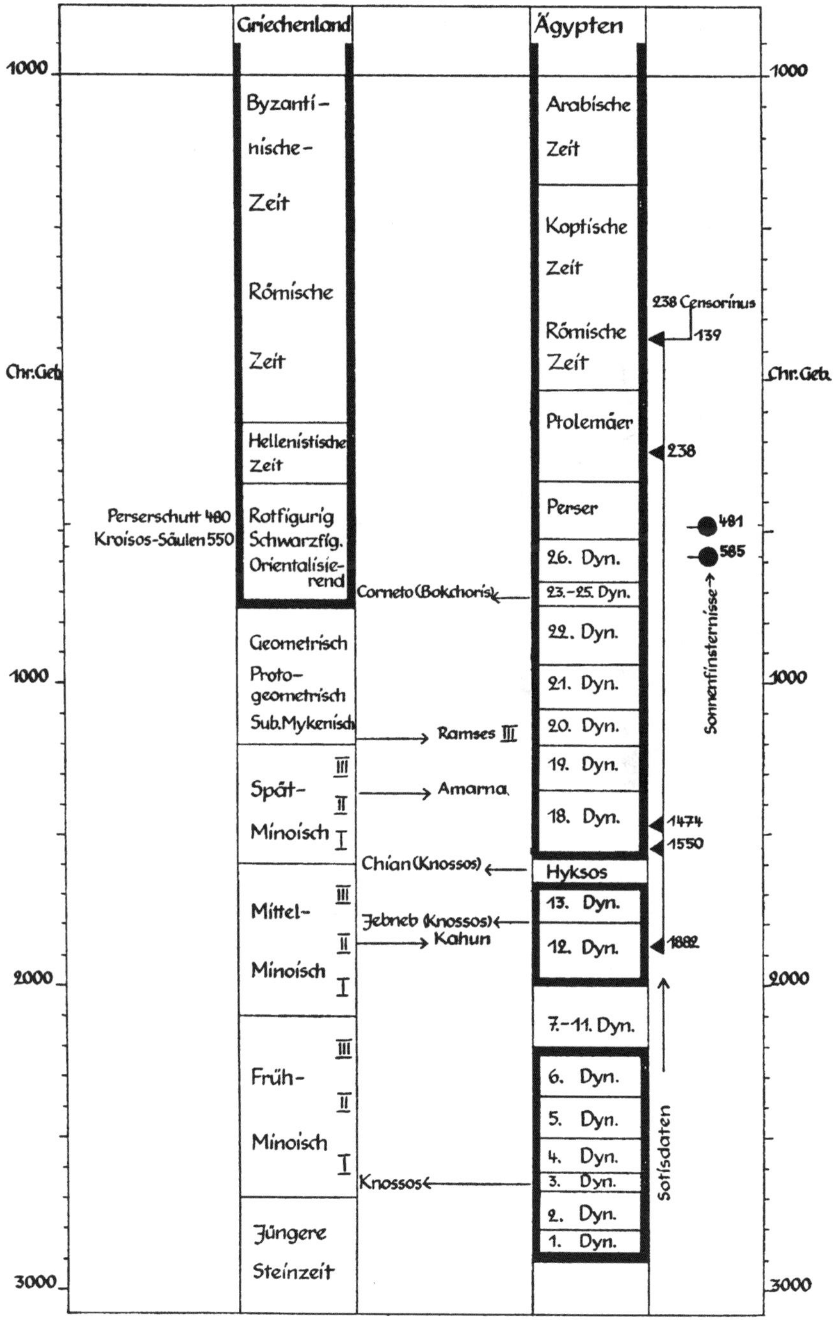

Griechenland
Ägypten
1000
1000
Byzantí-
nische-
Zeit
Römische
Zeit
Arabische
Zeit
Koptische
Zeit
238 Censorinus
139
Römische
Zeit
Chr.Geb.
Chr.Geb.
Hellenistische
Zeit
Ptolemäer
238
Perserschutt 480
Kroisos-Säulen 550
Rotfigurig
Schwarzfig.
Orientalisie-
rend
Perser
481
26. Dyn.
585
Corneto (Bokchoris)
23.–25. Dyn.
Geometrisch
22. Dyn.
1000
Proto-
geometrisch
Sub.Mykenisch
21. Dyn.
1000
Sonnenfinsternisse
20. Dyn.
Ramses III
III
Spät-
II
Minoisch I
19. Dyn.
Amarna
18. Dyn.
1474
1550
Chian (Knossos)
Hyksos
III
Mittel-
13. Dyn.
Jebneb (Knossos)
II
Kahun
12. Dyn.
1882
Minoisch I
2000
2000
7.–11. Dyn.
III
Früh-
6. Dyn.
II
5. Dyn.
Minoisch
I
4. Dyn.
Knossos
3. Dyn.
Sotisdaten
2. Dyn.
Jüngere
Steinzeit
1. Dyn.
3000
3000

Abb. 21

nommen aber wiederum nicht die der Vorgeschichte, sondern die der Frühgeschichte, die in dem Augenblick einsetzt, in dem die Geschichte beginnt und die sie begleitet, bis sie selber in die Geschichte einmündet, in einem Lande früher, im anderen Lande später.

Für die reine Vorgeschichte können wir daher die archäologisch-historische Methode von Oskar Montelius nicht anwenden. Für sie müssen wir zu anderen Methoden greifen: zu den naturwissenschaftlichen.

Naturwissenschaftliche Methoden zur absoluten Chronologie

Die ältesten menschlichen Kulturen gehören in die *Eiszeit*. Der deutsche Geologe *Penck* konnte auf Grund von Beobachtungen an den Alpengletschern vier Eiszeiten feststellen, die von drei wärmeren Zwischen-Eiszeiten abgelöst wurden. Diese Eiszeiten nannte Penck nach vier Flüssen in Oberbayern: Günz-, Mindel-, Riß- und Würm-Eiszeit, während die Zwischeneiszeiten als J-, O- und U-Warmzeit bezeichnet werden. Auf Grund der Stärke der Verwitterung eiszeitlicher Ablagerungen errechnete Penck die Dauer der Eiszeit auf etwa 640 000 Jahre.

Im Jahre 1920 veröffentlichte der Belgrader Astronom *M. Milankovitsch* eine Arbeit über die Intensität der Sonnenstrahlung auf die Erde in den letzten 600 000 Jahren. Auf Grund rein astronomischer Berechnungen kam er zu dem Ergebnis, daß diese Strahlung großen Schwankungen ausgesetzt gewesen sein mußte, und stellte sie in einer Kurve dar. 1924 machte der deutsche Meteorologe *W. Koeppen* die überraschende Entdeckung, daß diese »Sonnenstrahlungskurve« in allen Einzelheiten den von Penck festgestellten Eiszeiten und

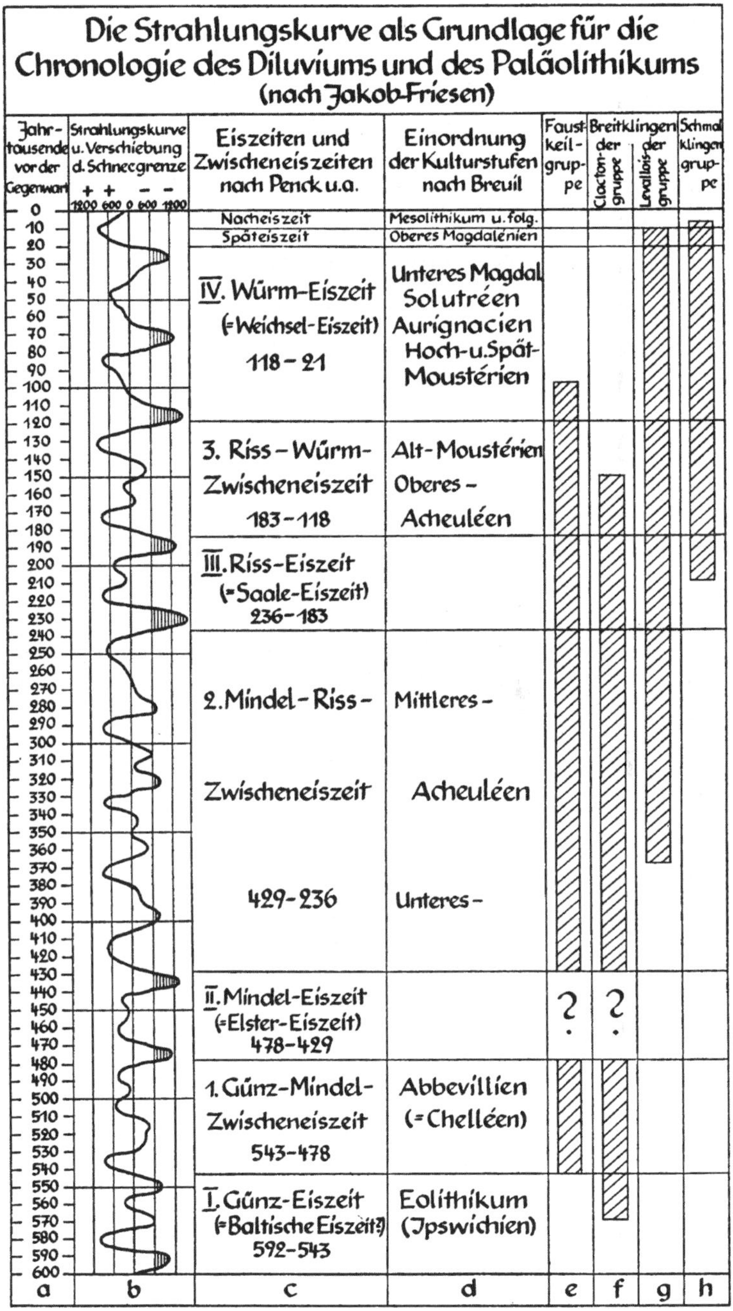
Die Strahlungskurve als Grundlage für die Chronologie des Diluviums und des Paläolithikums (nach Jakob-Friesen)
Jahrtausende vor der Gegenwart
Strahlungskurve u. Verschiebung d. Schneegrenze
+ + − −
1200 600 0 600 1200
Eiszeiten und Zwischeneiszeiten nach Penck u.a.
Einordnung der Kulturstufen nach Breuil
Faustkeilgruppe
Breitklingengruppe
Clactongruppe
Levalloisgruppe
Schmalklingengruppe
0 10 20 30 40 50 60 70 80 90 100 110 120 130 140 150 160 170 180 190 200 210 220 230 240 250 260 270 280 290 300 310 320 330 340 350 360 370 380 390 400 410 420 430 440 450 460 470 480 490 500 510 520 530 540 550 560 570 580 590 600
Nacheiszeit
Mesolithikum u. folg.
Späteiszeit
Oberes Magdalénien
IV. Würm-Eiszeit (=Weichsel-Eiszeit) 118–21
Unteres Magdal Solutréen Aurignacien Hoch-u.Spät-Moustérien
3. Riss–Würm-Zwischeneiszeit 183–118
Alt-Moustérien Oberes-Acheuléen
III. Riss-Eiszeit (=Saale-Eiszeit) 236–183
2. Mindel-Riss-Zwischeneiszeit 429–236
Mittleres-Acheuléen Unteres-
II. Mindel-Eiszeit (=Elster-Eiszeit) 478–429
? ?
1. Günz-Mindel-Zwischeneiszeit 543–478
Abbevillien (=Chelléen)
I. Günz-Eiszeit (=Baltische Eiszeit?) 592–543
Eolithikum (Jpswichien)
a b c d e f g h

Abb. 22

Zwischeneiszeiten, ja sogar den kleineren Schwankungen innerhalb der großen Epochen zu entsprechen schien. War hier ein wirklicher Zusammenhang vorhanden, so würde das nicht nur eine plausible Erklärung des Phänomens »Eiszeit« ergeben, sondern nun auch für das Eiszeitalter eine gesicherte absolute Chronologie. Die meisten Geologen haben sich Koeppens Theorie angeschlossen; erst in jüngster Zeit sind wieder stärkere Bedenken geltend gemacht worden. Wenn Koeppen aber Recht behielte, dann hätten wir für die Kulturen der älteren Steinzeit, die sich an vielen Stellen Europas mit eiszeitlichen Stufen in Verbindung bringen lassen, eine gesicherte absolute Chronologie.

Auf der Tabelle Abb. 22 sehen wir den Versuch, die Sonnenstrahlungskurve von Milankovitsch mit den verschiedenen Eiszeiten und Zwischeneiszeiten und diese wiederum mit den menschlichen Kulturen der älteren Steinzeit in Einklang zu bringen.

Als sich in der Nacheiszeit die skandinavischen Gletscher langsam nach Norden zurückzogen, bildete sich am Gletscherfuß aus Schmelzwässern ein Eisstausee, an dessen Grund sich tonige Schichten ablagerten, die im Sommer dunkel, im Winter heller gefärbt waren. So erklärte der schwedische Geologe *de Geer* die Entstehung der sogenannten *Bändertone*, die man überall in Schweden beobachten kann. Es handelt sich hier also um echte Jahresstraten, und de Geer hat in jahrelanger Arbeit, mit einem ganzen Stab von Mitarbeitern, vom Süden Schwedens bis zum Norden zahllose Aufschlüsse mit Bändertonen vermessen. Mit dieser *Warwenchronologie* ist es ihm gelungen, für die Zeit von etwa 15000–7000 v. Christi Geburt für die Geologie Nordeuropas zu absoluten Jahreszahlen zu gelangen. Und wenn sich in diesen geologischen Schichten menschliche Werkzeuge fanden, dann waren diese ebenfalls festgelegt. Auf dieser Methode beruht vor allem die Chronologie der mittleren Steinzeit.

Mit der Eiszeit-Chronologie, vor allem mit den Sonnenstrahlungskurven von Milankovitsch können wir vorgeschichtliche Kulturen von etwa 600 000–10 000 v. Christi Geburt grob datieren, eine feinere absolute Chronologie bietet die Warwenforschung für die Zeit von etwa 15 000–7000 v. Christi Geburt. Die archäologisch-historische Methode kann ungenau seit 3000, genauer erst seit 2000 v. Chr. angewendet werden.

Zwischen den durch die naturwissenschaftlichen Methoden datierbaren Perioden und der frühesten Geschichte ist also ein Zeitraum von 4–5000 Jahren, der bisher weder von der einen noch von der anderen Seite her absolut zu fassen war. Dabei handelt es sich hier um eine der wesentlichsten Epochen der Menschheitsentwicklung überhaupt: die Zeit, in die wir den Übergang zur Ackerbaukultur und schließlich zu der frühesten Stadtkultur setzen müssen. Es ist die Zeit, in der sich eine sprunghafte Vorwärtsentwicklung (Mutation) vollzogen hat, die grundlegend für die gesamte Weltgeschichte bis zum Anbruch des naturwissenschaftlich-technischen Zeitalters im 19. und 20. Jahrhundert geworden ist. Kein Wunder, wenn sich die Forschung schon seit Jahrzehnten bemüht, ein Mittel zu finden, auch das Geheimnis der absoluten Chronologie dieser Lücke zwischen 7000 und 2000 v. Chr. Geburt zu enträtseln.

Es könnte sein, daß uns das letzte Jahrzehnt ein derartiges Mittel geschenkt hat: die *Radio-Karbon-Methode*, die von amerikanischen Gelehrten entwickelt wurde. Radiokarbon ist radioaktiver Kohlenstoff mit der chemischen Formel C_{14}. Er bildet sich auf Grund von kosmischen Strahlen in sehr hohen Luftschichten und gelangt mit dem Kohlendioxyd in untere Luftschichten, wo er von Pflanzen assimiliert wird. Mit der Pflanzennahrung gelangt C_{14} auch in den tierischen und menschlichen Körper und wird dort in den Knochen gespeichert. Stirbt das Lebewesen (Mensch, Tier oder Pflanze), so hört auch die Speicherung von C_{14} auf.

Der normale organische Kohlenstoff hat die Formel C_{12}. In einem Kilogramm organischen Kohlenstoffs befinden sich stets nur winzige Spuren von C_{14}, genau, der millionste Teil eines Milligramms. Radiokarbon hat, wie alle radioaktiven Stoffe, die Eigenschaft zu zerfallen. Nach 5568 Jahren ist nur noch die Hälfte vorhanden, nach weiteren 5568 Jahren nur noch ein Viertel und so fort. Auf diese Weise ist es möglich, mit gewissen Fehlerquellen, das absolute Alter eines Stückchens Holz oder eines Knochens zu errechnen. Man verwendet zu diesem Zwecke ein ähnliches Geigergerät, wie es auch die Atomphysiker gebrauchen.

Die Radiokarbon-Methode ist augenblicklich noch in der Entwicklung begriffen; sie hat, wie alle neuen Methoden, noch allerlei Kinderkrankheiten zu überwinden. Daher hat sie neben begeisterten Anhängern auch erbitterte Gegner gefunden. Wenn sie sich aber bewähren sollte, so wäre mit ihr auch die letzte Lücke in der absoluten Chronologie der vorgeschichtlichen Altertümer zu schließen, denn mit der C_{14}-Methode kann man von der Gegenwart bis etwa 40 000 Jahre zurück das Alter von organischen Stoffen bestimmen.

KAPITEL IV

DAS PROBLEM DER SOGENANNTEN »ETHNISCHEN DEUTUNG« VOR- UND FRÜHGESCHICHTLICHER KULTURPROVINZEN

»Scharf umgrenzte archäologische Kulturprovinzen decken sich zu allen Zeiten mit ganz bestimmten Völkern oder Völkerstämmen.«

Gustaf Kossinna, 1911

Kossinna und Montelius

Zwei Fragen standen seit dem Anfang des 19. Jahrhunderts der Vorgeschichtsforschung als Endziel vor Augen: die Frage nach dem Alter der prähistorischen Funde, also die Chronologie, und die Frage nach ihrer Volkszugehörigkeit, also die *ethnische Deutung*. Für die Chronologie hatte der Schwede Oskar Montelius die Methoden entwickelt, die bis auf den heutigen Tag grundlegend geblieben sind, für die ethnische Deutung wagte der Deutsche Gustaf Kossinna den entscheidenden Schritt. Für viele seiner Anhänger hat daher der Name Kossinna einen ebensoguten Klang wie Montelius. Und doch hat man Bedenken, diese beiden Forscherpersönlichkeiten auf eine Stufe zu stellen.

Wenn Montelius im Anfang auch manch einen Irrweg gegangen sein mag, so hat er doch Charakter und Selbstkritik genug besessen, um eigene Irrtümer zu sehen und zu beseitigen. Und wenn heute z. B. die »typologische Methode« bei manchen Forschern verpönt ist, weil Nachahmer des großen schwedischen Meisters sie falsch anwandten, so ist daran nicht Montelius schuld – *er* hat all diese möglichen Fehler bereits gesehen und auch Wege zu ihrer Überwindung gewiesen: Montelius ist ein Klassiker der Archäologie.

Anders Kossinna. Wenn seine Methode der »ethnischen Deutung« heute ebenfalls starker Kritik ausgesetzt ist, dann ist er leider selber daran schuld. Die Schüler wiederholten lediglich die Fehler, die ihr Meister in reichem Maße gemacht hat. So ist es gekommen, daß eine an und für sich durchaus richtige Idee bis heute noch nicht die endgültige methodische Form gefunden hat, wie sie für die Chronologie schon seit 70 Jahren besteht. Kossinna hat seine Gedanken nicht bis in die letzte Konsequenz zu Ende gedacht. Er war vielleicht ein genialer Kopf – aber er ist kein Klassiker.

Über eines muß man sich allerdings im klaren sein: ignorieren darf man das Lebenswerk Gustaf Kossinnas nicht. Die Vorgeschichte würde sich als historische Wissenschaft selber aufgeben, würde sie nicht immer und immer wieder den Versuch machen, auch das Problem der ethnischen Deutung zu lösen. So sollen denn auch die beiden letzten Kapitel unseres Buches diesen Fragen gewidmet sein. Das vierte Kapitel soll uns einen Begriff von der Persönlichkeit Gustaf Kossinnas und von seiner Methode geben, das fünfte den Versuch zur Überwindung ihrer Fehler.

Kossinna, der Schüler von Müllenhoff

Gustaf Kossinna wurde 1858 in Tilsit in Ostpreußen als Sohn eines Gymnasialprofessors geboren. 1876–81 studierte er in Göttingen, Leipzig, Berlin und Straßburg klassische und germanische Philologie, deutsche Geschichte und Geographie. Von besonderer Bedeutung für seine spätere Entwicklung wurden seine Berliner Semester, wo er sich als Schüler des Germanisten *Müllenhoff* für die germanische und indogermanische

Altertumskunde begeisterte und das Problem der Urheimat der Indogermnaen, das damals gerade die Philologen mit ihren Methoden zu lösen versuchten, erstmals in seinen Gesichtskreis trat. Über sein Verhältnis zu Müllenhoff besitzen wir aus späteren Jahren ein wertvolles Selbstzeugnis Kossinnas; er schreibt dort u.a.: »Aus dem Kreise der Gelehrten, die dem berühmten Germanisten und Altertumsforscher Karl Müllenhoff in Berlin als Schüler nahegestanden haben – ein Glück, das mir Ende der siebziger Jahre des vorigen Jahrhunderts vergönnt war –, hat sich kaum einer dem intimsten Studiengebiet des Meisters zugewandt, der Frage nach dem Ursprung und der frühesten Entwicklung unseres Volkes. Mir aber war schon als Student klar geworden, daß es meine Lebensaufgabe sein mußte, hier in meines Lehrers allerpersönlichste Fußtapfen zu treten. Bei der Erfassung des gesamten geschichtlichen und sprachlichen Stoffes, die für das Lösen einer solchen Aufgabe Vorbedingung war, merkte ich sehr rasch, daß die historisch-philologischen und sprachwissenschaftlichen Realien nicht allein, ja nicht einmal in erster Linie zu dem Ziele führen konnten, das zu erreichen ich mir vorgesetzt hatte. In jungen Jahren schon zog ich neben Erd- und Siedlungskunde die vorgeschichtliche Archäologie, später auch die Anthropologie in den engeren Kreis meiner Studien.«

Der Vorgeschichte also hat er sich schon während seiner Studienzeit genähert; es waren vor allem die Schriften seines ostpreußischen Landsmannes *Otto Tischler*, die ihn auf die Bedeutung dieser neuen Quellenart aufmerksam machten. Seine Straßburger Dissertation von 1881 war freilich noch rein philologisch (»Die ältesten hochfränkischen Sprachdenkmäler«). Gleich nach Abschluß seiner Studien mußte er sich dann dem Broterwerb widmen und schlug die wissenschaftliche Bibliothekarslaufbahn ein, die ihn in den Jahren von 1881 bis 1892 nach Halle, Berlin, Bonn und nochmals und nun endgültig nach Berlin führte.

Der trockene, bürokratische Bibliothekarsberuf war aber für Kossinna tatsächlich nur Broterwerb; jede freie Minute widmete er der germanischen und indogermanischen Altertumskunde, oft zum Ärger seiner Vorgesetzten. Immer stärker kam er zu der Überzeugung, daß der tote Punkt, auf den damals die Philologie in der »Urheimatfrage« der Indogermanen und Germanen gelangt war, nur zu überwinden sein würde, wenn man auch die Bodenfunde mit heranzöge.

Diese Bodenfunde kannte er allerdings zunächst nur aus Büchern, später traten Museumsreisen ergänzend hinzu. Aber nie hat sich Kossinna dem praktischen Museums- und Geländedienst gewidmet, er hat nur ganz selten, und dann ohne wesentlichen Erfolg, eine Ausgrabung durchgeführt. Dies völlige Fehlen der Praxis, durch seinen Lebensweg und äußere Umstände herbeigeführt, sollte sich später für seine Methode als verhängnisvoll erweisen.

Rudolf Virchow

Von nachhaltigstem Einfluß für seine spätere Laufbahn wurde indessen sein (zweiter) Aufenthalt in Berlin und sein Umgang mit den dortigen Vorgeschichtsforschern. Die vornehmste Persönlichkeit unter ihnen war in den 90er Jahren zweifellos *Rudolf Virchow*. In weitesten Kreisen als großer Mediziner (pathologische Anatomie) und als Politiker bekannt, hat er auch für die Vorgeschichtswissenschaft Großes geleistet. Seine »Fehldiagnose« des von Fuhlrott 1856 entdeckten Neandertalmenschen wurde bereits erwähnt. 1869 gründete er, zusammen mit dem Ethnologen Bastian, die »Berliner Gesellschaft für Anthropologie, Ethnologie und Urgeschichte« und kurze Zeit darauf die »Deutsche Anthropologische Gesellschaft«. Er gab im Auftrage der Berliner Gesellschaft die »Zeitschrift für Ethnologie« und die »Verhandlungen der Berliner Anthropologischen Gesellschaft« heraus, denen 1890 noch die »Nachrichten über deutsche Altertumsfunde« folgten. Über 30 Jahre war Virchow der führende Prähistoriker Deutschlands, vor allem Ostdeutschlands, wo er außer als Organisator auch als Forscher hervortrat. Virchow war der erste, der die Aufmerksamkeit weiterer Kreise auf die pommerellischen *Gesichtsurnen* und auf die Gräberfelder mit *Buckelurnen* (später »Lausitzer Kultur« genannt) gerichtet hat. Ihm ist auf ostdeutschem Boden auch schon eine »ethnische Deutung« geglückt, indem er die *»Burgwallkeramik«* als typisch slawisch erkannte.

Fußend auf Ausgrabungen, die 1868 auf Burgwällen der Insel Rügen stattfanden und von denen zwei durch historische Ereignisse des Jahres 1168 – die Zerstörung der slawischen Tempelburgen Arkona und Garz durch den Dänenkönig Waldemar I. und Bischof Absalon – datiert waren, gelang es ihm, den Typus der slawischen Keramik mit Wellenlinien und Gurtfurchenverzierung, von den ganz anders gearteten Tongefäßen der »Lausitzer« Gräberfelder zu trennen. So sagte er 1880 in den »Verhandlungen der Berliner Anthropologischen Gesellschaft«: »Ein großer, vielleicht der größte Teil der Wälle ist slawisch, und sicher die Mehrzahl aller Gräberfelder ist germanisch oder vorgermanisch.« Anschließend weist er darauf hin, daß wir nach dem Zeugnis der Schriftsteller in Ostdeutschland »bis zur Völkerwanderung die germanische, nach der Völkerwanderung die slawische Periode« kennen. »Aber«, so fährt er fort, » wir haben kein historisches Zeugnis mehr für die Zeit des Beginns der germanischen Einwanderung oder für die Annahme einer bestimmten, noch älteren Besiedlung.«

Wir müssen bewundern, mit welcher Sicherheit und mit welch klarem Blick Virchow das Problem der ethnischen Deutung der ostdeutschen Vorgeschichtsfunde anpackt. In diesem Teil Deutschlands ist die ethnische Frage zunächst eine chronologische. Die Burgwälle von Arkona und Garz auf Rügen wurden nach ihrer Zerstörung 1168 nicht wieder besiedelt, und deshalb müssen die dort gefundenen Scherben slawisch sein. Wenn man auf anderen Burgwällen in Pommern, Mecklenburg und Brandenburg eine ähnliche Keramik findet, muß auch sie slawisch sein, insbesondere, wenn für diese Gegenden ebenfalls eine slawische Besiedlung für die gleiche Zeit historisch bezeugt wird – dies etwa ist Virchows Gedankengang. Vor den Slawen haben bis zur Völkerwanderung, d. h. bis ins 5. Jahrhundert n. Chr., germanische Stämme in Ostdeutschland gewohnt. Aber die antiken Schriftsteller verraten uns nichts darüber, wann die Germanen in Ostdeutschland einwanderten und ob vor ihnen schon ein anderes Volk dort gewohnt hat. Die Lausitzer Gräberfelder sind für Virchow nicht datierbar, jedenfalls nicht absolut, daher läßt er die Frage ihrer ethnischen Stellung offen – sie können germanisch sein, sie können aber auch vorgermanisch sein. Klarer könnte man dies auch heute nicht formulieren.

Später hat dann Virchow noch einige Burgwälle kennengelernt, die außer slawischen Scherben auch Keramik vom »Typus der Lausitzer Gräberfelder« enthielten. Er machte auch die Beobachtung, daß die slawischen Schichten die Lausitzer Schichten überlagerten, daß also sogar stratigraphisch das höhere Alter der Gräberfelder nachweisbar war. Virchow wurde so zum

Entdecker der »Lausitzer« Burgwälle Ostdeutschlands, die für die spätere Forschung noch eine große Bedeutung gewinnen sollten.

Albert Voß

Kossinna konnte sicher von Virchow sehr viel lernen. Er gehörte auch bald zu den regelmäßigen Besuchern der Sitzungen der Berliner Anthropologischen Gesellschaft, die in dem großen Hörsaal im neuen Bau des Völkerkundemuseums, in der damaligen Königgrätzer Straße, Ecke Prinz Albrecht-Straße, allmonatlich stattfanden. Direktor der Vorgeschichtlichen Abteilung dieses Museums war zu jener Zeit *Albert Voß* (1837–1906). Wie Virchow Mediziner von Beruf und von Virchow auf die Vorgeschichte hingewiesen und endlich von ihm veranlaßt, die Medizin nach dem Deutsch-Französischen Kriege, an dem er teilnahm, ganz aufzugeben, widmete er sich bald ausschließlich der Vorgeschichte und insbesondere der Vorgeschichtlichen Abteilung des Berliner Völkerkunde-Museums. Voß war keine glänzende, geniale Persönlichkeit wie Virchow; er war der Typ des bescheidenen, stillen Gelehrten, der mit großem Fleiß und großer Energie den Grund gelegt hat zu dem späteren »Staatlichen Museum für Vor- und Frühgeschichte«, bis zum Zweiten Weltkrieg der größten Vorgeschichtssammlung Deutschlands, der einzigen, die einen Überblick über die Vorgeschichte ganz Europas geben konnte. Voß war die richtige Ergänzung zu Virchow. Was der eine mit genialem Blick übersah und plante, das führte der andere in stiller, zäher Arbeit aus. Virchow hat im Jahre 1880 die große »Ausstellung prähistorischer und anthropologischer Funde Deutschlands« angeregt, Voß hat sie durchgeführt, die ganze Last der organisatorischen Vorbereitung getragen, den gedruckten Katalog verfaßt und das »Photographische Album« herausgegeben. Virchow begründete 1890 die »Nachrichten über deutsche Altertumsfunde«, Voß gab sie heraus. Und so war es noch in vielen anderen Dingen. So dürfen wir uns vorstellen, daß Voß zwar keinen starken ideenmäßigen Einfluß auf Kossinna ausgeübt haben wird, daß aber der ständige Besuch der von Voß aufgebauten riesigen Sammlungen aus allen Teilen Europas eine der wesentlichen Voraussetzungen für Kossinnas spätere Kenntnis des vorgeschichtlichen Quellenmaterials gewesen ist. Alle übrigen Museen Deutschlands, mit Ausnahme von Lindenschmidts Mainzer »Gipsmuseum«, waren Lokalsammlungen; eine Übersicht über die Originale konnte man nur in Berlin gewinnen.

Alfred Götze

Virchow war 1890 schon ein »Halbgott«, nur bei offiziellen Anlässen, bei Vorträgen, Sitzungen oder Ausflügen der Berliner Gesellschaft konnte ein junger Gelehrter wie Kossinna sich ihm nähern. Von einem engeren Verkehr, von einem regelrechten Gedankenaustausch zwischen Kossinna und Virchow wissen wir nichts. Anders stand es mit *Alfred Götze*, einem der jüngeren Wissenschaftler, die in den 90er Jahren an der Vorgeschichtlichen Abteilung des Berliner Völkerkunde-Museums tätig waren.

Götze war Thüringer von Geburt, hatte in Jena studiert und bei Klopffleisch mit einer Dissertation über die »Keramischen Stilarten der jüngeren Steinzeit« promoviert. Klopffleisch war von Hause aus Kunsthistoriker, aber schon seit langem prähistorisch interessiert. Er war in jener Zeit der einzige deutsche Professor, der regelmäßige Vorlesungen über Vorgeschichte abhielt. Götze ist daher der erste Deutsche, der mit einer vorgeschichtlichen Dissertation den Doktorgrad erwarb – und das erst im Jahre 1890 ... Als Götze promovierte, bereitete Schliemann gerade eine neue große Ausgrabungskampagne in Troja vor, die nach seinem Tode (26. Dezember 1890) unter der Leitung von Dörpfeld weitergeführt wurde. Es war wieder Virchows Verdienst, daß er darauf drang, neben klassischen Archäologen auch einen jüngeren Fachprähistoriker in Dörpfelds Stab aufzunehmen. Seine Wahl fiel auf Götze, der strenggenommen damals sogar der einzige »Fachprähistoriker« in Deutschland war.

Diese Wahl sollte sich bewähren. Der an dem mitteleuropäischen Vergleichsmaterial geschärfte Blick Götzes beobachtete in Troja Dinge, die einem klassischen Archäologen nie aufgefallen wären (so wie umgekehrt diese natürlich wieder andere Dinge sahen, die der Prähistoriker nicht beachtete). Es war dies die berühmte Grabung, in der Dörpfeld die VI. und VII. Stadt in Troja entdeckte. Unter den Tonscherben von Troja VII fiel nun Götze eine eigenartige Buckelkeramik auf, die sich von allem unterschied, was man bisher in Troja und an anderen Orten des östlichen Mittelmeeres gefunden hatte. Diese Keramik erinnerte ihn aber in Material und Verzierungsart (wenn auch nicht in den Gefäßformen) an die »Lausitzer Kultur« in Ostdeutschland, wo es ja auch Buckelkeramik gab. – Auf der Rückreise von Troja nach Berlin besuchte Götze die größeren Museen des Donauraumes: Sofia, Bukarest, Belgrad, Budapest, Wien und Prag. Überall traf er, in Abwandlungen natürlich, eine ähnliche Keramik wie in der Lausitz, und auch in die jüngere Bronze- und frühe Eisenzeit datierbar wie diese. Aus all diesen Beobachtungen formte sich für Götze das Bild eines riesigen Kulturkreises, der von der Spree bis zu den Dardanellen reichte und der irgendeiner prähistorischen Völkerfamilie angehören müßte. Aber welcher? Götze fand bei Herodot den Satz: »Die Thraker sind das größte Volk nach den Indern.« Damit konnte Herodot nicht den kleinen Stamm der historischen Thraker im Norden Griechenlands gemeint haben, er mußte darunter eine größere ethnische Einheit verstehen, von der die Thraker der südlichste Ausläufer, der einzige Stamm waren, der mit den Griechen in Fühlung war. So bezeichnete denn Götze auch die »Lausitzer Kultur« Brandenburgs als »thrakisch« und trat in starken Gegensatz zu der damals herrschenden Meinung. Denn für die Mehrzahl der damals in Ostdeutschland arbeitenden Prähistoriker galt die Lausitzer Kultur – trotz Virchows vorsichtiger Formulierung – schlechthin als germanisch.

Nun war Götze kein Mann der Feder. Nur schwer entschloß er sich, seine Gedanken zu Papier zu bringen. Aber er teilte alle seine Beobachtungen freimütig seinen Kollegen mit, und einer von diesen war Kossinna. Der Zufall wollte es, daß Götze und Kossinna damals in demselben Berliner Stadtteil wohnten: auf dem Rückweg nach Sitzungen der Anthropologischen Gesellschaft und auf Spaziergängen im Schöneberger Stadtpark entwickelte er seinem philologischen Freunde diese neuen archäologischen Beobachtungen. Kossinna horchte auf, und in seinen Frühwerken fanden Götzes neue Theorien ihren literarischen Niederschlag; Götze selbst ist nie dazu gekommen, diese »Trojanische Entdeckung« zu publizieren. Sonst wäre *er* heute der Entdecker der »großen Wanderung« des »Urnenfeldervolkes«.

Kossinna aber interessierte sich im Grunde gar nicht so sehr für die »Lausitzer Kultur« Ostdeutschlands und für die »Urnenfelderkultur« Süddeutschlands. Für ihn standen die Germanen im Mittelpunkt seiner Bemühungen, und es bedeutete ihm zunächst schon sehr viel, durch Götzes einleuchtende Beweisführung zu erfahren, daß das Gebiet der Lausitzer Kultur der jüngeren Bronzezeit *nicht* germanisch sein konnte. Denn daß die Germanen um 1000 v. Chr. Geburt schon bis Kleinasien ihre Fühler ausgestreckt haben sollten, das war nicht nur Götze, das war auch Kossinna klar.

Eine »ethnische Deutung« von Oskar Montelius

Wo aber hatten denn nun die Germanen der Bronzezeit wirklich gesessen? Hier fand Kossinna in einem 1888 in deutscher Sprache im »Archiv für Anthropologie« erschienenen Aufsatz von Oskar Montelius den zündenden Funken. Es war ein Gedanke, den der große schwedische Forscher nur so nebenbei in die Debatte warf, der aber von Kossinna aufgegriffen wurde und bald der Grundpfeiler seines Systems werden sollte. In diesem Aufsatz mit dem Titel: »Über die Einwanderung unserer Vorväter in den Norden« untersucht Montelius die Frage, wie lange wohl germanische Stämme, die von Christi Geburt bis zur Gegenwart in Dänemark, Schweden und Norwegen sicher bezeugt sind, schon vorher dort gelebt haben, bzw. wann sie eingewandert seien. »Wollen wir diese Frage«, sagt Montelius, »um welche Zeit unsere Väter hier eingewandert sind, aus den Überresten der Vorzeit zu beantworten versuchen, dann müssen wir von den ältesten Zeiten ausgehen, wo nach dem Zeugnis der Geschichte unsere Vorfahren tatsächlich hier gewohnt, und danach für jede (nach rückwärts) folgende Periode untersuchen, inwieweit die Altertumsdenkmäler uns einen Anhalt geben, auf die Einwanderung eines neuen Volksstammes zu schließen. Würde nun ein solcher Anhalt sich nicht früher als z. B. während der Steinzeit finden lassen, da würde es alle Wahrscheinlichkeit für sich haben, daß der Stamm der Bevölkerung seit dieser Zeit unverändert geblieben und daß folglich unsere germanischen Vorfahren schon während der Steinzeit eingewandert sind.«

In eingehender Beweisführung sucht er nun nachzuweisen, daß zwischen der Eisenzeit und Bronzezeit des Nordens keine Lücke, kein Bruch der Entwicklung festzustellen sei, und fährt dann fort: »So müssen die Bewohner des Nordens schon während der Bronzezeit dieselben gewesen sein wie in der folgenden Zeit, d. h. von germanischem Stamme.« Und da sich auch eine Brücke zwischen dem bronzezeitlichen und dem neolithischen Fundstoff schlagen läßt, so »sind unsere germanischen Vorfahren schon in der Steinzeit eingewandert«.

In diesem Aufsatz von Montelius, der sich später nicht wieder zu dieser Frage geäußert hat, sind eigentlich schon viele Gedanken enthalten, die einige Jahre später von Kossinna mit so großem Nachdruck verkündet wurden: die Gleichsetzung eines Volkes mit einer Kultur und der Versuch, über die lückenlose Genealogie dieser Kultur auch die Genealogie des sie tragenden Volkes zu beweisen.

Kossinnas Kasseler Vortrag 1895

Kossinna lebte erst drei Jahre in Berlin, als er in Kassel am 9. August 1895 auf einer Tagung der »Deutschen Gesellschaft für Anthropologie« einen aufsehenerregenden Vortrag über »Die vorgeschichtliche Ausbreitung der Germanen in Deutschland« hielt. Wenige Jahre später folgte ein zweiter Vortrag über das noch anspruchsvollere Thema »Die indogermanische Frage, archäologisch beantwortet«. Diese beiden Vorträge machten Kossinna, bis dahin ein in den Kreisen der Prähistoriker fast unbekannter Außenseiter, mit einem

Schlage berühmt. Er trug zunächst seine Forschungsergebnisse als Tatsachen vor, ohne sie im einzelnen zu beweisen. Über seine Methode hat er sich erst sehr viel später, im Jahre 1911, eingehender geäußert. Er sagte damals:

»Diese Methode bedient sich des Analogieschlusses, insofern sie die Erhellung uralter, dunkler Zeiten durch Rückschlüsse aus der klaren Gegenwart oder aus zwar ebenfalls noch alten, jedoch durch reiche Überlieferung ausgezeichnete Epochen vornimmt. Sie erhellt vorgeschichtliche Zeiten durch solche, die in geschichtlichem Lichte stehen, zunächst am besten die jüngsten, dem Beginn der Geschichte unmittelbar vorausliegenden vorgeschichtlichen Zeiten durch die benachbarte Frühgeschichte. Diesen so angesponnenen Faden der Erkenntnis vorgeschichtlicher Zeit ... lassen wir nun nicht wieder fallen, sondern spinnen ihn in immer ältere Zeiten hinauf.«

»Der leitende Gesichtspunkt, dessen Richtigkeit für die *früh*geschichtlichen Zeiten tausendfach erprobt worden ist, sich stets von neuem bewährt und somit ebenso für die dicht angrenzenden, wie für die weit zurückliegenden *vor*geschichtlichen Perioden seine Geltung haben muß, ist folgender: *Scharf umgrenzte archäologische Kulturprovinzen decken sich zu allen Zeiten mit ganz bestimmten Völkern oder Völkerstämmen.*«

»Zwar gibt es erstaunlicherweise immer noch Gelehrte und selbst Prähistoriker, die das archäologische Material so wenig durchdrungen haben, daß sie andauernd bestreiten, man könne aus der Verbreitung und Entwicklung von Kulturen auf Völkerausbreitung schließen: gegen eine solche Ansicht sei hier die Gewißheit des Gegenteils mit aller Bestimmtheit hervorgehoben.«

Diese Worte Kossinnas über seine »Methode« sind

hier absichtlich vollständig wiedergegeben worden, um den weiten Abstand gegen Montelius' »Methode« deutlich werden zu lassen. Wenn Montelius zunächst die Begriffe klärt, und dann mit einer klassischen Klarheit Beweis an Beweis knüpft und auch dem aufmerksamen, nicht archäologisch vorgebildeten Leser seine Gedankengänge einleuchtend darzulegen vermag, so stellt Kossinna allen Zweiflern an der Richtigkeit seiner Methode »die Gewißheit des Gegenteils mit aller Bestimmtheit« entgegen. Er bringt nicht Beweise, er stellt Behauptungen auf.

Doch zurück zu Kossinnas Kasseler Vortrag von 1895. Was war das Neue, was seine Zuhörer damals so sehr fesselte? Worin bestand der Unterschied zwischen seiner Arbeitsweise und der von Montelius; worin gelangte er über ihn hinaus?

Montelius hatte 1888 lediglich für die skandinavischen Länder eine kontinuierliche Kulturentwicklung, ohne wesentliche Brüche von der jüngeren Steinzeit bis zur Wikingerzeit festgestellt und daraus geschlossen, daß die Vorfahren der heutigen Skandinavier, also germanische Stämme, schon in der jüngeren Steinzeit im Norden gewohnt haben müßten. Grenzen dieses »germanischen« Gebietes der jüngeren Steinzeit gibt er nicht an; diese Frage war für ihn von zweitrangiger Bedeutung, wie er sich ja überhaupt diesen ethnischen Fragen nur sporadisch gewidmet hat. Kossinna dagegen fragt nach den *Grenzen* der einzelnen Kulturgebiete. Es ist sicher kein Zufall, daß es gerade ein Deutscher war, der als erster ernsthaft an dieses Problem heranging: durch keinen geographischen Raum Europas laufen in geschichtlicher und in vorgeschichtlicher Zeit so viele verschiedene Grenzen, in keinem Lande können wir auch einen so häufigen Bevölkerungswechsel beobachten; daher war gerade hier die chronologische Frage schon seit der Frühzeit der Forschung eng mit der ethnischen verknüpft.

Kossinna begann damit, seine Zuhörer zunächst darauf hinzuweisen, daß man in den Epochen, auf die bereits das erste Licht der Geschichte fällt, einen völligen Gleichklang von historischen und archäologischen Quellen feststellen könne: überall dort, wo in der Wikingerzeit germanische Stämme gesiedelt hätten, da hätte man auch germanische Gräber und andere germanische Funde entdeckt, die eine Festlegung der Grenzen dieser germanischen Reiche gestatteten, weit genauer, als es die alten Schriftquellen täten. Wenn er auch nicht entsprechende Karten für diese frühgeschichtliche Zeit vorlegte, so ließ er doch durchblicken, daß er in seinen reichen Materialsammlungen alle Trümpfe in der Hand habe und jederzeit in der Lage sei, den Beweis zu erbringen. Nun, schließt Kossinna, wenn es sich also zeigt, daß in geschichtlicher und frühgeschichtlicher Zeit, ohne jede Ausnahme, eine Gleichsetzung von Kulturgebiet und Volksgebiet festzustellen sei, dann müßte dies auch in vorgeschichtlicher Zeit so gewesen sein.

Was versteht nun Kossinna unter einem Kulturgebiet? Er versteht darunter einen geographischen Raum, in dem man in einer bestimmten Zeit immer wieder dieselben Gerätetypen, dieselben Grabformen und dieselben Siedlungsformen feststellen kann. Die zweite neue Idee Kossinnas war nun, nicht nur für irgendeine Zeit, für irgendeine relative Stufe, die Grenzen benachbarter Kulturgruppen festzulegen, sondern jetzt auch ihr Wachstum oder ihr Schrumpfen von Periode zu Periode zu verfolgen. Dabei beschritt er schon 1895, wie in allen späteren Arbeiten, den Weg, von den frühesten historisch greifbaren Zuständen eines Volkes, einer Kultur nach rückwärts, in prähistorische

Zeiten hinein, vorzudringen. Gelänge es ihm, wie Montelius für die skandinavischen Germanen, nachzuweisen, daß ein um Christi Geburt seiner Volkszugehörigkeit nach bekanntes Kulturgebiet sich kontinuierlich aus älteren Kulturen entwickelt hat, dann wäre der Beweis erbracht, daß in dieser älteren Kultur die Wurzeln der jüngeren steckten. Auf diese Weise glaubte Kossinna in der Lage zu sein, auch den Namen eines geschichtlichen Volkes, also etwa den der Germanen, Kelten oder Slawen, auch auf zeitlich weit zurückliegende prähistorische Kulturen übertragen zu können.

Vieles hat Kossinna damals noch nicht so klar gesehen wie in seinen späteren Arbeiten, und es empfiehlt sich daher nicht, schon hier mit unserer Kritik zu beginnen. Nur soviel sei gesagt, daß viele der von Kossinna als Tatsachen hingestellten Behauptungen auf sehr schwachen Füßen standen, ja, manche sich als regelrechte Wunschträume entpuppen sollten. Das konnten seine Zuhörer im Jahre 1895 allerdings nicht wissen. Sie nahmen an, daß alles, was er vortrug, gut fundiert sei, und man glaubte es ihm zunächst. Schien doch hier endlich ein sicherer Weg gefunden, den vorgeschichtlichen Kulturen ihre Anonymität zu nehmen und die Geschichte »nach rückwärts zu verlängern«, ein Ziel, das die Forschung seit fast einem Jahrhundert vergeblich angestrebt hatte.

Kossinnas Berliner Professur

Kossinna hatte den begreiflichen Wunsch, sich ganz seinem Wahlfach, der Prähistorie, widmen zu können, vor allem, aus der Enge des ihn in keiner Weise befriedigenden Bibliothekarberufes herauszukommen. So bewarb er sich schon von Bonn aus 1890 um eine Stelle am Berliner Völkerkunde-Museum und 1899 um eine

Stelle als »Dirigent« am Städtischen Museum in Altona – beide Male ohne Erfolg. Seit 1896 bemühte er sich auch schon um eine Professur für »Deutsches Altertum«, und wir besitzen aus diesen Jahren ein Gutachten von Professor Sieglin, dem Berliner Ordinarius für historische Geographie, das uns zeigt, welch einen Ruf Kossinna damals bereits bei Vertretern von Nachbarwissenschaften gehabt haben muß:

»Kossinna ist fraglos gegenwärtig der bedeutendste Forscher auf dem Gebiete der germanischen Urgeschichte, den wir haben. Um die schwierige Frage nach der Entstehung und Ausbreitung der ältesten Germanen auch nur einigermaßen zu beherrschen, sind umfangreiche sprachwissenschaftliche, anthropologische, historische, kulturgeschichtliche und geographische Studien notwendig, die in dieser eigenartigen Verbindung naturgemäß nur selten bei einem Gelehrten anzutreffen sind, die aber Kossinna in erfreulicher Weise gemacht hat. Er hat eine Verbindung von Kenntnissen sich erworben, deren außer ihm gegenwärtig niemand sich erfreut; er versteht den Gang der Entwicklung des Deutschtums der älteren Zeit, wie keiner neben ihm. Wenn Kossinna einst der Wissenschaft entrissen würde, ehe er seine Forschungen publiziert, würde dies für uns einen Verlust bedeuten, der in absehbarer Zeit nicht gutzumachen wäre. Seit Müllenhoffs Tode ist die germanische Altertumswissenschaft in eine Art Stagnation geraten ... Aus dieser Stagnation könnte Kossinnas eigenartiges Talent uns am ehesten befreien, wenn er die Resultate seiner Studien in einem zusammenhängenden Werk veröffentlichte. Ich war vor acht Tagen bei Geheimrat W., der auf Kossinna nicht gut zu sprechen ist. Er wirft ihm vor, daß er die wissenschaftlichen Interessen den bibliothekarischen vorziehe. Als Oberbibliothekar hat Geheimrat W. mit seinem Tadel vielleicht recht, das Ministerium darf aber einen höheren Standpunkt einnehmen. Kossinna mag ein mäßiger Bürobeamter sein, aber in seinem Studierzimmer vermag er der Wissenschaft und damit auch dem Staate soviel zu nützen, daß man ihm den Mangel an Interesse für den Bibliothekarsberuf, für den er nun einmal nicht paßt, wohl verzeihen darf... Den Bibliothekar Kossinna vermag der Staat mit Leichtigkeit hundertfach zu ersetzen, für den Germanisten und Altertumsforscher Kossinna aber fehlt gegenwärtig jeder Ersatz ...«

Wenn man heute diesen Brief liest, so kann man sich wohl kaum eine wohlwollendere und wärmere Fürsprache für einen offenbaren Außenseiter vorstellen. Denn darüber läßt auch Prof. Sieglins Gutachten keinen Zweifel: Kossinna sei zwar ein sehr kenntnisreicher, vielseitiger und vor allem vielversprechender Gelehrter, aber der eigentliche Beweis seiner Fähigkeiten stehe noch aus. Er solle ein Buch schreiben, in dem er seine Methode, sein Wissen für die Nachwelt niederlegen könne – bisher habe er nur einige, im Auszug abgedruckte Vorträge gehalten.

Als im Jahre 1902, dem Todesjahre Virchows, Kossinnas Freunde in der Fakultät Erfolg hatten, Kossinna den Bibliothekarsberuf aufgeben konnte und als a. o. Professor für »Deutsche Archäologie« an die Berliner Universität – die größte und vornehmste Deutschlands – berufen wurde, da hätte er eigentlich froh und stolz sein können. Er aber reagierte anders: Warum erst so spät? Warum nur ein so niedriges Gehalt? Wer sind meine Feinde? – Diese unglückliche Charakterveranlagung sollte Kossinna noch oft im Leben schwer zu schaffen machen. Er hatte keine Feinde – wenigstens damals noch nicht. Die Vorgeschichte war eine junge Wissenschaft; man hatte einem vielversprechenden Gelehrten eine Chance gegeben. Nun sollte er beweisen, was er konnte, dann würde sich das andere ganz von selber ergeben.

Zunächst ließ das große Buch noch auf sich warten. Aber im Jahre 1905 erschien in der »Zeitschrift für Ethnologie« ein neuer, aufsehenerregender Aufsatz über »Verzierte Eisenlanzenspitzen als Kennzeichen der Ostgermanen«, in dem Kossinna erstmals an einem praktischen Beispiel seine Methode erläuterte und den Versuch unternahm, die Grenze zwischen Ostgermanen und Westgermanen an der unteren und mittleren Oder archäologisch festzulegen. Den Begriffen Ost- und Westgermanen begegnen wir noch nicht bei den antiken Schriftstellern; diese Einteilung war erst ein Ergebnis der modernen Sprachforschung des 19. Jahrhunderts. Kossinna glaubte nun an Hand verschiedener Typen, vor allem der verzierten Eisenlanzenspitzen, aber auch von Fibeln (vgl. unsere Abb. 25) und Tongefäßen nachweisen zu können, daß sich in den Jahrhunderten um Christi Geburt, also in der »Spät-Latène« und »Römischen Kaiserzeit«, ein tiefgreifender Unterschied zwischen einer westlichen und einer östlichen Germanengruppe feststellen ließe.

Dieser Aufsatz aus dem Jahre 1905 ist zweifellos die beste Einzelleistung Kossinnas. Hier wurde seine Methode an einem kleinen, konkreten Beispiel klar vorgetragen. Es ist sicher kein Zufall, daß es gerade dieser Aufsatz war, der einige Jahre später nicht weniger als drei Schülern Kossinnas die Anregung zu ihren Dissertationen gab: *Erich Blume* für seine »Germanischen Stämme und Kulturen zwischen Oder und Passarge zur römischen Kaiserzeit«; *Martin Jahn* für seine »Bewaffnung der Germanen« und *Jozef Kostrzewski* für seine »Ostgermanische Kultur der Spät-Latène-Zeit«.

Trotz dieser Erfolge blieb aber Kossinna die äußere

Anerkennung durch das Ministerium und durch die Mehrzahl seiner Kollegen an der Berliner Universität versagt: er war noch immer nicht Ordinarius. Noch immer lebte er von der bescheidenen Bibliothekarspension, die ihm 1902 als vorläufige Existenzgrundlage bewilligt worden war. Natürlich war dies hart, aber war es ganz unverschuldet? Noch hatte Kossinna das Buch, das man seit einem Jahrzehnt von ihm erwartete und das seine Methode endgültig beweisen sollte, wie seine Freunde gehofft hatten, nicht geschrieben. Statt dessen wurden seine Angriffe gegen Andersdenkende immer heftiger, immer bissiger.

So schrieb er 1911: »Ich beuge mich gewiß gern vor der überragenden Leistung, die Eduard Meyers ›Geschichte des Altertums‹ darstellt. Aber es darf da nicht unausgesprochen bleiben, wie einseitig Meyer doch in den Gesichtskreis des reinen Geschichtsschreibers überall gebannt erscheint. Der richtige Blick bleibt ihm versagt, wo es sich um Fragen handelt, die vom höchsten kulturhistorischen Standpunkt entschieden werden wollen. ... Wenn Meyer mit seiner Ansicht in der Indogermanenfrage so völlig auf dem Isolierschemel sitzt, so liegt das eben daran, daß ein großer Teil der Hilfswissenschaften, die bei der Entscheidung dieser Frage mitzureden haben, ihm ganz fremd oder nur ungenügend vertraut ist ...«

Das Urteil über Eduard Meyer ist aber noch milde zu nennen gegenüber dem, das er über *Otto Schrader*, den Straßburger Indogermanisten, fällt, den er nur zu den »dii minorum gentium«, zu den »Göttern minderen Ranges« rechnet.

Noch schärfer urteilt er über *Moritz Hoernes*, den Wiener Prähistoriker und Verfasser eines grundlegenden Werkes über »Die Urgeschichte der bildenden Kunst in Europa«. – »Leider«, sagt Kossinna, »müsse man bei ihm noch eine tiefe Stufe unter Schrader herabsteigen, fast bis zum niedrigsten Standboden der Gelehrsamkeit, auf das Niveau des reinen Kompilators.«

Aber alles, was er gegen Meyer, Schrader und Hoernes einzuwenden hatte, war doch nur ein kleines Vorgefecht zu dem »Kampf«, den er bald gegen Schuchhardt führen sollte.

Carl Schuchhardt

Carl Schuchhardt wurde 1859 in Hannover geboren, er war also nur ein Jahr jünger als Kossinna. Er studierte in Leipzig, Göttingen und Heidelberg klassische Philologie und Archäologie, promovierte 1882, ähnlich wie Kossinna, über ein rein philologisches Thema, wandte sich dem höheren Schuldienst zu, hatte aber dann, als Hauslehrer beim rumänischen Fürsten Bibesco (1884 bis 1885) Gelegenheit, die Trajanswälle in der Dobrudscha zu studieren, die damals noch fast unbekannt waren, und kam so mit seinem späteren Hauptarbeitsgebiet, der Burgenforschung, in nähere Berührung. Schuchhardts Bericht über die Trajanswälle erregte die Aufmerksamkeit Th. Mommsens. Er schlug ihn daraufhin für das archäologische Reisestipendium vor. 1886 nahm Schuchhardt an den Grabungen in Pergamon teil, bereiste ein Jahr darauf Kleinasien und Griechenland und wurde bald danach Direktor des neugegründeten Kestner-Museums in Hannover. Dieses Museum enthielt reiche Schätze an ägyptischen, griechischen, etruskischen, römischen und mittelalterlichen Kunstwerken, die von dem hannöverschen Gesandten am Vatikan, August Kestner (1777–1853), einem Sohn von »Werthers Lotte«, in Jahrzehnten gesammelt und von dessen Neffen und Erben, Hermann Kestner, der Stadt Hannover geschenkt worden waren. Hier konnte Schuchhardt sein vielseitiges, archäologisches und kunsthistorisches Wissen anwenden und vertiefen. Hier in Hannover, seiner Heimatstadt, wandte sich aber der Archäologe Schuchhardt auch immer stärker der heimischen Vor- und Frühgeschichte zu. Vor allem die Probleme der Burgenforschung zogen ihn in ihren Bann und fanden in einem »Atlas vorgeschichtlicher Befestigungen in Niedersachsen« einen vielbeachteten Niederschlag. Hier zeigte sich zum erstenmal auch sein großes organisatorisches Geschick, das 1905 durch die Gründung des »Nordwestdeutschen Verbandes für Altertumsforschung«, dessen langjähriger Vorsitzender er blieb, gekrönt wurde. Es war dies eine Dachorganisation aller nordwestdeutschen Museen, und auf den regelmäßigen Jahrestagungen, die immer in der Woche nach Ostern stattfanden (und auch heute noch stattfinden), wurden auch die Lokalforscher angeregt, ihre Arbeit unter größere allgemeine Gesichtspunkte zu stellen. Als endlich im Jahre 1907 als Nachfolgerin der »Reichslimeskommission« (1890–1906) eine »Römisch-Germanische Kommission« ins Leben gerufen wurde, die dem »Archäologischen Institut des Deutschen Reiches« unterstellt wurde, da gehörte auch hier Schuchhardt zu den Initiatoren und Mitbegründern.

Bei der niedersächsischen Burgenforschung hatte sich Schuchhardt ferner als Ausgräber modernen Stils bewährt. Schon in Pergamon hatte er ja an der Ausgrabung einer antiken Stadt teilgenommen, und nun kam in Niedersachsen auch noch die modernste Grabungsmethode hinzu, die Feststellung von Holzbauten auf Grund reiner Erdverfärbungen. Epochemachend war hier vor allem die Entdeckung des »Pfostenloches«, das zuerst bei der Erforschung des obergermanisch-rhaetischen Limes durch die »Reichslimeskommission« in den 90er Jahren, danach bei den Grabungen im augusteischen Lager Haltern in Westfalen, an denen Schuchhardt maßgeblich beteiligt war, eine sehr große Rolle spielte. Dieses Lager, das uns auch schon als Fixpunkt für die absolute Chronologie begegnete (11 v. bis 9 n. Chr. Geburt), war, im Gegensatz zu den Limeskastellen, nicht aus Stein, sondern aus Holz und Erde aufgebaut und mit den älteren Grabungsmethoden überhaupt nicht feststellbar. Nach der neuen Grabungsmethode wurde zunächst die dunkle Humusschicht abgetragen und der daruntergelegene helle Sandboden »geputzt«. Überall, wo zu irgendeiner Zeit ein Loch gegraben und nachher wieder zugeschüttet worden war, hob sich die Stelle vom helleren »gewachsenen« Boden als dunklerer Fleck ab. Diese dunklen Flecken konnten einfache Gruben zu wirtschaftlichen Zwecken sein, es konnten aber auch »Pfostenlöcher« sein, d. h. kreisrunde, und oft einen Meter tiefe Gruben, die ausgehoben worden waren, um einen der tragenden Hauspfosten aufzunehmen. War der Pfosten hineingestellt, wurde dies »Pfostenloch«, das stets einen viel größeren Durchmesser hatte als der Pfosten selber, mit der ausgehobenen Erde wieder vollgefüllt und der Boden rund um den Pfosten festgestampft. Dabei kam natürlich in dem Loch nicht wieder sauber der helle Sandboden nach unten, der dunkle Humusboden nach oben, sondern das Loch wurde mit einem Gemisch der verschiedenen Bodenarten ausgefüllt. Dies Gemisch war meist etwas dunkler als der gewachsene Boden und hob sich als dunkler Fleck bei sorgfältiger Grabung ab, auch wenn der Pfosten selbst längst vermodert oder herausgezogen war. »Nichts ist eben dauerhafter als ein ordentliches Loch«, ein Ausspruch, der später den Kaiser sehr amüsierte, als Schuchhardt ihm über Haltern Vortrag hielt.

Es war dies eine völlig andere Art von Vorgeschichte als sie Montelius und Kossinna betrieben hatten. Nicht die »Kleinaltertümer«, die Waffen und Geräte, wie sie uns meist in den Gräbern erhalten sind, standen im Mittelpunkt der Forschung, sondern die großen Geländedenkmäler, die Wall- und Wehranlagen. Auch mit ihnen konnte man die Geschichte »nach rückwärts verlängern«, wenn es gelang, eine größere Anzahl von ihnen in ein strategisches und politisches System einzuordnen. Denn »Wehranlagen« verdanken nun einmal den Kriegen und der politischen Geschichte, auch der vorgeschichtlicher Zeiten, ihre Entstehung. In der Erforschung dieser vorgeschichtlichen Burgwälle war Schuchhardt bald die führende Persönlichkeit, und auch in der Grabungstechnik war er um die Jahrhundertwende der anerkannte Meister. So konnte es eigentlich nicht sehr überraschen, daß man Schuchhardt, der sich in den 20 Jahren, da er das Kestner-Museum geleitet hatte, auch einen Ruf als Museumsfachmann erworben hatte, im Jahre 1908 zum Direktor der Vorgeschichtlichen Abteilung des Berliner Völkerkunde-Museums ernannte. Dieser Posten war nämlich 1906, als Voß starb, vakant geworden.

Wer aber im höchsten Grade überrascht war, das war Kossinna. Wir wissen nämlich heute, daß er sich selber um die Nachfolge von Voß bemüht hatte. Er wollte aber dabei keineswegs seine Lehrtätigkeit an der Universität aufgeben, sondern Direktor des Museums und gleichzeitig Professor sein, hatte auch den Plan, einen seiner Schüler als »Direktorialassistenten« unterzubringen, der dann die eigentliche museale Kleinarbeit, die Kossinna ebensowenig lag wie der Bibliotheksdienst, zu erledigen hätte. Da aber Kossinna weder Museums- noch Ausgrabungserfahrung besaß, wurde sein Antrag abgelehnt. Nun wurde diese wichtigste prähistorische Museumsstelle Deutschlands mit einem »Nichtfachmann« (in Kossinnas Augen), mit einem klassischen Archäologen besetzt! Ein neuer Beweis für ihn, daß man höheren Ortes eben kein Herz für die heimische Vorgeschichte hatte. Denn das, was Schuchhardt seit 20 Jahren, also genausolange wie Kossinna, als »Prähistorie« betrieb, das erkannte er nicht als vollwertig an.

Die »Römerschanze« bei Potsdam

Schuchhardt hatte kaum die Leitung der großen Berliner Vorgeschichtssammlungen übernommen, als er schon, noch im Jahre 1908, mit einer eindrucksvollen Ausgrabung begann. Er wollte die Erfahrungen, die er bei Haltern und bei den Burgen Niedersachsens gesammelt hatte, an einer großen ostdeutschen Wehranlage erneut erproben. Seine Wahl fiel auf die »Römerschanze« bei Potsdam, einen jener schon von Virchow erkannten Lausitzer Burgwälle, der in wendischer Zeit noch einmal besiedelt worden war.

Die Grabung war ein voller Erfolg. Ein Wallschnitt ergab eine »Holz-Erde-Mauer« mit zwei deutlichen Reihen von Pfostenlöchern, die der Außen- und Innenwand entsprachen. Diese waren aus mächtigen senkrechten und waagerechten Balken gefügt und innen mit Erde ausgefüllt gewesen. Nach dem Brande der beiden Holzwände, wohl bei einer Belagerung, war dann die Erde auseinandergeflossen und bildete so den heute erkennbaren Wall. Auch das Tor konnte Schuchhardt freilegen, und er hatte das Glück, bei einer Flächenabdeckung im Innern der Burg sogar einen deutlichen Hausgrundriß festzustellen, wieder mit Hilfe von Pfostenlöchern. Es war ein Vorhallenhaus, mit dem erhaltenen Herd im hinteren Raum.

Die Grabung auf der Römerschanze wurde epochemachend für ganz Ostdeutschland. Das »Pfostenloch«

wurde populär, besonders als der Kossinnaschüler Kiekebusch wenige Jahre später eine ganze Dorfanlage der jüngeren Bronzezeit in Buch bei Berlin ausgrub. Kiekebusch hatte bei Schuchhardt auf der Römerschanze gelernt und sorgte mit dem ihm eigenen pädagogischen Geschick – er war ja von Hause aus Lehrer – für rasche Verbreitung dieser neuen Methode.

Auch der Kaiser besichtigte von dem nahegelegenen »Neuen Palais« aus die Grabungen auf der Römerschanze. Köstlich ist der Inhalt eines Telegramms, das ein Flügeladjutant des Kaisers nach dem Besuch an Schuchhardt sandte: »Grabung fortsetzen und feststellen, ob noch Volksburg oder bereits Fürstensitz.«

In späteren Jahren hat Schuchhardt noch eine größere Reihe von weiteren lausitzischen Burgwällen untersucht. Auf seine Anregung hin hat dann sein Nachfolger *W. Unverzagt* in den 30er Jahren eine planmäßige Aufnahme der ostdeutschen Wall- und Wehranlagen durchgeführt, und beide Forscher haben sehr wesentliche Ergebnisse für den Siedlungsraum der Lausitzer Kultur und auch der späteren slawischen Kultur aus dem Studium dieser Burgwälle gewonnen.

Nur einer war da, der mit dieser Art von Prähistorie nichts anzufangen wußte: Kossinna. Er besuchte 1908 einmal die Grabungen auf der Römerschanze, und wir besitzen über diesen Besuch einen aufschlußreichen Bericht aus der Feder Schuchhardts:

»Auch auf der Römerschanze hat mich Kossinna nachher noch besucht, sich da allerdings mit seinem Schüler Blume, den er mitbrachte, eigentlich ausschließlich über die verschiedenen Scherbengattungen unterhalten; die Holzkonstruktion im Wall und der Torgrundriß wurden mit kurzen Blicken abgetan. Ich sah damals schon: die Beobachtung im Gelände war nicht Kossinnas Sache.«

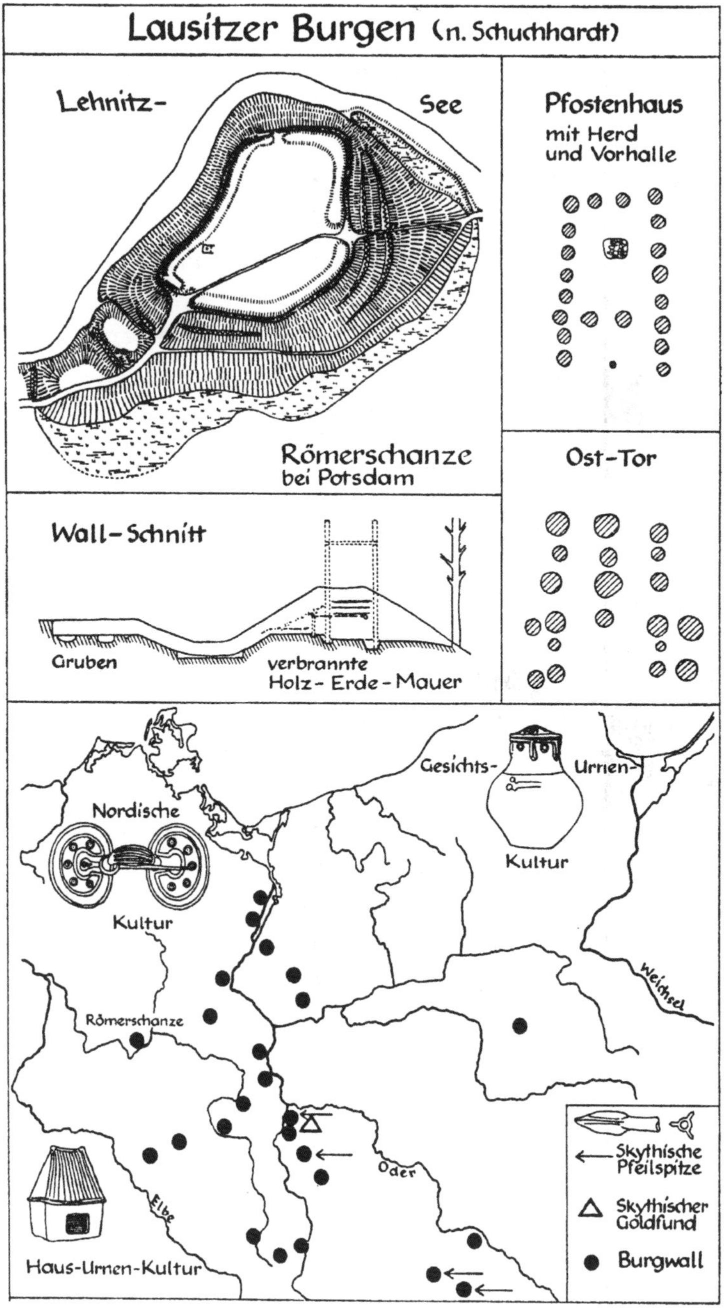
Lausitzer Burgen (n. Schuchhardt)
Lehnitz-
See
Römerschanze
bei Potsdam
Pfostenhaus
mit Herd
und Vorhalle
Ost-Tor
Wall-Schnitt
Gruben
verbrannte
Holz-Erde-Mauer
Gesichts-
Urnen-
Kultur
Nordische
Kultur
Weichsel
Römerschanze
Oder
Elbe
Haus-Urnen-Kultur
Skythische
Pfeilspitze
Skythischer
Goldfund
Burgwall

Abb. 23

Mit dieser Feststellung hatte Schuchhardt sicher recht. Aber es gehört zur Tragik der jungen Wissenschaft der Vorgeschichte in Deutschland, daß zwei ihrer bedeutendsten Vertreter zu Beginn des 20. Jahrhunderts, die zudem noch in einer Stadt lebten, nicht zusammenfinden konnten. Dabei hätten sie sich beide auf hervorragende Weise ergänzen können: Kossinna war sicher Schuchhardt in der Kenntnis der Kleinaltertümer, wie sie in den Museen lagerten, weit überlegen. Andererseits hätte er viel von Schuchhardts Burgenkunde und seiner neuen Ausgrabungstechnik lernen können. Hier war nun endlich das Mittel gefunden, auch unscheinbare Holzbauten im Boden zu erkennen. Auf weite Sicht bot sich die Möglichkeit, Kossinnas Methode der Kulturgruppen, von ihm »Siedlungsarchäologie« genannt, die bisher ausschließlich das Material aus Gräbern und Hortfunden benutzt hatte, nun auch auf die Haus- und Siedlungsformen auszudehnen und damit wirklich zu einer »Siedlungsarchäologie« zu machen. Aber so weit sah Kossinna damals nicht, und es dauerte auch nicht lange, da wurde ihm eine neue Demütigung zuteil, als deren Urheber er wieder Schuchhardt ansehen zu müssen glaubte.

»Prähistorische Zeitschrift« und »Mannus«

Schon seit Virchows Tod (1902) und der bald darauf einsetzenden schweren Erkrankung von Voß waren die »Nachrichten über deutsche Altertumsfunde«, ein Beiblatt zur »Zeitschrift für Ethnologie«, nicht mehr erschienen. Bald nach seinem Amtsantritt faßte Schuchhardt den Plan, in enger Verbindung mit der Berliner »Gesellschaft für Anthropologie«, aber mit einem bedeutenden finanziellen Zuschuß des Berliner Museums, eine »Prähistorische Zeitschrift« zu gründen, die tatsächlich schon ein Jahr später, 1909, zum erstenmal erscheinen konnte. Ursprünglich hatte Schuchhardt die Absicht gehabt, die neue Zeitschrift mit Kossinna gemeinsam herauszugeben. Wegen des Widerstandes einiger maßgeblicher Persönlichkeiten in der Anthropologischen Gesellschaft, die auf Kossinna nicht gut zu sprechen waren, kam es nicht dazu. Als Kossinna hörte, daß er auch hier übergangen werden sollte, zog er sich verbittert von der »Berliner Anthropologischen Gesellschaft« zurück und gründete seine eigene »Deutsche Gesellschaft für Vorgeschichte«, einen Verein, der neben Fachleuten auch einen ständig wachsenden Kreis von interessierten Laien umfaßte und der den finanziellen Hintergrund für die neue Zeitschrift »Mannus« (1. Jahrgang ebenfalls 1909) und für die Schriftenreihe »Mannusbibliothek« bieten sollte.

»Mannus« und »Prähistorische Zeitschrift« waren nun in den nächsten Jahren das Schlachtfeld, auf dem Kossinna und Schuchhardt ihre wissenschaftlichen und persönlichen Fehden auszutragen pflegten. Schuchhardt hatte seinen ersten Bericht über seine Ausgrabungen auf der »Römerschanze« bei Potsdam erstattet und dabei die Träger der Lausitzer Kultur, die den Burgwall gebaut hatten, als Germanen vom Stamme der Semnonen bezeichnet, die nach Tacitus in der Mark Brandenburg gesiedelt hätten. Mit den »Germanen« folgte Schuchhardt allerdings einer alten und inzwischen widerlegten Lehrmeinung: Kossinna hatte also sachlich durchaus recht, wenn er diese Theorie zurückwies. Aber bald konnte man im »Mannus« folgende Sätze aus Kossinnas Feder lesen:

»Hier beruft er sich auf seinen Freund Tacitus, der ihm mitgeteilt hat, daß zu seiner Zeit »in der Lausitz« (so sagt Schuchhardt) die Semnonen gesessen hätten und ein uraltes Volk wären; folglich, so schließt Schuchhardt, urlange, d. h. also schon zur Zeit der Lausitzer Bronzekultur dort gesessen haben mußten.«

»Nun da antworte ich ihm: meine Schüler wissen es besser. Sie kennen auch ihren Freund Tacitus, mit dem sie sich regelmäßig ein ganzes Wintersemester zu unterhalten haben, und ihnen hat er ganz andere Mitteilungen gemacht. Sie haben ihn nämlich zuerst auf die Abhandlung von Kossinna über »Verzierte Eisenlanzenspitzen« hingewiesen, worin gezeigt wird ... daß die Lausitz im ersten Jahrhundert n. Chr. überhaupt keine Besiedlung kennt, weder durch ost- noch durch westgermanische Stämme. Zur Zeit, da Tacitus seine ›Germania‹ schrieb, war also die gesamte Lausitz menschenleer. Haben also zu Tacitus Zeit in der Lausitz Semnonen nicht gewohnt, so fehlt jeder vernünftige Grund, wegen der Semnonen die Lausitzer Bronzezeit als semnonisch, ja sogar als germanisch anzusehen. Hingegen ist der ganze nördliche Teil der Provinz Brandenburg zu allen Zeiten dicht besiedelt gewesen, von der Einwanderung der Germanen in der 2. Periode der Bronzezeit an bis auf Tacitus. Stets haben hier Westgermanen gesessen, sicher also die Vorfahren des Semnonenvolkes.

Als Tacitus diese Mitteilung meiner Schüler hörte, sagte er: Es war mir sehr interessant, dies zu hören. Aber es weicht durchaus nicht von dem ab, was ich schon in Rom hörte, als unter Domitians gottloser Herrschaft der Semnonenkönig Masva und die Seherin Ganna ihre Romreise machten und viel Schönes und Gutes über ihre Heimat berichteten. Übrigens steht in meiner Germania kein Wort davon, daß die Semnonen in der Lausitz gesessen haben. Wenn ihr aber soviel mehr wißt als der Herr C. Schuchhardt, warum fragt er nicht erst bei Euch an, ehe er solche Märchen über meine Ansichten und über meine Germania drucken läßt? Und warum arbeitet er nicht ein paar Semester in Eurem Seminar mit Euch zusammen, ehe er diese Fragen öffentlich behandelt?

Darauf wußten meine Schüler ihrem Freunde Tacitus keine befriedigende Antwort zu geben. Und ich weiß es auch nicht.«

Diese Angriffe lesen sich noch recht vergnüglich, und wir dürfen Schuchhardt, der sehr viel Humor besaß, zutrauen, daß auch er sie mit Vergnügen gelesen haben mag.

»Die deutsche Vorgeschichte, eine hervorragend nationale Wissenschaft«

Im Jahre 1911, auf der dritten Hauptversammlung der »Deutschen Gesellschaft für Vorgeschichte« in Koblenz, hielt Kossinna einen Vortrag über das Thema »Die deutsche Vorgeschichte, eine hervorragend nationale Wissenschaft«. Dieser Vortrag erschien bald darauf in Buchform, erlebte Auflage um Auflage und ist zweifellos Kossinnas populärstes Werk geworden.

Kossinna ging davon aus, daß die Vorfahren der Deutschen, die alten Germanen, zu Unrecht als »Barbaren« bezeichnet würden, daß sie keineswegs nur auf der Bärenhaut gelegen und »immer noch eins« getrunken hätten. Schon in der »Römischen Kaiserzeit« hätten antike Schriftsteller wie Tacitus mit großer Achtung von ihnen gesprochen, und wenn man weiter zurückginge in die Vorgeschichte, dann könnte man sehen, daß in der älteren Bronzezeit die Germanen schon einmal eine Kulturblüte erlebt hätten, die alle übrigen Kulturen in Europa überragte. »Mögen wir die bronzezeitliche Metallindustrie Süddeutschlands und der Schweiz oder Frankreichs und Englands oder Ostdeutschlands und Ungarns oder Österreichs und selbst Italiens untersuchen, keine dieser Industrien kann an die nordisch-germanischen Erzeugnisse heranreichen«, sagte damals Kossinna. Und er schließt sein Werk mit den Worten: »Wie lange soll es noch währen, daß die deutsche Vorgeschichte von den ersten Vertretern der germanischen Wissenschaft, den Germanisten der Berliner Akademie, mit völliger Nichtachtung übersehen wird? Wie lange noch soll die deutsche Archäologie die großzügigen Organisationen entbehren, die die Vertreter der römischen, griechischen, ägyptischen und orientalischen Archäologie innerhalb der Akademie der Wissenschaften diesen fremden Wissenszweigen der Archäologie seit vielen Jahrzehnten in so überschwenglich reicher Weise zu verschaffen gewußt haben? Ich rufe hier, so laut ich es vermag, das Ehr- und Vaterlandsgefühl derjenigen Berliner Akademiker, die zunächst berufen sind, hier helfend einzugreifen und wirksam vorzugehen: denn ohne solche Einwirkungen ›von oben her‹, aus sich selbst heraus vermag hier nichts zu entstehen.«

Unmittelbar an diesen leidenschaftlichen Aufruf schließt dann Kossinna noch folgende Sätze:

»Wir Prähistoriker sind – soviel steht fest – nicht aus Stellenhunger, nicht aus dem Zwange, einen Brotberuf zu ergreifen, zu *unserer* Wissenschaft gekommen, sondern trotz schwerer äußerer Hemmnisse, die aus der Unvollkommenheit der staatlichen Organisation unserer Wissenschaft ihr und uns beständig erwachsen, in reiner Begeisterung für diese herrliche, befreiende Wissenschaft dazu getrieben worden, unser ganzes Leben ihr zu widmen. Denn Begeisterung und leidenschaftliche Hingabe zu wecken, dazu ist keine nationale Wissenschaft geeigneter als unsere Prähistorie, wie ich das mein Leben lang und besonders im letzten Jahrzehnt an meinen Schülern und Zuhörern erfahren habe.«

Man braucht kein Psychologe zu sein, um zu merken, daß Kossinna hier seine eigenen Lebenserfahrungen und Enttäuschungen mit der »deutschen« Vorgeschichte identifiziert.

Wenn man die Geschichte der Vorgeschichtsforschung im vergangenen Jahrhundert verfolgt, dann hat man eigentlich nicht den Eindruck, daß sie besonders stiefmütterlich behandelt worden wäre. Hohe und höchste Persönlichkeiten hatten sich für sie interessiert: in Preußen der Freiherr vom Stein und Friedrich Wilhelm IV., in Dänemark Friedrich VII., in Frankreich Napoleon III. Daß es auch im Deutschland der Jahrhundertwende möglich war, etwa Kaiser Wilhelm II. dafür zu gewinnen, das hatte gerade Schuchhardt mehr als einmal bewiesen. Es kam eben einfach auf die Persönlichkeit an, die sich dafür einsetzte. »Manifeste« pflegen in solchen Fällen wenig zu nützen.

Kossinnas Manifest hatte aber doch einen Erfolg: Die Herren von der Berliner Akademie sahen ein, daß man etwas für die Vorgeschichte tun müsse. Es war an der Zeit, einen prominenten Vertreter dieser jungen Wissenschaft in ihre Reihen aufzunehmen. Der Name des neugewählten Mitglieds der Berliner Akademie lautete: Carl Schuchhardt!

Der Goldfund von Eberswalde

Bald danach trat ein Ereignis ein, das die beiden Forscher endgültig entzweien sollte. Am 16. Mai 1913 waren in einem Messingwerk bei Eberswalde, nördlich von Berlin, Arbeiter beim Ausschachten der Kellergrube für ein neues Arbeiterwohnhaus auf ein Tongefäß gestoßen, das bis an den Rand mit Gold gefüllt war: 8 halbkuglige, reich mit eingestempelten Ornamenten verzierte Goldschalen (Abb. 24 unten), Ringschmuck, Goldbarren, Gußkuchen, insgesamt 81 Gegenstände. Es war einer der größten Goldfunde, die jemals in Deutschland gemacht worden sind.

Der Eigentümer des Messingwerkes schenkte den Fund, nachdem er die Finder entschädigt hatte, dem Kaiser. Der überwies ihn der Vorgeschichtlichen Abteilung des Völkerkunde-Museums zu Berlin und beauftragte Schuchhardt, eine Prachtpublikation dieses Schatzes vorzubereiten. Wie groß war aber Schuchhardts Überraschung und Ärger, als schon wenige Monate später ein Büchlein erschien, verfaßt von Gustaf Kossinna, mit dem Titel »Der Goldfund vom Messingwerk bei Eberswalde und die goldenen Kultgefäße der Germanen«. Der Ärger zittert noch nach in einer »Besprechung«, die Schuchhardt kurz darauf in der »Prähistorischen Zeitschrift« abdruckte:

»Herr Kossinna hat sehr rasch eine Publikation der Eberswalder Goldfunde herausgegeben. Er fühlt auch das Bedürfnis, die Eile zu begründen. Einmal drängte ihn der Verleger zu einer Neuauflage seines Buches ›Die deutsche Vorgeschichte eine hervorragend nationale Wissenschaft‹, zum andern gab ihm mit dem Auftreten des Eberswalder Goldfundes der altgermanische Himmels- und Sonnengott einen Wink, nicht nachzulassen in dem eifrigen Bemühen, unser Volk aufzuklären über die Herrlichkeiten aus urgermanischer Hinterlassenschaft. So beschloß er, mit dieser Sonderpublikation zunächst das schmachtende Publikum zu befriedigen, fuhr spornstreichs nach Eberswalde, nahm gleich einen Photographen mit, und die jungen Herren draußen ließen ihn aufnehmen, was er wünschte. Daß er auch die Erlaubnis zur Publikation von dem Besitzer erwirkt habe, davon sagt er nichts ... «

Auch Kossinna berichtet über seinen Besuch im Messingwerk: »Als ich mitten in der Arbeit der Aufnahme stand, wurde mir eine Abschrift des von dem Messingwerk aufgestellten Verzeichnisses der Fundstücke überreicht. Ich sah sofort, daß es nicht von einem Fachmann, sondern von einem Laien, vielleicht auch von einem Anfänger auf dem Gebiete der Vorgeschichte angelegt worden sein müsse. Die Goldspiralen werden nämlich dort ›Noppenringe‹ genannt. Der Anfertiger des Fundverzeichnisses muß daher etwas von den Fachausdrücken der Wissenschaft gelesen oder wenigstens gehört haben; aber es verbinden sich bei ihm diese Ausdrücke nicht mit klaren Vorstellungen über die Dinge, denen jene Ausdrücke zukommen. Und so verfiel er darauf, hier den gänzlich unpassenden Namen ›Noppenringe‹ anzuwenden. Vielleicht klang er ihm wohl, weil er so gelehrt aussieht.

Auf mein Befragen, wer denn das Verzeichnis aufgestellt hätte, sagte man mir: Carl Schuchhardt aus Berlin ...«

Doch nun hören wir weiter, was Schuchhardt über Kossinna berichtet:

»Den Höhepunkt von Kossinnas Buche bilden seine Bemühungen, die Goldschalen als Kultgefäße für den Sonnengott zu erweisen. Eine Reihe von Gründen führt er dafür ins Feld:

1. Für sie (die Sonnenkultgefäße) eignete sich Gold am besten, wegen seiner dem Sonnenglanz so ähnlichen Farbe.
2. Der einfache halbkuglige Buckel und die konzentrische Kreisgruppe sind von jeher ein Sinnbild der Sonne gewesen.
3. Auch die Bronzekessel, in denen mehrfach Goldgefäße sich gefunden haben, tragen Verzierungen, die als Sonnenrad und Sonnenvögel zu deuten sind, und die Schwimmvögel, auf dem Goldgefäß von Werder, weisen ebenfalls auf den Sonnenkult.

So geht es fort in phantastischer Spielerei und ohne eine Ahnung, wie überhaupt Ornamentik entsteht...

Kossinnas Buch ist ein flüchtiges und unsympathisches Machwerk, denn jeder wird merken, daß die Flüchtigkeit von der Eile stammt, mit der er einem anderen, dem die offizielle Publikation bereits übertragen war, zuvorzukommen suchte. „Mein oder Dein" war die Frage, und diese Frage entschied Kossinna nicht nach den lästigen Regeln der menschlichen Gesellschaft, sondern nach dem freien Gesetz seines germanischen Sonnengottes, der da scheint über Gerechte und Ungerechte.«

Mit »Eberswalde« war der »Graben« zwischen Schuchhardt und Kossinna unüberbrückbar geworden; der Unterlegene in dem Streit aber war eindeutig Kossinna. Schuchhardt hat man weder die Lausitzer »Semnonen« noch die »Noppenringe« sonderlich übelgenommen, Kossinnas Verhalten aber bei der Publikation des Eberswalder Goldfundes wurde allgemein auf das schärfste verurteilt, und er war seitdem für viele Kollegen erledigt.

Es würde sich nicht gelohnt haben, auf diesen Streit zwischen Gelehrten so ausführlich einzugehen, wenn es sich *nur* um diese beiden Forscher gehandelt hätte. Aber der Riß ging weiter und spaltete in wenigen Jahren die gesamte Prähistorikerschaft Deutschlands in zwei Lager. Auf der einen Seite standen Schuchhardt und die »Römisch-Germanische Kommission« des Deutschen Archäologischen Institutes, von den Kossinna-Anhängern »Römlinge« genannt, auf der anderen Seite Kossinna und alle diejenigen, die in der Vorgeschichte eine »völkische« Angelegenheit sahen. Für Schuchhardt war die germanische nur ein Teil der allgemeinen europäischen Vorgeschichte, sein Hauptwerk, das einige Jahre später erschien, hieß »Alteuropa«. Für

Kossinna dagegen standen die Germanen und allenfalls noch deren Vorfahren, die Indogermanen, eindeutig im Mittelpunkt des Interesses. Für ihn war, um ein Wort Fontanes zu gebrauchen, »die ganze übrige Welt ein bloßer Rohstoff für germanisch-sittliche Mission«.

Der Weg Schuchhardts führte zunächst zum Ausbau der Vorgeschichtlichen Abteilung des Berliner Völkerkunde-Museums, die unter seinem Nachfolger *W. Unverzagt* zu einem selbständigen »Museum für Vor- und Frühgeschichte« erhoben wurde. Dieser Weg führte auch zu dem »Reallexikon der Vorgeschichte«, einem 14bändigen Werk, das einer der jüngeren Mitarbeiter Schuchhardts am Berliner Museum, *Max Ebert*, in knapp 5 Jahren (1924–29) herausbrachte und das als einmalige Leistung der Vorgeschichte eine größere allgemeine Achtung vermittelte als alle Streitschriften Kossinnas. Ganz von selbst ergab es sich auch, daß in der Zeitschrift »Germania«, dem seit 1916 erscheinenden Organ der Römisch-Germanischen Kommission, der Vorgeschichte neben der provinzial-römischen Archäologie immer mehr Platz eingeräumt wurde.

Wenn man also vorurteilslos den Tatbestand sieht, dann hat man das Gefühl, daß sich auch ohne Kossinnas übersteigerte Wertung die Vorgeschichte ihren Platz unter den Wissenschaften erobert hätte. Kossinnas Buch über die »hervorragend nationale Wissenschaft« der deutschen Vorgeschichte mußte aber doch irgendwie einer Zeitströmung entgegenkommen; es mußte irgendwelche Instinkte geweckt haben, die um das Jahr 1910 herum in vielen Deutschen schlummerten. Anders ist der große Erfolg des Buches, anders ist die ständig steigende Zahl der Mitglieder seiner »Deutschen Gesellschaft für Vorgeschichte«, die nach Ausbruch des Ersten Weltkrieges bezeichnenderweise in

»Gesellschaft für deutsche Vorgeschichte« umgetauft wurde, nicht zu erklären. Und bei den Mitgliedern seines Vereins fand denn auch Kossinna endlich die Anerkennung, die Verehrung, die ihm die offiziellen Stellen der Universität, der Akademie, des Staates aus guten Gründen bisher vorenthalten hatten.

»Die deutsche Ostmark, ein Heimatboden der Germanen«

Eine neue Note erhielt Kossinnas »nationale Wissenschaft« durch den unglücklichen Ausgang des Ersten Weltkrieges. Als in Versailles die Friedenskonferenz tagte und dem neu gegründeten polnischen Staate große Teile der Ostprovinzen des Deutschen Reiches abgetreten werden sollten, da verfaßte Kossinna eine neue Streitschrift: »Die deutsche Ostmark, ein Heimatboden der Germanen«. Hier machte er den Versuch, seine Methode der ethnischen Deutung archäologischer Kulturprovinzen unmittelbar für die Tagespolitik nutzbar zu machen. Mit Hilfe prähistorischer Funde, vor allem solcher der sogenannten »Gesichtsurnenkultur« (Abb. 23), suchte er den Nachweis zu führen, daß die Ostmark, also der »polnische Korridor«, schon seit der frühen Eisenzeit (800–500 v. Chr.) germanisch besiedelt gewesen sei. Kossinna schickte seine Schrift nach Versailles, hatte aber dort, wie zu erwarten, keinerlei Erfolg.

Um so ernster nahmen die Polen diese Schrift, und es war eine besondere Ironie des Schicksals, daß es ausgerechnet einer der begabtesten Schüler Kossinnas war, *Jozef Kostrzewski*, der mit der Methode seines Lehrers den Nachweis zu erbringen suchte, daß schon vor den frühen Germanen, in der mittleren und jüngeren Bronzezeit, in dem strittigen Gebiet die Slawen gesiedelt hätten. Es war die schon so oft strapazierte Lausitzer Kultur, die zuerst germanisch, dann thrakisch, dann karpodakisch, dann illyrisch, dann wieder germanisch-semnonisch und jetzt also slawisch sein sollte.

Kostrzewskis Schriften ließen nun wieder Kossinna und seinen Anhängerkreis nicht ruhen. Jetzt waren es vor allem die jüngeren Prähistoriker in Schlesien, die Kostrzewski antworteten, und das Problem der ethnischen Deutung vorgeschichtlicher Kulturgruppen war unversehens zu einer Waffe des »Kalten Krieges« geworden.

Daß eine solche Lage nicht günstig für die objektive Kritik und Weiterentwicklung einer Methode sein konnte, liegt auf der Hand. Noch schlimmer aber wurde es, als 1933 mit der Machtübernahme Hitlers die »hervorragend nationale Wissenschaft« eine ungeahnte Nachblüte erleben sollte. Kossinna allerdings hat diesen späten Triumph nicht mehr erlebt, er starb schon 1932. Aber seine Anhänger fühlten jetzt ihre Stunde gekommen. Die »Gesellschaft für deutsche Vorgeschichte«, wurde in »Reichsbund für deutsche Vorgeschichte« umgetauft, Kossinnas »Methode« zum »weltanschaulichen Dogma« erklärt und damit eine wirklich freie Diskussion dieser wissenschaftlichen Frage unterbunden. Es gehörte schon ein großer Mut dazu, wenn *Ernst Wahle* im Jahre 1941 in einer Heidelberger Akademie-Abhandlung »Zur ethnischen Deutung frühgeschichtlicher Kulturprovinzen« die Methode Kossinnas einer eingehenden Prüfung und Kritik unterzog, aber eine wirkliche Diskussion kam erst nach 1945 wieder in Gang.

Wenn die Nationalsozialisten Kossinnas Methode zum »weltanschaulichen Dogma« erklärten, dann setzten sie eigentlich nur fort, was Kossinna selbst begonnen hatte. Schon längst hatte seine »Lehre« ein weltanschauliches Gepräge angenommen.

So schrieb er 1912 im Nachruf auf seinen Schüler Erich Blume: »Er hatte von mir gelernt, germanischem Wesen und germanischer Betätigung für die Vorzeit mehr noch als heute den Preis zuzuerkennen. Ebenso hatte er von der Edelart des germanischen Körpertypus, von dem Werte ungemischt germanischen Blutes zur Genüge von mir gehört, hatte diese Wahrheiten in seinen Glaubensschatz aufgenommen und sie oft genug vertreten. Wenn nun Lehre und Leben bei ihm in schärfsten Gegensatz gerieten ... usw. usw.« Die Zahl derartiger Äußerungen ließe sich leicht vermehren, und nur von dieser Seite her können wir versuchen, Kossinna zu verstehen und eine Basis für die Kritik seiner Methode zu gewinnen.

Zu Unrecht hat man früher oft eine saubere Scheidung durchführen wollen zwischen dem *einen* Kossinna, der die immerhin diskutable Methode der »ethnischen Deutung« entwickelt habe, und dem *anderen* Kossinna, der die indiskutable »Deutsche Vorgeschichte, eine hervorragend nationale Wissenschaft« schrieb. In Wirklichkeit spiegeln beide nur verschiedene Seiten ein und derselben Persönlichkeit.

Es gab für Kossinna gewisse Grundwahrheiten, die für ihn keines Beweises bedurften. So stand es für ihn fest, daß es einstmals ein einheitliches germanisches Urvolk gegeben habe, von einer *Rasse*, der blonden, blauäugigen, hochgewachsenen nordischen Rasse natürlich, mit einer *Sprache* und mit einer *Kultur*. Abweichungen von dieser Norm waren erst durch spätere Rassen-, Sprach- und Kulturmischungen entstanden, aber bis zur Bekehrung der Germanen zum Christentum hätte es sich doch nur um geringfügige Beimischungen gehandelt, leicht als Import von einheimischem Kulturgut zu trennen. Von der jüngeren Steinzeit an könne man bis zur Völkerwanderungs- und Wikingerzeit die lückenlose, autochthone Kulturentwicklung nachweisen. Daher ist für Kossinna auch die Gleichsetzung von Kultur und Volk nicht ein Problem, das gelöst, eine Frage, die beantwortet werden muß, sondern ganz einfach ein Glaubenssatz, ein Dogma! Hätte Kossinna seine These wirklich als ein Problem aufgefaßt, dann hätte es für ihn nur zwei Wege zu einer Lösung gegeben. Er hätte erstens zu der modernen Völkerkunde gehen und dort studieren können, wie es bei heutigen Naturvölkern um die Einheit von Rasse, Sprache und Kultur bestellt sei. Er hätte zweitens in Europa die Verhältnisse in geschichtlicher und frühgeschichtlicher Zeit kritisch prüfen müssen. In beiden Fällen hätte er ein nachprüfbares Material zur Verfügung gehabt und aus ihm die Gesetze ableiten können, die auch für die Beurteilung prähistorischer Kulturen Gültigkeit gehabt hätten. Kossinna tat nichts.

Völkerkundliche Analogien lehnte er völlig ab. So sagte er einmal: »Ich kann vor einer stärkeren Heranziehung der Völkerkunde nur warnen; europäische Kultur und Außereuropa, das sind stets zwei ganz verschiedene Welten gewesen.«

Geschichtliche und frühgeschichtliche Analogien führte er zwar als Kronzeugen an, aber wirklich kritisch geprüft hat er sie nie. In seiner Arbeit über »Die Herkunft der Germanen« von 1911 hat sich Kossinna erstmals ausführlich zu dieser Frage geäußert:

»Jeder Kenner vermag aus der archäologischen Hinterlassenschaft klar zu ersehen: wo überall die Wikinger Niederlassungen gegründet haben, sei es in der Normandie, sei es auf den britischen Inseln oder in Rußland, wann die Norweger Island besiedelt, wie weit nach Westen hinein in Mittel- und Norddeutschland während des Mittelalters wendische Bevölkerung sich vorgeschoben, wo überall während der sogenannten germanischen Völkerwanderung Germanen eingedrungen sind und sogar *welche* germanischen Stämme jedesmal in Frage kommen, z. B. für Italien, ob Ostgoten oder Langobarden, wie sich in Ostdeutschland die germanischen Hauptstämme räumlich gliedern, wann und in welcher Ausdehnung jeder von ihnen während der Völkerwanderung sein Land verlassen hat; wie sich die jeweilige Grenze zwischen Ost- und Westgermanen in den ersten Jahrhunderten n. Chr. geändert hat; wie in den letzten Jahrhunderten v. Chr. die keltische Bevölkerung aus dem westlichen Mitteldeutschland vor der germanischen zurückweicht, wie umgekehrt seit dem 5. Jahrhundert v. Chr. der Strom der gallischen Wanderung aus Nordfrankreich über Süddeutschland und weiter ostwärts sich ergießt, wie seit dem 8. Jahrhundert v. Chr. die Skythenherrschaft über Südrußland nach Siebenbürgen, Ungarn und Galizien, ja sporadisch noch nach Ostdeutschland sich erstreckt hat, wo in Sizilien und Italien oder am Schwarzen Meer hellenische Kolonien gesessen haben und so fort und so fort. Das alles läßt sich nicht nur im allgemeinen und ungefähr, sondern bis ins Kleinste genau feststellen, zeitlich wie räumlich weit genauer als es Schriftstellernachrichten, welcher Zeit auch immer, zu geben vermocht haben. Ja, wüßten wir über all diese Völkerumsiedlungen aus der Geschichte auch nicht das mindeste, so würden sie allein aus den Denkmälern mit Notwendigkeit erschlossen werden müssen.«

Die lange Reihe von Behauptungen lehnt sich zunächst wieder stark an Montelius an. So lesen wir in dessen bereits erwähntem Aufsatz von 1888:

»Daß archäologische Hilfsmittel über eine stattgehabte Einwanderung Auskunft gewähren *können*, zeigen uns unter anderem die angelsächsischen Gräber in England, die germanischen Gräberfelder aus der Völkerwanderungszeit in Frankreich, Italien und anderen Ländern und die zahlreichen Spuren von dem Aufenthalt der nordischen Wikinger auf den britischen Inseln. Ich bin der Überzeugung, daß, selbst wenn die Geschichte über diese Wanderungen nichts zu berichten gewußt, man den wahren Zusammenhang jener Vorgänge aus den Altertumsdenkmälern hätte herauslesen können. In allen genannten Fällen zeigt sich nämlich plötzlich und ohne jegliche vermittelnde Übergänge eine neue Begräbnisweise und eine überraschende Menge neuer typischer Altsachen, deren Voraussetzungen wir dort vergeblich suchen, die aber in anderen Ländern längst bekannt sind, wo sogar die allmähliche Entwicklung der fraglichen Typen sich verfolgen läßt.«

Dies ist kürzer und sehr viel klarer ausgedrückt als bei Kossinna und vor allem bescheidener; das Wort »können« ist bei Montelius gesperrt gedruckt, offenbar, weil er es nur für *eine* der Möglichkeiten hält. Bei Kossinna ist aber ein »müssen« daraus geworden.

Doch zurück zu Kossinnas »Thesen« von 1911, die wir Punkt für Punkt durchgehen wollen:

Kossinna sagt: »wo überall die Wikinger Niederlassungen gegründet haben, sei es in der Normandie, sei es auf den britischen Inseln oder in Rußland, wann die Norweger Island besiedelt ...« Dies stimmt für die britischen Inseln, für Rußland und für Island. Für die Normandie fehlt zu Kossinnas Zeiten der archäologische Beweis – und er fehlt auch heute noch – vielleicht ist es nur der Forschungsstand. Aber immerhin nennt Montelius in der entsprechenden Verlautbarung die Normandie nicht. – Kossinna sagt: »Wie weit nach Westen hinein in Mittel- oder Norddeutschland während des Mittelalters wendische Bevölkerung sich vorgeschoben.« – Dies dürfte in großen Zügen stimmen. Kossinna fußte hier auf den entsprechenden Arbeiten Virchows. Daß es aber schon Virchow aufgefallen war, daß in der schwedischen Wikinger-Metropole Birka wendische Keramik beobachtet worden war und daß hier eine immerhin bemerkenswerte Abweichung vorlag, die irgendwie erklärt werden mußte – darüber schweigt er.

Kossinna sagt: »Wo überall während der sogenannten germanischen Völkerwanderung Germanen eingedrungen sind und sogar *welche* germanischen Stämme jedesmal in Frage kommen, z. B. für Italien, ob Ostgoten oder Langobarden.« – Ja, die Gesamtausbreitung der Germanen nach Britannien, Gallien, Italien, Spanien läßt sich auch archäologisch nachweisen, nur bedingt jedoch die Trennung nach Stämmen. Beim Hinweis auf die Ostgoten und Langobarden in Italien fußt Kossinna auf einer Arbeit von A. Götze über »Gotische Schnallen« in Italien. Hier hatte es Götze erstmals versucht, das ostgotische Material des 5. Jahrhunderts von dem sehr viel reicheren langobardischen Fundstoff des 7. Jahrhunderts zu trennen. Die Trennung geschah auf rein chronologischer Basis, konnte also kein wirklich überzeugender Beitrag zur ethnischen Deutung in Kossinnas Sinne sein. Das Problem der Scheidung der einzelnen germanischen Stämme der Völkerwanderungszeit ist sehr kompliziert und keineswegs so einfach, wie man nach Kossinnas Behauptung vermuten möchte. Auch heute, nach fünfzig Jahren weiterer Forschung, läßt sich noch kein festes Bild gewinnen, wenn sich auch einige Linien etwas klarer abheben. Einiges stimmt dabei zu Kossinnas Thesen, anderes nicht.

So konnte der im Zweiten Weltkrieg gefallene Münchener Ordinarius *Hans Zeiß* nachweisen, daß die Westgoten in Spanien eine Kultur ausgebildet haben, die einerseits ihren germanischen Charakter nicht verleugnet, zugleich aber auch durchaus eigenständige Züge aufweist. Diese Kultur reicht aber nur bis zu den Pyrenäen. Nördlich des Gebirges aber, in der Landschaft Septimanien, die nach schriftlichen Quellen ebenfalls von Westgoten besiedelt war und auch zum westgotischen Reich gehörte, trägt die Kultur durchaus fränkische Züge. Auf rein archäologischer Basis müßte man also nach Kossinna schließen, die Pyrenäen seien die Grenze zwischen Franken und Westgoten gewesen.

Kossinna sagt: »Wie sich in Ostdeutschland (in der Kaiserzeit) die germanischen Hauptstämme räumlich gliedern, wann und in welcher Ausdehnung jeder von ihnen während der Völkerwanderung sein Land verlassen hat, wie sich die jeweilige Grenze zwischen Ost- und Westgermanen in den ersten Jahrhunderten nach Christi Geburt geändert hat...« – Für die Kaiserzeit ist die Frage der Grenze zwischen Ost- und Westgermanen das einzige Thema, das Kossinna ausführlicher und mit einer Karte versehen, behandelt hat. Diese Karte ist aber bezeichnenderweise nicht eine Besiedlungskarte mit den eingetragenen Fundorten der ost- und westgermanischen Kulturen, sondern eine Karte mit verschiedenen Grenzlinien, die man, trotz Erläuterung Kossinnas, entweder glauben kann oder nicht. Die Karte der germanischen Stämme der Kaiserzeit, Kossinna sagt vorsorglich: der »Hauptstämme«, hat er zu Lebzeiten zwar oft erwähnt, aber nie veröffentlicht. Erst nach seinem Tode hat sie sein Schüler *Ernst Petersen*, Direktor des Breslauer Museums und ebenfalls im Zweiten Weltkriege gefallen, im »Mannus« publiziert. Sie war eine vollständige Enttäuschung. Erstens erstreckte sie sich nur auf die »ältere Kaiserzeit«, zweitens war sie zwar eine »Punktkarte«, also mit eingetragenen Fundorten, aber auch hier konnte Kossinna nicht auf eingezeichnete Grenzlinien verzichten, einfach weil es sonst unmöglich gewesen wäre, die einzelnen Stämme voneinander zu unterscheiden.

Eine kritische Prüfung der kaiserzeitlichen Funde Mitteleuropas hat ergeben, daß wir zwar die Grenze zwischen Germanen und Römern, ebenso die Grenze zwischen Germanen und Balten (Aisten) archäologisch nachweisen können, daß es aber unmöglich ist – trotz Kossinnas gegenteiliger Behauptung – die Fülle der germanischen Kleinstämme, wie sie uns etwa in Tacitus' Germania entgegentreten, mit Hilfe von Bodenfunden nachzuweisen. Es gibt Grenzen innerhalb des germanischen Bereichs, etwa die »Grenze« zwischen einer östlichen und westlichen Germanengruppe, wie sie sich in Almgrens Fibelkarte spiegelt (Abb. 28); es gibt auch noch kleinere »Kulturgruppen«, die sich mit Hilfe von Keramik, Grabsitten usw. feststellen lassen; aber es sind auf jeden Fall sehr viel weniger, als für die Mindestzahl der literarisch bezeugten Stämme notwendig wären. Was diese »Kulturgruppen« spiegeln, wissen wir heute noch nicht.

Kossinna sagt: »Wie in den letzten Jahrhunderten v. Christi Geburt die keltische Bevölkerung aus dem westlichen Mitteldeutschland vor der germanischen zurückweicht ...« – Kossinnas These lautete etwa: Die Germanen hatten Brandgräber, die Kelten Skelettgräber; auf dieser Basis ließe sich dann das Vordringen der Germanen bequem ablesen. Das Problem selbst ist von Kossinna nur andeutungsweise, von seinen Schülern nur für einzelne Abschnitte der Grenze (z. B. von

M. Jahn für Schlesien) untersucht worden und ist, wie wir vor allem durch Paul Reinecke wissen, ebenfalls weit komplizierter als Kossinna angab.

Kossinna sagt: »Wie umgekehrt seit dem 5. Jahrhundert v. Christi Geburt der Strom der gallischen Wanderung aus Nordfrankreich über Süddeutschland und weiter ostwärts sich ergießt ...« – Kossinna findet für die Kultur des keltischen Früh-Latène, wie sie u. a. in den von uns bei der absoluten Chronologie erwähnten Fürstengräbern vom Klein-Aspergle, von Rodenbach, Schwarzenbach entgegentritt, keine »typologischen« Vorformen in Süddeutschland, leitet sie daher von der französischen »Marnekultur« ab. Da aber auch diese in Frankreich keine Vorbilder hat, leiten französische Forscher die Marnekultur von Süddeutschland ab! Auf dieses Dilemma hat dann *Ernst Wahle* in seiner bereits erwähnten Abhandlung über die »Ethnische Deutung frühgeschichtlicher Kulturprovinzen« hingewiesen und benutzt dieses und andere Beispiele zum Aufbau einer ansprechenden neuen Theorie über »die Einzelgestalt als Träger der Entwicklung«. Im übrigen ist das Beispiel »Latène-Kultur« nur bedingt in diesem Zusammenhang als »Beweis« brauchbar, da literarische Quellen uns in dieser Zeit die Kelten erst schattenhaft erkennen lassen.

Kossinna sagt: »Wie seit dem 8. Jahrhundert v. Christi Geburt die Skythenherrschaft über Südrußland nach Siebenbürgen, Ungarn und Galizien, ja sporadisch nach Ostdeutschland sich erstreckt hat ...« – Bei Ostdeutschland spielt Kossinna auf den sicher skythischen Goldfund von Vettersfelde Kr. Guben in der Mark Brandenburg an. Vettersfelde bedeutete bei seiner Entdekkung 1882 eine fast noch größere Sensation für die Vorgeschichte Ostdeutschlands als 30 Jahre später der Eberswalder Goldfund. »Ein verirrter Lichtstrahl aus sonnigem Lande, dessen zitterndes Ende in den weiten, öden Raum einer dunklen Höhle fällt – ein feuriger Komet, der aus einer fernen anderen Sphäre am finsteren Himmel mit glänzendem Schweife erscheint – so hebt sich der Goldfund von Vettersfelde von dem düsteren Nebel seiner weiten prähistorischen Umgebung ab«, mit diesen Worten begann der Berliner Archäologe A. Furtwängler, der Vater des berühmten Dirigenten, seine Publikation dieses Fundes. War man sich im Jahre 1882 noch völlig im unklaren über die Hintergründe, die zu der Vergrabung des Schatzes (oder war es ein Grab?) geführt haben mochten, so mehrten sich in den nächsten Jahrzehnten die Spuren einer, wenn auch vielleicht nur kurzen Anwesenheit der Skythen in Ostdeutschland.

Bei der Ausgrabung einer Reihe von Lausitzer Burgwällen in Schlesien und in der südöstlichen Mark Brandenburg fand man immer wieder in Brandschichten im Wallgraben (also zusammen mit den Zeugen einer gewaltsamen Zerstörung) kleine, bronzene, dreikantige Pfeilspitzen, die vielleicht darauf hindeuten, daß Skythen, jenes Reitervolk aus den Steppen Südrußlands, diese Burgen eroberten. Bei den beiden westlichsten Burgen dieser Art, im Winkel zwischen Oder und Neisse, liegt Vettersfelde (auf der Karte Abb. 23 als Dreieck eingezeichnet). Aber – alle diese skythischen Funde in Ostdeutschland, Siebenbürgen, Ungarn und Galizien sind nur *archäologische* Belege für einen Vorgang, der sehr wahrscheinlich als Einbruch dieses östlichen Reitervolkes in Mitteleuropa gedeutet wird. Da aber hier, wie bei den frühen Kelten, die literarische Gegenquelle fehlt, können sie nicht als »Beweis« angeführt werden.

Kossinna sagt: »Wo in Sizilien und Italien oder am Schwarzen Meer hellenische Kolonien gesessen haben und so fort und so fort ... « Dies letzte Beispiel dürfte das einzige sein, das man ohne Vorbehalt annehmen könnte. Aber selbst hier fehlt es bis auf den heutigen Tag an den zwei Karten, die nebeneinandergelegt einen Vergleich erst möglich machen würden: eine Karte der griechischen Kolonisation des 8.–6. Jahrhunderts v. Christi Geburt auf Grund literarischer, eine zweite auf Grund archäologischer Quellen.

Kossinna schließt mit den Worten: »Das alles läßt sich nicht nur im allgemeinen und ungefähr, sondern bis ins kleinste genau feststellen, zeitlich und räumlich weit genauer, als es Schriftstellernachrichten, welcher Zeit auch immer, zu geben vermocht haben. Ja, wüßten wir über all diese Völkerumsiedlungen aus der Geschichte auch nicht das mindeste, so würden sie allein aus den Denkmälern mit Notwendigkeit erschlossen werden müssen.«

Es dürfte aus unserer Analyse der Kossinna'schen Thesen wohl zur Genüge klargeworden sein, daß diese stolzen Schlußworte zu einem großen Teil auf einem Wunschbild beruhen. Wir dürfen aber nicht sagen, Kossinna habe hier bewußt falsche Tatsachen vorgespiegelt. Er selber hat sicher an jeden dieser Sätze fest geglaubt. Und ein Körnchen Wahrheit steckt ja auch tatsächlich in jedem dieser Sätze.

Ursprung und Verbreitung der Germanen in vor- und frühgeschichtlicher Zeit

In seinem Büchlein von 1911, »Herkunft der Germanen«, bringt Kossinna eine Karte von Mitteleuropa, auf der er drei große Kulturkreise der Bronzezeit eingezeichnet und durch verschiedene Schraffuren gekennzeichnet hat: das Gebiet der nordischen Kultur, das er als urgermanisch, das Gebiet der süddeutschen Hügelgräberkultur, das er als urkeltisch, und das Gebiet der Lausitzer Kultur, das er damals als karpodakisch, später als illyrisch bezeichnete. In späteren Arbeiten hat er dann in diese Periode II-Karte noch die Grenzen des nordischen Kreises in der III. und V. Periode der Bronzezeit eingetragen (Abb. 24 oben).

Wie ist Kossinna zu dieser Karte gekommen? Die Schraffuren sind nicht schematisch über einen größeren Raum gezogen, innerhalb der Kulturkreise sind weiße Flächen, also wohl Gebiete ohne Funde, ausgespart. Man hat den Eindruck, daß Kossinna irgendwelche Fundkarten benutzt hat, vermutlich die beiden Karten der nordischen Fibeln und der Gürteldosen, die Montelius seinem Werk über die »Zeitbestimmung in der Bronzezeit« beigegeben hatte, vielleicht auch die von Lissauer und Beltz herausgegebenen prähistorischen Typenkarten, die der Zeitschrift für Ethnologie beigeheftet sind.

Die Feststellung von Kulturgruppen in *einer* Zeit und ihre ethnische Deutung ist aber nur die eine Seite der Methode Kossinnas. Auf der anderen Seite steht die genetische Verknüpfung von Kulturen *verschiedener* Zeiten und die Zurückverfolgung einer frühgeschichtlichen Kultur und eines Volkes weit in vorgeschichtliche Zeit zurück.

Auch hier steht für Kossinna ein Glaubenssatz am Anfang: die feste Überzeugung, daß ein Volk und seine Kultur sich im wesentlichen »autochthon« und »bodenständig« von Jahrhundert zu Jahrhundert weiterentwickelt, hier und da fremde Elemente aufnimmt, aber doch im Kern sich gleichbleibt und daher durch Jahrtausende archäologisch nachzuweisen ist.

Durchgeführt hat Kossinna dieses Motiv bei den Germanen. In seinem Werk »Ursprung und Verbreitung der Germanen in vor- und frühgeschichtlicher

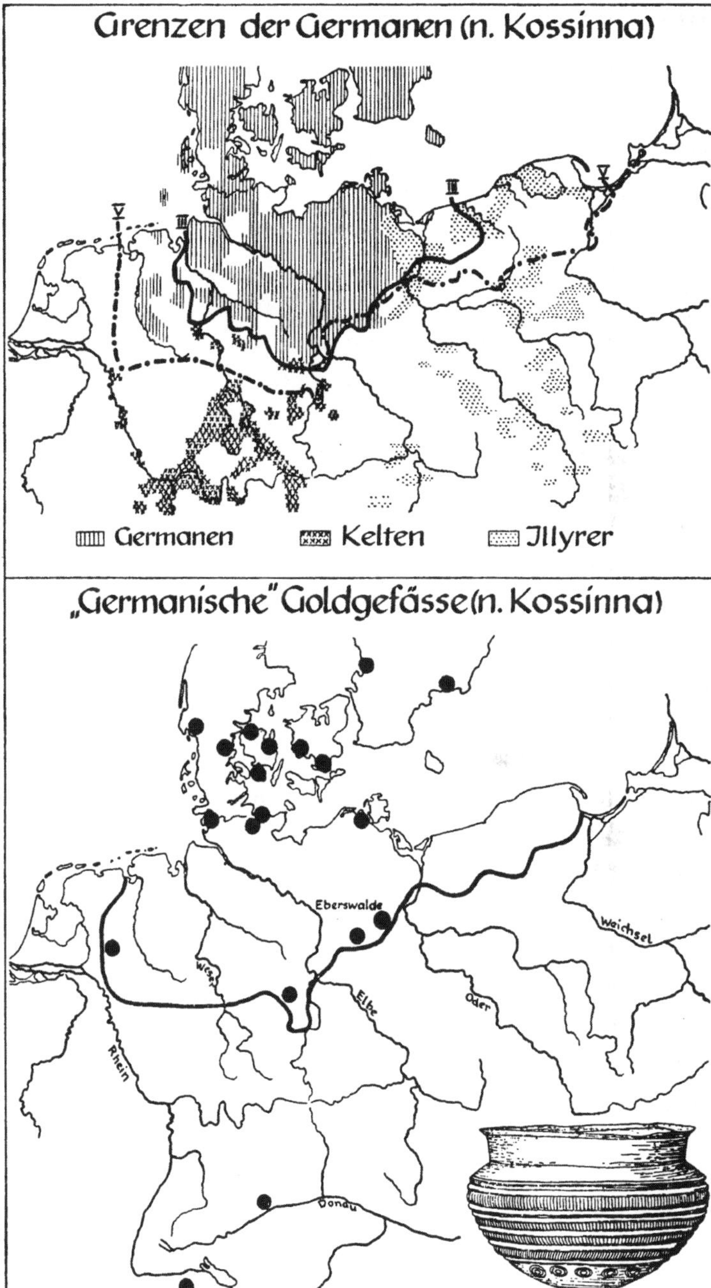
Grenzen der Germanen (n. Kossinna)
Germanen
Kelten
Jllyrer
„Germanische" Goldgefässe (n. Kossinna)
Eberswalde
Weser
Elbe
Oder
Weichsel
Rhein
Donau

Abb. 24

Zeit«, das 1926–27 in erster Auflage erschien und das in gewisser Hinsicht als Neubearbeitung seines Kasseler Vortrages von 1895 und seines Büchleins über »Die Herkunft der Germanen« aus dem Jahre 1911 gelten kann, geht Kossinna von der frühesten historisch greifbaren Zeit, der älteren römischen Kaiserzeit und der Völkertafel des Tacitus aus. Er glaubt in den beiden ersten Jahrhunderten nach Christi Geburt eine so weitgehende Übereinstimmung zwischen literarischen und archäologischen Quellen zu finden, daß er eine Gleichsetzung gewisser kaiserzeitlicher Kulturen mit den von Tacitus überlieferten germanischen Stämmen für erwiesen hält.

Auf den folgenden Seiten geht dann Kossinna schrittweise rückwärts, über die Latène-Zeit und jüngere Bronzezeit zur älteren Bronzezeit. Bis zur II. Periode glaubt er den nordischen Kreis in einem immer enger werdenden Gebiet nicht nur zu fassen, sondern auch seinen genetischen Zusammenhang mit der germanischen Kultur der älteren Kaiserzeit nachweisen zu können. Dann aber versagt diese Methode plötzlich: in der I. Periode »erlischt das klare Bild der germanischen Grenzen«, wie Kossinna wörtlich sagte. Er wendet nun eine andere Methode an. Während er im ersten Teil seines Buches von den historischen Zuständen rückwärts ging, fängt er im 2. Teil zunächst mit der Sprachforschung an und teilt die auf diesem Gebiete gewonnenen Ergebnisse über die »Germanen und Indogermanen« mit. Darauf wendet er sich der Rassenkunde zu und untersucht an Hand von Schädelfunden die »Entstehung der nordischen Rasse«. Nach diesen Exkursen kehrt er wieder zur Archäologie zurück und fängt nun mit den ältesten Zeiten im westlichen Ostseegebiet, mit der mittleren Steinzeit, an. Er behandelt darauf die jüngere Steinzeit Mittel- und Nordeuropas und glaubt in ihr nicht weniger als 14 Indogermanenzüge nachweisen zu können, wobei er stets, wenn die Archäologie versagt, zur Sprachforschung oder zur Rassenkunde hinüberwechselt. Zum Schluß landet er dann endlich wieder bei dem jüngsten Abschnitt der jüngeren Steinzeit, glaubt hier auf einmal den nordischen Kreis, den er im ersten Teil seines Buches bis zur II. Periode der Bronzezeit verfolgt hatte, erneut greifen zu können, und macht schließlich den Versuch, die beiden Teile »zusammenzukitten«.

Es kann hier nicht auf alle Einzelheiten der von Kossinna angeschnittenen Fragen eingegangen werden. Nur auf zwei Punkte sei hingewiesen: es ist methodisch unsauber, wenn man drei völlig verschiedene Wissenschaften wie vorgeschichtliche Archäologie, Sprachforschung und Rassenforschung derart in der Beweisführung sich gegenseitig stützen läßt, wie es hier geschieht. Gewiß ist eine Synthese erstrebenswert, aber man muß zu diesem Zweck in jeder der beteiligten Wissenschaften »getrennt marschieren«, und nur die Endergebnisse kann man miteinander vergleichen.

Der zweite Punkt geht die Archäologie selber an. Kossinna selbst mußte zugeben, daß an *einer* Stelle seine Methode versage, daß zwischen der I. und II. Periode der Bronzezeit ein »Bruch« in der Entwicklung vorliege. Kossinna hat aber offenbar nicht bemerkt, daß dies nicht der einzige Bruch ist. Von der II. bis VI. Periode kann man bis zu einem gewissen Grade von einer normalen Entwicklung reden, ja, im nordischen Kreise reicht die Tradition noch bis in die I. Periode der Eisenzeit hinein. Die II. Eisenzeit-Periode, die Montelius mit der Mittel-Latène-Zeit des keltischen Bereichs gleichsetzte, hat sich unterdessen als völlig problematisch erwiesen. Die ihr zugeschriebenen Funde datieren erst in die Spät-Latène-Zeit. Alle Versuche, die

II. Periode der Eisenzeit zu fassen, sind, wenigstens in Skandinavien, bisher gescheitert. Nur in Teilen Norddeutschlands wird diese Zeit durch Gustav Schwantes' »Ripdorf-Stufe« repräsentiert, in allen übrigen Gebieten liegt hier ein zweiter Bruch vor. Erst die Spät-Latène-Kultur ist wieder ein fester Begriff und von Skandinavien bis Mittel- und Ostdeutschland als einheitlicher Kreis nachzuweisen. Die Traditionen laufen normal weiter durch die gesamte ältere Kaiserzeit. Dann aber, bei Beginn der jüngeren Kaiserzeit, ist wieder, nun zum dritten Male, ein Bruch in der Entwicklung zu beobachten. Die Typenreihen der Fibeln, der Keramik, des Schmucks brechen ab und machen ganz neuen Typenreihen Platz, die nun durch die gesamte Völkerwanderungszeit, ja, teilweise noch bis zur Wikingerzeit anhalten. Während der Völkerwanderungs- und Wikingerzeit vollzieht sich, in dem einen Lande früher, in dem anderen später, der vierte Entwicklungsbruch. Er ist durch die jeweilige Bekehrung zum Christentum und die Einbeziehung in den Kreis der abendländischen Kultur gegeben.

Es kann also gar keine Rede davon sein, daß wir von der mittleren Steinzeit bis zur Einführung des Christentums in Nordeuropa, im »nordischen Kreis«, eine ungebrochene »autochthone« Entwicklung vor uns hätten. Und damit entfällt auch jeder direkte Beweis, daß die Kultur der Germanen der Spät-Latène-Zeit, die uns in Cäsars Gallischem Krieg erstmals historisch und archäologisch greifbar wird, zurückgeht auf die Kultur des nordischen Kreises der älteren Bronzezeit, ja, vielleicht die der jüngeren Steinzeit.

Die *Germanen* werden uns im ersten Jahrhundert vor Christi Geburt historisch greifbar. Ihre damalige Kultur, die Spät-Latène-Kultur, hat jedoch nicht, wie Kossinna behauptete, ihre Wurzeln im nordischen

Kreise, sondern in der keltischen Kultur der Mittel-Latène-Zeit. Nur in der Grabsitte unterscheiden sich die Germanen von den Kelten; ihre Waffen, Fibeln und sonstigen Geräte gehen auf keltische Vorbilder zurück.

Die Germanen sind nicht das einzige europäische Großvolk, das im Augenblick eines durchgreifenden Kulturwandels historisch greifbar wird. Mit den *Kelten* war es, 400 Jahre früher, genauso. Die ältesten schriftlichen Nachrichten über die Kelten verdanken wir Herodot, der um die Mitte des 5. Jahrhunderts lebte. Nach ihm wohnten die Kelten im Quellgebiet des Isther, also der Donau. Im Quellgebiet der Donau, also in Süddeutschland, begegnen wir aber im 5. Jahrhundert der frühesten Latène-Kultur, der Stufe A mit ihren reichen Fürstengräbern. Diese Kultur ist plötzlich da. Sie hat keine Beziehungen zu der vorangegangenen Hallstattkultur. Es gibt gute Gründe, die Vorfahren der Kelten trotzdem in der Bevölkerung des Hallstattkreises zu suchen. Aber ein exakter archäologischer Nachweis ist nicht möglich. Die Latène-Ornamentik hat stilistisch ihre Vorbilder in der griechischen Ornamentik des 5. Jahrhunderts, und griechischer Import spielt ja auch, wie wir im 3. Kapitel sahen, eine sehr große Rolle in den Latène-A-Fürstengräbern.

Ähnlich liegt es mit den *Slawen*. Sie sind uns in Mitteleuropa seit dem 8. Jahrhundert literarisch bezeugt, archäologisch greifbar jedoch erst seit dem 9. Jahrhundert und treten uns da ebenfalls mit einer »neuen« Kultur entgegen, deren Herkunft wir nicht kennen, die wir aber dann in ihrer weiteren Entwicklung bis zur Bekehrung und bis zur Einbeziehung in die abendländische-christliche Kultur gut verfolgen können.

Drei der größten europäischen Völkerfamilien werden uns also genau in dem Augenblick historisch greifbar, in dem sie archäologisch ihr »Gewand« gewechselt haben. Ist dies Zufall oder liegt hier ein innerer Zusammenhang vor?

KAPITEL V

ARCHÄOLOGISCHE THESE, LITERARISCHE ANTITHESE, HISTORISCHE SYNTHESE

»Gesetzt den Fall, die Hauptstadt der Lakedämonier würde einmal öde gelassen werden und nur die Tempel und die Grundmauern der dortigen Gebäude blieben übrig, so würden, wenn ich nicht irre, unsere Nachkommen nach Verlauf einer langen Zeit sich schwerlich vorstellen, daß ihre Macht dem Rufe entsprochen habe. Und gleichwohl haben sie in der Peleponnes von fünf Teilen zwei Teile wirklich in Besitz und die Oberanführung nicht nur über die ganze Halbinsel, sondern noch über viele auswärtige Bundesgenossen. Allein, da ihre Stadt nicht zusammengebaut, auch mit keinen prächtigen Tempeln oder anderen Gebäuden besetzt, sondern nach der alten griechischen Art dorfartig eingerichtet ist, so möchte sie einem bei alledem ziemlich ohnmächtig vorkommen. Wenn wir hingegen den Fall annehmen, daß die Athener dasselbe Schicksal träfe, so würde man aus dem äußeren Anblick der Stadt schließen, sie sei noch einmal so mächtig, als sie wirklich ist.«

Thukydides I. 10

Archäologische Quellenkritik

Bei der Analyse der Kossinna'schen Beispiele aus geschichtlicher und frühgeschichtlicher Zeit – die angeblich alle gesichert waren und die Gleichsetzung von Kultur und Volk auch in vorgeschichtlicher Zeit beweisen sollten – fiel eins auf: kein Beispiel war ganz falsch, keins ganz richtig. Teilweise stimmte seine

These, teilweise stimmte sie nicht. Kossinnas Anhänger beriefen sich auf die Fälle, die stimmten und hielten seine Thesen dementsprechend für bewiesen. Kossinnas Gegner beriefen sich auf die Fälle, die nicht stimmten und verwarfen seine Thesen.

Wenn wir aber methodisch weiterkommen wollen, dann dürfen wir uns mit dieser einfachen Feststellung nicht begnügen, dann müssen wir fragen:

Warum stimmt Kossinnas Leitsatz in manchen Fällen? Warum stimmt er in anderen Fällen nicht? Wo liegt die Wahrheit?

Die Wahrheit können wir nicht in einem Kompromiß, nicht auf der »goldenen Mittelstraße« finden. Wir müssen vielmehr versuchen, den grundsätzlichen Fehlern des Kossinna'schen Systems auf die Spur zu kommen.

Was ist das Kernproblem bei dem Streit um die »Methode Kossinna«? Doch wohl die Frage: Läßt sich mit Hilfe von Bodenurkunden die Geschichte »nach rückwärts verlängern« oder nicht? Sind Bodenfunde als historische Urkunden verwertbar oder nicht? Wir hatten bereits festgestellt, daß sich Geschichte (im engeren Sinne) und Vorgeschichte durch die Art ihrer Quellen von einander unterscheiden. Wenn wir also den Wesensunterschied dieser beiden Schwesterwissenschaften begreifen wollen, dann müssen wir von einer Analyse und Kritik ihrer Quellen ausgehen.

Was man heute bei der vorgeschichtlichen Archäologie zumeist unter »Quellenkritik« versteht, das kann man am bequemsten in dem bekannten Werk von Jacob-Friesen über »Grundfragen der Urgeschichtsforschung« nachlesen. Er versteht dort unter »Fundkritik« die Feststellung, ob ein Fund, also eine archäologische Quelle, echt ist oder gefälscht; bei einem echten, ob der Fundort gesichert, ob die Fundumstände bekannt, ob er von Laien geborgen oder bei einer wissenschaftlichen Ausgrabung von Fachleuten gehoben wurde. Also alles Fragen, die sich auf die Zuverlässigkeit der *Überlieferung* einer Quelle beziehen – nicht auf die Zuverlässigkeit der Quelle selbst.

Diese Art von Kritik kennt auch der Historiker. Er nennt sie »Textkritik« – und überläßt diese Arbeit meistens dem Philologen. Wenn aber der Philologe – durch Vergleich verschiedener Zweige der handschriftlichen Überlieferung oder durch Interpolation eines beschädigten Inschriftensteines – nun den mutmaßlichen Urtext erschlossen hat – dann *beginnt* ja erst eigentlich die quellenkritische Arbeit des Historikers. Oder, wer wollte wohl den Inhalt einer mittelalterlichen Heiligen-Vita oder das Werk des Herodot für unverfälschte historische Wahrheit halten, selbst wenn wir die Originalhandschriften der Verfasser selber besäßen? Denn der Historiker weiß es seit langem: jede schriftliche Quelle ist tendenziös.

Aber Kossinna wiegte sich offenbar in dem Glauben, daß vorgeschichtliche Funde, also die »Bodenurkunden«, unverfälschte objektive Quellen wären, die jeder bewußten Tendenz entbehrten. Dies ist aber keineswegs der Fall. Auch Bodenfunde sind tendenziös.

Kossinna kannte als Germanist die Verbreitung der deutschen Dialekte des 19. Jahrhunderts, er wußte auch, daß jeder Dialekt von einem Stamm gesprochen wurde, der sich in Sitte und Brauch, in Hausform, Tracht und Gerät von Nachbarstämmen unterschied. Kossinna hörte auch in den Vorträgen der Berliner Anthropologischen Gesellschaft von den Verhältnissen bei überseeischen Naturvölkern. Auch dort schien, stärker noch fast als in der deutschen Kulturlandschaft des 19. Jahrhunderts, eine Gleichsetzung von Volk, Rasse, Sprache, Kultur und Staat möglich. Warum also sollte er annehmen, daß dies in vorgeschichtlicher Zeit in Europa nicht ebenso gewesen sei? Daß die Dinge auch in der Volkskunde und Völkerkunde weit komplizierter lagen, das wußte man damals noch nicht.

Lebendes Gut – sterbendes Gut – totes Gut

Er übersah aber auch völlig – und er mußte es nach dem damaligen Forschungsstand und seiner eigenen Vorbildung übersehen – daß es sich bei der Volkskunde und Völkerkunde um *lebende* Kulturen handelt, daß aber das vorgeschichtliche Material, auf dem er fußte, *totes* Kulturgut ist. Wenn wir heute eine lebende Kultur in Europa oder in Übersee erforschen, dann steht uns praktisch alles zur Verfügung: die geistige ebenso wie die materielle Kultur; man weiß, welchen Verwendungszweck jedes Gerät hat, man weiß, ob es von Männern, Frauen oder Kindern benutzt wird oder auf eine bestimmte Berufsgruppe oder soziale Schicht beschränkt ist. Man weiß, welcher Stamm das Gerät benutzt, ob es einheimisch ist oder importiert – kurz: alles, was wissenswert ist, kann der Forscher aus einem lebenden Volke herausfragen; Grenzen sind ihm nicht gesteckt.

Ganz anders mit dem *toten* Gut. Hier kennen wir zunächst nichts als den Fundort und die Fundumstände, alles andere, wie Zeitstellung, Gebrauchszweck, Volkszugehörigkeit usw. muß erst mühsam erschlossen werden. Viele Irrwege ist die Forschung in 100 Jahren gegangen (und geht sie noch), ehe sichere Tatsachen ermittelt werden konnten, die überhaupt erst die Voraussetzung für die eigentliche prä-*historische* Forschung bilden können.

Um den grundsätzlichen Unterschied zwischen »lebender« und »toter« Kultur zu begreifen, empfiehlt es sich, zunächst einmal das »sterbende Gut« zu betrachten.

Selten stirbt eine Kultur plötzlich auf Grund kriegerischer Ereignisse (Karthago) oder auf Grund einer Naturkatastrophe (Pompeji). Meist stirbt sie langsam. Bei der geistigen Kultur wandelt sich z. B. die Sprache langsam von Jahrzehnt zu Jahrzehnt, von Jahrhundert zu Jahrhundert. Heute verstehen wir noch zur Not das Deutsch der Lutherbibel, die 400 Jahre alt ist, aber die mittelhochdeutsche Sprache des Nibelungenliedes und die althochdeutsche Sprache des Hildebrandliedes muß man genauso lernen wie Lateinisch oder Griechisch. Das Althochdeutsch ist heute eine tote Sprache, das Lutherdeutsch eine sterbende Sprache.

Noch deutlicher kann man das langsame Sterben der materiellen Kultur beobachten. Am kürzesten lebt unsere Kleidung, sie wird heute meist in einem Jahrfünft vollständig ausgewechselt. Etwas länger leben die Möbel, sie werden normalerweise von Generation zu Generation ausgewechselt. Das Hochzeitsgut pflegt meist bis zum Tode der Ehegatten in Gebrauch zu sein, nur einzelne Stücke werden von der nächsten Generation übernommen, da sie dann meist als »altmodisch« gelten. Am längsten leben Gegenstände aus Edelmetall, also Schmuck und Tafelsilber, das oft durch mehrere Generationen vererbt wird.

Sehr lehrreiche Beobachtungen über »sterbendes Gut« konnte der Verfasser dieses Buches am »Pommerschen Landesmuseum« zu Stettin machen, an dem er über 10 Jahre tätig war. Die Schausammlung dieses von *O. Kunkel* eingerichteten kulturhistorischen Museums war in fünf Unterabteilungen gegliedert: Vorgeschichte, Ländliche Volkskunde, Bürgerliche Stadtkultur, Adelskultur, Kirchliche Kunst. Bei dieser Einteilung umfaßte die erste Abteilung die gesamte vorgeschichtliche Hinterlassenschaft Pommerns von der mittleren Steinzeit bis zur Wikingerzeit, also bis zum 11. Jahrhundert n. Christi Geburt. Die vier übrigen Abteilungen dagegen gehörten der historischen Zeit an, enthielten also Altertümer des 12.–19. Jahrhunderts. Diese Altertümer waren nur zu einem ganz geringen Teil Bodenfunde. Der überwiegende Teil bestand aus Gegenständen, die sich über der Erde bis auf unsere Tage erhalten hatten; sie hatten immer einen rechtmäßigen Eigentümer gehabt.

Ging man die Museums-Abteilungen historischer Zeit durch, so stellte man fest:

Die Gegenstände der *ländlichen Volkskunde* stammten meist aus dem 19. Jahrhundert, ein geringerer Teil aus dem 18. Jahrhundert; das 17. und 16. Jahrhundert fehlten so gut wie ganz.

Die Gegenstände der *bürgerlichen Stadtkultur* stammten ebenfalls meist aus dem 19. Jahrhundert, doch war auch das 18. und 17. Jahrhundert gut vertreten, das 16. spärlich; davor war fast nichts.

Die Gegenstände der *Adelskultur* (einschließlich Herzoghaus) reichten bis ins 16. und 15. Jahrhundert zurück; davor waren sie spärlich vertreten.

Die Gegenstände aus *kirchlichem Besitz* dagegen erreichten das 14. und 13. Jahrhundert, ja, mit einigen Stücken sogar das 12. Jahrhundert. Ein Prunkstück, der sogenannte Cordulaschrein aus dem Camminer Domschatz, gehörte sogar in den Anfang des 11. Jahrhunderts, in die Wikingerzeit. In ihm berührten sich Geschichte und Vorgeschichte: ein einziges Stück der jüngsten vorgeschichtlichen Epoche Pommerns war uns also noch in der »sterbenden Kultur« *über* der Erde erhalten geblieben, alle anderen erhaltenen Gegenstände dieser Epoche gehörten der »toten« Kultur an.

Wenn wir aus diesen Beobachtungen in Pommern die für die »sterbende« Kultur gültigen Gesetze ableiten wollen, so ergibt sich *erstens*, daß in *allen* Gruppen die jüngste Zeit am reichsten vertreten ist und daß die Zahl der Gegenstände von Jahrhundert zu Jahrhundert rückwärts schreitend immer kleiner wird. Es ergibt sich *zweitens*, daß jede Bevölkerungsgruppe, jeder Stand, verschieden weit in die Vergangenheit zurückreicht. Die Gründe waren leicht zu ermitteln. Alle diese Gegenstände der »sterbenden« Kultur waren aus Familienbesitz oder kirchlichem Besitz durch Ankauf oder als Geschenk ins Museum gelangt. Bauernfamilien hatten selten eine Familientradition, die länger als 200 Jahre zurückreichte; bürgerliche Familien waren selten über drei- bis vierhundert Jahre alt; nur der Uradel und das pommersche Herzogshaus reichten bis ins Mittelalter mit ihren Familientraditionen zurück. Da es sich aber bei ihnen um Privateigentum handelte, konnte alles Gut oft veräußert werden. Bis in die Kolonisationszeit, bis an die Schwelle der heidnisch-vorgeschichtlichen Zeit reichte nur die Kirche heran. Kirchenbesitz war öffentlicher Besitz und konnte, besonders wenn er sakrale Bedeutung hatte, nicht ohne weiteres veräußert werden. Trotz eines Konfessionswechsels (Reformation), trotz Bilderstürmerei und normalen Plünderungen in Kriegszeiten haben sich daher im kirchlichen Besitz die ältesten Stücke über der Erde erhalten.

Wenn für das *tote* Gut dieselben Gesetze gelten würden wie für das sterbende Gut, dann müßten wir am meisten Fundstücke aus der jüngsten Epoche, der Wikingerzeit oder der Wendenzeit Pommerns besitzen, und die Funde aus der Steinzeit müßten am spärlichsten im Museum vertreten sein. Dies war aber keineswegs der Fall. Fast könnte man sagen: es war genau umgekehrt. Aber die Dinge lagen noch sehr viel komplizierter.

In Westpommern, vor allem auf der Insel Rügen, war die Steinzeit bei weitem am stärksten vertreten, in Ostpommern war sie ebenfalls gut vertreten, umfaßte aber höchstens $1/5$ der Funde. Die ältere Bronzezeit war in allen Teilen der Provinz gut vertreten mit deutlichen Schwerpunkten im Westen. Umgekehrt war die jüngere Bronzezeit und frühe Eisenzeit in Mittel- und Ostpommern weit häufiger anzutreffen als im Westen, überflügelte dort sogar die steinzeitliche Hinterlassenschaft. Die vorrömische Eisenzeit (= Latène-Zeit) war durch die ganze Provinz in mittlerer Stärke vertreten, ebenso die römische Kaiserzeit, die Völkerwanderungs- und die Wendenzeit.

Was hier für Pommern skizziert wurde, ließe sich ähnlich für jedes andere Land durchführen, überall natürlich mit lokalen Varianten. Worauf aber beruht denn nun dieser grundsätzliche Unterschied zwischen toter und lebender Kultur, zu der auch die sterbende zu zählen ist?

Stein – Ton – Metall

Zunächst eine Feststellung: nur ein kleiner Teil der Kulturgüter, die einst von Menschen hergestellt und benutzt wurden, ist heute noch vorhanden. Dies dürfte allgemein bekannt sein. Ebenfalls ist allgemein anerkannt, daß es Gegenstände aus *vergänglichem* Material gibt (Holz, Leder, Stoff) und solche aus *unvergänglichem* Material (Stein, Ton, Metall). Man meint damit, daß einige Rohstoffe von Natur zum Untergang verurteilt sind – in unseren Breiten vor allem durch Einwirkung von Luft und Feuchtigkeit – und nur ausnahmsweise, z. B. in Mooren, erhalten bleiben konnten.

Weniger beachtet wird schon die Tatsache, daß die Einwirkungen der Natur von Land zu Land verschieden sein können, daß z. B. in Ägypten im pulvertrokkenen Wüstensand manche Materialien praktisch unvergänglich sind (Holz, Papyros), die in Mitteleuropa normalerweise verrotten, während sie in arktischen Gebieten, z. B. Grönland, wiederum durch die Kälte erhalten bleiben können. Also auch Begriffe wie »vergänglich« und »unvergänglich« sind nur relativ zu verstehen.

Darüber hinaus aber pflegt man kaum zu beachten, daß auch Gegenstände aus vergänglichem Material, die angeblich durch glücklichen Zufall erhalten blieben (dänische Baumsargfunde der älteren Bronzezeit, Moorleichen der römischen Kaiserzeit, norwegische Schiffsgräber der Wikingerzeit) sich immer nur in ganz bestimmten Gegenden und in ganz bestimmten Zeiten gefunden hatten. Warum hat die Natur nicht auch in anderen Gegenden und in anderen Zeiten zufällig geholfen? Weil bei der Erhaltung von vergänglichen Gegenständen außer der Natur auch ganz bestimmte andersartige Umstände mitgeholfen haben, und bei diesen Umständen spielte nun allerdings der *Mensch* eine entscheidende Rolle.

Dieses menschlich-subjektive Element – im Gegensatz zur objektiv wirkenden Natur – wird noch deutlicher sichtbar, wenn wir uns die Gegenstände aus unvergänglichem Material, also vor allem aus Stein, Ton und Metall, einmal etwas näher ansehen.

Gegenstände aus *Stein* (Beile, Lanzen, Dolche, Klingen) sind uns heute wohl zu fast 100 Prozent noch erhalten. Denn erhalten sind die Sachen auch, wenn sie in mehrere Stücke zerfallen sind, wenn sie noch in der Erde liegen, wenn sie in Privatbesitz verschollen und nur zu einem kleinen Teil in öffentlichen Sammlungen der Forschung zugänglich sind. Ein steinerner Gegenstand erhält seinen Wert durch die Arbeit, die auf ihn bei der Herstellung verwandt worden ist. Zerbricht ein Steingerät oder wird es unmodern, so wirft man es fort. Das Material als solches ist wertlos.

Ähnlich steht es mit Gegenständen aus *Ton*, vor allem also den Tongefäßen. Ton kann man als eine Art von »Kunststein« auffassen. Auch hier ist das Material als solches wertlos. Zerbricht ein Tongefäß oder wird es unmodern, so wirft man es fort.

Ganz anders beim *Metall*. Metall hat immer seinen Wert, nicht nur Gold und Silber, auch Bronze und Eisen. Es hat vor allem die Eigenschaft, daß es sich jederzeit schmelzen und in eine andere Form umgießen bzw. umschmieden läßt. Dieses Umgießen und Umschmieden kann in gewisser Hinsicht als das normale Ende eines Metallgegenstandes angesehen werden. Alle Gegenstände aus Metall, die heute in unseren Museen zu sehen sind, sind Stücke, die aus irgendeinem Grunde *nicht* ihr normales Ende gefunden haben. Und wieder ist es der Mensch, der hier unmittelbar im Hintergrunde spürbar wird, der den normalen Ablauf stört und ein subjektives Element hineinträgt.

Grab – Hort – Siedlung

In welchem Umfang der Mensch hier mitwirkt, zeigt sich am deutlichsten, wenn wir uns die drei Hauptgruppen von vorgeschichtlichen Funden einmal näher betrachten.

Der Vorgeschichtsforscher pflegt seit einigen Generationen drei Hauptarten von Bodenfunden zu unterscheiden: Grabfunde, Hortfunde und Siedlungsfunde. Diese Einteilung ist von Museumsbeamten erfunden worden – zum Zwecke der besseren Katalogisierung von

Altertümern. Diejenigen Forscher, die diese Begriffe schufen, machten sich aber wohl kaum Gedanken darüber, welche geistigen Ursachen hinter diesen drei Gruppen stehen. Und doch ist diese Frage berechtigt, denn gerade hier können wir wieder einmal ein subjektives Element fassen, das auf eine bewußte Willensäußerung des vorgeschichtlichen Menschen zurückgeht.

Gräber enthalten Beigaben, die in die Erde gelangten (und uns auf diese Weise erhalten blieben), weil der Tote auf Grund einer religiösen Sitte oder eines Rechtsbrauches diese Dinge mitbekommen mußte. Gräber enthalten aber nicht einen »objektiven« Querschnitt durch alle Typen, die in einer bestimmten Zeit und in einer bestimmten Gegend »in Umlauf« waren, sondern einen völlig subjektiven Ausschnitt aus dem Typenvorrat der jeweiligen lebenden Kultur. Es handelt sich also hier um einen völlig bewußten Willensakt des Menschen, um einen Brauch, der von Land zu Land wechseln kann. Es kann auch in bestimmten Gegenden und bestimmten Völkern Sitte sein, dem Toten *nichts* mitzugeben (z. B. im christlichen Mittelalter). Wenn aber Beigaben vorhanden sind, dann stellen sie eine *positive Auslese dar, aus bekannten Gründen.*

Hortfunde, früher auch Schatz- oder Depotfunde genannt, enthalten wiederum eine subjektive Auslese aus dem Typenvorrat der lebenden Kultur. Wie subjektiv diese Auslese bei Hortfunden sein kann, erhellt vor allem aus der Tatsache, daß sich der Typenbestand der Hortfunde in vielen vorgeschichtlichen Kulturen nur zu einem kleinen Teil mit dem der gleichzeitigen Gräber deckt. So kommen z. B. römische Bronzestatuetten im freien Germanien *nur* in Hortfunden und Siedlungen vor, niemals in Gräbern. Umgekehrt findet man römische Glasgefäße in demselben Gebiet nur in Gräbern und Siedlungen, *nie* in Hortfunden. Diese Ausschließlichkeit der Typenauswahl geht so weit, daß jeder, der einmal längere Zeit in einem Lande oder in einer Provinz gearbeitet hat, bei Einlieferung von Neufunden in den meisten Fällen in der Lage ist zu sagen, ob die Gegenstände aus einem Grabe, aus einem Hort oder aus einer Siedlung stammen und zwar, noch ehe er den dazugehörigen Fundbericht gelesen hat. Hortfunde sind, ebenso wie die Gräber, eine *Auslese im positiven Sinne*, aber im Gegensatz zu den Gräbern *aus unbekannten Gründen*. Meist stehen bei den Hortfunden mehrere Möglichkeiten zur Debatte: Hausschatz, Händler- oder Gießerdepot, Versteck in Kriegszeiten, Opfer, Weihegabe, Selbstausstattung für das Jenseits, Rechtsbrauch, magische Grenzmarkierung usw.

Siedlungsfunde sind wiederum völlig anders zu bewerten. Siedlungen enthalten in der Regel nur das, was die Einwohner beim friedlichen Verlassen bzw. die Feinde bei der Plünderung *nicht* mitgenommen haben. Dabei steht die Zahl der erhalten gebliebenen Gegenstände im umgekehrten Verhältnis zur Größe der Katastrophe. Haben die Bewohner freiwillig und in Ruhe die Siedlung aufgegeben, so nahmen sie alles mit, was für sie noch Wert hatte. In diesem Falle ist die archäologische Ausbeute mager: Topfscherben, Pfostenlöcher, Abfallgruben mit Tierknochen usw., ganz selten einmal ein kleiner Metallgegenstand oder das Bruchstück eines größeren (nie vollständige größere Metallsachen), das ist in der Regel alles. Bei steinzeitlichen Siedlungen kommen noch die Steingeräte hinzu, deren Zahl allerdings sehr groß sein kann, wie wir bereits gesehen haben. – Größer pflegt die Ausbeute an Funden zu sein, wenn eine Siedlung im Kriege zerstört wurde. Im Chaos von Kampf, Brand und Plünderung entging doch manches Stück der Aufmerksamkeit. – Ganz groß ist dagegen der Prozentsatz der erhalten gebliebenen Gegenstände, wenn eine Siedlung durch eine Naturkatastrophe vernichtet wurde, wie etwa Pompeji. Gegenstände aus unvergänglichem Material können wir in Pompeji in einer Vollständigkeit erforschen, als wenn wir uns in einer lebenden antiken Stadt bewegten. – Solche Fälle sind aber äußerst selten. Siedlungen enthalten in der Regel eine *negative Auslese aus bekannten Gründen.*

Fassen wir die Unterschiede dieser drei Gruppen noch einmal zusammen:

Grab	positive Auslese	aus bekannten Gründen.
Hort	positive Auslese	aus unbekannten Gründen
Siedlung	negative Auslese	aus bekannten Gründen.

Bei Gräbern und Horten können wir von einer *positiven* Auslese sprechen, weil uns das, was der vorgeschichtliche Mensch bewußt ausgewählt hat, erhalten ist. Bei Siedlungen dagegen ist die Auslese *negativ*, weil uns nur das erhalten ist, was der Mensch beim Verlassen seines Wohnortes (oder der Feind bei der Plünderung) *nicht* ausgewählt hat. Bei Gräbern ist der Grund der Vergrabung und damit der Erhaltung des Gegenstandes bekannt: man wollte dem Toten etwas mitgeben. Auch bei Siedlungen ist uns der Grund der Erhaltung bekannt: es sind die Gegenstände, die man beim oder vor dem Verlassen des Platzes als unbrauchbar und wertlos fortgeworfen hatte. Bei Hortfunden ist uns dagegen der Grund der Vergrabung nicht bekannt; meist stehen, wie wir gesehen haben, mehrere Möglichkeiten zur Debatte.

Welche Folgerungen muß man nun aus diesen Tatsachen für die tote Kultur ziehen? Im Gegensatz zur lebenden Kultur muß jede Fundstatistik durch drei »Filter« gehen, durch die Filter Grab, Hort, Siedlung.

Wir werden noch sehen, daß sich in den meisten Fällen bei vorgeschichtlichen Fundkarten die drei Kartenbilder ein und desselben Gegenstandstyps keineswegs decken, daß sie vielmehr sehr aufschlußreiche Varianten zeigen.

Archäologische Landesaufnahme

Alles, was bisher gesagt ist, bezieht sich zunächst auf die Kleinaltertümer in den Museen, also auf das Material, das Kossinna vorzugsweise bei seinen Studien benutzte. Die Gesetze des toten Gutes lassen sich dagegen auch auf die Archäologie im Gelände, wie sie Kossinnas Antipode Schuchhardt betrieb, sinngemäß abwandeln.

Dies zeigte sich vor allem bei der »*Archäologischen Landesaufnahme*«, wie sie seit den 20er Jahren in mehreren deutschen Provinzen und Ländern, aber auch in anderen europäischen Staaten, durchgeführt wurde. Bei einer derartigen Landesaufnahme geht man meist von dem Gebiet eines Landkreises aus, der von einem oder auch mehreren Archäologen planmäßig bereist, ja sogar Acker für Acker, Koppel für Koppel, Waldstück für Waldstück abgelaufen wird. Dabei trägt man in Meßtischblätter alle Beobachtungen ein: im Gelände noch aufrechtstehende Denkmäler wie Großsteingräber, Hügelgräber und Burgwälle, durch herumliegende Tonscherben und Steingeräte angedeutete Siedlungsplätze, durch den Pflug oder durch Kiesgruben oder durch Straßenbau angeschnittene Gräberfelder usw.

Dabei zeigte es sich nun, daß keineswegs alle Denkmälergruppen ein gleich dankbares Objekt für Landesaufnahmen darstellen. Großsteingräber, Hügelgräber und Burgwälle fand man am häufigsten im Walde, wo sie durch den Baumwuchs nicht gefährdet waren; man fand sie weit spärlicher im Ackerland, wo sie den Bauern bei seiner Arbeit störten und daher häufig eingeebnet waren. Ein Feind der Großsteingräber war zusätzlich der Chausseebau des 19. Jahrhunderts, der die norddeutsche Landschaft nicht nur der charakteristischen Findlingsblöcke beraubte, sondern auch der aus ihnen in der jüngeren Steinzeit aufgebauten Großsteingräber. Wenn wir bei den Kleinaltertümern feststellen konnten, daß Geräte aus Stein praktisch zu 100 Prozent erhalten geblieben sein müssen, so gilt dies Gesetz nur eben für diese Geräte, die wegen ihrer geringen Größe und wegen ihrer immerhin nicht allzu dichten Streuung kein lohnendes Objekt für moderne Nutzung darstellen. Bei den Großsteingräbern dagegen lohnte es sich schon, die Steine zu sprengen und zu Schotter zu zerschlagen. Dasselbe gilt übrigens auch für mittelalterliche Kirchen und Stadtmauern, für antike Tempel und Stadtruinen. Sie alle dienten späteren Geschlechtern als Steinbruch, manch ein Marmorbildwerk ist in den Kalkofen gewandert, und nur wo ein Gebäude des Altertums auch in späteren Zeiten praktisch genutzt werden konnte, blieb es erhalten: der Parthenon der Akropolis von Athen, weil er in späteren Jahrhunderten zuerst als christliche Kirche, danach als islamische Moschee diente; das Grabmal Hadrians in Rom, weil es vom Papst in eine Festung umgebaut wurde (Engelsburg); manch eine mittelalterliche Klosterkirche, weil sie als Getreidespeicher diente (Kloster Kolbatz in Pommern). In allen diesen Fällen ist die Grenze zwischen toter und sterbender Kultur nur schwer zu ziehen.

Doch zurück zur archäologischen Landesaufnahme. Wenn Hügelgräber und Burgwälle sich am häufigsten im heutigen Walde finden, dann Siedlungen vorwiegend im heutigen Ackerland. Hier gab es für den Pflug kein Hindernis, denn die prähistorischen Holzbauten waren längst vergangen. Dagegen wurde Jahr für Jahr die oberste Kulturschicht durch den Pflug erneut umgewühlt, und immer wieder neue Tonscherben gelangten an die Erdoberfläche, wo sie von Archäologen beobachtet und aufgesammelt werden konnten. Anders im heutigen Walde, wo selten die nackte Erde zutagetritt, wo daher unter Gras und Moos versteckt die Siedlungsspuren sich der Beobachtung entziehen. So erklärt es sich, daß die Verbreitung der Hügelgräber sich oft mit dem heutigen Walde, die Verbreitung der durch die Landesaufnahme festgestellten Siedlungen mit dem heutigen Ackerland deckt.

Die Analyse der archäologischen Quellen führt also zu dem Ergebnis, daß das uns zur Verfügung stehende Material nicht nur lückenhaft ist – das ist eine allgemein anerkannte Tatsache –, sondern jede Denkmälergruppe ist wieder in einem anderen Grade und durchaus unterschiedlich lückenhaft. Vergängliches und unvergängliches Material – Stein, Ton, Metall – Grab, Hort, Siedlung – heutige Bodennutzung: Wald und Acker – Forschungsstand in den einzelnen Ländern – unterschiedliche Vorbildung der Träger der praktischen Forschung – alle diese Momente müssen beachtet werden, wenn wir vorgeschichtlichen Quellenstoff kritisch benutzen und Fehlerquellen richtig einschätzen wollen.

Totes Gut folgt anderen Gesetzen als lebendes Gut. Es verlangt daher auch andere Arbeitsmethoden. Aber gerade diese Unvollständigkeit, diese Lückenhaftigkeit des Materials kann, richtig verwertet, unsere beste Quelle für historische Erkenntnisse werden. Wir müssen nur lernen, diese Lückenhaftigkeit, soweit sie nicht auf den heutigen Forschungsstand zurückgeht, als eine Lebensäußerung des vorgeschichtlichen Menschen aufzufassen, der uns erst dadurch historisch greifbar wird.

Kossinnas verhängnisvollster Denkfehler war, daß er es als selbstverständlich ansah, daß archäologische und literarische Quellen genau die *gleiche* Aussage über ein historisches Ereignis, über einen historischen Zustand, machen müßten. Daß archäologische und literarische Quellen aber oft ganz etwas Verschiedenes aussagen können, das wußten schon die alten Griechen! Thukydides, der Begründer der kritischen Geschichtsforschung, kommt im 1. Buch Kap. 10 seines berühmten Werkes über den Peloponnesischen Krieg auf die »archäologische Zukunft«, wenn man so sagen darf, der beiden Rivalen Athen und Sparta zu sprechen:

»Gesetzt den Fall, die Hauptstadt der Lakedämonier (also Sparta) würde einmal öde gelassen werden und nur die Tempel und die Grundmauern der dortigen Gebäude blieben übrig, so würden, wenn ich nicht irre, unsere Nachkommen nach Verlauf einer langen Zeit sich schwerlich vorstellen, daß ihre Macht dem Rufe entsprochen habe. Und gleichwohl haben sie in der Peloponnes von fünf Teilen zwei Teile wirklich in Besitz und die Oberanführung nicht nur über die ganze Halbinsel, sondern noch über viele auswärtige Bundesgenossen. Allein, da ihre Stadt nicht zusammengebaut, auch mit keinen prächtigen Tempeln oder anderen Gebäuden besetzt, sondern nach der alten griechischen Art dorfartig eingerichtet ist, so möchte sie einem bei alledem ziemlich ohnmächtig vorkommen. Wenn wir hingegen den Fall annehmen, daß die Athener dasselbe Schicksal träfe, so würde man aus dem äußeren Anblick der Stadt schließen, sie sei noch einmal so mächtig, als sie wirklich ist.«

Was Thukydides vor mehr als 2000 Jahren errechnet hat – denn das Wort »prophezeit« wäre hier wohl fehl am Platze – ist tatsächlich eingetroffen: von Sparta kennen wir heute nicht mehr als einige kümmerliche Tempelreste, die kaum über provinzielles Mittelmaß hinausreichen. Athen aber bietet auch heute noch, trotz aller Zerstörungen, ein imposantes Bild, und die Ruinen seiner großen Tempel und Staatsbauten, von sonstigen Kulturresten ganz zu schweigen, zeigen eindeutig, daß hier der Mittelpunkt eines europäischen Kulturkreises gelegen haben muß.

Diese Thukydides-Stelle kann als Kronzeuge dafür angeführt werden, daß archäologische Quellen nicht immer dasselbe besagen wie literarische Quellen. Sie darf aber niemals dafür benutzt werden, zu beweisen, daß Bodenurkunden und geschriebene Urkunden einander widersprechen. Sie darf ebenfalls nicht benutzt werden, um zu beweisen, daß Bodenfunde sich nicht geschichtlich auswerten lassen.

Ein Widerspruch zwischen archäologischen und literarischen Quellen besteht nur dann, wenn man als selbstverständlich voraussetzt, daß ein Militärstaat sich immer auch durch große Bauten dokumentieren muß. Er *kann* es, aber er *muß* es nicht – wie eben das Beispiel Sparta zeigt.

Was besagen denn die archäologischen Quellen? Nichts weiter, als daß Athen kulturell eine Großmacht war, Sparta dagegen kulturell bedeutungslos. Das ist aber genau das, was uns die geschriebenen Quellen *auch* berichten. Daß Sparta daneben auch eine Militärmacht war, und es als solche mit Athen aufnehmen konnte, das allerdings wissen wir nur aus den geschriebenen Quellen; darüber schweigt die Archäologie.

Geschriebene Urkunden und Bodenurkunden sind also beide als historische Quellen benutzbar, sie beleuchten nur nicht immer gerade denselben Sektor aus der Gesamtheit der historischen Ereignisse und Tatsachen. Man sage nun nicht: für die politische und die Stammesgeschichte lassen sich archäologische Quellen also nicht benutzen – das gilt hier nur für *dieses* Beispiel. Wir werden gleich ein anderes kennenlernen, wo es doch geht. Man sage auch nicht: für die Entwicklung der Menschheit war der Kulturstaat Athen wesentlicher als der Militärstaat Sparta, und wir könnten froh darüber sein, daß uns gerade diese kulturelle Seite auf jeden Fall archäologisch greifbar ist – das wäre ein subjektives Urteil, denn die Bewertung der kulturellen Leistung gegenüber der militärischen ist nach Ort und Zeit verschieden. Es kommt hier nur darauf an, zu zeigen, daß archäologische und literarische Quellen eine verschiedenartige *Tendenz* haben können, daß sie sich scheinbar oft widersprechen, aber sich trotzdem nicht zu widersprechen brauchen.

Wenn der Militärstaat Sparta archäologisch nicht greifbar war, dann um so deutlicher der Militärstaat *Rom*. Allerdings erst das Imperium Romanum der Kaiserzeit. In diesem Weltreich waren die verschiedenartigsten Völker und Kulturen vereinigt, sie wurden aber alle zusammengehalten durch das römische Straßennetz, die römischen Militärbauten und Grenzbefestigungen (Limes) und die sonstigen Gebäude der Staatsverwaltung. Das uns in literarischen Quellen überlieferte Bild von dem Umfang des Römischen Reiches wird Zug um Zug bestätigt durch die im Boden erhaltenen Reste dieser Staats- und Militärbauten.

Warum lassen sich in diesem Falle geschriebene Urkunden und Bodenurkunden hundertprozentig zur Dekkung bringen? Weil der *Staat* Rom selbst sich in den Boden eingeprägt hat – was Sparta nicht tat.

Noch ein drittes Beispiel: Um 800 gelang es Karl d. Gr. nach langen Kämpfen, die heidnischen Sachsen zu unterwerfen und sie seinem Reiche einzufügen.

Diese Unterwerfung der Sachsen ist auch archäologisch nachzuweisen: Negativ durch das plötzliche Abbrechen der beigabenreichen heidnischen Friedhöfe, positiv durch das ebenso plötzliche Auftreten beigabenloser christlicher Friedhöfe, christlicher Dorfkirchen, Steinbauten usw. Fassen wir hier aber wirklich einen militärisch-politischen Vorgang? Die Eroberung des Langobardenreiches in Oberitalien durch Karl läßt sich z. B. archäologisch *nicht* nachweisen. Was wir in Sachsen archäologisch fassen können, ist vielmehr eine Begleiterscheinung der militärischen Eroberung: die Bekehrung zum Christentum und damit die Einbeziehung in den Kreis der abendländischen Kultur. Das Langobardenreich dagegen gehörte auch vorher schon zum abendländisch-christlichen Kulturkreis, der sich im 9. und 10. Jahrhundert ebenso klar archäologisch greifen läßt, wie 500 Jahre vorher das Imperium Romanum. Es ist diesmal nicht das Gebiet eines Staates, sondern das Gebiet einer Religion. Die Grenzen dieses religiösen Kulturkreises umfassen viele Völker, Staaten und Sprachgebiete, und sie gehen quer durch das germanische Sprach- und Volksgebiet.

Diese drei Beispiele aus rein geschichtlicher Zeit zeigen deutlich, wo wir den Kardinalfehler der »Methode Kossinna« zu suchen haben: er liegt in der Fragestellung.

Kossinna sah den gesamten archäologischen Quellenstoff einseitig unter dem Gesichtspunkt der ethnischen Deutung. Er war ferner des Glaubens, daß es eine Einheit von Rasse, Sprache, Volk, Staat und Kultur gäbe und daß sich diese Kultur jederzeit archäologisch fassen lassen müsse. Unsere drei Beispiele dagegen zeigen, daß es Staaten gibt, die sich nicht, andere, die sich sehr gut durch archäologisch greifbare Kulturgebiete nachweisen lassen, daß aber archäologisch greifbare Kulturen gelegentlich auch etwas anderes als Staat oder Volk verkörpern, also etwa das Gebiet einer Religionsgemeinschaft.

Der ganze jahrzehntelange Streit um Kossinnas Methode der »ethnischen« Deutung verliert seine Spitze und wird gegenstandslos, wenn man statt dessen von »*historischer*« Deutung von Bodenurkunden redet und die ethnische Deutung nur als *eine* unter vielen Möglichkeiten ansieht. Denn daß die Bodenfunde dem Menschen ihre Entstehung verdanken, daß das Vorhandensein von Funden in einer Landschaft die Anwesenheit von Menschen bezeugt und daß dies alles eine historische Tatsache ist – wer wollte wohl daran zweifeln? Weder Eduard Meyer noch Wahle hätten gegen diese These, wenn Kossinna sie *so* formuliert hätte, jemals Grund gehabt zu opponieren. Und wenn er dann vorsichtig erwogen hätte, ob eine bestimmte Gruppe von Funden Niederschlag eines Staates, eines Volkes, einer Religionsgemeinschaft, des Handels, des Krieges, des Brauchtums usw. gewesen sei – wer würde gegen eine solche *Erörterung* wohl je etwas einwenden? Gegen die einzelne Deutungsmöglichkeit natürlich, nie aber gegen die historische Deutung als solche.

Die drei Beispiele: Sparta, Rom und Christliches Abendland sind aber zugleich der Versuch, eine Methode zu erproben, die wir – in Anlehnung an ein bekanntes Wort des Philosophen Hegel, hier aber entsprechend abgewandelt – *archäologische These*, *literarische Antithese*, *historische Synthese* bezeichnen wollen.

Bei Sparta war der archäologische Befund (besonders im Gegensatz zu Athen) sehr spärlich; die »archäologische These« allein hätte uns wohl kaum auf die »historische Synthese« geführt, die wir mit Hilfe der »literarischen Antithese« (also Thukydides) gewinnen konnten. Beim »Imperium Romanum« und beim »Christlichen Abendland« dagegen haben wir zweimal eine klar faßbare »archäologische These« vor uns, die literarische Antithese dagegen bietet jedesmal eine andere Deutungsmöglichkeit.

Auf den folgenden Seiten soll nun der Versuch gemacht werden, an Hand einiger ausgewählter Beispiele zu zeigen, wie etwa eine derartige Deutung auszusehen hätte. Wir bringen erstens eine Reihe von Verbreitungskarten archäologischer Funde aus frühgeschichtlicher Zeit (Spät-Latène und Römische Kaiserzeit), bei denen also noch eine gewisse Kontrolle durch literarische Quellen möglich ist. Wir bringen zweitens eine Reihe von Karten zur Bronzezeit, also aus einer Epoche, für die wir keine literarische Gegenkontrolle besitzen, wo wir lediglich in der Lage sind, auf Grund von Analogien aus frühgeschichtlicher Zeit unsere Schlüsse zu begründen.

Archäologische These mit literarischer Antithese in frühgeschichtlicher Zeit

Die ersten beiden Karten (Abb. 25) sind dem Werk des Kossinnaschülers Martin Jahn über »Die Bewaffnung der Germanen« entnommen. In die obere Karte sind Waffenfunde in Nordostdeutschland aus dem 1. Jahrhundert v. Chr. (Spät-Latène) eingetragen, in die untere Waffenfunde aus dem 1. und 2. Jahrhundert nach Christi Geburt (ältere Kaiserzeit). Bei der oberen Karte liegen alle Fundpunkte westlich des ostpreußischen Flüßchens Passarge, östlich fehlen sie.

Da so gut wie alle Waffen aus Gräbern stammen, fassen wir also dort wieder die Grenze eines »Grabsittenkreises«. Westlich der Passarge lebten Völker, die ihren Toten Waffen mitgaben, östlich solche, die ihren

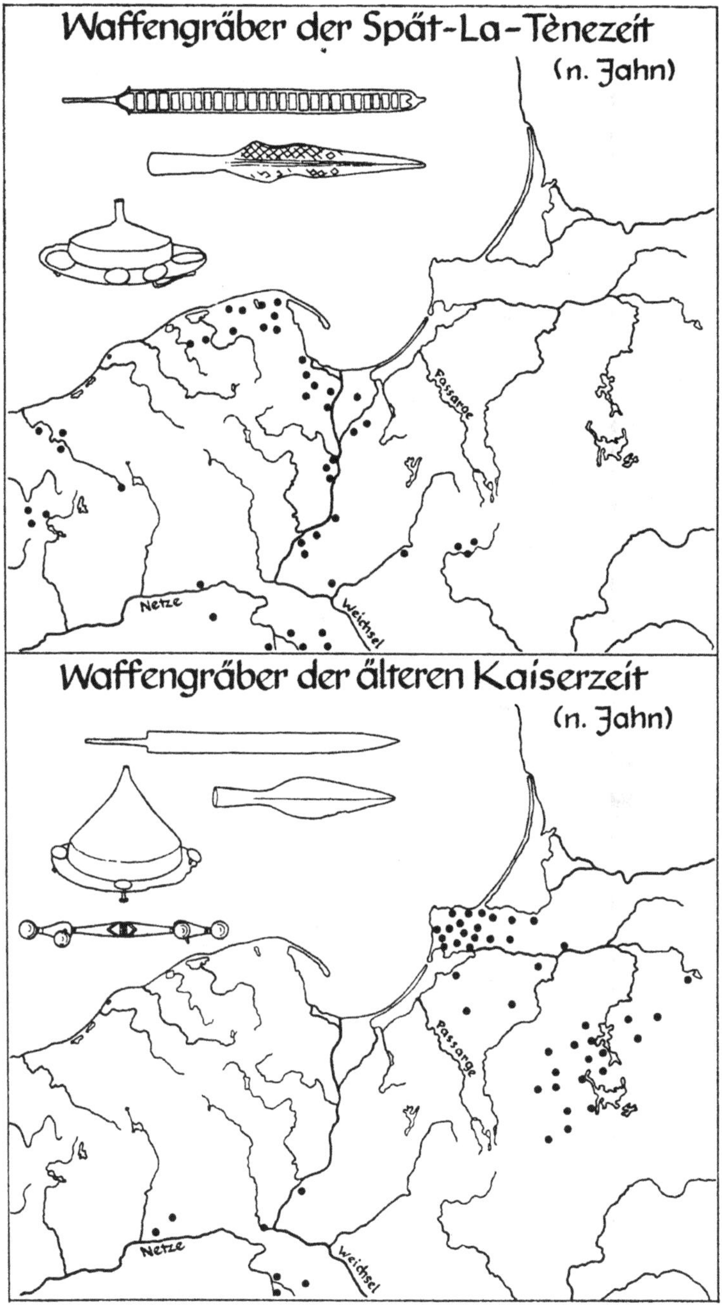

Waffengräber der Spät-La-Tènezeit
(n. Jahn)
Passarge
Netze
Weichsel
Waffengräber der älteren Kaiserzeit
(n. Jahn)
Passarge
Netze
Weichsel

Abb. 25

Toten keine Waffen mitgaben. – Sehr auffällig ist dagegen die zweite Karte: Nun finden sich auf einmal in Ostpreußen alle Waffengräber östlich der Passarge, westlich der Passarge ist dagegen das gesamte Ostseeküstengebiet bis zur unteren Oder frei von Waffenfunden. Westlich der Oder und südlich der Warthe–Netze-Linie sind aber in der älteren Kaiserzeit Waffengräber genau so häufig wie in der Spät-Latène-Zeit.

Wie muß man dieses eigenartige Kartenbild deuten? Ist das Gebiet von Ostpommern und Westpreußen in der älteren Kaiserzeit von der Bevölkerung geräumt worden, also ein siedlungsleerer Raum? Keineswegs: Gräber sind in diesem Gebiet genau so häufig, vielleicht noch häufiger als in der Spät-Latène-Zeit. Haben die Bewohner dieses Gebietes etwa »abgerüstet«, um dies moderne Wort zu gebrauchen? Abgerüstet – und sind doch rings von waffenführenden Völkern umgeben? Auch das ist nicht denkbar. Aber hier in dieser Karte haben wir ein besonders sinnfälliges Beispiel für den Unterschied zwischen lebender und toter Kultur. In der lebenden Kultur haben die Stämme zwischen Oder und Passarge sicher ebensogute Waffen geführt wie die Stämme östlich, westlich und südlich. Aber aus irgendeinem Grunde gehörte es bei ihnen nicht zur Grabsitte, eine Waffe mitzugeben. (Es ist dies eins der besten Beispiele für die oben erwähnte Tatsache, daß man manche Kulturen sogar mit negativen Kennzeichen, hier also dem Fehlen der Waffenbeigaben, archäologisch fassen kann.) Da nun in diesem Gebiet auch keine Hortsitte vorhanden war – also etwa wie in Dänemark und Schleswig-Holstein, wo Waffen als Weihegabe im Moor niedergelegt wurden (Thorsberg, Nydam, Kragehul, Vimose) – und da sich, wie bereits dargelegt wurde, in Siedlungen niemals Waffen (als große Gegenstände aus Metall) erhalten haben, so kann über-

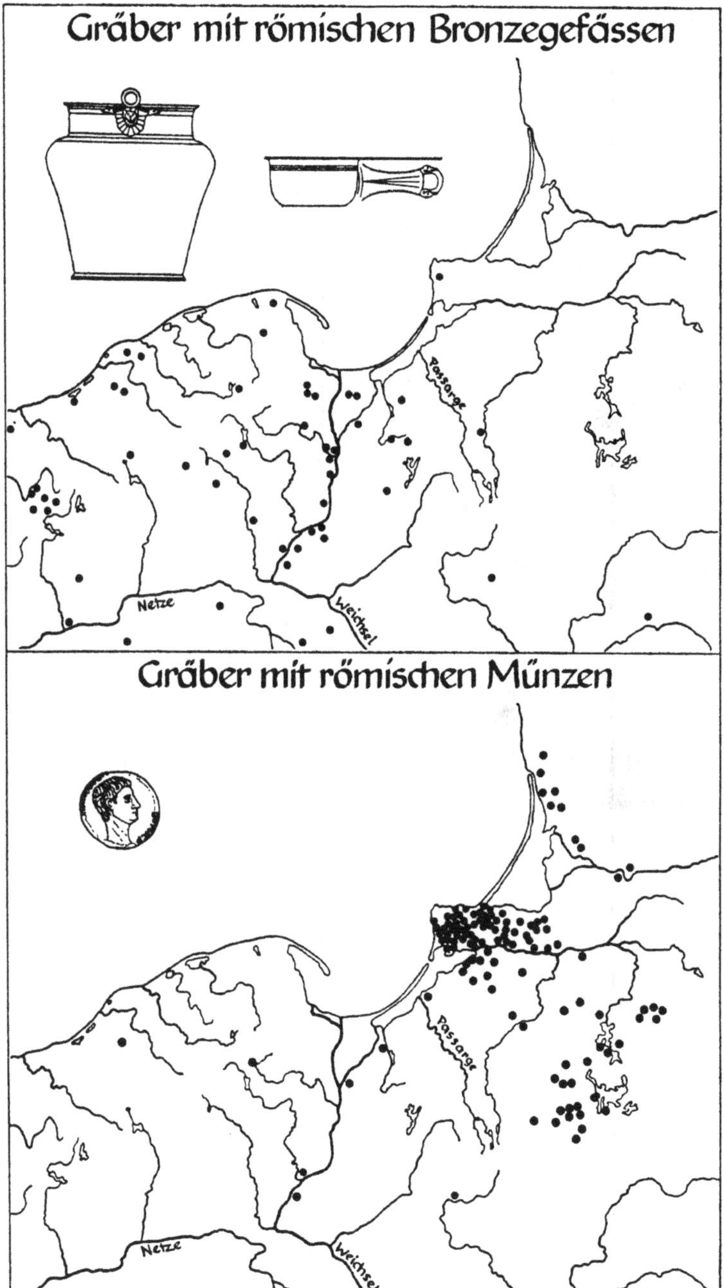
Gräber mit römischen Bronzegefässen
Passarge
Netze
Weichsel
Gräber mit römischen Münzen
Passarge
Netze
Weichsel

Abb. 26

haupt keine Waffe in der toten Kultur dieses Gebietes erwartet werden. Was hat es aber mit den in der älteren Kaiserzeit plötzlich östlich der Passarge auftauchenden Waffengräbern auf sich? Hat sich hier ein germanischer Stamm neu angesiedelt? Tatsächlich hat dies Kossinna ursprünglich angenommen. Aber durch neuere Forschungen von Jankuhn und Engel ist einwandfrei klargelegt worden, daß in der Kaiserzeit die Passarge Grenze zwischen Germanen und Balten, genauer Goten und Aisten, gewesen ist. Wir müssen also die eigenartige Tatsache registrieren, daß in einem Detail (Waffenbeigabe) ein nicht-germanischer Stamm (Aisten) mit allen germanischen Stämmen konform geht, ausgenommen den germanischen Stamm, an den er grenzt.

Die beiden Karten mit Waffengräbern betrafen Funde einheimischer Arbeit. Man kann aber genau dasselbe auch aus Fundkarten mit römischem Import ablesen (Abb. 26).

Die obere Karte zeigt Grabfunde mit römischen Bronzegefäßen, die untere Grabfunde mit römischen Münzen. Wieder ist die Passarge die Grenze zweier Grabsittenkreise, diesmal beide die gesamte Kaiserzeit umfassend. Römische Bronzegefäße finden sich fast ausschließlich westlich, römische Münzen in der Hauptsache östlich des Flüßchens.

In diesem Falle läßt sich der Unterschied zwischen lebender und toter Kultur besonders deutlich nachweisen. Im Gegensatz zu den Waffen kommen römische Münzen nicht nur in Gräbern, sondern auch in Horten (Münzschätze) und Siedlungen vor. Hätten wir alle bekannten Münzen, also auch die aus Horten und Siedlungen, in unsere Karte eingetragen (auf Grund der Fundstatistik des schwedischen Numismatikers Sture Bolin), dann wäre eine gleich dichte Fundstreuung

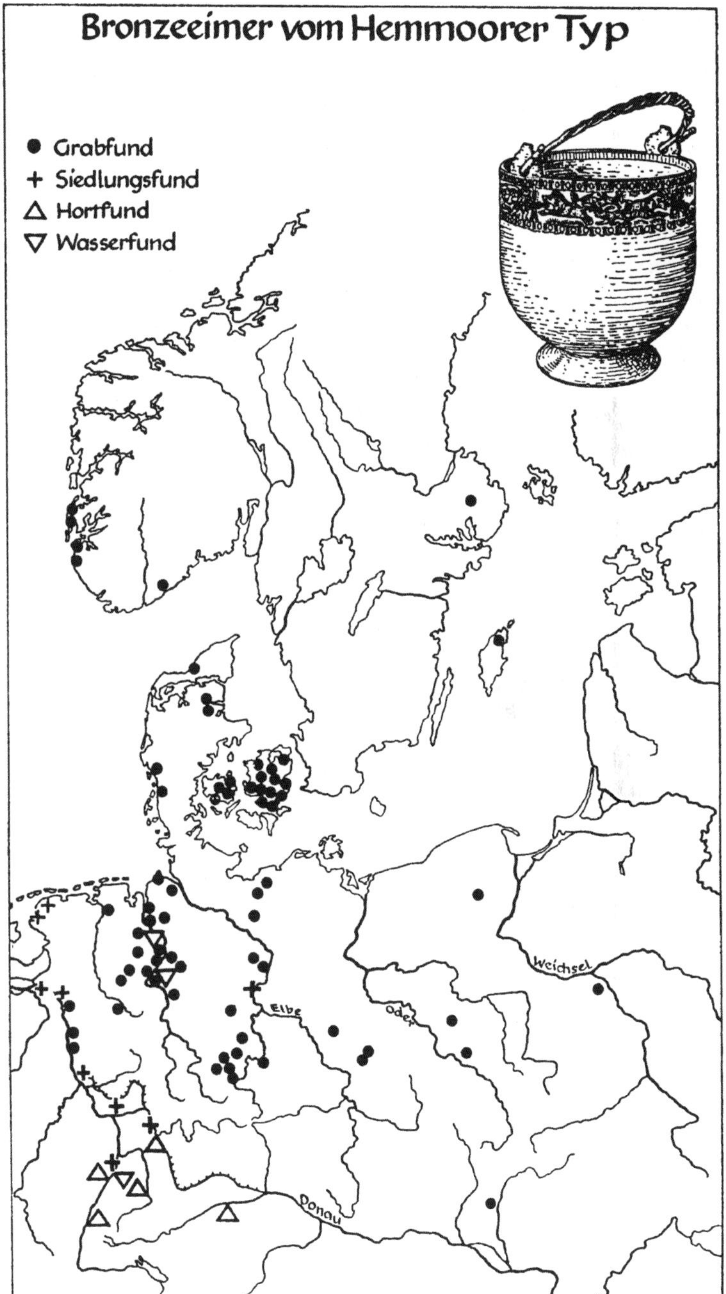
Bronzeeimer vom Hemmoorer Typ
● Grabfund
+ Siedlungsfund
△ Hortfund
▽ Wasserfund
Weichsel
Elbe
Oder
Donau

Abb. 27

westlich und östlich der Passarge festzustellen gewesen. In der lebenden Kultur waren also bei Germanen und Balten römische Münzen gleich häufig vertreten. Aber bei der Beschränkung auf die Grabfunde zeigte sich die erstaunliche Tatsache, daß man mit Hilfe zweier Gegenstandsgruppen *römischen* Ursprungs zwei *nicht*-römische Grabsittenkreise voneinander trennen kann.

Wenn wir mit den römischen Bronzegefäßen und römischen Grabmünzen die Grenze der Germanen und Balten fassen konnten, so können wir andererseits mit römischen Bronzegefäßen, so paradox dies klingen mag, auch die Grenze zwischen Römern und Germanen festlegen. Als Beispiel wählen wir die römischen Bronzeeimer vom *Hemmoorer Typ* (Abb. 27).

Die Gesamtverbreitungskarte dieser Eimer zeigt zunächst eine verhältnismäßig gleichmäßige Streuung im germanischen wie im römischen Gebiet, dessen Grenzen längs Rhein, Limes und Donau uns durch literarische wie archäologische Quellen bestens bekannt sind. Die Aufschlüsselung dieser Karte nach Fundumständen dagegen zeigt, daß Hemmoorer Eimer auf germanischem Gebiet (östlich der Rhein-Limes-Grenze) fast nur in Grabfunden, auf römischem dagegen nur in Hort- und Siedlungsfunden auftreten. Was spiegelt diese Karte? 1. einen germanischen Grabsittenkreis (Bronzegefäße in Gräbern bei den Römern selten). 2. ein römisch-germanisches Kriegsgebiet: Zehntland und Teile Galliens mit Münzschätzen und Bronzegeschirrdepots werden von Werner auf die Alemanneneinfälle des 3. Jahrhunderts zurückgeführt, daher die Horte. 3. den hohen Forschungsstand der provinzialrömischen Archäologie im 19. und 20. Jahrhundert, dem wir vor allem die Bruchstücke von Hemmoorer Eimern aus Siedlungen verdanken.

Alle drei Gruppen von Fundumständen spiegeln verschiedene Sektoren der toten Kultur. Ergibt ihre Addition einen Spiegel der lebenden Kultur? Wir dürfen es vermuten, schlüssig beweisen können wir es noch nicht.

Die bisher analysierten Karten zeigten uns den auf Grund literarischer Quellen von germanischen Stämmen besiedelten Raum als Ganzes und in seiner Abgrenzung gegen nichtgermanische Völker im Osten (Balten) und Westen (Römer). Aber auch eine Unterteilung des germanischen Siedlungsgebietes ist auf archäologischer Basis durchaus möglich. Wir zeigen hierfür die Karte, die der Monteliusschüler *Oskar Almgren* seinem berühmten Buch über nordeuropäische Fibelformen beigegeben hat. Wenn sich auf dieser Karte an der Funddichte deutlich die Ostgrenze des ehemaligen Deutschen Reiches (vor 1914) ablesen läßt, so ist es klar, daß hier keine echte Grenze der »lebenden Kultur« der Kaiserzeit vorliegt, sondern das Kartenbild lediglich den Forschungsstand des Jahres 1895 spiegelt. Heute würde das Bild im Osten auf Grund intensiver Forschung in Polen, im Baltikum und in Rußland anders aussehen. – Anders steht es mit zwei unterschiedlichen Fibelgruppen, die Almgren auf derselben Karte durch helle und dunkle Zeichen unterschied und die etwa an der unteren Oder eine Grenze zeigen. Dies ist eine echte Grenze der »toten« Kultur. Ob sie auch einer der »lebenden« Kultur entspricht, wäre noch zu untersuchen. (Kossinna meinte: Grenze zwischen Ost- und Westgermanen.)

Bei den Karten auf Abb. 25–27 handelte es sich jeweils um *einen* Typ oder eine Typengruppe, bei der die Fundumstände zur Feststellung von geographischen Gruppen führten. Bei Abbildung 28 dagegen waren die Fundumstände beiseitegelassen und auf Grund der verschiedenen Typen die Gruppen herausgearbeitet worden. Die Kombination beider Verfahrensweisen führt auf Grund der verschiedenen Typen von Keramik und Metallsachen, von Brandgräbern und Skelettgräbern zur Aufstellung einer ganzen Reihe von geographischen Gruppen. Was aber diese Gruppen bedeuten, d.h. welche historischen Einheiten sie spiegeln, das festzustellen, ist noch eine Aufgabe der Zukunft. Wie bereits im vorigen Kapitel erwähnt, ist die Zahl der archäologisch feststellbaren »Kulturgruppen« zu klein für die Zahl der literarisch überlieferten germanischen Stämme der Römischen Kaiserzeit.

Diese Beispiele mögen genügen. Sie haben deutlich gemacht, daß keine Karte für sich allein betrachtet werden darf, daß man sie nur versteht und kritisch würdigen kann, wenn der Blick ständig von einer Karte zur anderen schweift, wenn man andere Karten ähnlicher Typen oder ganz verschiedener vergleicht und immer wieder auch die Fundumstände (Grab, Hort, Siedlung), das Material (Metall, Keramik) und den Forschungsstand berücksichtigt. Nur eines wurde nicht, oder nur am Rande, berücksichtigt. Die Frage, ob ein Gegenstand germanischen oder römischen oder gar baltischen Ursprungs ist. Diese Frage würde natürlich bei einer Abhandlung über den Handel in der Kaiserzeit eine große Rolle spielen. Bei der Frage der Ausdeutung von Karten in ethnischer, religionsgeschichtlicher oder politischer Hinsicht haben wir sie bewußt beiseitegestellt.

Das ist einer der Punkte, in denen sich die hier vorgetragene Methode der Kartenausdeutung von der »Methode Kossinna« unterscheidet. Bei Kossinna gibt es keine wirklichen Berührungspunkte zwischen einheimischen, also »autochthonen« Geräten und Import aus fremden Ländern. Ethnische Grenzen werden nur an einheimischen Funden abgelesen, der Import dient der absoluten Chronologie und dem Nachweis der Handelsstraßen. Also eine klare Trennung der »Ressorts«.

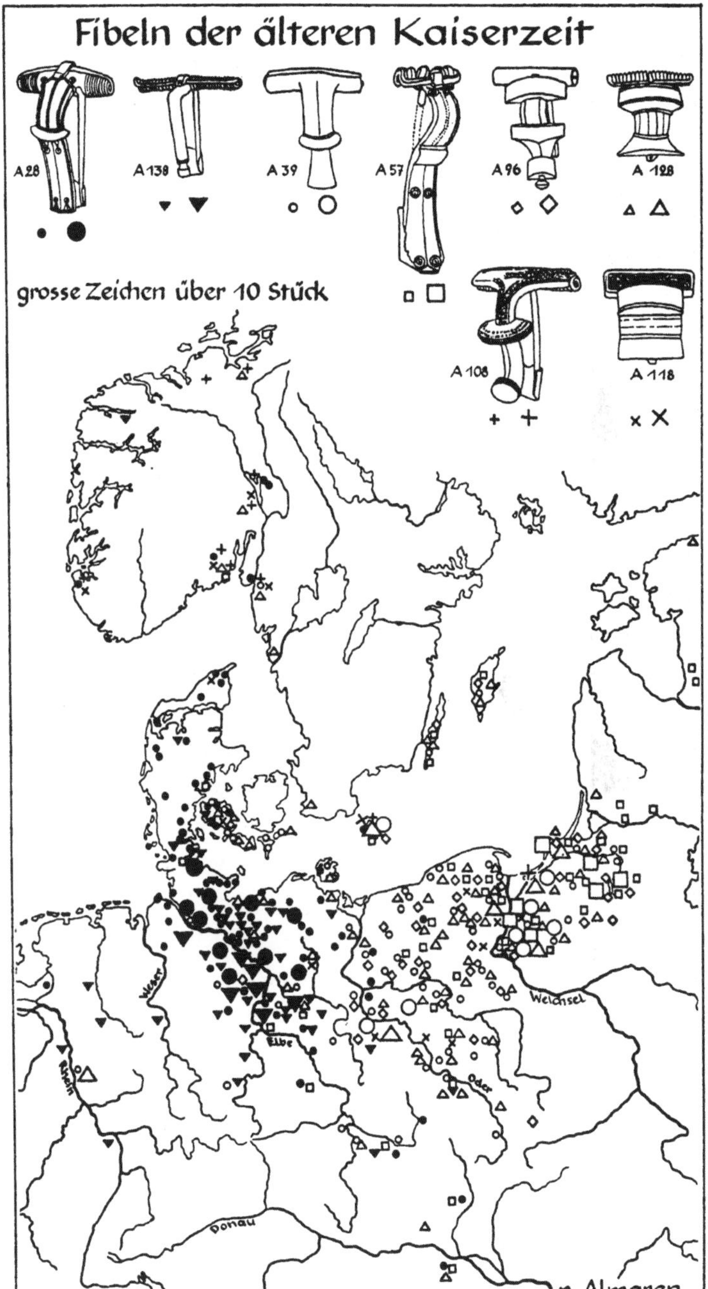
Fibeln der älteren Kaiserzeit
A 28
A 138
A 39
A 57
A 96
A 128
A 108
A 118
grosse Zeichen über 10 Stück
Weser
Elbe
Oder
Weichsel
Rhein
Donau
n. Almgren

Abb. 28

Wir dagegen konnten beobachten, daß bestimmte literarisch bezeugte ethnische und politische Grenzen (Limes, Passargelinie) sich genau so gut mit Hilfe des Imports wie mit Hilfe einheimischen Gutes archäologisch ablesen ließen, ja, daß wir oft nicht einmal immer einer genaueren Typen-Analyse bedurften, daß sogar die einfache Aufschlüsselung einer Fundkarte nach Fundumständen genügte, um Grenzen verschiedener Kulturkreise sichtbar zu machen.

Archäologische These ohne literarische Antithese in rein vorgeschichtlicher Zeit

Wenden wir nun einmal die Erfahrungen, die am kaiserzeitlichen Kartenmaterial gesammelt wurden, auf eine ältere Epoche an, für die wir keine literarische Gegenkontrolle besitzen, auf die *Bronzezeit.*

Die Bronzezeit war eines der wesentlichsten Arbeitsgebiete Kossinnas; gerade an Hand des bronzezeitlichen Materials hat er immer wieder versucht, seine Thesen zu beweisen.

Kossinna gibt, wie so oft, nur das Ergebnis seiner Studien bekannt, zeigt aber nicht den Weg, wie er dazu kam. So blieb zunächst vieles unklar. Eine klarere Vorstellung über die tatsächlichen Grundlagen der Kossinna'schen Behauptungen gewann man erst, als Anfang der 30er Jahre *Ernst Sprockhoff* die Bronzezeit Mitteleuropas neu aufarbeitete und bei dieser Gelegenheit eine Fülle von Typenkarten veröffentlichte. Wir bringen hier zwei Sprockhoffsche Karten von bronzezeitlichen Schwertern (Abb. 29).

Die obere Karte zeigt die Verbreitung des sogenannten *alten Griffzungenschwertes*, das der II. Periode der Bronzezeit angehört. Wir sehen eine dichte Streuung von Fundpunkten in Dänemark, Südschweden, Schleswig-Holstein, Nordosthannover und auf der Insel Rügen, eine weite Streuung im mittleren Norddeutschland, in Nordböhmen und im nördlichen Süddeutschland. Diese Karte ließe sich durchaus noch mit Kossinnas Grenzen des nordischen Kreises der II. Periode in Einklang bringen (Abb. 24 oben): im nordischen Kerngebiet eine Funddichte, rund herum als lockere Fundstreuung die nordische Einflußzone, das Gebiet, in das durch Handel nordisches Gut gelangt war.

Völlig ratlos aber hätte er wohl der zweiten Sprockhoffschen Karte gegenübergestanden, der der *achtkantigen Vollgriffschwerter* (Abb. 29 unten). Hier haben wir einen Typus vor uns, der offenbar für zwei Kulturkreise kennzeichnend ist. Wir finden diese Schwerter erstens in einem geschlossenen Gebiet im Norden, wo sie zu den Typen der II. Periode der Bronzezeit gehören; wir finden sie zweitens in ebenso dichter Streuung in Süddeutschland und Böhmen, wo sie zu den Typen von Reineckes Stufe C, der süddeutschen Hügelgräberkultur, gehören. Dazwischen liegt ein breiter fundleerer Streifen, der vom Main bis zur Niederelbe reicht.

Mit den landläufigen Kossinna'schen Vorstellungen von autochthoner, bodenständiger Kultur und von fremdländischem Import ist dieses Kartenbild überhaupt nicht zu deuten. Auch die Feststellung der Herkunft mit Hilfe des Gebietes der dichtesten Streuung ist hier nicht möglich, denn es stehen sich zwei Dichtezentren gegenüber, eins im Norden, eins im Süden. Die Entscheidung über die Herkunft konnte nur die Stilanalyse erbringen, und hier wurde es deutlich, daß diese Schwerter stilistisch völlig aus dem Rahmen des nordischen Kreises herausfallen, sich dagegen sehr gut in ihrer Ornamentik in die süddeutsche Hügelgräberkultur einfügen. Es handelt sich also zweifellos um einen süddeutschen Typ, der im Norden importiert ist bzw. in einigen

Fällen im Norden nachgeahmt wurde. Warum fehlt aber jeder Fund in dem dazwischenliegenden Gebiet? Hier hilft uns das weiter, was wir über lebende und tote Kultur festgestellt haben, aber es hilft uns auch das, was wir am kaiserzeitlichen Material herausarbeiten konnten.

Zweifellos hat es in der fundleeren Zwischenzone in der lebenden Kultur achtkantige Vollgriffschwerter gegeben. Aber da sich Schwerter niemals oder nur sehr selten in Siedlungen finden, und da es in dieser Zwischenzone offenbar weder eine entsprechende Hort- noch Grabsitte gegeben hat, die uns diesen Typ bewahrte, so sind eben alle Schwerter eingeschmolzen worden, wie das Umschmelzen in andere Formen ja überhaupt als das »normale« Ende eines Bronzegegenstandes gelten kann. Dagegen war es in Süddeutschland Sitte, derartige Schwerter ins Grab mitzugeben, und im nordischen Kreise finden sie sich neben Gräbern auch häufig in Hortfunden. Wir fassen also in der Sprockhoffschen Karte nicht ein Abbild der lebenden, sondern eins der toten Kultur. Die Karte zeigt nicht die einstige Verbreitung des Schwertes mit achtkantigem Griff, sondern die Verbreitung der *Sitte*, solche Schwerter in Gräbern oder Horten niederzulegen. Zwei Grabsittenkreise stehen sich hier gegenüber, für beide ist ein und derselbe Typ kennzeichnend, aber in jedem von ihnen findet er sich mit anderen Gerätetypen kombiniert, im einen Falle mit Typen des nordischen Kreises, im anderen Falle mit Typen der süddeutschen Hügelgräberkultur.

Die Grenzen des nordischen Kreises mit Hilfe von Import zu ziehen, wäre Kossinna paradox vorgekommen. Und doch hat er – unbewußt allerdings – dies selber einmal getan. Es war zu jener Zeit, als der unselige Krieg zwischen Kossinna und Schuchhardt um

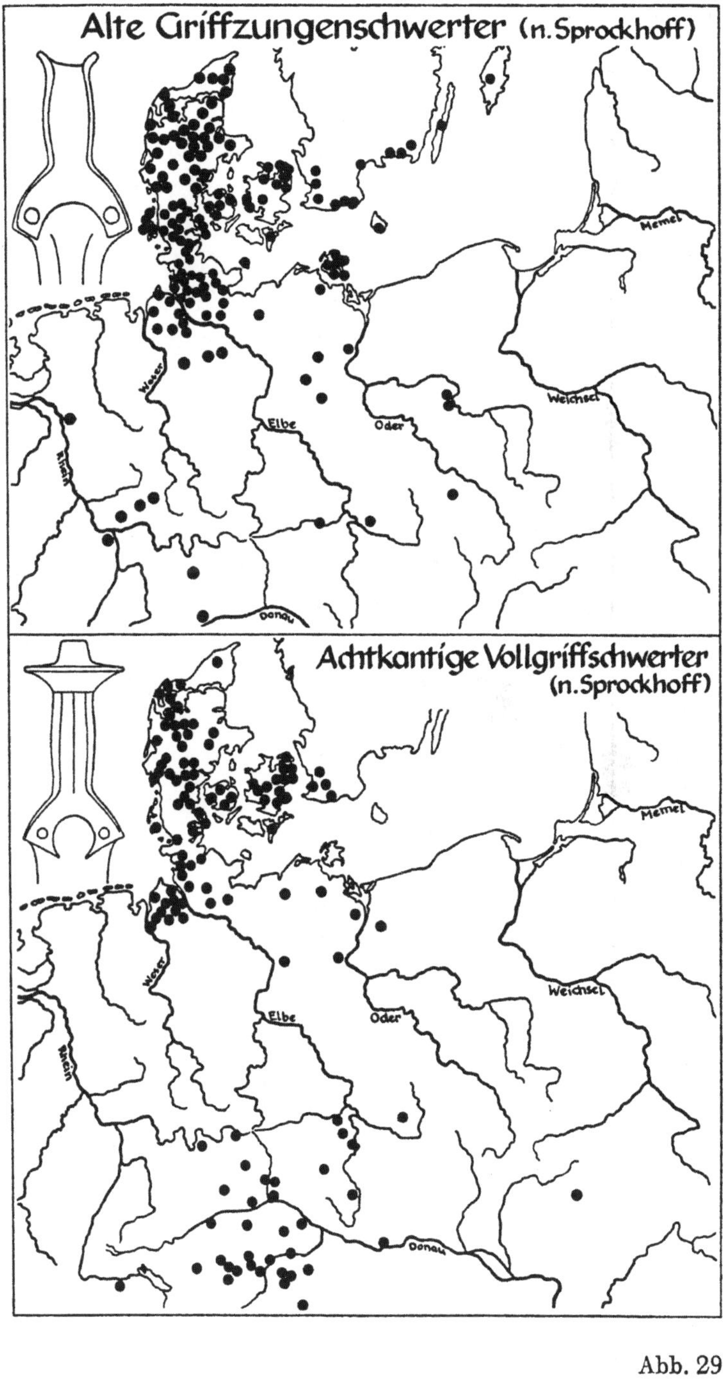
Alte Griffzungenschwerter (n. Sprockhoff)
Memel
Weser
Weichsel
Elbe
Oder
Rhein
Donau
Achtkantige Vollgriffschwerter
(n. Sprockhoff)
Memel
Weser
Weichsel
Elbe
Oder
Rhein
Donau

Abb. 29

den Eberswalder Goldfund entbrannte. Damals veröffentlichte Kossinna eine Karte der »germanischen« Goldgefäße, in die er auch seine Grenze des »germanischen« Gebietes in der V. Periode der Bronzezeit eintrug (Abb. 24). Für ihn war es völlig klar, daß es sich um »germanische«, d. h. nordische Goldgefäße handeln mußte, denn die dichteste Fundstreuung fand sich innerhalb des nordischen Kreises, nur wenige Fundpunkte lagen außerhalb. Diese Karte wirkte so überzeugend, daß auch Schuchhardt in *diesem* Punkte sich völlig Kossinnas Ansicht anschloß. Ja, sogar zwei Jahrzehnte später, als Sprockhoff ein viel beachtetes Buch über die »Handelsgeschichte der germanischen Bronzezeit« schrieb, stand die Fachwelt noch so allgemein unter der Suggestion dieser Kossinna'schen Karte, daß er ohne Widerspruch zwar die getriebenen Bronzegefäße als Import aus dem Hallstattkreis behandeln, die getriebenen Goldgefäße dagegen aus seiner Betrachtung ausschließen konnte, weil er und alle anderen Prähistoriker der damaligen Zeit die nordische Herkunft für erwiesen hielten.

Und doch, wenn man sich die getriebenen Goldschalen des Eberswalder Goldfundes ansieht und sie mit getriebenen Bronzegefäßen des Hallstatt-Kreises vergleicht, so kann man eigentlich von der Technik und Ornamentik her kaum zu einem anderen Schluß kommen, als daß es sich hier um Gefäße aus ein und demselben Werkstättenzentrum handelt. Es gibt auch im nordischen Kreis Bronzegefäße, sie sind jedoch gegossen und daher verhältnismäßig dickwandig, und die Ornamentik ist eingepunzt. Im Hallstattkreis dagegen sind die Bronzegefäße aus dünnem Blech getrieben, und auch die Ornamente sind in Treibtechnik mit bestimmten Stempeln eingeschlagen. Genau dieselbe Technik, genau dieselben Ornamente finden wir nun auch auf den Goldgefäßen. Wenn man sich nun noch vorstellt, daß die Bronzegefäße früher nicht mit grüner Patina bedeckt, sondern von goldähnlicher Bronzefarbe waren, dann wird die Übereinstimmung noch größer. Kein Zweifel, es handelt sich bei den Goldgefäßen um Hallstatt-Import.

Wie kommt aber das eigenartige Verbreitungsbild zustande? Die Goldgefäße finden sich nie in Siedlungen, nur selten in Gräbern, teils im Süden, teils im Norden. Nur im Norden, und dort sehr häufig, in Hortfunden. Die Kossinna'sche Karte der Goldgefäße ist also gar nicht eine Karte der einstigen Verbreitung der Hallstatt-Goldgefäße, sondern es ist eine Karte der Sitte, solche Goldgefäße (als Weihegabe?) in Form von Horten in der Erde zu vergraben. Und da diese Hortsitte offenbar eine typisch nordische war, so kann sich auf der Karte nichts anderes spiegeln als der nordische Kreis der jüngeren Bronzezeit.

Die bisherigen Bronzezeitkarten zeigten den gesamten mittel- und nordeuropäischen Raum, aber jeweils nur einen Typ. Wir schließen nun ein Beispiel aus der Bronzezeit an, das zwar nur einen kleinen Kartenausschnitt, dagegen aber alle Funde einer Epoche zur Darstellung bringt.

Waltraut Bohm, eine Schülerin von Kossinna, und später Ebert, legte im Jahre 1935 eine umfangreiche Arbeit über »Die ältere Bronzezeit in der Mark Brandenburg« vor, die in sechs Karten gipfelt, in denen der gesamte Fundstoff der I., II. und III. Periode verarbeitet worden ist. Auf ihrer Karte VI hat W. Bohm den Fundstoff der III. Periode nach Typen geordnet. Sie unterscheidet nordische, süddeutsche, italische, ostdeutsche und mitteldeutsche Formen, ferner einige Spezialtypen, die teils dem nordischen, teils dem ostdeutsch-lausitzer Formenkreise angehören. Für eine stammeskundlich-ethnische Deutung im Kossinna'schen Sinne kommen nur der nordische und der lausitzer Formenkreis in Frage, alle anderen Typen sind auf dem Wege des Fernhandels nach der Mark Brandenburg gelangt. In unserer Abb. 30 oben ist nun eine Umzeichnung der Bohmschen Karte versucht worden. Die Zeichen wurden stark vereinfacht und nach ihrem »Helligkeitswert« gegeneinander abgestuft. Die nordischen Formen erscheinen jetzt als dunkles Dreieck, die lausitzer Formen dagegen als Kreis. Es überrascht, wie klar auf einmal dies Kartenbild geworden ist. Deutlich hebt sich der »nordische Kreis« im Nordosten der Mark Brandenburg vom »lausitzer Kreis« im Südosten ab. Das auf Fernhandel beruhende Importgut ist in den Raum beider Kreise eingestreut. Im Flußgebiet der Havel und Spree findet indes auch eine starke Überschneidung des nordischen und des lausitzer *Formenkreises* statt. Handelt es sich hier um eine ethnische Mischung oder nur um den Austausch von Handelsgut?

In ihrer Karte V hat W. Bohm den in ihrer Karte VI verarbeiteten Fundstoff unter völlig anderen Gesichtspunkten noch einmal neu geordnet. Nicht die Formentypen sind jetzt entscheidend, sondern die Fundumstände: Gräber, Siedlungen, Hortfunde und Einzelfunde. Auch in dieser Karte sieht man zunächst in der Originalfassung nur ein Gewirr von Punkten, keine Ordnung. Auch sie ist daher, in unserer Abb. 30 unten, noch einmal umgezeichnet worden. Hortfunde, Siedlungs- und Einzelfunde fehlen hier. Es bleiben also nur noch die Grabfunde übrig, und bei ihnen ist, wegen oft sehr unsicherer Fundangaben, die mehr als problematische Einteilung in Hügelgräber, Flachgräber (verschleifte Hügel?) und Brandgräber (kein Gegensatz zu Hügelgrab) ersetzt worden durch Kartierung gewisser *Kombinationen von Grabbeigaben.* Brandgräber mit

Formenkreise der III. Bronzeperiode
in der Mark Brandenburg
Oder
Elbe
nordische Formen
Fernhandelsgut
Lausitzer Formen

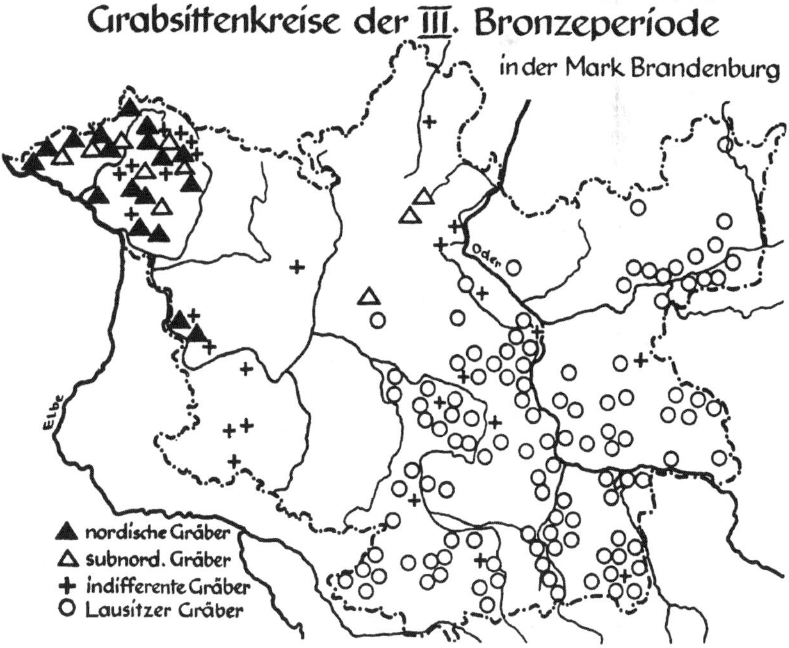
Grabsittenkreise der III. Bronzeperiode
in der Mark Brandenburg
Oder
Elbe
nordische Gräber
subnord. Gräber
indifferente Gräber
Lausitzer Gräber

Abb. 30

Buckelurnen und sehr vielen Beigefäßen, als Kennzeichen des »lausitzer Kreises«, wurden als heller Kreis eingetragen. Brand- oder Körpergräber mit Vollgriffschwertern, Fibeln, Halskragen, Tutuli usw. als »nordischer Kreis im engeren Sinne« wurden als dunkles Dreieck eingetragen, Gräber mit Armbergen als »nordisch im weiteren Sinne« wurden als helles Dreieck eingetragen, alle übrigen mehr »indifferenten« Gräber als Kreuz.

Diese untere Karte, die sich auf Gräber beschränkt, zeigt ein weit klareres Bild als die obere. Überschneidungen von »Kulturkreisen« gibt es auf ihr überhaupt nicht mehr. In überzeugender Deutlichkeit stehen sich der »lausitzer« und der »nordische« Grabsitten-Kreis gegenüber, dazwischen liegt ein breites Niemandsland mit spärlichen »indifferenten« Gräbern, die daneben auch im nordischen und im lausitzer Gebiet vorkommen. Bei den nordischen Gräbern »im engeren Sinne« glaubt man die Grenzen fast auf den Kilometer genau ziehen zu können. Die nordischen Gräber »im weiteren Sinne« tasten sich noch in das nördliche Niemandsland vor, überschneiden aber nirgends den lausitzer Grabsittenkreis.

Denn um *Grabsittenkreise* handelt es sich hier, genauso, wie wir es bereits in der Spät-Latène-Zeit und in der römischen Kaiserzeit beobachtet haben. Es wird die Aufgabe zukünftiger Forschung sein, zu untersuchen, ob es sich bei diesen Grabsittenkreisen um ethnische Einheiten (wie in der Kaiserzeit) oder um religiöse Einheiten (wie in der Karolingerzeit) handelt.

Eins jedenfalls dürfte die Analyse der bronzezeitlichen wie auch vorher die der kaiserzeitlichen Karten eindeutig gezeigt haben: Mit der einfachen Kartierung von Typen ist es nicht getan, immer müssen auch die Fundumstände (Grab, Hort, Siedlung) und zahlreiche andere Momente berücksichtigt werden. Nie aber darf man, wie Kossinna, die ethnische Deutung als die einzige oder wenigstens als die dominierende ansehen. Wenn wir aber das Kartenbild selber befragen und viele Möglichkeiten seiner Deutung ins Auge fassen, dann wird es reden und uns auf jeden Fall *historische* Tatsachen melden, wenn auch nicht gerade immer ethnische.

Die hier vorgetragene Analyse archäologischer Kartenbilder auf Grund der »vergleichenden archäologisch-geographischen Methode« bildet die Grundlage für einen »Atlas der Urgeschichte«, der seit einigen Jahren vom Verfasser dieser »Einführung« vorbereitet wird und von dem der 1. Band bereits erschienen ist. Als erstes großes Thema soll die »Römische Kaiserzeit« erschöpfend behandelt werden, weil dies für Mittel- und Nordeuropa die älteste Epoche ist, für die neben archäologischen auch reiche literarische Quellen fließen. Später soll in ähnlicher Form auch die Völkerwanderungs- und Wikingerzeit bearbeitet werden. Erst wenn alle diese frühgeschichtlichen Epochen aufgearbeitet und genügend Erfahrungen für die Ausdeutung von Kartenbildern gesammelt sind, sollen die älteren rein vorgeschichtlichen Zeiten in Angriff genommen werden.

Der »Atlas der Urgeschichte« erfordert umfangreiche Vorarbeiten und kann daher nur in langsamer Folge erscheinen. Andererseits reizt aber auch manch ein anderer geographischer Raum, manch eine andere Epoche den Bearbeiter. Wesentliche methodische Fragen lassen sich auch an kleineren Objekten befriedigend lösen. Daher trat dem »Atlas« die Zeitschrift »Archaeologia Geographica« zur Seite, in der nun schon seit einer Reihe von Jahren die Probleme der Ausdeutung von Kartenbildern und verwandte Fragen diskutiert werden.

Es ist ein langer Weg, den die Forschung in 150 Jahren zurückgelegt hat. Die erste Generation war sich sogar noch im Zweifel, ob es überhaupt jemals möglich sein werde, den Bodenfunden historische Zeugnisse abzuringen. Die zweite und dritte Generation ging mit frischem Mute daran, zunächst ein Gerüst für die relative und absolute Chronologie aufzubauen, das jeder künftigen Forschung als Grundlage dienen konnte. Die vierte Generation versuchte es, über die »ethnische Deutung« von Bodenfunden zu historischen Schlüssen zu gelangen; sie hatte aber die Eigenart der archäologischen Quellen noch nicht erfaßt und klammerte sich daher in der Fragestellung noch zu sehr an die literarische Überlieferung. Erst der heute lebenden fünften Generation ist es geglückt, die Besonderheiten der archäologischen Quellen klar zu erkennen und sie entsprechend zu bewerten.

Heute steht der Bodenfund als gleichwertige historische Quelle neben der schriftlichen Urkunde. Der Bodenfund ist heute nicht mehr Notbehelf für Zeiten, die noch keine schriftliche Überlieferung kennen. Er ist auch nicht mehr eine vielleicht willkommene, aber auch entbehrliche Nebenquelle, die das literarisch überlieferte Bild bestätigt. Er ist vielmehr für den modernen Historiker eine vollwertige *zweite* Quelle, eine notwendige und unentbehrliche Gegenkontrolle zur literarischen Überlieferung geworden.

Es ist keineswegs so, daß für alle dem Historiker wichtigen Fragen die literarischen Quellen eine »bessere« Auskunft erteilen. Es gibt Fälle, in denen die literarische, es gibt andere Fälle, in denen die archäologische Quelle überlegen ist. In allen Fällen aber, wo wir über beide Quellenarten verfügen, vermitteln sie uns durch ihren verschiedenen Blickpunkt ein Bild mit weit größerer Plastik.

Wie der Prähistoriker zu seiner archäologischen These eine literarische Antithese braucht, so umgekehrt der Historiker zu seiner literarischen These die archäologische Antithese, wenn er zu einer echten Synthese gelangen will.

LITERATURVERZEICHNIS

Bemerkung: Es wurde in erster Linie das deutschsprachige Schrifttum zitiert, nur in einzelnen Fällen wurden Spezialabhandlungen auch aus anderen europäischen Ländern herangezogen.

ALLGEMEINE WERKE UND ZEITSCHRIFTEN
zur Vor- und Frühgeschichte Deutschlands und Europas

Ebert, M.: »Reallexikon der Vorgeschichte«, Bd. 1—15, Berlin 1924—29

Sprockhoff, E.: »Handbuch der Vorgeschichte Deutschlands«, Berlin 1938 ff.

Bengtson, H. und Milojčić, V.: »Großer Historischer Weltatlas I.« Vorgeschichte und Altertum, 3. Aufl. München 1958

Historia Mundi. Ein Handbuch der Weltgeschichte in 10 Bänden (Bd. 1—4 enthält einen Überblick über alle vorgeschichtlichen Perioden) München 1952 ff.

Narr, K. J. u. a.: »Abriß der Vorgeschichte«, München 1957

Eppel, F.: Fund und Deutung. Eine europäische Urgeschichte. Wien und München 1958

Grahmann, R.: »Urgeschichte der Menschheit«, 2. Aufl. Stuttgart 1956

Kunkel, O.: Artikel »Ostsee« (in: Pauly-Wissowa, Realencyklopädie der klassischen Altertumskunde)

Schwantes, G.: »Deutschlands Urgeschichte«, 7. Aufl. Stuttgart 1952

Wahle, E.: »Deutsche Vorzeit«, 2. Aufl. Basel 1952

Schuchhardt, C.: »Vorgeschichte von Deutschland«, 4. Aufl. München und Berlin 1939

Jacob-Friesen, K. H.: »Grundfragen der Urgeschichtsforschung«. Rassen, Völker und Kulturen, Hannover 1928

Pescheck, Ch.: »Lehrbuch der Urgeschichtsforschung«, Göttingen 1950

Zeitschrift für Ethnologie, Berlin 1869 ff.

Verhandlungen der Berliner Gesellschaft für Anthropologie, Ethnologie und Urgeschichte, Berlin 1870 ff.

Nachrichten über deutsche Altertumsfunde, Berlin 1890—1904

Prähistorische Zeitschrift, Berlin 1909 ff.

Mannus. Zeitschrift für Vorgeschichte, Berlin 1909—1942
Nachrichtenblatt für deutsche Vorzeit, Leipzig 1925—1943
Germania (Anzeiger der Römisch-Germanischen Kommission des Deutschen Archäologischen Instituts), Frankfurt am Main, 1917 ff.
Ausgrabungen und Funde (Nachrichtenblatt für Vor- und Frühgeschichte), Berlin 1956 ff.

SPEZIALLITERATUR ZU DEN EINZELNEN KAPITELN

Kapitel I: Forschungsgeschichte

Wahle, E.: »Geschichte der prähistorischen Forschung« (Anthropos XLV—XLVI) Fribourg 1950—51
Gummel, H.: »Forschungsgeschichte in Deutschland«, Berlin 1938
Müller, Sophus: »Nordische Altertumskunde I. und II«, Straßburg 1897
Thomsen, Ch.: »Leitfaden zur Nordischen Altertumskunde«, Kopenhagen 1937
Mötefindt, H. und Kossinna, G.: »Das Dreiperiodensystem« (Mannus 2, 1910, S. 294 ff.)
Seger, H.: »Die Anfänge des Dreiperiodensystems« (Schumacher-Festschrift, Mainz 1930, S. 3 ff.)

Kapitel II: Relative Chronologie

Obermaier, H.: »Der Mensch der Vorzeit«, Berlin 1912
Wiegers, F.: »Diluviale Vorgeschichte des Menschen I.«, Stuttgart 1928
Windels, F. und Breuil, H.: Lascaux »Chapelle Sixtine« de la préhistoire, Paris 1948
Dörpfeld, W.: »Troja und Ilion I und II«, Athen 1902
Hachmann, R.: »Das Gräberfeld von Rondsen Kr. Graudenz und die Chronologie der Spät-Latène-Zeit im östlichen Mitteleuropa« (Archaeologia Geographica 2, 1951, S. 79 ff.)
Jankuhn, H.: »Haithabu«. Ein Handelsplatz der Wikingerzeit, 3. Aufl. Neumünster 1956
Montelius, O.: »Die Methode« (in: Die älteren Kulturperioden im Orient und in Europa I.) Stockholm 1903

Reinecke, P.: »Zur Chronologie der zweiten Hälfte des Bronzealters in Süd- und Norddeutschland« (Anthropologisches Correspondenz-Blatt 23, 1902, S. 17 ff.)

Reinecke, P.: »Zur chronologischen Gliederung der süddeutschen Bronzezeit« (Germania 8, 1924, S. 4 f.)

v. Sacken, E.: Das Grabfeld von Hallstatt in Oberösterreich und dessen Altertümer, Wien 1868

Reinecke, P.: in:»Die Altertümer unserer heidnischen Vorzeit«, Bd. V, Mainz 1911, Taf. 43—44 (Hallstatt A), Taf. 55 (Hallstatt B), Taf. 69 (Hallstatt C), Taf. 27 (Hallstatt D)

Salin, B.: »Die altgermanische Tierornamentik«, 2. Aufl., Stockholm 1935

Zeuner, E.: »Dating the Past«. An introduction to Geochronology, 2. edit. London 1950

Groß, H.: »Der heutige Stand der naturwissenschaftlichen Datierungsmethodik im Dienste der Vorgeschichtsforschung« (Jahresschrift für mitteldeutsche Vorgeschichte, Bd. 41—42, Halle a. d. S. 1958)

Haarnagel, W.: »Probleme der Küstenforschung im südlichen Nordseegebiet« (Schriftenreihe der Landesstelle für Marschen- und Wurtenforschung, Bd. 1) Hildesheim 1940 ff.

Reinerth, H.: »Das Federseemoor als Siedlungsland des Vorzeitmenschen«, 5. Aufl. Leipzig 1936

Bertsch, K.: »Klima, Pflanzendecke und Besiedlung Mitteleuropas in vor- und frühgeschichtlicher Zeit nach den Ergebnissen der pollenanalytischen Forschung« (18. Bericht der Römisch-Germanischen Kommission 1928, S. 1 ff.)

Kapitel III: Absolute Chronologie

Lietzmann, H.: »Zeitrechnung« (Slg. Göschen 1085) Berlin 1946

Gercke-Norden: Einleitung in die Altertumswissenschaft III, 2 (3. Aufl.), 1933, S. 157 ff.

Bengtson, H.: »Einführung in die alte Geschichte«, München 1949

Bauer, A.: Vom Judentum zum Christentum (Wissenschaft und Bildung 142) Leipzig 1917

Meyer, Ed.: »Geschichte des Altertums I, 2« (3. Aufl.) Berlin 1913

Scharff, A. und Moortgat, A.: »Ägypten und Vorderasien im Altertum«, München 1950

Evans, A.: »The palace of Minos I—IV«, Oxford 1921—35
Fimmen, D.: »Die kretisch-mykenische Kultur«, Leipzig und Berlin 1921
Erich, R. W.: »Relative Chronologie in old world Archeology«, Chicago 1954
Milojčić, V.: »Chronologie der jüngeren Steinzeit Mittel- und Südosteuropas«, Berlin 1949
Åberg, N.: »Bronzezeitliche und früheisenzeitliche Chronologie I—V«, Stockholm 1930—1935
Werner, J.: »Mykenae—Siebenbürgen—Skandinavien« (Atti I. Kongr. Internaz. Preist. e Protoist. Mediterr., Roma 1950 (1952)
Hachmann, R.: »Die frühe Bronzezeit im westlichen Ostseegebiet und ihre mittel- und südosteuropäischen Beziehungen«. Chronologische Untersuchungen. Hamburg 1957
Sprockhoff, E.: »Ein Peschieradolch aus Niedersachsen« (Germania 1936, S. 166 ff.)
Furumark, A.: »The Chronology of Mycenaean Pottery«, Stockholm 1941
v. Merhart, G.: Urnengrab mit Peschierafibel aus Nordtirol (Schumacher-Festschrift 1930, S. 116 ff.)
v. Merhart, G.: »Donauländische Beziehungen der früheisenzeitlichen Kulturen Mittelitaliens« (Bonner Jahrbücher 147, 1942, S. 71 ff.)
v. Merhart, G.: »Geschnürte Schienen« (37.-38. Bericht der Römisch-Germanischen Kommission 1956—57, S. 91 ff.)
Eggers, H. J.: »Das bronzezeitliche Hügelgrab von Fanger Kr. Naugard« (Nachrichtenblatt für deutsche Vorzeit 16, 1940, S. 178 ff.)
Almgren, O.: »Kung Björns Hög vid Håga«, Stockholm 1905
Langlotz, E.: »Zur Zeitbestimmung der streng-rotfigurigen Vasenmalerei und der gleichzeitigen Plastik«, Leipzig 1928
Kimmig, W.: »Ein Fürstengrab der späten Hallstattzeit von Kappel am Rhein« (Jahrbuch des Römisch-Germanischen Zentralmuseums Mainz 1, 1953, S. 179 ff.)
Vouga, P.: »La-Tène«, Leipzig 1923
Reinecke, P.: »Zur Kenntnis der Latène-Denkmäler in der Zone nordwärts der Alpen« (Mainzer Festschrift 1902, S. 53 ff.)
Reinecke, P.: »Die Altertümer unserer heidnischen Vorzeit«, Mainz 1911, Taf. 50 Latène A, Taf. 57 Latène B, Taf. 51 Latène C, Taf. 63 Latène D
Filip, J.: Keltové. Prag 1956 (Tschechisch mit ausführlicher deutscher Zusammenfasssung)

Schwantes, G.: »Die ältesten Urnenfriedhöfe bei Ülzen und Lüneburg« (Die Urnenfriedhöfe in Niedersachsen I, 1—2), Hannover 1911

Jacobsthal, P. und Langsdorff, A.: »Die Bronzeschnabelkannen«, Berlin 1929

Jacobsthal, P.: »Bodenfunde griechischer Vasen nördlich der Alpen« (Germania 18, 1934) S. 14 ff.

Moberg, C. A.: »When did late Latène begin?« (Acta Archaeologica XXI) Kopenhagen 1950

Eggers, H. J.: »Zur absoluten Chronologie der Römischen Kaiserzeit im Freien Germanien« (Jahrbuch des Römisch-Germanischen Zentralmuseums Mainz 2, 1955, 196 ff.) (hierzu Entgegnungen von Ekholm, Körner und Nienhaus in derselben Zeitschrift; Jahrgang 4 und 5)

Werner, J.: »Münzdatierte Austrasische Grabfunde«, Berlin und Leipzig 1935

Kendrik, T. D.: »The Sutton Hoo Ship-Burial«. A provisional Guide. London 1947

Haseloff, G.: »Die Funde aus dem Sarkophag der Königin Theodelinda in Monza« (Germania 30, 1952, S. 368 ff.)

Haseloff, G.: »Der Abtstab des heiligen Germanus zu Delsberg« (Germania 33, 1955, S. 210 ff.)

Arwidsson, G.: »Vendelstile, Email und Glas im 7.—8. Jahrhundert«, Stockholm 1942

Arbman, H.: »Birka«. Untersuchungen und Studien. I. Die Gräber, Uppsala 1943

Arbman, H.: »Schweden und das Karolingische Reich«, Stockholm 1937

Ruprecht, A.: »Die ausgehende Wikingerzeit im Lichte der Runeninschriften«, Göttingen 1958

Lindqvist, S.: »Uppsala högar och Ottarshögen«, Stockholm 1936

Brögger, A. W. und Schetelig, H.: »Osebergfundet I—III, V«, Oslo 1917—27

Penck, A. und Brückner, E.: »Die Alpen im Eiszeitalter«, Leipzig 1901—1908

de Geer, G.: »Geochronologie der letzten 12 000 Jahre« (Geologische Rundschau 3, 1912)

Ducrocq, A.: »Atomwissenschaft und Urgeschichte«, Hamburg 1957

Milojčić, V.: »Zur Anwendbarkeit der C_{14}-Datierung in der Vorgeschichtsforschung« (Germania 35, 1957, S. 102 ff.)

Schwabedissen, H.: »Zur Anwendung der C_{14}-Datierung und anderer naturwissenschaftlicher Hilfsmittel in der Ur- und Frühgeschichtsforschung« (Germania 36, 1958, S. 133 ff.)

Kapitel IV: Ethnische Deutung

Stampfuß, R.: »Gustaf Kossinna, ein Leben für die deutsche Vorgeschichte«, Leipzig 1935

Schuchhardt, C.: »Aus Leben und Arbeit«, Berlin 1944

Schuchhardt, C.: »Die Römerschanze bei Potsdam« (Prähistorische Zeitschrift 1, 1909, S. 209 ff.)

Kossinna, G.: »Die Herkunft der Germanen«. Zur Methode der Siedlungsarchäologie (Mannus-Bibliothek 6), Würzburg 1911

Kossinna, G.: »Die deutsche Vorgeschichte, eine hervorragend nationale Wissenschaft«, 1. Aufl. Würzburg 1912, 7. Aufl. 1936

Kossinna, G.: »Der Goldfund vom Messingwerk bei Eberswalde und die goldenen Kultgefäße der Germanen« (Mannus-Bibliothek 12) Würzburg 1913

Schuchhardt, C.: »Der Goldfund vom Messingwerk bei Eberswalde«, Berlin 1914

Furtwängler, A.: »Der Goldfund von Vettersfelde« (43. Winkelmann-Programm) Berlin 1883

Jahn, M.: »Die Skythen in Schlesien« (Schlesiens Vorzeit, Neue Folge IX) Breslau 1928, S. 11 ff.

Kossinna, G.: »Die deutsche Ostmark, ein Heimatboden der Germanen«, Berlin 1919

Kossinna, G.: »Ursprung und Verbreitung der Germanen in vor- und frühgeschichtlicher Zeit«, 3. Aufl. Leipzig 1936

Wahle, E.: »Zur ethnischen Deutung frühgeschichtlicher Kulturprovinzen«. Grenzen der frühgeschichtlichen Erkenntnis I. Heidelberg 1941.

Kapitel V: These – Antithese – Synthese

Eggers, H. J.: »Das Problem der ethnischen Deutung in der Frühgeschichte« (Wahle-Festschrift, Heidelb. 1950, S. 49 ff.)

Jahn, M.: »Die Bewaffnung der Germanen in der älteren Eisenzeit« (Mannus-Bibliothek 16) Würzburg 1916

Bolin, Sture: »Fynden av romerska mint i det fria Germanien«, Lund 1926

Eggers, H. J.: »Der römische Import im freien Germanien« (Atlas der Urgeschichte I) Hamburg 1951

Almgren, O.: »Studien über nordeuropäische Fibelformen« (Mannus-Bibliothek 32), 2. Aufl. Leipzig 1923

Sprockhoff, E.: »Die germanischen Griffzungenschwerter«, Berlin 1931

Sprockhoff, E.: »Niedersachsens Bedeutung für die Bronzezeit Westeuropas« (31. Bericht der Römisch-Germanischen Kommission 1941), dort S. 59 die Vorlage zu unserer Abb. 29 unten.

Sprockhoff, E.: »Zur Handelsgeschichte der germanischen Bronzezeit«, Berlin 1930

Bohm, W.: »Die ältere Bronzezeit in der Mark Brandenburg«, Berlin 1935

Archaeologia Geographica 1, 1950 ff. (herausgegeben von H. J. Eggers, R. Hachmann und H. Jankuhn).

NAMEN- UND SACHREGISTER

NACHWORT

Die vor über 51 Jahren erschienene „Einführung in die Vorgeschichte" von Hans Jürgen Eggers ist ein Standardwerk der prähistorischen Fachliteratur. In zahlreichen universitären Einführungskursen in die Quellen und Methoden des Faches greift man auch heute noch gerne auf diesen Klassiker zurück. Generationen junger Studienanfänger lernten und lernen durch die Lektüre von Hans Jürgen Eggers die wichtigsten Methoden und einige Leitformen des Faches anhand wohlausgesuchter Beispiele, Fortgeschrittenen erschließen sich bei erneutem Studium des Buches übergreifende Zusammenhänge und Konzepte, Dozenten thematisieren in der Lehre die verwendeten Exempel, um methodische Grundlagen zu erläutern.

Die aus einer einführenden Vorlesung in Hamburg hervorgegangene Arbeit erschien 1959 in einer ersten Auflage von 6 000 Exemplaren, eine zweite unveränderte Auflage wurde 1974 verlegt. Die weiterhin rege Nachfrage führte 1986 zu einem erneuten Nachdruck, dem ein ausführliches Nachwort von Georg Kossack samt einer aktualisierten Literaturliste beigefügt wurde. Kossack würdigt darin Leben und Werk von Hans Jürgen Eggers und setzt dessen wissenschaftliches Œuvre in einen forschungsgeschichtlichen Zusammenhang. Er zeichnet außerdem die weitere Geschichte des Faches mit deren thematischen, regionalen und epochalen Aufgliederungen und Spezialisierungen bis in die Mitte der 1980er Jahre auf. Wenige Jahre später war die „Einführung" erneut vergriffen. In Kooperation mit dem Sohn des Autors, Alexander Eggers, wurde von Thomas Jaeger schon 1996 ein weiterer Nachdruck aufgelegt. Die Neuherausgabe erfolgte als vierte Auflage im Jahr 2004, bereits 2006 die fünfte Auflage. So sind von der Einführung inzwischen rund 22 500 Exemplare gedruckt, für archäologische Fachpublikationen eine außerordentlich hohe Zahl. Eine japanische Übersetzung (Tokyo 1981) des Werkes zeigt die Anerkennung auch im außereuropäischen Raum. Die Wahl der Themen, die Erläuterungen der Sachverhalte anhand anschaulicher und eingehender Beispiele und der allgemein verständlich geschriebene Text gehören sicherlich zu den entscheidenden Faktoren, die zum Erfolg des Buches führten.

Der hier vorgelegte Nachdruck verzichtet auf das inzwischen über 20 Jahre alte Nachwort von G. Kossack und die damals beigefügte Literaturliste. Bei einer erneuten Vorlage des Buches soll aber auch heute auf neue Forschungserkenntnisse und Themenfelder der Archäologie hingewiesen werden. Des Weiteren wurde ein aktualisiertes Literaturverzeichnis beigefügt, um Studienanfängern auch weiterhin den Einstieg ins Fach zu erleichtern.

Eggers gliedert seine Einführung in fünf große Kapitel und spannt den Bogen von der Forschungsgeschichte über die verschiedenen Datierungsmethoden zu den Interpretationsmöglichkeiten der Archäologie. Die erläuternden Beispiele entlehnt er großen Epochen der Archäologie; von altsteinzeitlichen Höhlen bis zu Fundkomplexen aus der Wikingerzeit werden schlaglichtartig Leitfunde der archäologischen Epochen in aller Kürze vorgestellt. Dieses Werk kann heute nach über 50 Jahren nicht mehr alle Themenbereiche eines Einführungsseminars abdecken. Einerseits hat sich das Methodenspektrum modifiziert, andererseits haben sich die archäologischen Forschungsfelder und Fragestellungen stark erweitert. Schon Kossack macht darauf aufmerksam, dass Eggers das weite Feld der Quellenerschließung nicht thematisiert. Dies gilt nicht nur für die Ausgrabungsmethodik selbst, auch die Geländeforschung wird kaum angesprochen. Heute sind z.B. geophysikalische Prospektionen im Vorfeld größerer Forschungsvorhaben Standardverfahren, um einen Überblick über die Befundlage im Boden zu erhalten. Die folgenden Ausgrabungen können danach gezielt die archäologischen Befunde erschließen. Zahlreiche andere naturwissenschaftliche Verfahren dienen dem erweiterten Erkenntnispotential für eine umfassende geisteswissenschaftliche Analyse.

Bei seinen Beispielen greift Eggers meist auf die Gräberarchäologie zurück, siedlungsarchäologische Exempel werden seltener berücksichtigt. Dies kann forschungsgeschichtlich begründet werden. Zwar sind schon aus den 1920er und 1930er Jahren große Siedlungsgrabungen bekannt – erinnert sei an die bandkeramische Siedlung von Köln-Lindenthal oder an die Pfahlbausiedlungen am Federsee – doch die große Zeit der Siedlungsarchäologie begann mit dem Wurtengrabungen seit den 1950er Jahren. Auch andere Forschungsschwerpunkte haben sich verlagert. Während bis zur Mitte des 20. Jahrhunderts chronologische Studien im Vordergrund standen, versucht die Archäologie heute, die weiten kulturellen, sozialen und wirtschaftlichen Aspekte prähistorischer und historischer Gesellschaften oder Traditionen und Wandel zu analysieren.

So muss die „Einführung“ durch weitere allgemein ausgerichtete bzw. spezielle Themen aufgreifende Schriften in der Grundstudiumslehre ergänzt werden. Hier übernehmen wohl die Bücher von C. Renfrew und P. Bahn sowie M.K.H. Eggert eine führende Rolle. Die Arbeit von Eggert knüpft in vielen Passagen an Eggers Einführung an, es werden darüber hinaus Konzepte und Methoden im Rahmen des aktuellen Forschungsstandes ausführlich erläutert, aber auch die wechselseitigen Beziehungen zwischen der Kulturanthropologie und der Archäologie diskutiert. Renfrew und Bahn spannen den Bogen weiter bzw. setzten andere thematische Schwerpunkte. Neben den Theorien und Methoden werden praktische archäologische Anwendungen im weltweiten Diskurs dargelegt. Diese Arbeiten sind notwendige und willkommene Erweiterungen im Seminarapparat, auf die Einführung von Eggers selbst wird aber nicht verzichtet.

Zudem gewinnt man den Eindruck, dass in jüngster Zeit über die Lehrveranstaltungen im Grundstudium hinaus wieder verstärkt auf die „Einführung" zurückgegriffen wird, um beispielsweise theoretische Konzepte zum Charakter archäologischer Quellen, zur Wissenschaftsgeschichte oder zu der jetzt wieder aktuellen Diskussion um ethnischen Deutungen zu erörtern. Diese Themen sind schon grundlegend von Hans Jürgen Eggers behandelt worden, seine Aussagen haben nichts an Aktualität verloren.

In dem einleitenden Kapitel „Die Forschungsgeschichte von den Anfängen bis zur Begründung des Dreiperiodensystems" diskutiert Eggers zunächst die unterschiedlichen Bezeichnungen des Faches. Der Titel des Buches „Einführung in die Vorgeschichte" zeigt die Präferenz des Autors. Die im deutschsprachigen Raum lange Zeit üblichen Benennungen Vor- und Frühgeschichte oder Ur- und Frühgeschichte werden in letzter Zeit durch das in der Öffentlichkeit und im internationalen Sprachgebrauch geläufigere Wort „Archäologie" ersetzt. Dies bezieht sich auf die staatlichen Behörden und Museen aber auch auf die universitären Einrichtungen – wobei mit unterschiedlichen Adjektiven eine Abgrenzung zu anderen archäologischen Fächern vorgenommen wird. Die heute übliche Verwendung des Archäologie-Begriffes trägt zur besseren Wahrnehmung des Faches in der breiten Öffentlichkeit bei, finden sich doch in den Medien fast täglich Beiträge zur Archäologie aus aller Welt. Es erscheint also notwendig, das Fach in einen auch bei Laien bekannten Fächerkanon einzureihen. Weiterhin gibt es verschiedene Bemühungen, die Mittelalter- und die Neuzeitarchäologie stärker in die Fachbenennungen zu integrieren.

Archäologische Quellen haben keine zeitliche Grenze. Vor- oder Urgeschichte beginnt mit den ersten menschlichen Artefakten. Die Grenzen der Frühgeschichte und damit der Beginn der durch die schriftlichen Quellen stärker beleuchteten Zeiten sind in den Regionen der Welt höchst uneinheitlich. Dass die Archäologie gerade im Bereich der Alltagskultur für das Mittelalter weiterhin großen Wert für die Rekonstruktion von Geschichte hat, ahnt schon Eggers, in dem er die Stadtkernforschung als jungen Zweig der Archäologie anführt, einen Bereich, den wir heute als Mittelalterarchäologie bezeichnen. In den letzten Jahren wurde diese Zeitgrenze immer weiter in die Moderne verschoben. Nicht nur mittelalterliche und neuzeitliche Komplexe werden durch die spezifischen Methoden des Faches erforscht, auch Ausgrabungen aus Stätten der Zeitgeschichte sind für die Rekonstruktion der (Alltags-)Geschichte wertvoll. Hier beginnt die Einsicht, dass die seit der Frühgeschichte vorhandenen Schriftquellen nicht allein ein umfassendes Bild der Vergangenheit liefern.

Dies leitet zu den weiteren Nachbarwissenschaften über. Eggers listet in erster Linie die geisteswissenschaftlichen Nachbarwissenschaften wie die Geschichte selbst, die Philologie, die klassische und provinzialrömische Archäologie, Assyriologie, Ägyptologie, Ethnologie, Numismatik und die Kunstgeschichte auf. Im Rahmen der Naturwissenschaften wird vorrangig auf die Geologie und die Anthropologie verwiesen. Botanik und Zoologie erkennt Eggers nur "dienende" Funktion zu. Heute hingegen muss die ur- und frühgeschichtliche Archäologie eine enge interdisziplinäre Kooperation mit vielen natur- und geisteswissenschaftlichen Spezialdisziplinen pflegen, um die vergangene Kultur, Sozial- und Wirtschaftsgeschichte zu ergründen. Neben den Geisteswissenschaften ist der Wert der Naturwissenschaften für die Quelleninterpretation der Archäologie deutlich gestiegen und der Kreis der Fächer muss erheblich erweitert werden. Nicht nur die Datierungsmethoden, auch chemische und physikalische Materialanalysen, archäozoologische und archäobotanische Untersuchungen, neueste anthropologische Forschungen an alter DNA, zu Herkunftsbestimmungen mittels Strontiumisotopen oder die aus den Geowissenschaften herzuleitenden Prospektionsmethoden, bzw. mathematisch-statistische Verfahren erschließen ein hohes Erkenntnispotential für die archäologischen Quellen. Dieses wäre mit rein archäologischen Methoden nicht zu erlangen.

Einen breiten Rahmen nimmt die frühe Forschungsgeschichte in der Einführung von Hans Jürgen Eggers ein. Dies bezieht sich nicht nur auf das einleitende Kapitel, auch in den folgenden Passagen werden immer wieder ausführlich die Wissenschaftler und deren archäologische Forschungen vorgestellt. Eggers beginnt seine Ausführungen mit den vorwissenschaftlichen Sammlungen und den in Deutschland im 19. Jahrhundert zahlreich gegründeten Geschichtsvereinen. Die zeitgleich in anderen Ländern ebenfalls aufkommenden archäologischen Forschungen führen dann im Verlauf des 19. Jahrhunderts zur Wissenschaft der Prähistorie. Eggers stellt die angeführten Protagonisten detailliert mit ihren Lebensgeschichten und beruflichem Werdegang vor. Diese in der Einführung immer wiederkehrende Vorgehensweise erleichtert das Verständnis für die Handlungen und archäologischen Interpretationen der Akteure. Die Forschungsgeschichte reicht nur bis zum Beginn des 20. Jahrhunderts. Eggers hat, abgesehen von der Diskussion um die Ansätze G. Kossinnas in den letzten beiden Kapiteln, auf weitere Tendenzen im Fach fast vollständig verzichtet. In den vergangenen Jahren lenkt die Forschung wieder verstärkt ihr Augenmerk auf die Wissenschaftsgeschichte. Dabei geht es in erster Linie um die ideologische Verstrickung der Archäologie während der Zeit des Nationalsozialismus. Eine Beurteilung der Forscher bezüglich ihrer Arbeitsweise und ihrer gesellschaftlich-politischen Position fällt leichter, wenn eine ausführliche Darstellung der Lebens- und Berufswege vorliegt, so wie es auch Eggers getan hat.

Im folgenden Kapitel „Die relative Chronologie“ werden hauptsächlich die vertikale und horizontale Stratigraphie und die typologische Methode sowie die Fundkombinationen vorgestellt. Eggers erläutert ausführlich die ersten stratigraphischen Beobachtungen in paläolithischen Höhlen, stellt die Bedeutung der Straten auf dem Burghügel Hisarlik – Troia – vor und gibt einige Beispiele von Schichtenfolgen anhand vorgeschichtlicher Grabhügel. Die stratigraphische Methode ist in den vergangenen Jahren erheblich modifiziert worden. Nicht immer gibt es einfache übereinanderliegende Schichtenabfolgen, bei denen von unten nach oben die Geschichte des Fundplatzes ablesbar ist. Gerade im Bereich der Siedlungsarchäologie erfordern die hochkomplexen Abfolgen bei mittelalterlichen Stadtkerngrabungen eine verfeinerte Methode. Dies bezieht sich einerseits auf die Ausgrabung selbst, aber andererseits auch auf die Auswertungsstrategien. Während früher meist nach künstlichen Straten gegraben, also das Planum immer um einen bestimmten Wert tiefer gelegt wurde, gräbt man heute den natürlichen Schichten nach. Des Weiteren wurde gerade in Zusammenhang mit der Stadtkernarchäologie und ihrer Fülle von komplexen Stratigraphien die Harris-Matrix entwickelt. Der Engländer E. Harris zeigt, dass sich archäologische Schichten nicht grundsätzlich mit geologischen Abfolgen vergleichen lassen, da sie nicht verfestigt sind und nur räumlich begrenzt vorkommen. Durch den Menschen verursachte Eingriffe in den Boden und die damit verbundenen Ablagerungen folgen teilweise anderen Gesetzmäßigkeiten als geologische Schichten. Mit der Harris-Matrix können komplexe Schichtenabfolgen systematisch in einem Diagramm dokumentiert und die einzelnen Schichten in Bezug zueinander gesetzt werden. Korrelationen verschiedener Stratigraphien ermöglichen dann eine sichere Positionierung der Schichten in ein relatives Zeitsystem.

Die typologische Methode – nicht zu verwechseln mit der Typologie, also der eindeutigen Klassifizierung von gleichartigen Fundobjekten – erläutert Eggers anhand der Beispiele aus der nordischen Bronzezeit, die schon Montelius als Exempel dienten. Die typologische Methode – also die allmähliche lineare Entwicklung in Form und Funktion von

Artefakten bzgl. verschiedener Kriterien – erlangte in der ersten Hälfte des 20. Jahrhunderts eine hohe Bedeutung und man erhoffte sich umfassende chronologische Erkenntnisse. Doch schon Reinecke konnte für das süddeutsche Material nicht auf das System von Montelius zurückgreifen. Inzwischen ist deutlich, dass die typologische Methode selten eindeutig ist und sich kaum problemlos auf archäologische Komplexe anwenden lässt. Formenkundliche Studien von datierten Objekten zeigen, dass Entwicklungen nicht immer im evolutionistischen Sinne verlaufen, sondern dass es Brüche oder Rückgriffe auf ältere Formen gibt. Die typologische Methode im Sinne der Schaffung relativchronologischer Systeme wird heute kaum mehr angewandt. Schon Eggers weist auf diesen Umstand hin und führt in der Einführung weiter zu den Fundkombinationen. Die Methode der Fundkombination oder Kombinationsstatistik hat in den letzten Jahren, nicht zuletzt durch den Einsatz der EDV, eine immense Bedeutung gewonnen. Das gemeinsame Auftreten von Funden oder Merkmalen in einem geschlossenen Fund zeigt eine Gleichzeitigkeit von verschiedenen Objekten an. Gleiche oder ähnliche Komplexe sind zeitgleich, differierende Vergesellschaftungen sind nicht zeitgleich. In einer Tabelle bzw. Parabel können diese Zusammenhänge dargestellt werden und so die relativchronologische Nähe oder die Distanz von Fundkomplexen visualisiert werden. Während man früher nur kleinere Komplexe mit dieser Methode chronologisch ordnete, ermöglichen heute EDV-Anwendungen die Auswertung großer Datenmengen. Doch ist auch hier zu bedenken, dass einfach zu handhabende EDV-Programme es den Archäologen nicht erlassen, die Daten sorgfältig aufzubereiten und die Ergebnisse ebenso sorgfältig in Kenntnis der methodischen

Möglichkeiten und Grenzen auszuwerten. Hier wie bei den oben schon erwähnten Nachbarwissenschaften ist der Rat der Fachkollegen für die Beurteilung der Ergebnisse einzuholen.

Im Zusammenhang mit weiteren relativchronologischen Methoden erwähnt Eggers Meeresspiegelschwankungen und damit verbundene Landsenkungen bzw. Landhebungen, die bei der Wurtenforschung offensichtlich wurden. Als weitere Methode nennt er die Pollenanalyse. Beide Komplexe haben sicherlich eine relativchronologische Bedeutung. Wichtiger ist jedoch heute die Relevanz für die siedlungsarchäologische Forschung. Eggers erahnt schon die Wichtigkeit der Grabungen auf der Feddersen Wierde, die die Siedlungsarchäologie der letzten 50 Jahre maßgeblich beeinflusste. Gleiches gilt für die Pollenanalyse. Ihre chronologische Bedeutung ist unbestritten, doch die moderne Siedlungsarchäologie bzw. die Landschaftsarchäologie setzt die Kernsiedlung in Bezug zu dem weiteren Naturraum und erfasst so den Mensch in seiner ökonomischen, ökologischen und gestalteten Umwelt. Durch Pollendiagramme kann die Vegetation und damit die Wirtschaftsweise prähistorischer Siedlungen nachhaltig erforscht werden.

Das dritte Kapitel „Die absolute Chronologie" ist heute in etlichen Punkten zu ergänzen. Gültig bleibt die von Eggers vorgenommene Unterscheidung zwischen archäologisch-historischen Methoden, also der Datierung durch Vergleiche bzw. Importbeziehungen zu exakt datierten Komplexen etwa aus Hochkulturen Ägyptens oder dem römischen Pompeji und die Münzdatierung sowie den naturwissenschaftlichen Methoden (Warvenchronologie, Radio-Carbon-Datierung). Doch heute werden andere Schwerpunkte gelegt. Datierungen durch Einfuhrgüter aus Räumen, in denen die archäologischen Funde gut in ein absolutes Chronologiesystem eingehängt werden können, werden zwar weiterhin bemüht, doch man nutzt verstärkt die naturwissenschaftlichen Methoden, um unabhängige und möglichst exakte Daten zu erhalten.

Eggers bespricht ausführlich die Chronologiesysteme der mediterranen Hochkulturen und deren Bedeutung für die nordalpinen Kulturen. Einfuhrgüter aus den südlichen Gebieten können Fundkomplexe im nordalpinen Raum datieren. Er weist auf die Probleme einer sogenannten langen oder kurzen Chronologie und die damit verbundenen Unsicherheiten für die Datierungen hin. Während er für die römische Kaiserzeit eher mit kurzen Umlaufzeiten rechnet, führt er bezüglich des Beispiels der münzdatierten frühmittelalterlichen Gräber die Thesen Werners an. J. Werner hat im Rahmen seiner Dissertation über münzdatierte austrasische Grabfunde von 1935 anhand historischer Ereignisse mit einer langen Umlaufzeit der Münzen gerechnet. Wegen bestimmter politischer Ereignisse im 6. Jahrhundert vermutet er, dass die im mediterranen Raum hergestellten Münzen erst mehrere Jahrzehnte nach ihrer Prägung in den nordalpinen Raum gelangt seien. Die von Werner angegebenen Daten wurden schon Ende der 1950er Jahre durch K. Böhner korrigiert. Ebenso wie bei dem Beispiel des Childerichgrabes müssen auch bei den münzführenden frühmittelalterlichen Grabfunden die Datierungen im Bereich des Münzspiegels angesetzt werden.

Während sich der Kanon der archäologisch-historischen Methoden nicht verändert hat, wurden die naturwissenschaftlichen Methoden erheblich erweitert. Die von Eggers beschriebene Warvenchronologie hat nur eine marginale Bedeutung.

Das Potential der Radio-Carbon-Datierung, die in den 1950er Jahren entwickelt wurde, erkennt schon Eggers. Heute ist die Datierung mit Hilfe von wenigen Milligramm organischen Materials ein Standardverfahren, mit dem bis ca. 50 000 bis 60 000 Jahre alte Funde datiert werden können. Die Methode birgt allerdings für die einige Epochen Ungenauigkeiten. Bedeutender ist da die schon zu Beginn des 20. Jahrhunderts entwickelte Dendrochronologie, sicherlich die genaueste der absolutchronologischen Datierungsmethoden. Die jahrgenaue Datierung gelingt mittels der klimaabhängigen spezifischen Wachstumsringe von Bäumen, in erster Linie der Eichen, aber auch von Nadelhölzern. Heute existiert ein lückenloser Jahrringkalender bis in das 10. vorchristliche Jahrtausend. Das Spektrum der naturwissenschaftlichen Datierungsmethoden ist außerdem erheblich vergrößert worden: magnetische Datierungen, Thermoluminiszenz oder die Kalium-Argon-Methode sind nur wenige aus dem weiten Bereich, die zudem Fundkomplexe aus einer größeren zeitlichen Tiefe zeitlich fixieren können.

Unser heutiges Methodenspektrum hat sich also erheblich erweitert, die verfeinerten Methoden machen auch umfassende Korrekturen bei den absoluten archäologischen Daten notwendig. Die auf einem Schema von V. Milojčić basierende Tabelle in der „Einführung“ (Abb. 20) führt zwar die wesentlichen Kulturen in Mitteleuropa an, doch die seitlich notierten absoluten Daten sind gerade für die älteren vorgeschichtlichen Perioden deutlich zu niedrig. Die Datierungen für das heute allgemein nach Lüning untergliederte Neolithikum sind bei Eggers rund 2000 Jahre zu jung, ein deutlich höheres Alter muss vielfach gegenüber den 50 Jahre alten Angaben von Eggers angesetzt werden. Das Frühneolithikum mit der Eggers noch nicht bekannten La Hoguette Kultur bzw. das Altneolithikum mit der Linearbandkeramik wird heute in der Mitte des 6. vorchristlichen Jahrtausends angesetzt. Entsprechend sind auch die mittelneolithischen Kulturen z. B. von Rössen und Großgartach, bzw. die Stichbandkeramik älter (ca. 5000 v. Chr. bis ca. 4400 v. Chr.). Die diversen jung-, spät- und endneolithischen Kulturen waren zwischen ca. 4400 v. Chr. und ca. 2200 v. Chr. verbreitet und leiten dann über zur Bronzezeit. Die ältere Trichterbecherkultur, die erste neolithische Kultur des Nordens, ist weitgehend mit dem Jungneolithikum zu parallelisieren. Die Bronzezeit setzte Eggers erst um 1800 v. Chr. an, auch hier muss das Alter um rund 400 Jahre nach oben berichtigt werden. Die Frühbronzezeit, deren Dauer früher mit rund 200 Jahren veranschlagt wurde, umfasste nach heutigem Ermessen rund 700 bis 800 Jahre. Die Daten für die mittlere oder Hügelgräberbronzezeit (ca. 1550 bis 1200 v. Chr.) bzw. der Beginn der späten Bronzezeit oder der Urnenfelderkultur (1200 v. Chr.) sind im Großen und Ganzen korrekt. Während der Übergang von der Urnenfelderkultur zur Hallstattzeit früher um 750 v. Chr. angesetzt wurde, konnte inzwischen aufgrund dendrochronologischer Untersuchungen das Datum auf 800 v. Chr. korrigiert werden. Der Beginn der vorrömischen Eisenzeit, bzw. der Jastorfkultur im Norden und der Latènekultur im Süden, werden in der Einführung mit 600 v. Chr. bzw. 450 v. Chr. angegeben. Diese Daten haben lediglich kleinere Berichtigungen erfahren. Die Rahmendaten der römischen Kaiserzeit, dem Spezialgebiet von Hans Jürgen Eggers, bzw. des Frühmittelalters wurden in den letzten Jahren nur wenig modifiziert. Entsprechend dem damaligen Verständnis des Faches fehlen Daten für das Mittelalter und die Neuzeit.

Die Kapitel 4 und 5 sind sicherlich für die heutige Forschung immer noch die wertvollsten Abschnitte der Einführung. Kapitel 4 „Das Problem der sogenannten ‚ethnischen Deutung' vor- und frühgeschichtlicher Kulturprovinzen" und Kapitel 5 „Archäologische These, literarische Antithese, historische Synthese" zeigen die Interpretationsmöglichkeiten der Archäologie auf. Dabei beschränkt sich Eggers auf ethnische Fragestellungen bzw. den archäologischen Kulturbegriff. Die Äußerungen zur archäologischen Quellenkritik, zu den verschiedenen Befunden (Siedlung, Grab, Horte) und der damit verbundenen besonderen Quellenüberlieferung bzgl. der drei Befundarten sind heute noch von hohem Wert und werden wieder verstärkt aufgegriffen. Doch zeigen die moderne Montanarchäologie, die Wegeforschung oder der Fundplatz Kalkriese, dass das Befundspektrum erweitert werden kann. Werkplätze, Straßen oder Schlachtfelder u.a.m. lassen sich nicht in das alte dreigliedrige Schema einordnen.

Die Überleitung zum spezifischen archäologischen Kulturbegriff erfolgt über die Termini der lebenden, sterbenden und toten Kultur. Von einer ehemals umfassenden Gesamtkultur steht der Archäologie nur ein kleiner Ausschnitt für die Rekonstruktion der Vergangenheit zur Verfügung. Folglich kann die Archäologie diverse Teilbereiche einer ehemals lebenden Kultur nicht behandeln. Viele Bereiche bleiben der Archäologie verschlossen. Durch die verstärkte Einbeziehung jüngerer Epochen in den letzten Jahren können allerdings eine Vielzahl an schriftlichen, bildlichen und archäologischen Quellen genutzt werden, so dass die dichte Quellenlage auch neue Bereiche der vergangener Kulturen erschließen kann.

Eggers setzte schon 1959 die notwendigen Akzente für die Erklärung archäologischer Kulturen. Ein Weg um räumliche Strukturen von archäologischen Kulturen zu erfassen, geschieht mit Hilfe von Karten, die vergleichende archäologisch-geographische Methode. Eggers hat dieses Analyseverfahren sehr forciert und methodisch weiterentwickelt. Er sieht darin eine Möglichkeit, nicht nur allgemeine Verbreitungskarten von spezifischen Typen zu erstellen, sondern weist auch darauf hin, dass Faktoren wie Befundarten berücksichtigt werden müssen, die die Verbreitung beeinflussen. Bei Beachtung dieses quellenspezifischen Filters, kann die Aussagekraft der Karten erheblich gesteigert werden. Dies trug dazu bei, ethnische Deutungen, die aufgrund von einfachen Fundverbreitungen durchgeführt wurden, kritisch zu hinterfragen.

Die Frage nach dem Ursprung und der Herkunft der Menschen ist eine der elementarsten Fragen überhaupt. Damit eng verknüpft sind Fragen zu Völkern und Stämmen. Es ist also nicht verwunderlich, dass ethnische Bestimmungen in der archäologischen Forschung von Beginn an eine zentrale Rolle einnahmen und einnehmen. Die ethnische Deutung ist in der Ur- und Frühgeschichte Deutschlands eng mit Gustaf Kossinna verknüpft. Die Forscher der ersten Generation ordneten noch ohne fundierte Argumentation die Fundkomplexe willkürlich bestimmten Völkern zu. Kossinna versuchte, die ethnische Deutung auf eine wissenschaftliche Basis zu stellen und entwickelte die sogenannte siedlungsarchäologische Methode, die jedoch nicht mit dem heutigen Begriff der Siedlungsarchäologie zu verwechseln ist. Mit Hilfe von Kartierungen archäologischer Funde meinte er, die Siedlungsräume von Völkern – sein Interesse galt ausschließlich den

Germanen— bestimmen zu können. Dies schien Kossinna in besonderer Weise legitim, da doch für die Kaiserzeit schriftliche Quellen die Siedlungsräume der germanischen Stämme beschreiben. Schon Eggers hat erkannt, dass die Hochstilisierung der Germanen im Rahmen der ethnischen Deutung nach Kossinnas „Methode" sowie die Erklärung der Vorgeschichte zur „hervorragend nationalen Wissenschaft" zur Politisierung bzw. zum politischen Missbrauch des Faches während des Nationalsozialismus führte. Dass die Vor- und Frühgeschichte zur Stützung der nationalsozialistischen Ideologie betrug, bzw. dass etliche Prähistoriker in die politischen Gefüge der NS-Zeit verstrickt waren, wird heute nicht mehr bestritten und das Fach arbeitet dieses Kapitel der Wissenschaftsgeschichte auf.

Die Reflektion über das Fach kann es auch dazuführen, dessen Stellung im Rahmen der jeweiligen aktuellen politischen und gesellschaftlichen Lage wahrzunehmen. So hängen jetzt bevorzugte Fragestellungen zu Umwelt und Landschaftsgestaltung oder zu ethnischen Deutungen sicherlich mit gegenwärtigen gesellschaftspolitischen Themen zusammen.

Eggers wies eindrücklich darauf hin, dass schriftliche und archäologische Quellen nicht die gleichen Aussagen über ein historisches Ereignis machen müssen. Beide Quellenarten können tendenziös sein, sie müssen quellenkritisch beurteilt werden. Trotzdem werden häufig, insbesondere wenn Schriftquellen erste Anhaltspunkte liefern, die archäologischen Kulturen mit den genannten Ethnien in Verbindung gebracht. Auch Eggers nannte für die Latènezeit die Kelten und für die vorrömische Jastorf-Kultur die Germanen als Kulturträger. In der Zeit nach dem Zweiten Weltkrieg wurde nur wenig über die Möglichkeiten der ethnischen Deutungen diskutiert. Doch gerade in jüngster Zeit gerät die Frage wieder in den Fokus der Forschung. Dabei geht es nicht nur um die Übernahme von ethnischen Bezeichnungen für bestimmte mit archäologischen Hinterlassenschaften aufgefüllte Räume, sondern die Überlegungen zielen darauf ab, ob archäologische Funde und Befunde bzw. Kulturen überhaupt Ethnien widerspiegeln. Methodisch werden dabei die Ansätze aus der Soziologie und der Ethnologie übernommen. Nachdem schon die historische Forschung betont hat, dass neben der Heirats-, Friedens-, Rechts-, Siedlungs-, Traditions- sowie Sprach- und Kulturgemeinschaft die Abstammungsgemeinschaft von besonderer Bedeutung für die Bestimmung von Ethnien sind, werden heute das sogenannte Wir-Bewusstsein und die Abgrenzung nach außen hervorgehoben. Die Archäologie muss also versuchen, will sie ethnische Deutungen vornehmen, archäologische Kriterien herauszuarbeiten, die eventuell ein solches Wir-Bewusstsein ausdrücken. Dies sollten keine funktionalen Daten sein, sondern es muss nach solchen Aspekten gesucht werden, die die eigene Identität durch Symbole nach außen hin sichtbar machen. Hier wird man in erster Linie an die Bereiche der Bestattungssitten und anderer Kulte denken. So müssen nicht – wie schon Eggers betonte – die archäologischen Kulturen immer mit bestimmten Ethnien übereinstimmen, andere historische Deutungen sind ebenfalls möglich. Hinzu kommt, dass nicht nur Ethnien Wir-Gruppen sind, auch andere gesellschaftliche, soziale oder kultische Gruppen besitzen ein Wir-Bewusstsein.

Es bleibt also festzuhalten, dass die „Einführung in die Vorgeschichte“ von Hans Jürgen Eggers auch heute noch einen hohen Wert für unser Fach hat. Studienanfänger werden weiterhin erste Grundlagen durch diese Lektüre erwerben. Wenn einige Passagen heute nicht mehr dem Stand der Forschung entsprechen, die elementaren Methoden und die kritische Sicht auf die Quellen und deren Interpretationen – wie Hans Jürgen Eggers sie darstellt – haben weiterhin Gültigkeit.

Durchgesehen und ergänzt
Wien, im März 2010 Claudia Theune

SCHRIFTENVERZEICHNIS VON HANS JÜRGEN EGGERS

Abkürzungen nach Richtlinien der Römisch-Germanischen Kommission des DAI

1929

Neue Funde vom Hügelgrab in der Forst Mönchsgut auf Rügen. PZ 20, 1929, 267–271.

1930

Die vorrömische Eisenzeit Vorpommerns und Rügens (Vortragszusammenfassung). PZ 21, 1930, 304.

Zwei Urnenfriedhöfe aus der Umgebung des Dorfes Netzeband (Kr. Greifswald). In: Mitt. aus der Slg. Vaterländ. Altertümer der Univ. Greifswald 4, 1930, 17–37.

Zur Typologie und Chronologie der sogenannten „Pommerschen Fibeln". In: Mitt. aus der Slg. Vaterländ. Altertümer der Univ. Greifswald 4, 1930, 38–52.

1931

Aus der Vorgeschichte unseres Kreises Grimmen. In: Unsere Heimat. Bilder und Urkunden aus Geschichte und Volkstum des Kr. Grimmen. Hrsg. v. F. Kohls (1931), 1–16.

1932

Die magischen Gegenstände der altisländischen Prosaliteratur. Leipzig 1932.

Ein frühkaiserzeitlicher Grabfund von Poggendorf, Kreis Grimmen, Vorpommern. PZ 23, 1932, 248–260.

1933

Aus der Urgeschichte des Kreises Randow. In: Randow, ein Heimatbuch des Kreises (Magdeburg 1933), 53–58.

Die ältere Steinzeit 1: Übersicht (Karte 1); Die ältere Steinzeit 2: Die einzelnen Kulturen (Karte. 2); Die mittlere Steinzeit: Mesolithicum (Karte 5); Vorrömische Eisenzeit 1: Übersicht (Karte 17); Vorrömische Eisenzeit 2: Süddeutsche Hallstattzeit (Karte 18); Vorrömische Eisenzeit 3: Süddeutsche La-Tènezeit (Karte 19); Vorrömische Eisenzeit 4: Nordwestdeutschland (Karte 20); Vorrömische Eisenzeit 5: Ostdeutschland (Karte 21); Antiker Kultureinfluß auf Germanien. Die Runenschrift (Karte 23a); Der Kimbernzug (Karte 26); Caesars Germanenkämpfe und der Angriffskrieg des Augustus (Karte 27); Arminius und der germanische Freiheitskampf (Karte 28). Karten mit Erläuterungen. Deutscher Kulturatlas. Hrsg. v. G. Lüdtke und L. Mackensen. Gruppe: Vorzeit und Frühzeit (bis zur Völkerwanderungszeit).

1934

Bericht über die Ausgrabungen in Butzke, Kr. Belgard. In: Aus dem Lande Belgard 13, 1934, 53.

Der vorgeschichtliche Bronzeguß. In: Kolberg-Körliner Heimat-Kal. 1934, 47.

Die früheste Bronzezeit in Hinterpommern. In: Kolberg-Körliner Heimat-Kal. 1934, 34–35.

Die Pollenanalyse. In: Kolberg-Körliner Heimat-Kal. 1934, 48–49.

Die Prunkaxt von Prettmin aus der älteren Bronzezeit. In: Kolberg-Körliner Heimat-Kal. 1934, 41.

Der Schatzfund von Kölpin aus der jüngsten Bronzezeit. In: Kolberg-Körliner Heimat-Kal. 1934, 42.

Die Zeitbestimmung in der Bronzezeit. In: Kolberg-Körliner Heimat-Kal. 1934, 45–46.

Ein älterbronzezeiticher Verwahrfund von Stecklin, Kr. Greifenhagen. In: Monatsbl. d. Ges. f. Pommersche Gesch. 48, 1934, 42–44; zugl. in: Beih. zum Erwerbs- und Forschungsber. 1934, 6–8.

Ein älterbronzezeitlicher Verwahrfund von Lankow, Kr. (Schivelbein) Belgard. In: Monatsbl. d. Ges. f. Pommersche Gesch. 48, 1934, 44–45; zugl. in: Beih. zum Erwerbs- und Forschungsber. 1934, 4–6.

Ein Verwahrfund der jüngsten Bronzezeit von Bruchhoff, Kr. Dramburg. In: Monatsbl. d. Ges. f. Pommersche Gesch. 48, 1934, 61–63; zugl in: Beih. zum Erwerbs- und Forschungsber. 1934, 11–12.

Ein Gräberfeld der vorrömischen Eisenzeit bei Langenhagen, Kr. Saatzig, In: Monatsbl. d. Ges. f. Pommersche Gesch. 48, 1934, 63–64; zugl. in: Beih. zum Erwerbs- und Forschungsber. 1934, 12–14.

Ein Grabfund der jüngeren Kaiserzeit von Grabow, Kr. Regenwalde. In: Monatsbl. d. Ges. f. Pommersche Gesch. 48, 1934, 85–86; zugl. in: Beih. zum Erwerbs- und Forschungsber. 1934, 14–16.

Ein Verwahrfund der jüngeren Bronzezeit aus der Gegend von Gartz, Kr. Randow. In: Monatsbl. d. Ges. f. Pommersche Gesch. 48, 1934, 109–110; zugl. in: Beih. zum Erwerbs- und Forschungsber. 1934, 10–11.

Ein Schatzfund der mittleren Bronzezeit von Roderbeck, Kr. Greifenhagen. In: Monatsbl. d. Ges. f. Pommersche Gesch. 48, 1934, 133–135; zugl. in: Beih. zum Erwerbs- und Forschungsber. 1934, 8–10.

Zwei steinzeitliche Gräber bei Brusenfelde, Kr. Greifenhagen. In: Monatsbl. d. Ges. f. Pommersche Gesch. 48, 1934, 148–150; zugl. in: Beih. zum Erwerbs- und Forschungsber. 1934, 3–4.

Eine verzierte Rehgeweihharpune aus der Oder bei Podejuch. In: Monatsbl. d. Ges. f. Pommersche Gesch. 48, 1934, 179–180; zugl. in: Beih. zum Erwerbs- und Forschungsber. 1934, 3.

Aus der Vorgeschichte von Starkow und Umgegend. In: Der Pommersche Bauer. Zeitschr. der Landesbauernschaft Pommern 1, 1934, 161.

Vorgeschichte des Kreises Ückermünde. In: Unser Pommernland 19, 1934, 250–253.

1935

Die Germanen im Kreise Lauenburg. In: Heimatkalender des Kreises Lauenburg 30, 1935, 51ff.

Ein Grabfund der ältesten Bronzezeit von Schleffin, Kr. Greifenberg. In: Monatsbl. d. Ges. f. Pommersche Gesch. 49, 1935, 14–15; zugl. in: Beih. zum Erwerbs- und Forschungsber. 1935, 10–11.

Ein Grabfund der jüngeren römischen Kaiserzeit von Schwolow, Kr. Stolp. In: Monatsbl. d. Ges. f. Pommersche Gesch. 1935, 30–31; zugl. in: Beih. zum Erwerbs- und Forschungsber. 1935, 20–21.

Ein Goldring der Wikingerzeit von Hiddensee. In: Monatsbl. d. Ges. f. Pommersche Gesch. 1935, 91–92; zugl. in: Beih. zum Erwerbs- und Forschungsber. 1935, 23–24.

Das Gräberfeld von Rosenfelde-Abbau, Kr. Regenwalde. In: Monatsbl. d. Ges. f. Pommersche Gesch. 1935, 173–178; zugl. in: Beih. zum Erwerbs- und Forschungsber. 1935, 11–16.

Ein Schatzfund der Völkerwanderungszeit von Schwellin, Kr. Köslin (ehem. Kr. Bublitz). In: Monatsbl. d. Ges. f. Pommersche Gesch. 1935, 194–196; zugl. in: Beih. zum Erwerbs- und Forschungsber. 1935, 22.

Ein jungbronzezeitlicher Verwahrfund und ein Haus von Böck, Kr. Randow. In: Monatsbl. d. Ges. f. Pommersche Gesch. 1935, 208–212; zugl. in: Beih. zum Erwerbs- und Forschungsber. 1935, 16–19.

zus. mit H. Bollnow: Vor- und Frühgeschichte des Kreises Bublitz. In: Unser Pommernland 1935, 3–4 (Sonderheft „Das Land Bublitz").

1936

Ein Grabfund der jüngeren Kaiserzeit von Langenhagen, Kr. Greiffenberg. In: Monatsbl. d. Ges. f. Pommersche Gesch. 50, 1936, 55–57; zugl. in: 2. Beih. zum Erwerbs- und Forschungsber. 1936, 30–32.

Von Runenzauber und Geheimrunen. Neues vom Körliner Runenring. In: Monatsbl. d. Ges. f. Pommersche Gesch. 50, 1936, 57–59; zugl. in: 2. Beih. zum Erwerbs- und Forschungsber. 1936, 32–35.

Vier Bronze-Verwahrfunde vom Ramsberg, Kr. Kammin. Monatsbl. d. Ges. f. Pommersche Gesch. 50, 1936, 92–94; zugl. in: Beih. zum Erwerbs- und Forschungsber. 1936, 12–15.

Ein jungsteinzeitliches Hügelgrab bei Siegelkow, Kr. Kammin. In: Monatsbl. d. Ges. f. Pommersche Gesch. 50, 1936, 95; zugl. in: 2. Beih. zum Erwerbs- und Forschungsber. 1936, 9–10.

Das Gräberfeld von Langenhagen, Kr. Saatzig. In: Monatsbl. d. Ges. f. Pommersche Gesch. 50, 1936, 128–139; zugl. in: 2. Beih. zum Erwerbs- und Forschungsber. 1936, 9.

Das Fürstengrab von Bahn, Kr. Greifenhagen, und die germanische Landnahme in Pommern. In: Baltische Stud. N.F. 38, 1936, 1–47; zugl.: 1. Beih. zum Erwerbs- und Forschungsber. 1936.

Buchbespr.: C. Engel, Vorgeschichte der altpreußischen Stämme 1 (Königsberg 1935. In: Baltische Stud. N.F. 38, 1936, 436–437.

Buchbespr.: E. Sturms, Die ältere Bronzezeit im Ostbaltikum. Vorgesch. Forschungen 10 (Berlin 1935). In: Baltische Stud. N.F. 38, 1936, 438–439.

Buchbespr.: W. Bohm, Die ältere Bronzezeit in der Mark Brandenburg (Berlin/ Leipzig 1935). In: Baltische Stud. N.F. 38, 1936, 439–440.

Lücken der Vorgeschichtsforschung in Ostpommern. In: Heimatkal. Kr. Lauenburg 31, 1936, 62–64.

Die Hügelgräber (Bz. Per. IV) von Klein-Reichow, Kr. Belgard. In: Aus dem Lande Belgard 15, 1936, 2.

Das Gräberfeld und der Vogelwagen von Rosenfelde-Abbau, Kr. Regenwalde. In: Heimatkal. Kr. Regenwalde, 1936, 67–73.

Buchbespr.: Zu den Schriften Gunnar Ekholms über römischen Import in Skandinavien (Sammelrezension). In: Germania 20, 1936, 146–150.

1937

Die Bevölkerung Ostpommerns in vor- und frühgeschichtlicher Zeit. In: Nachrichtenbl. d. Fam. von Kleist 6, 1937, 44–46.

Eine Fundkarte zur älteren Bronzezeit Mittelpommerns. In: Monatsbl. d. Ges. f. Pommersche Gesch. 51, 1937, 115–116; zugl. in: Beih. zum Erwerbs- und Forschungsber. 1937, 23–25.

Ein frühkaiserzeitliches Brandgrab von Leckow, Kr. Belgard (ehem. Schivelbein). In: Monatsbl. d. Ges. f. Pommersche Gesch. 51, 1937, 137–139; zugl. in: Beih. zum Erwerbs- und Forschungsber. 1937, 28–30.

Ein kaiserzeitliches Skelettgräberfeld bei Denzin, Kr. Belgard. In: Monatsbl. d. Ges. f. Pommersche Gesch. 51, 1937, 173–179; zugl. in: Beih. zum Erwerbs- und Forschungsber. 1937, 31–37.

Zu den beiden Karten der Steinkistengräberkultur. In: Monatsbl. d. Ges. f. Pommersche Gesch. 51, 1937, 180–182; zugl. in: Beih. zum Erwerbs- und Forschungsber. 1937, 25–28.

Zur Karte der wendisch-wikingerzeitlichen Grabfunde in Ostpommern. In: Monatsbl. d. Ges. f. Pommersche Gesch. 51, 1937, 183–184; zugl. in: Beih. zum Erwerbs- und Forschungsber. 1937, 37–39.

Fundkarten zur Ur- und Frühgeschichte Hinterpommerns. Mit 1 Karte der Völkerwanderungszeit von H. Bollnow. Hrsg. v. Pommerschen Landesmus (Stettin 1937).

Buchbespr.: W. Petzsch, Mitteilungen aus der Sammlung Vaterländischer Altertümer der Universität Greifswald 9, 1936. In: Baltische Stud. 39, 1937, 388.

Buchbespr.: J. Baas/A. Brackmann/O. Doppelfeld/H. Lüpke/W. Unverzagt, Zantoch, eine Burg im deutschen Osten. Deutschland und der Osten 5, 1. Teil (Leipzig 1936). In: Baltische Stud. N.F. 39, 1937, 388–389.

Buchbespr.: W. La Baume, Kulturen und Völker der Frühzeit im Preußenland (Königsberg 1937). In: Baltische Stud. 39, 1937, 389.

Buchbespr.: J. Kostrzewski, The Prehistory of Polish Pomerania (Thorn 1936). In: Baltische Stud. 39, 1937, 390.

Buchbespr.: W. Bohm, Vorgeschichte des Kreises Westprignitz (Leipzig 1937). In: Baltische Stud. N.F. 39, 1937, 390.

Buchbespr.: K. Langenheim, Die Tonware der Riesensteingräber in Schleswig-Holstein (Neumünster 1935). In: Baltische Stud. 390–391.

1938

Altgermanische Bronzetechnik in Pommern. In: Pommersches Handwerksblatt 38, 1938, 26–28.

Das Wikingergrab von Zwilipp, Kr. Kolberg-Körlin. In: Monatsbl. d. Ges. f. Pommersche Gesch. 52, 1938, 7–9; zugl. in: Beih. zum Erwerbs- und Forschungsber. 1938, 22–24; zugl. in: Kolberg-Körliner Keimat-Kal. 1938, 68.

Das älterbronzezeitliche Gräberfeld von Spinnkaten bei Treptow a.R., Kr. Greifenberg. In: Monatsbl. d. Ges. f. Pommersche Gesch. 52, 1938, 33–41; zugl. in: Beih. zum Erwerbs- und Forschungsber. 1938, 6–13.

Ein älterbronzezeitliches Körpergrab von Kucklow, Kr. Kammin. In: Monatsbl. d. Ges. f. Pommersche Gesch. 52, 1938, 126–128; zugl. in: Beih. zum Erwerbs- und Forschungsber. 1938, 3–4.

Die Frühlatènefibel von Marsdorf bei Gollnow, Kr. Naugard. In: Monatsbl. d. Ges. f. Pommersche Gesch. 52, 1938, 160–161; zugl. in: Beih. zum Erwerbs- und Forschungsber. 1938, 14.

Ein kaiserzeitliches Skelettgrab von Stuchow, Kr. Kammin. In: Monatsbl. d. Ges. f. Pommersche Gesch. 52, 1938, 196–198; zugl. in: Beih. zum Erwerbs- und Forschungsber. 1938, 17–19.

Ein älterbronzezeitlicher Grabfund von Klein Moitzow, Kr. Greifenberg. In: Monatsbl. d. Ges. f. Pommersche Gesch. 52, 1938, 214–215.

Ein kaiserzeitlicher Grabfund von Klein Moitzow, Kr. Greifenberg. In: Monatsbl. d. Ges. f. Pommersche Gesch. 52, 1938, 215–216.

Das spätgermanische Gräberfeld bei Denzin, Kr. Belgard. In: Das Bollwerk. Zeitschr. für die Pommersche Heimat 9, 1938, 41–43.

Aus der Urzeit des Kreises Greifenberg. In: Das Bollwerk. Zeitschr. für die Pommersche Heimat 9, 1938, 105–108.

Übersicht über die vorgeschichtlichen Funde. In: Die Kunst- und Kulturdenkmäler der Provinz Pommern. Kreis Bütow (Stettin 1938), 19–24.

zus. mit G. Giesen: Die Vorgeschichte des Kreises Rummelsburg. In: Der Kreis Rummelsburg. Ein Heimatbuch (Stettin 1938), 27–40; zugl. Sonderheft. Hrsg. v. Pommerschen Landesmuseum (Stettin 1938).

Die Vor- und Frühgeschichte im Pommerschen Landesmuseum. Ein Gang durch die Urgeschichtliche Abteilung. In: Nachrichtenbl. d. Stettiner Verkehrsver. 12, 3, 1938, 6–8.

Buchbespr.: H. Hoffmann, Die Gräber der jüngeren Bronzezeit in Holstein (Neumünster 1938). In: Baltische Stud. N.F. 40, 1938, 378.

Buchbespr.: F. Tischler, Fuhlsbüttel. Ein Beitrag zur Sachsenfrage (Neumünster 1937). In: Baltische Stud. 40, 1938, 379.

Buchbespr.: W. Wegewitz, Die langobardische Kultur im Gau Moswidi (Niederelbe) zu Beginn unserer Zeitrechnung (Hildesheim 1937). In: Baltische Stud. 40, 1938, 378.

1939

Ein Gräberfeld der wendisch-wikingischen Zeit bei Barvin, Kr. Rummelsburg. In: Monatsbl. d. Ges. f. Pommersche Gesch. 53, 1939, 45–47; zugl. in: 3. Beih. zum Erwerbs- und Forschungsber. 1939, 18–21.

Das wendisch-wikingische Gräberfeld von Neppermin auf Usedom. In: Monatsbl. d. Ges. f. Pommersche Gesch. 53, 1939, 183–188; zugl. in: 3. Beih. zum Erwerbs- und Forschungsber. 1939, 13–18.

Natürliche Erkenntnisgrenzen bei vorgeschichtlichen und volkskundlichen Fundkarten. In: Beitr. z. Volkskde. Pommerns (Greifswald 1939), 166–173; zugl. in: 1. Beih. zum Erwerbs- und Forschungsber. 1939, 3–10.

Vorzeitfunde aus dem Regenwalder Kreise. In: Heimatkal. Kr. Regenwalde 17, 1939, 38–42.

Die Vorgeschichte des Kreises Kammin. In: Die Kunst- und Kulturdenkmäler der Provinz Pommern. Kr. Kammin Land (Stettin 1939), 24–32.

zus. mit W. Borchers: Beiträge zur Vorgeschichte und Volkskunde (Greifswald 1939).

Lübsow, ein germanischer Fürstensitz des 1. und 2. Jahrhunderts n. u. Ztr. Habil.schr., maschinenschriftl. (Rostock 1939).

1940

Das römische Einfuhrgut im freien Germanien. In: Bericht über den VI. internationalen Kongreß für Archäologie, Berlin 1939. Hrsg. von Wegner (Berlin 1940), 569–574.

Das römische Einfuhrgut in Pommern. In: Baltische Stud. N.F. 42, 1940, 1–35; zugl.: Beih. z. Erwerbungs- und Forschungsber. 1940.

zus. mit B. Stuth: Das germanische Gräberfeld von Gustow auf Rügen. In: Pommersches Jb. 34, 1940, 118–126.

Das bronzezeitliche Hügelgrab von Fanger, Kr. Naugard. In: Nachrichtenbl. Dt. Vorzeit 16, 1940, 178–179.

Das älterkaiserzeitliche Gräberfeld von Krummin auf Usedom. In: Nachrichtenbl. Dt. Vorzeit 16, 1940, 186–189.

Hausurnen in Pommern. In: Mitt. aus der Slg. Vaterländischer Altertümer der Univ. Greifswald 11–12, 1940, 117–125.

Buchbespr.: W.-D. Asmus, Tonwarengruppen und Stammesgrenzen in Mecklenburg während der ersten beiden Jahrhunderte nach der Zeitenwende (Neumünster 1938). In: Baltische Stud. N.F. 42, 1940, 359–360.

Buchbespr.: D. Bohnsack, Die Burgunden in Ostdeutschland und Polen während des letzten Jahrtausends v. Chr. (Leipzig 1938). In: Baltische Stud. N.F. 42, 1940, 359.

Buchbespr.: R. Schindler, Die Besiedelungsgeschichte der Goten und Gepiden im unteren Weichselraum auf Grund der Tongefäße (Leipzig 1940). In: Baltische Stud. 42, 1940, 359.

Buchbespr.: E. Petersen, Der Ostelbische Raum als germanisches Kraftfeld im Lichte der Bodenfunde des 6.–8. Jahrhunderts (Leipzig 1939). In: Baltische Stud. 42, 1940, 360–361.

1941

Germanisches und Römisches aus Wedderwill. In: Heimatkal. Kr. Regenwalde 19, 1941, 77.

„Thränengefäß“ oder Bronzebeil. Aus einem alten Stargordter Tagebuch. In: Heimatkal. Kr. Regenwalde 19, 1941, 77–78.

Das Gräberfeld von Wartin, Kreis Greifenhagen. In: Das Bollwerk. Monatsschr. f. Kultur u. Heimat in Pommern 12, 1941, 143–146.

Die Ostgermanische Stein(kisten)gräberkultur. In: Heimatkal. Kr. Lauenburg 36, 1941, 115–118.

1942

Die Grabfunde von Klein Moitzow, Kr. Greifenberg. In: Heimatklänge, Treptow a.d. Rega 19, 1942, 1–2.

1943

Das älterbronzezeitliche Gräberfeld von Spinnkaten bei Treptow (Rega), Kr. Greifenberg/Pommern. In: Heimatklänge. Monatsbeil. Treptower Generalanz. 20, 1943, 18f.

1949

Tätigkeitsbericht der vorgeschichtlichen Abteilung des hamburgischen Museums für Völkerkunde und Vorgeschichte 1946–1948. In: Hammaburg 1, 1948/49, 49–51.

Urgeschichtliche Fachliteratur 1945–48. In: Hammaburg 1, 1948/49, 71–73; 159–160; 237–240.

Das Körpergrab von Woldeck, Mecklenburg-Strelitz. In: Hammaburg 1, 1948/49, 230–237.

1950

Lübsow, ein germanischer Fürstensitz der älteren Kaiserzeit. In: PZ 34/35, 1949/50, 2. H., 58–111.

Die vergleichende geographisch-kartographische Methode in der Urgeschichtsforschung. In: AGeo 1, 1950, 1, 1–8.

Das Problem der ethnischen Deutung in der Frühgeschichte. In: Ur- und Frühgeschichte als historische Wissenschaft. Festschr. E. Wahle (Heidelberg 1950), 49–59.

Archaeologia Geographica. Beiträge zur vergleichenden geographisch-kartographischen Methode in der Urgeschichtsforschung. Hrsg. v. H.J. Eggers, 1, 1950–8/9, 1959/60, ab 3/4, 1951 zus. mit R. Hachmann u. H. Jankuhn.

1951

Der römische Import im freien Germanien. Atlas d. Urgesch. 1 (Hamburg 1951).

Atlas der Urgeschichte (Hamburg 1951ff.)

1952

Karte des römischen Imports im freien Germanien. 1:200.000 (Hamburg 1952).

Die dänische Urgeschichtsliteratur von 1939–1951. In: Hammaburg 3, 1951/52, 88–98.

1953

Beihefte zum Atlas der Urgeschichte. Hamburg 1, 1953–11, 1969. Hrsg. v. H.J. Eggers.

1955

Die römischen Bronzegefäße von der Saalburg. In: SaalbJb XIV, 1955, 45–49.

Zur absoluten Chronologie der römischen Kaiserzeit im Freien Germanien. In: JbRGZM 2, 1955, 196–244.

Die Mittel-Latènezeit in Mittelpommern. In: Baltische Stud. N.F. 43, 1955, 13–16.

Festschrift für E. Sprockhoff zum 60. Geburtstag. JbRGZM, 2, 1955. Hrsg. v. H.J. Eggers und J. Werner (Mainz 1955).

1956

Inventarwerk über vorgeschichtliche Altertümer der ehemaligen Provinz Pommern. In: Lauenburgische Heimat. Zeitschr. d. Heimatbund und Geschichtsvereins Herzogtum Lauenburg e.V. N.F. 12, 1956, 8–10.

Atlas der Urgeschichte. In: Lauenburgische Heimat. Zeitschr. d. Heimatbund und Geschichtsvereins Herzogtum Lauenburg e.V. N.F. 12, 1956, 45–50.

Die römische Frauenkopfattache von Luhmühlen, Kr. Harburg, und ihre Zeit. In: Zur Ur- und Frühgeschichte Nordwestdeutschlands. Festschr. K. H. Jacob-Friesen. Hrsg. v. P. Zylmann (Hildesheim 1956), 212–217.

1959

Der „Atlas der Urgeschichte" und die „Tabula Imperii Romani". In: Limes Romanus-Konferenz Nitra 1957 (Bratislava 1959), 117–129.

Einführung in die Vorgeschichte (München 1959).

Grabfunde der Völkerwanderungszeit aus Pommern. In: Baltische Stud. N.F. 46, 1959, 13–28.

Der Wagen Odins. Ein Beitrag zur Frühzeit der Vorgeschichtsforschung in der Mark Brandenburg. In: Festschr. O.F. Gandert. Berliner Beitr. z. Vor- und Frühgesch. 2 (Berlin 1959), 31–41.

1960

Beiträge zur relativen und absoluten Chronologie der römischen Kaiserzeit in Niedersachsen. In: Die Kunde N.F. 11, 1960, 2–13.

Die wendischen Burgwälle in Mittelpommern. In: Baltische Stud. N.F. 47, 1960, 13–46.

Berichte der Kuratoren: Pommern – Vorgeschichte, 1.4.1959–31.3.1960. Tätigkeitsbericht. In: Baltische Stud. N.F. 47, 1960, 162–163.

zus. mit W. Antoniewicz, Der „Archäologische Weltatlas" und der „Atlas der Urgeschichte". In: Arch. Geogr. 8/9, 1959/60, 1–6.

Buchbespr.: J. Kostrzewski, Kultura Łużycka na Pomorzu [Die Lausitzer Kultur in Pommern] (Posen 1958). In: Arch. Geogr. 8/9, 1959/60, 51–55.

Baltische Studien. Schriftleitung ab N.F. 47, 1960, Hrsg. v. H.J. Eggers und E. Aßmann.

1961

Inleiding tot de wetenschap der prehistorie [Einführung in die Vorgeschichte]. Nederlands van A. van Agen (Utrecht 1961).

Die Bedeutung Rügens für die ältere Bronzezeit. In: Greifswald-Stralsunder Jb. 1, 1961, 19–25.

Zur absoluten Chronologie der römischen Kaiserzeit im freien Germanien. In: Bericht über den V. Internationalen Kongreß für Vor- und Frühgeschichte Hamburg, August 1958. Hrsg. v. G. Bersu (Berlin 1961), 251, 75.

Pommersche Vorgeschichtsforschung im Exil (1945–60). In: Baltische Stud. N.F. 48, 1961, 75–104.

1962

Die Bedeutung Englands für die absolute Chronologie der Kaiserzeit. In: PZ 40, 1962, 282.

Buchbespr.: W. Wegewitz, Die Urnenfriedhöfe von Dohren und Daensen im Kreise Harburg aus der vorrömischen Eisenzeit (Hildesheim 1961). In: Harburger Jb. 10, 1961/62, 166–167.

Buchbespr.: W. Wegewitz, Der Urnenfriedhof von Ehestorf-Vahrendorf im Kreise Harburg aus der vorrömischen Eisen- und der ältere römischen Kaiserzeit (Hildesheim 1962). In: Harburger Jb. 10, 1961/62, 168.

Nachruf auch H. Gummel 1891–1962. In: Die Kunde N.F. 13, 1962, 2–5.

1963

Römische Bronzegefäße in Italien. In: PZ 41, 1963, 218–219.

Karte der älteren Bronzezeit (Pommern) mit Erläuterungen. 1:350 000. Veröff. d. Hist. Komm. f. Pommern. Hrsg. v. F. Engel. Reihe III: Historischer Atlas von Pommern N.F. Karte 4 (Köln/Graz 1963).

Die Bibliothek der Gesellschaft (für Pommersche Geschichte, Altertumskunde und Kunst e.V.). In: Baltische Stud. N.F. 49, 1962/63, 142.

Buchbespr.: E. Reinbacher, Börnicke. Ein ältereisenzeitlicher Urnenfriedhof im Havelland. Teil 1 (Berlin 1963). In: PZ 41, 1963, 243–246.

Nachruf auf K. Waller 1892–1963. In: Nachr. Nieders. Urgesch. 32, 1963, 133–137.

1964

Pommersche Funde und Ausgrabungen aus den 30er und 40er Jahren. Tafelband. 10. Beih. zum Atlas der Urgesch. (Hamburg 1964).

Das Gräberfeld von Langenhagen, Kr. Saatzig. In: Baltische Stud. N.F. 50, 1964, 7–12.

Das kaiserzeitliche Gräberfeld von Pollwitten, Kr. Mohrungen, Ostpreußen. In: JbRGZM 11, 1964, 154–175.

Die Herthaburg auf Rügen. In: Varia Archaeologica. Festschr. W. Unverzagt (Berlin 1964), 255–260.

Die Kunst der Germanen in der Eisenzeit. In: Kunst der Welt. Kelten und Germanen in heidnischer Zeit (Baden-Baden 1964), 5–87.

Vor- und Frühgeschichte des Kreises Greifenberg. In: Unser Pommern. Vierteljahschr. f. Heimat und Volkstum 2, 1964, 1–12.

Buchbespr.: E. Murawski, Der deutsche Wehrmachtbericht 1939–1945, ein Beitrag zur Untersuchung de geistigen Kriegsführung (Boppard a. R. 1962). In: Baltische Stud. N.F. 50, 1964, 93.

Buchbespr.: W. Ohle/G. Baier, Die Kunstdenkmale des Kreises Rügen (Leipzig 1963). In: Baltische Stud. N.F. 50, 1964, 94.

1965

Zum 70. Geburtstag von O. Kunkel. In: Baltische Stud. N.F. 51, 1965, 7–12.

Oberst a.D. Diether v. Kleist. In: Baltische Stud. N.F. 51, 1965, 12–14.

zus. mit. K. Passarge: 140 Jahre wissenschaftliche Arbeit an der Ostsee. In: Baltische Stud. N.F. 51, 1965, 127–138.

Der Grabfund von Markkleeberg-Gautzsch bei Leipzig. In: Studien aus Alteuropa. Hrsg. v. R. v. Uslar. Teil 2. Beih d. BJb 10, 2 (Bonn 1965), 201–207.

Eine römische Kasserolle aus der Weser bei Bremen und ihr Kreis. In: BremABl 4, 1965, 18–38.

Die silberne Prunkfibel von Schwellin, Kr. Bublitz. In: Unser Pommern 1965/1, 8–11.

Prof. Dr. O. Kunkel zum 70. Geburtstag. In: Unser Pommern 2, 1965/2, 41.

Pommersche Vorgeschichtsfunde in Hamburg ausgestellt. In: Unser Pommern 3, 1965/3, 28–29.

Zur Umwelt der Fürstengräber von Marwedel I und II. In: Die Kunde N.F. 16, 1965, 95–99.

Buchbespr.: K. Majewski, Importy Rzymskie w Polsce [Römischer Import in Polen] (Warszawa/Wrocław 1960). In: PZ 43, 1965, 195–197.

Buchbespr.: W. Wegewitz, Der Urnenfriedhof Hamburg-Marmstorf (Hildesheim 1964). In: Harburger Jb 11, 1963/64, 214–215.

Buchbespr.: W. Wegewitz, Der Urnenfriedhof von Hamburg-Langenbek (Hildesheim 1965). In: Harburger Jb 11, 1963/64, 215–216.

1966

Das Franzosengrab von Gartz an der Oder. In: Unser Pommern 1966/4, 10–14.

Vorgeschichtliche Bernsteinarbeiten aus Pommern. In: Unser Pommern 4, 1966/1, 24–27.

Römische Bronzegefäße in Britannien. In: JbRGZM 13, 1966/1, 67–164.

1967

Pommersche Schwerter der späten Wendenzeit und das „Reichsschwert" in der kaiserlichen Schatzkammer in Wien. In: Pommern 5, 1967/2, 4–5.

Der goldene Halsring von Peterfitz. In: Unser Pommern 5, 1967/3, 24–25.

Tierstile bei Felsbildern im nordischen Raum. In: Studium Generale 20/3, 1967, 185–189.

Vor- und Frühgeschichte des Kreises Lauenburg. In: Heimatbuch Lauenburg/ Pommern (Gummersbach 1967), 103–130.

1968

Aquileja und Pompeji. Ergebnisse einer Museumsreise durch Italien 1962. In: Studien zur europäischen Vor- und Frühgeschichte. Hrsg. v. M. Claus, W. Haarnagel und K. Raddatz (Neumünster 1968), 104–107.

Geleitwort *und* Beginn und Entwicklung der Vorgeschichtsforschung in Pommern. In: Pommern, Sonderheft Pomerania, 1968, 40–43.

Vorgeschichte von Stettin. In: Pommern 6, 1968/1,12–14.

Pommersche Vorgeschichtsfunde als religionsgeschichtliche Quelle. In: Pommern 6, 1968/1, 14–15.

Vor- und Frühgeschichte des Kreises Kolberg. In: Der Kreis Kolberg-Körlin. Hrsg. v. R. Staberock (Neumünster 1968), 62–90.

Ein spätrömisches Bronzesieb aus Hamburger Privatbesitz. In: PZ 46, 1968, 123–124.

Wikinger-Runen aus Pommern. In: Baltische Stud. N.F. 54, 1968, 7–13.

1969

Pommersche Funde und Ausgrabungen aus den 30er und 40er Jahren. Textband. 11. Beih. zum Atlas der Urgeschichte. Hrsg. v. H. J. Eggers (Hamburg 1969).

Das Gräberfeld von Wartin-Günz, Kreis Randow. In: 11. Beih. zum Atlas der Urgeschichte (Hamburg 1969), 39–74.

Der wendische Hacksilberfund von Stöckow, Kr. Kolberg, und der Dom zu Speyer. In: Pommern 7, 1969/3, 17–19.

Einleitung. In: A. Beck: Die wendischen Grabfunde aus Pommern. In: Baltische Stud. N.F. 55, 1969, 7.

E. Murawski 75 Jahre. In: Baltische Stud. 55, 1969, 127–128.

1970

Buchbespr.: J. Ozols, Die baltische Steinkistenkultur (Berlin 1969). In: Baltische Stud. N.F. 56, 1970, 95–97.

Buchbespr.: J. Wojtasik, Cmentarzysko Wczesnośredniowieczne ma wzgórzu „Młynówka" w Wolinie (Szczecin 1964). In: Baltische Stud. 56, 1970, 96–97.

1971

Der römische Import in der Tschechoslowakei und seine Bedeutung für das Gesamtproblem der römischen Kaiserzeit im freien Germanien. In: Actes du VIIe Congrès International des Sciences Préhistoriques et Protohistoriques, Prague 1966, 2, VIème section (Prag 1971), 919.

Vineta. In: Pommern 9, 1971/4, 24–28.

Nachrufe, Schwere Verluste für die Vorgeschichtsforschung. In: Baltische Stud. N.F. 1971, 98.

1972

Römische Funde aus der Mark Brandenburg im Staatlichen Museum für Vor- und Frühgeschichte zu Berlin. In: Ausgr. in Berlin 3, 1972 (1973), 90–95.

Ein reiches Skelettgrab mit römischem Import aus Arnswalde, Kr. Arnswalde. In: Pommern 10, 1972/3, 13–15.

Vor- und Frühgeschichte. Der Kreis Neustettin. In: Ein pommersches Heimatbuch. Hrsg. v. H. Rogge und F. Stelter (Würzburg 1972), 39–55.

Buchbespr.: K. Rosenow, Herzogschloß und Kreisheimatmuseum zu Rügenwalde (Rottenburg/Neckar 1972). In: Baltische Stud. N.F. 58, 1972, 147.

1973

Eine neue Theorie zur Herkunft der sogenannten Jastorf-Kultur. In: Harburger Jb 13, 1968–72 (1973), 54–57.

Die Gesellschaft für pommersche Geschichte, Altertumskunde und Kunst. In: Pommern 11, 1973/3, 8–11.

Vor- und frühgeschichtliche Schiffsfunde aus Pommern. In: Pommern 11, 1973/2, 18–20.

Artikel „Arnswalde". In: Reallex. Germ. Altertumskunde 1, 1973, 433.

Artikel „Augenfibel". In: Reallex. Germ. Altertumskunde 1, 1973, 480–484.

Nachruf auf E. Höpken. In: Baltische Stud. N.F. 59, 1973, 74.

1974

Methodik der Prähistorie. In: Enzyklopädie der geisteswissenschaftlichen Arbeitsmethoden 10. Lfg., Geisteswissenschaften und Archäologie (München/Wien 1974), 145–215.

Einführung in die Vorgeschichte. 2. Aufl. (München 1974).

1975

Kelten und Germanen in heidnischer Zeit. Kunst der Welt. Unveränderter Nachdruck (Baden-Baden 1975).

Aus der Frühzeit der Vorgeschichtsforschung in Pommern. In: Pommern 13, 1975/1, 30–32.

1976

Zur absoluten Chronologie der römischen Kaiserzeit im Freien Germanien. In: Aufstieg u. Niedergang d. röm. Welt II, 5.1, 1976, 3–64.

1978

Funde der wendisch-wikingischen Zeit in Pommern. Textband (Kiel 1978).

1981

Aus der Vorgeschichte des Kreises Ueckermünde. In: Der Kreis Ueckermünde bis 1945 (1981), 341–344.

Einführung in die Vorgeschichte (japanische Ausgabe, Tokyo 1981).

1985

Funde der wendisch-wikingischen Zeit in Pommern. Tafelband (Kiel 1985).

1986

Einführung in die Vorgeschichte. 3. Auflage (München/Zürich 1986).

2001

zus. mit Peter F. Stary: Funde der Vorrömischen Eisenzeit, der Römischen Kaiserzeit und der Völkerwanderungszeit in Pommern (Lübstorf 2001).

2004

Einführung in die Vorgeschichte. 4. Auflage (Berlin 2004).

2006

Einführung in die Vorgeschichte. 5. Auflage (Schöneiche b. Berlin 2006).

2010

Einführung in die Vorgeschichte. 6. Auflage (Schöneiche b. Berlin 2010).

AUSWAHLBIBLIOGRAPHIE

Zusammengestellt von Claudia Theune

Epochen

Überblicksliteratur

L.R. Binford, Die Vorzeit war ganz anders (München 1984).

N.J. Conard, Woher kommt der Mensch? (Tübingen 2004).

B. Cunliffe (ed.), The Oxford Illustrated Prehistory of Europe (Oxford 1994).

M.K.H. Eggert, Archäologie. Grundzüge einer historischen Kulturwissenschaft (Tübingen 2006).

M.K.H. Eggert/S. Samida, Ur- und Frühgeschichtliche Archäologie (Tübingen 2009).

M. Fansa/Fr. Both/H. Haßmann (Hrsg.), Archäologie Land Niedersachsen. 400 000 Jahre Geschichte (Odenburg 2004).

R. Feustel (Hrsg.), Typentafeln zur Ur- und Frühgeschichte (Weimar 1972) (Ergänzungen 1980).

U. von Freeden/S. von Schnurbein (Hrsg.), Spuren der Jahrtausende. Archäologie und Geschichte in Deutschland (Stuttgart 2002).

H.-J. Häßler, (Hrsg.), Ur- und Frühgeschichte in Niedersachsen (Stuttgart 1991).

J. Herrmann (Hrsg.), Archäologie in der Deutschen Demokratischen Republik (Stuttgart, Leipzig 1989).

F.-R. Herrmann/A. Jockenhövel (Hrsg.), Die Vorgeschichte Hessens (Stuttgart 1990).

Inventaria Archaeologica – Corpus des ensembles archaeologiques (Bonn 1953).

R.G. Klein, The Human Career, Human Biological an Cultural Origins (Chicago 1999).

H. Meller (Hrsg.), Schlachtfeldarchäologie. Battlefield Archaeology (Halle 2009).

W. Menghin, Kelten, Römer und Germanen (München 1980).

Menschen, Zeiten, Räume. Archäologie in Deutschland. Begleitband zur gleichnamigen Ausstellung (Stuttgart 2002).

H. Müller-Karpe, Handbuch der Vorgeschichte. Bd. 1, Altsteinzeit (München 1966); Bd. 2, Jungsteinzeit (München 1968); Bd. 3, Kupferzeit (München 1974); Bd. 4, Bronzezeit (München 1980).

H. Müller-Karpe, Grundzüge der frühen Menschheitsgeschichte (Stuttgart 1997).

K.J. Narr (Hrsg.), Handbuch der Urgeschichte. Bd. 1, Ältere und mittlere Steinzeit. Jäger- und Sammlerkultur (Bern, München 1966); Bd. 2, Jüngere Steinzeit und Steinkupferzeit. Frühe Bodenbau- und Viehzuchtkulturen (Bern, München 1975).

D. Planck (Hrsg.), Archäologie in Württemberg. Ergebnisse und Perspektiven archäologischer Forschung von der Altsteinzeit bis zur Neuzeit (Stuttgart 1988).

C. Renfrew/P. Bahn, Basiswissen Archäologie. Theorien, Methoden, Praxis (Mainz 2007).

S. von Schnurbein, Atlas der Vorgeschichte (Stuttgart 2009).
M. Trachsel, Ur- und Frühgeschichte. Quellen, Methoden, Ziele (Zürich 2008).

Paläolithikum und Mesolithikum

B. Auffermann, Die Neandertaler, eine Spurensuche. Sonderh. AiD (Stuttgart 2002).
G. Bosinski, Die große Zeit der Eiszeitjäger. Europa zwischen 40 000 und 10 000 v. Chr. JbRGZM 34, 1987, 1–142.
Der Löwenmensch. Tier und Mensch in der Kunst der Eiszeit. Ausstellungskat. (Sigmaringen 1994).
L. Eissmann/T. Litt (Hrsg.), Das Quartär Mitteldeutschlands. Altenburger Naturwiss. Forsch. 7 (Altenburg 1994).
Eiszeit. Kunst und Kultur. Katalog zur Landesausstellung Stuttgart (Ostfildern 2009).
L. Fiedler (Hrsg.), Archäologie der ältesten Kultur in Deutschland. Ein Sammelwerk zum älteren Paläolithikum, der Zeit des Homo erectus und des frühen Neandertalers. Mat. Vor- u. Frühgesch. Hessen 18 (Wiesbaden 1997).
C. Gamble, The Palaeolithic Societies of Europe (Cambridge 1999).
B. Gramsch (Hrsg.), Mesolithikum in Europa. 2. Intern. Symposium Potsdam, 3. bis 8. April 1978. Veröff. Mus. Ur- u. Frühgesch. Potsdam 14/15 (Berlin 1981).
J. Grünberg, Mesolithische Bestattungen in Europa. Ein Beitrag zur vergleichenden Gräberkunde. Internat. Arch. 40 (Rahden/Westf. 2000).
E. Keefer, Steinzeit (Stuttgart 1993).
T. Lehmann, Mesolithikum. Göttinger Typentafeln zur Ur- und Frühgeschichte Mitteleuropas (Göttingen 1991).
M. Lorblanchet, Höhlenmalerei – Ein Handbuch (Sigmaringen 1997).
D. Mania, Die ersten Menschen in Europa. Sonderh. AiD (Stuttgart 1998).
P. Mellars/C. Stringer, The Human Evolution. Behavioural and Biological Perspectives on the Origins of Modern Humans (Edinburgh 1989).
H. Müller-Beck (Hrsg.), Urgeschichte in Baden-Württemberg (Stuttgart 1983).
H. Müller-Beck, Steinzeit. Der Weg der Menschen in die Geschichte (Darmstadt 1998).
O. Soffer (Hrsg.), The Pleistocene Old World (New York 1988).
T. Terberger/B.V. Eriksen (ed.), Hunters in a Changing World. Environment and Archaeology of the Pleistocene-Holocene Transition (ca. 11000–9000 B.C.) in Northern Central Europe (Rahden/Westf. 2004).
T. Weber/T. Litt/D. Schäfer, Neue Untersuchungen zum älteren Paläolithikum in Mitteldeutschland. In: S. Ostritz/R. Einicke (Hrsg.), Terra & Praehistoria. Festschr. Klaus-Dieter Jäger (Wilkau-Haßlau 1996) 13–39.
D. Wüller, Die Ganzköperbestattungen des Magdalénien. Universitätsforsch. Prähist. Arch. 57 (Bonn 1999).

Neolithikum

K.W. Beinhauer (Hrsg.), Studien zur Megalithik. Forschungsstand und ethnoarchäologische Perspektiven. Beitr. Ur- u. Frühgesch. Mitteleuropas 21 (Weissbach 1999).
A. Gibson (ed.), Behind Wooden Walls, Neolithic Palisaded Enclosures in Europe. BAR Internat. Ser. 1013 (Oxford 2002).
M. Höneisen, Die ersten Bauern. Pfahlbaufunde Europas. Bd. 1–2 (Zürich 1990).

J. Lüning, Erneute Gedanken zur Benennung der neolithischen Perioden. Germania 74, 1996, 233–237.

J. Lüning, Steinzeitliche Bauern in Deutschland. Die Landwirtschaft im Neolithikum. Universitätsforsch. Prähist. Arch. 58 (Bonn 2000).

M. Midgley, The TRB Culture, the first farmers of the north-European plains (Edinburgh 1992).

J. Müller, Soziochronologische Studien zum Jung- und Spätneolithikum im Mittelelbe-Saale-Gebiet (4100–2700 v. Chr.). Vorgesch. Forsch. 21 (Rahden/Westf. 2001).

Chr. Peschel, Regel und Ausnahme. Linearbandkeramische Bestattungssitten in Deutschland und angrenzenden Gebieten, unter besonderer Berücksichtigung der Sonderbestattungen. Internat. Arch. 9 (Buch am Erlbach 1992).

J. Preuß (Hrsg.), Das Neolithikum in Mitteleuropa. Kulturen – Wirtschaft – Umwelt vom 6. bis zum 3. Jahrtausend v.u.Z. Bd. 1–3 (Wilkau-Haßlau 1996–1999).

D. Raetzel-Fabian, Neolithikum. Göttinger Typentafeln zur Ur- und Frühgeschichte Mitteleuropas (Göttingen 1983).

S. Scharl, Die Neolithisierung Europas. Ausgewählte Probleme und Hypothesen. Würzburger Arb. Prähist. Arch. 2 (Rahden/Westf. 2004).

H. Schlichtherle, Pfahlbauten rund um die Alpen. Archäologie in Deutschland Sonderheft (Stuttgart 1997).

U. Veit, Studien zum Problem der Siedlungsbestattung im europäischen Neolithikum. Tübinger Schr. ur- u. frühgesch. Arch. 1 (Münster, New York 1996).

A. Whittle, Neolithic Europe, a Survey. New Studies in Archaeology (Cambridge 1985).

Bronzezeit

Archäologische Untersuchungen zum Übergang von der Bronzezeit zur Eisenzeit zwischen Nordsee und Kaukasus. Koll. Regensburg 1992 (Regensburg 1994).

B. Becker/R. Krause/B. Kromer, Zur absoluten Chronologie der frühen Bronzezeit. Germania 67, 1989, 421–442.

Beiträge zur Geschichte und Kultur der mitteleuropäischen Bronzezeit (Berlin, Nitra 1990).

Beiträge zur Urnenfelderzeit nördlich und südlich der Alpen. Koll. Mainz. Monogr. RGZM 35 (Bonn 1995).

D.-W. Buck (Hrsg.), Wirtschaft und Gesellschaft während der jüngeren Bronze- und Hallstattzeit in Mitteleuropa. Internat. Symposium Potsdam (Berlin 1986).

W. Budesheim/H. Keiling (Hrsg.), Zur Bronzezeit in Norddeutschland (Neumünster 1999).

J.M. Coles/A.F. Harding, The Bronze Age in Europe. An Introduction to the Prehistory of Europe c. 2000–700 BC (London 1979).

M. Geschwinde, Frühe und Hügelgräberbronzezeit in Süddeutschland. Göttinger Typentafeln zur Ur- und Frühgeschichte Mitteleuropas (Göttingen 1983).

A. Hänsel/B. Hänsel (Hrsg.), Gaben an die Götter. Ausstellungskat. (Berlin 1997).

B. Hänsel (Hrsg.), Mensch und Umwelt in der Bronzezeit Europas (Kiel 1998).

A.F. Harding, European Societies in the Bronze Age (Cambridge 2000).

H. Meller (Hrsg.), Der geschmiedete Himmel. Ausstellungskat. (Halle/S. 2004).

A. Jockenhövel/W. Kubach, Bronzezeit in Deutschland. Sonderh. AiD (Stuttgart 1994).

M. Klamm, Nordische Bronzezeit. Göttinger Typentafeln zur Ur- und Frühgeschichte Mitteleuropas (Göttingen 1984).

M. Schefzik, Die bronze- und eisenzeitliche Besiedlungsgeschichte der Münchner Ebene. Eine Untersuchung zu Gebäude und Siedlungsformen im süddeutschen Raum (Rahden/Westf. 2001).

P. Schauer (Hrsg.), Archäologische Forschungen zum Kultgeschehen in der jüngeren Bronzezeit und frühen Eisenzeit Alteuropas. Koll. Regensburg 1993 (Bonn 1996).

W. Torbrügge, Über Horte und Hortdeutung. AKorrbl 15, 1985, 17–23.

B. Zich, Studien zur regionalen und chronologischen Gliederung der nördlichen Aunjetitzer Kultur (Berlin 1996).

Vorrömische Eisenzeit/Hallstattzeit/Latènezeit

J. Biel/S. Rieckhoff, Die Kelten in Deutschland (Stuttgart 2001).

J. Biel/D. Krausse, Frühkeltische Fürstensitze. Älteste Städte und Herrschaftszentren nördlich der Alpen? AInf 51 (Esslingen 2005).

J. Brandt, Jastorf und Latène. Kultureller Austausch und seine Auswirkungen auf soziopolitische Entwicklungen in der vorrömischen Eisenzeit (Rahden/Westf. 2001).

J. Collis, The European Iron Age (London 1984).

H. Dannheimer/R. Gebhard, (Hrsg.), Das keltische Jahrtausend. Ausstellungskat. (Mainz 1993).

Das Rätsel der Kelten vom Glauberg. Glaube – Mythos – Wirklichkeit. Ausstellungskat. Frankfurt/M. (Stuttgart 2002).

Die älteste Eisenzeit im Mittelgebirgsraum. Internat. Arbeitstagung Allrode/Harz. BerRGK 73, 1993, 195–605.

Die Ausgrabungen in Manching (Stuttgart 1970 ff.).

Die Kelten in Mitteleuropa. Kunst, Kultur, Wirtschaft. Ausstellungskat. (Salzburg 1980).

M. Egg, Zu den Fürstengräbern im Osthallstattkreis. In: E. Jerem/A. Lippert (Hrsg.), Die Osthallstattkultur. Akten Internat. Symposium Sopron 1994 (Budapest 1996) 53–86.

I. Griesa/R.-M. Weiß, Hallstattzeit. Die Altertümer im Museum für Vor- und Frühgeschichte 2 (Mainz 1999).

R. Hachmann, Die Chronologie der jüngeren vorrömischen Eisenzeit. Studien zum Stand der Forschung im nördlichen Mitteleuropa und Skandinavien. Ber. RGK 41, 1961, 1–276.

A. Haffner (Hrsg.), Gräber – Spiegel des Lebens. Ausstellungskat. (Mainz 1989).

A. Haffner, Die westliche Hunsrück-Eifel-Kultur. Röm.-Germ. Forsch. 36 (Berlin 1976).

A. Haffner (Hrsg.), Heiligtümer und Opferkulte der Kelten. Sonderh. AiD (Stuttgart 1995).

A. Haffner/S. von Schnurbein (Hrsg.), Kelten, Römer, Germanen im Mittelgebirgsraum zwischen Luxemburg und Thüringen. Akten Internat. Koll.1998 Trier. Koll. Vor- u. Frühgesch. 5 (Bonn 2000).

Heuneburgstudien. *RGF (Berlin 1962 ff.).
Chr. Huth, Menschenbilder und Menschenbild. Anthropomorphe Bildwerke der frühen Eisenzeit (Berlin 2003)
G. Jacob-Friesen, Ein Jahrhundert Chronologie der vorrömischen Eisenzeit in Mittel- und Nordeuropa. BJb 180, 1980, 1–30.
E. Jerem/A. Lippert (Hrsg.), Die Hallstattkultur. Akten internat. Symposium Sopron 1994 (Budapest 1996).
W. Kimmig, Importe und mediterrane Einflüsse auf der Heuneburg. Heuneburgstudien XI. *RGF 59 (Mainz 2000).
W. Künnemann, Jastorf – Geschichte und Inhalt eines archäologischen Kulturbegriffs. Die Kunde N.F. 46, 1995, 61–122.
A. Lang/V. Salač (Hrsg.), Fernkontakte in der Eisenzeit (Prag 2002).
F. Müller/G. Lüscher, Die Kelten in der Schweiz (Stuttgart 2004).
N. Müller-Scheeßel, Die Hallstattkultur und ihre räumliche Differenzierung. Der West- und Osthallstattkreis aus forschungsgeschichtlich-methodologischer Sicht. Mat. ur- u. frühgesch. Arch. 3 (Rahden/Westf. 2000).
H. Parzinger, Chronologie der Späthallstattzeit und der Frühlatènezeit. Studien zu Fundgruppen zwischen Mosel und Save. Quell. u. Forsch. prähist. u. provinzialröm. Arch. 4 (Weinheim 1989).
A. Porath, Vorrömische Eisenzeit. Göttinger Typentafeln zur Ur- und Frühgeschichte Mitteleuropas (Göttingen ²1983).
K. Spindler, Die frühen Kelten (Stuttgart ³1996).
Th. Stöllner, Kulturwandel, Chronologie, Methoden. Ein Diskussionsbeitrag am Beispiel der Hallstatt- und Latènekultur. PZ 74, 1999, 194–218.
The Celts – Katalog der Ausstellung Venedig 1990 (Mailand 1991).
W. Torbrügge, Die frühe Hallstattzeit (HaC) in chronologischen Ansichten und notwendigen Randbemerkungen Teil I. Bayern und der westliche Hallstattkreis. JbRGZM 38, 1995, 223–463.
W. Torbrügge, Die frühe Hallstattzeit (HaC) in chronologischen Ansichten und notwendigen Randbemerkungen Teil II. Der sogenannte östliche Hallstattkreis. JbRGZM 38, 1992, 425–614.
T. Werner, Hallstattkultur. Göttinger Typentafeln zur Ur- und Frühgeschichte Mitteleuropas (Göttingen 1984).
G. Wieland (Hrsg.), Keltische Viereckschanzen. Einem Rätsel auf der Spur (Stuttgart 1999).

Römische Kaiserzeit

O. Almgren, Studien über nordeuropäischen Fibelformen (Bonn 1923).
G. Bemmann/J. Bemmann, Der Opferplatz von Nydam (Neumünster 1998).
J. Bemmann, Die Niemberger Gruppe und die Chronologie der Völkerwanderungszeit in Mitteldeutschland. SlovA 49, 2001, 59–201.
R. Bockius/P. Łuczkiewicz, Kelten und Germanen im 2.–1. Jahrhundert vor Christus. Archäologische Bausteine zu einer historischen Frage. Monogr. RGZM 58 (Mainz 2004).
Corpus der römischen Funde im europäischen Barbaricum (Bonn 1994 ff.).

S. Dušek, Römische Handwerker im germanischen Thüringen. Weimarer Monogr. Ur- u. Frühgesch. 27 (Stuttgart 1992).

H.J. Eggers, Der römische Import im freien Germanien (Hamburg 1951).

M. Erdrich, Rom und die Barbaren. Das Verhältnis zwischen dem Imperium Romanum und den germanischen Stämmen vor seiner Nordwestgrenze von der späten römischen Republik bis zum gallischen Sonderreich. Röm.-Germ. Forsch. 59 (Mainz 2001).

M. Fansa (Hrsg.), Über allen Fronten. Nordwestdeutschland zwischen Augustus und Karl dem Großen. Arch. Mitt. aus Nordwestdeutschland, Beih. 26 (Oldenburg 1999).

M. Gebühr, Nydam und Thorsberg, Opferplätze der Eisenzeit (Schleswig 2000).

K. Godłowski, The Chronology of the Late Roman and Early Migration Periods in Central Europe (Kraków 1970).

Gold für die Ewigkeit, Das germanische Fürstengrab von Gommern. Ausstellungskat. Halle/S. (Halle/S. 2000).

Illerup Ådal (Aarhus 1990 ff.).

E. Keller, Zur Chronologie der jüngerkaiserzeitlichen Grabfunde aus Südwestdeutschland und Nordbayern. In: Studien zur vor- und frühgeschichtlichen Archäologie. Festschr. J. Werner. Münchner Beitr. zur Vor- und Frühgesch. Ergänzungsbd 1/I (München 1974) 247–291.

H. Knorr, Die Chronologie der Römischen Kaiserzeit in Mitteleuropa. Grundlagen, Quellenkritik und Folgen für die Geschichtsschreibung (Hamburg 2001).

B. Krüger, (Hrsg.), Die Germanen. Geschichte und Kultur der germanischen Stämme in Mitteleuropa. Veröff. Zentralinstitut Alte Gesch. u. Arch. Akad. Wiss. DDR, Bd. 1–2 (Berlin 1983).

A. Leube, Haus und Hof im östlichen Germanien. Tagung 1994. Universitätsforsch. Prähist. Arch. 50 (Bonn 1998).

U. Lund Hansen, Römischer Import im Norden. Warenaustausch zwischen dem Römischen Reich und dem freien Germanien (Kopenhagen 1987).

M. Orsnes, Ejsbol. Waffenopferfunde des 4.–5. Jahrhunderts nach Christus. Nordiske Fortidsminder Ser. B 11 (Kopenhagen 1988).

O.-H. Pollmann, Römische Kaiserzeit und frühe Völkerwanderungszeit im freien Germanien. Göttinger Typentafeln zur Ur- und Frühgeschichte Mitteleuropas (Göttingen ^{2}1983).

R. v. Uslar, Germanische Sachkultur in den ersten Jahrhunderten nach Christus (Wien 1975).

Th. Völling, Germanien an der Zeitenwende. Studien zum Kulturwandel beim Übergang von der vorrömischen Eisenzeit zur älteren römischen Kaiserzeit in der Germania Magna. BAR Internat Ser. 1360 (Oxford 2005).

Provinzialrömische Archäologie

D. Baatz/F.-R. Herrmann (Hrsg.), Die Römer in Hessen (Stuttgart ^{2}1989).

H. Cüppers, Die Römer in Rheinland-Pfalz (Stuttgart 1990).

W. Czysz, Die Römer in Bayern (Stuttgart 2001).

W. Drack/R. Fellmann, Die Römer in der Schweiz (Stuttgart 1988).

Die Römer zwischen Nordmeer und Alpen. Ausstellungskat. Rosenheim (Mainz 2000).

P. Filzinger/D. Planck/B. Cämmerer (Hrsg.), Die Römer in Baden-Württemberg (Stuttgart, Aalen [3]1986).
Th. Fischer, Die römischen Provinzen. Eine Einführung in ihre Archäologie (Stuttgart 2001).
Th. Fischer, Die Römer in Deutschland (Stuttgart 1999).
H.G. Horn (Hrsg.), Die Römer in Nordrhein-Westfalen (Stuttgart 1987).
D. Planck (Hrsg.), Imperium Romanum. Roms Provinzen an Neckar, Rhein und Donau. Ausstellungskat. Stuttgart 2005 (Stuttgart 2005).
B. Rabold/E. Schallmayer/A. Thiel, Der Limes. Die Deutsche Limes-Straße vom Rhein bis zur Donau (Stuttgart 2000).
E. Schallmayer (Hrsg.), Niederbieber, Posthumus und der Limesfall. Stationen eines politischen Prozesses. Ber. 1. Saalburgkoll. Saalburg-Schr. 3 (Bad Homburg v.d.H. 1996).
E. Schallmayer, Zur Chronologie der römischen Archäologie. AKorrbl 17, 1987, 483–497.
W. Schlüter (Hrsg.), Rom, Germanien und die Ausgrabungen von Kalkriese. Internat. Kongr. Univ. Osnabrück 1996 (Osnabrück 1999).
H. Schönberger, Die römischen Truppenlager der frühen und mittleren Kaiserzeit zwischen Nordsee und Inn. BerRGK 66, 1985, 322–497.
H. Siebenmorgen (Hrsg.), Imperium Romanum. Römer, Christen, Alamannen. Die Spätantike am Oberrhein. Ausstellungskat. Karlsruhe (Stuttgart 2005).

Völkerwanderungszeit und Frühmittelalter

H. Ament, Zur archäologischen Periodisierung der Merowingerzeit. Germania 55, 1977, 133–140.
J. Bemmann/B. Schmidt, Körperbestattungen der jüngeren Römischen Kaiserzeit und der Völkerwanderungszeit Mitteldeutschlands (Veröff. d. Landesamts f. Denkmalpfl. u. Arch. Sachsen-Anhalt – Landesmus. f. Vorgesch. 61 (Halle 2008).
J. Bemmann/M. Schmauder, Kulturwandel in Mitteleuropa. Langobarden – Awaren – Slawen. Kolloquien zur Vor- und Frühgeschichte 11 (Bonn 2008).
I. Bóna, Das Hunnenreich (Stuttgart 1991).
H. Brandt/J.K. Koch (Hrsg.), Königin, Klosterfrau, Bäuerin. Frauen im Frühmittelalter (Münster 1996).
S. Brather, Archäologie der westlichen Slawen. Siedlung, Wirtschaft und Gesellschaft im früh- und hochmittelalterlichen Ostmitteleuropa. Ergbd. RGA 30 (Berlin 2001).
T. Capelle, Archäologie der Angelsachsen (Darmstadt 1990).
R. Christlein, Die Alamannen. Archäologie eines lebendigen Volkes (Stuttgart 1978).
Die Alamannen. Ausstellungskat. Stuttgart (Stuttgart 1997).
Die Franken. Wegbereiter Europas. Ausstellungskat. Mannheim (Mainz 1996).
Germanen, Hunnen und Awaren. Schätze der Völkerwanderungszeit. Die Archäologie des 5. und 6. Jahrhunderts an der mittleren Donau und der östlich-merowingischen Reihengräberzeit. Ausstellungskat. (Nürnberg 1987).
Friesen, Sachsen und Dänen. Kulturen an der Nordsee 400 bis 1000 n. Chr. (Oldenburg 1996).

J. Herrmann (Hrsg.), Die Slawen in Deutschland. Geschichte und Kultur der slawischen Stämme westlich von Oder und Neiße vom 6.–12. Jh. (Berlin 1985).
J. Hines/K. Høilund Nielsen/F. Siegmund (ed.), The Pace of Change. Studies in Early-Medieval Chronology (Oxford 1999).
M. Knaut/D. Quast, Die Völkerwanderung. Europa zwischen Antike und Mittelalter. Sonderh. AiD (Stuttgart 2005).
G. Kossack/J. Reichstein (Hrsg), Archäologische Beiträge zur Chronologie der Völkerwanderungszeit (Bonn 1977).
B. Lohrke, Kinder in der Merowingerzeit. Gräber von Mädchen und Jungen in der Alemannia (Rahden/Westf. 2004).
C. Stiegemann/M. Wemdorf (Hrsg.), Kunst und Kultur der Karolingerzeit. Beitr. Kat. Ausstellung Paderborn 1999 (Mainz 1999).
M. Todd, Die Zeit der Völkerwanderung (Stuttgart 2002).
Wikinger, Waräger, Normannen. Ausstellungskat. (Berlin 1992).
I. Wood, The Merovingian Kingdoms 450–751 (London 1994).

Hoch- und Spätmittelalter

H. Anderson (Hrsg.), The Study of Medieval Archaeology. Europe: Symposium Teachers Medival Arch. Lund 1990 (Weinberg, Stockholm 1993).
F. Biermann/G. Mangelsdorf (Hrsg.), Die bäuerliche Ostsiedlung des Mittelalters in Nordostdeutschland. Greifswalder Mitteilungen. Beitr. Ur- u. Frühgesch. Mittelalterarch. 7 (Frankfurt/M. 2005).
I. Biffi (Hrsg.), Atlas des Mittelalters (Stuttgart 2007).
K. Brandt/M. Müller-Wille/C. Radtke, Haithabu und die frühe Stadtentwicklung im nördlichen Europa. Schr. Arch. Landesmus. 8 (Neumünster 2002).
Burgen in Mitteleuropa. Ein Handbuch (Stuttgart 1999).
J. Graham-Campbell (Hrsg.), The Archaeology of Medieval Europe. Vol. 1: Eighth to Twelfth Centuries AD (Aarhus 2007).
P. Donat, Aktuelle Fragen der archäologischen Forschung zur Geschichte der Slawen im nördlichen Deutschland. Bodendenkmalpfl. Mecklenburg-Vorpommern 48, 2000, 215–257.
I. Ericsson, Archäologie des Mittelalters – Eine Kulturwissenschaft. Mittelalter 5, 2000, 141–147.
G.P. Fehring, Die Archäologie des Mittelalters. Eine Einführung (Darmstadt 2000).
G.P. Fehring, Stadtarchäologie in Deutschland. Sonderh. AiD (Stuttgart 2001).
G.P. Fehring/W. Sage (Hrsg.), Mittelalterarchäologie in Zentraleuropa. Zum Wandel der Aufgaben und Zielsetzungen. Zeitschr. Arch. Mittelalt. Beih. 9 (Bonn 1995).
S. Felgenhauer-Schmied, Die Sachkultur des Mittelalters im Lichte der archäologischen Funde. Europäische Hochschulschr. Reihe XXXVIII, Arch. 42 (Frankfurt/M. 1995).
H.G. Horn/H. Hellenkemper/G. Isenberg/H. Koschick (Hrsg.), Stadtentwicklung und Archäologie (Essen 2004).
H. Jankuhn (Hrsg.), Vor- und Frühformen der europäischen Stadt (Göttingen 1973–1974).

H. Jöns/F. Lüth/H. Schäfer (Hrsg.), Archäologie unter dem Straßenpflaster. Ausstellungskat. Wismar. Beitr. Ur- u. Frühgesch. Mecklenburg-Vorpommerns 39 (Schwerin 2005).
E. Kirsch, Mittelalterliche Keramik in Berlin-Brandenburg (Berlin 1994).
H. Lüdke/K. Schietzel (Hrsg.), Handbuch zur mittelalterlichen Keramik in Nordeuropa (Neumünster 2001).
Mitteilungen der Deutschen Gesellschaft für Archäologie des Mittelalters und der Neuzeit (1991ff.).
M. Müller-Wille u.a., Frühstädtische Zentren der Wikingerzeit und ihr Hinterland (Stuttgart 2002).
D. Rippmann/B. Neumeister-Taroni (Hrsg.), Gesellschaft und Ernährung um 1000. Eine Archäologie des Essens (Vevey 2000).
B. Scholkmann, Das Mittelalter im Fokus der Archäologie. Archäologie in Deutschland Sonderheft (Darmstadt 2009).
R. Schreg, Dorfgenese und histoire totale. Zur Bedeutung der histoire totale für die Archäologie des Mittelalters. In: Zwischen den Zeiten. Festschr. B. Scholkmann. Studia honoraria 15 (Rhaden/Westf. 2001) 333–348.
Stadtluft, Hirsebrei und Bettelmönch. Die Stadt um 1300. Ausstellungskat. Zürich und Stuttgart 1992–1993 (Stuttgart 1992).
A. Wieczorek/H.-M. Hinz (Hrsg.), Europas Mitte um 1000. Beiträge zur Geschichte, Kunst und Archäologie, Bd. 1 (Stuttgart 2000).

Neuzeit

H. Behrens, Archäologie der Neuzeit. Eine Frage der Nomenklatur oder der Terminologik?. ANachr 1/3, 1996, 228–229.
Bodendenkmäler der Neuzeit. Wiss. Koll. Landesarchäologen Waren 1994. Ausgr. u. Funde 40, 1995, 3–62.
I. Ericsson, Archäologie der Neuzeit. Ziele und Abgrenzung einer jungen Disziplin der archäologischen Wissenschaft. AusgrFu 40, 1995, 7–13.
M. Fansa (Hrsg.), Realienforschung und historische Quellen. Arch. Mitt. Nordwestdeutschland. Beih. 15 (Oldenburg 1996).
D. Gaimster/P. Stamper (ed.), The Age of Transition. The Archaeology of English Culture 1400–1600. Soc. Medieval Arch. 15 (Oxford 1997).
G. Isenberg, Forschungsbereiche der Mittelalter- und Neuzeitarchäologie. Abgrenzung und Vernetzung. Zeitschr. Arch. Mittelalt. 25/26, 1997/98, 49–57.
A. Kernd'l, Archäologie der Neuzeit. Denkmalschutz und Zeitgeist in der Hauptstadt. In: H. Engel/W. Ribbe (Hrsg.), Geschichtswerkstatt Spree-Insel. Historische Topographie – Stadtarchäologie – Stadtentwicklung (Potsdam 1998) 149–154.
J. Kunow, Zu den Anfängen und Zielen der Bodendenkmalpflege bei Objekten aus unserer jüngsten Vergangenheit aus dem Land Brandenburg. ANachr 1, 1996, 315–326.
H. Meller (Hrsg.), Fundsache Luther. Archäologen auf den Spuren des Reformators (Stuttgart 2006).
I. Nöel Hume, Historical Archaeology (New York 1968).
R. Newman, Historical Archaeology of Britain 1540–1900 (Gloucester 2001).

B. Scholkmann, Archäologie des Mittelalters und der Neuzeit heute. Eine Standortbestimmung im interdisziplinären Kontext. Zeitschr. Arch. Mittelalt. 25/26, 1997/98, 7–18.

B. Scholkmann, Die Tyrannei der Schriftquellen. Überlegungen zum Verhältnis von materieller und schriftlicher Überlieferung in der Mittelalter- und Neuzeitarchäologie. In: M. Heinz/M.H.K. Eggert/U. Veit (Hrsg.), Zwischen Erklären und Verstehen? Beiträge zu den erkenntnistheoretischen Grundlagen archäologischer Interpretation (Münster 2003) 239–257.

G. Wiegelmann, Wandel der Alltagskultur seit dem Mittelalter. Phasen – Epochen – Zäsuren. Beitr. Volkskde. Nordwestdeutschland 55 (Münster 1987).

Archäologische Sachthemen

Materialien und Techniken

R. Atzbach, Leder und Pelz am Ende des Mittelalters und zu Beginn der Neuzeit. Bamberger Schr. z. Arch. d. Mittelalt. u. d. Neuz. 2. Bonn 2005.

T. Capelle, Holzgefäße vom Neolithikum bis zum späten Mittelalter. Münstersche kl. Schr. Ur- u. Frühgesch. 1 (Marburg 1976).

A. Dostert (Hrsg.), Mittel und Wege. Zur Bedeutung von Material und Technik in der Archäologie (Möhnesee 2006).

R. Feustel, Technik der Steinzeit. Archäolithikum – Mesolithikum, Veröff. Mus. Ur- u. Frühgesch. Thüringen 4 (Weimar 1973).

J. Hahn, Erkennen und Bestimmen von Stein- und Knochenartefakten. Einführung in die Artefaktmorphologie. Arch. Venatoria 10 (Tübingen 1993).

A. Hauptmann/E. Pernicka/T. Rehren/Ü. Yalçin (Hrsg.), The Beginnings of Metallurgy. Anschnitt Beih. 9. Veröff. Deutschen Bergbau-Mus. Bochum 84 (Bochum 1999).

L. Klassen, Frühes Kupfer im Norden. Untersuchungen zu Chronologie, Herkunft und Bedeutung der Kupferfunde der Nordgruppe der Trichterbecherkultur (Aarhus 2000).

B. Ottaway, Prähistorische Archäometallurgie (Espelkamp 1994).

K. Schlabow, Textilfunde der Eisenzeit in Norddeutschland. Göttinger Schr. Vor- u. Frühgesch. 15 (Neumünster 1976).

R. Schreg, Keramik aus Südwestdeutschland. Eine Hilfe zur Beschreibung, Bestimmung und Datierung archäologischer Funde vom Neolithikum bis zur Neuzeit (Tübingen 1999).

J. P. Wild, Textiles in archaeology (Shire 2003).

A.O. Shepard, Ceramics for the Archaeologist (Washington D.C. [10]1980).

I. Bauer/W. Endres/B. Kerkhoff-Hader/R. Koch/H.-G.Stephan, Leitfaden zur Keramikbeschreibung (Mittealter-Neuzeit). Terminologie-Typologie-Technologie. Kat. prähist. Staatssammlung München, Beih. 2 (Kallmünz 1986).

Siedlungen und Landschaft

M. Aston, Interpreting the Landscape. Landscape Archaeology and Local History (London 2000).

H. Beck/H. Steuer (Hrsg.), Haus und Hof in ur- und frühgeschichtlicher Zeit (Göttingen 1997).

E.-K. Behre, Landschaftsgeschichte Norddeutschlands. Umwelt und Siedlung von der Steinzeit bis zur Gegenwart (Neumünster 2008).

P. Donat, Haus, Hof und Dorf in Mitteleuropa vom 7.–12. Jahrhundert. Archäologische Beiträge zur Entwicklung und Struktur der bäuerlichen Siedlung (Berlin 1980).

C. Gamble, The Palaeolithic Settlement of Europe (Cambridge 1986).

H. Jankuhn, Das Dorf der Eisenzeit und des frühen Mittelalters (Göttingen 1977).

H. Jankuhn, Einführung in die Siedlungsarchäologie (Berlin 1977).

H. Küster/A. Lang/P. Schauer (Hrsg.), Archäologische Forschungen in urgeschichtlichen Siedlungslandschaften. Regensburger Beitr. prähist. Arch. 5 (Regensburg 1998).

H. Luley, Urgeschichtlicher Hausbau in Mitteleuropa. Grundlagenforschungen, Umweltbedingungen und bautechnische Rekonstruktion. Universitätsforsch. Prähist. Arch. 7 (Bonn 1992).

Tod und Bestattungen

H. Härke, Intentionale und funktionale Daten. Ein Beitrag zur Theorie und Methodik der Gräberarchäologie. AKorrbl 23, 1993, 141–146.

F. Horst/H. Keiling (Hrsg.), Bestattungswesen und Totenkult in ur- und frühgeschichtlicher Zeit. Beiträge zu Grabbrauch, Bestattungssitten, Beigabenausstattung und Totenkult (Berlin 1991).

R. Meyer-Orlac, Mensch und Tod. Archäologischer Befund – Grenzen der Interpretation (Hohenschärftlarn 1982).

N. Ohler, Sterben und Tod im Mittelalter (München 1990).

M. Parker-Pearson, The Archaeology of Death and Burial (London 2001).

Wohin die Toten gehen. Kult und Religion in der Steinzeit. Ausstellungskat. 2001. Staatl. Mus. Naturkde. u. Vorgesch. Oldenburg (Oldenburg 2000).

Wirtschaft und Verkehr

D. Craddock/J. Lang (ed.), Mining and Metal. Production through the Ages (London 2003).

H. Jankuhn/W. Janssen/R. Schmidt-Wiegand/H. Tiefenbach (Hrsg.), Das Handwerk in vor- und frühgeschichtlicher Zeit. Ber. Koll. Komm. Altertumskde. Mittel- u. Nordeuropas 1977–1980 (Göttingen 1981/1983).

H. Düwel/H. Jankuhn/H. Siems/D. Timpe (Hrsg.), Untersuchungen zu Handel und Verkehr der vor- und frühgeschichtlichen Zeit in Mitteleuropa. Ber. Koll. Komm. Altertumskde. Mittel- u. Nordeuropas 1980–1983 (Göttingen 1985 ff).

A. Jockenhövel (Hrsg.), Bergbau, Verhüttung und Waldnutzung im Mittelalter – Auswirkungen auf Mensch und Umwelt. Internationaler Workshop (Dillenburg 11.–15. Mai 1994). Vierteljahrschrift für Sozial- und Wirtschaftsgeschichte. Beih. 121 (Stuttgart 1996).

A. Jockenhövel, Bergbau. Verhüttung und Waldnutzung im Mittelalter (Stuttgart 1996).

J. Lüning/A. Jockenhövel/H. Bender/T. Capelle, Deutsche Agrargeschichte. Vor- und Frühgeschichte (Stuttgart 1997).

H. Steuer/U. Zimmermann (Hrsg.), Montanarchäologie in Europa. Arch. u. Gesch. 4 (Sigmaringen 1993).

H. Steuer/U. Zimmermann, Alter Bergbau in Deutschland. Sonderh. AiD (Stuttgart 1993).

Wasserbau in Mittelalter und Neuzeit. Mitt. d. Dt. Ges. f. Arch. d. Mittelalt. u. d. Neuz. 21 (Paderborn 2009).

Warentransport im Mittelalter und in der Frühen Neuzeit. Transportwege – Transportmittel – Infrastruktur. Mitt. d. Dt. Ges. f. Arch. d. Mittelalt. u. d. Neuz. 14 (Paderborn 2003).

G. Weisgerber (Hrsg.), 5000 Jahre Feuersteinbergbau. Die Suche nach dem Stahl der Steinzeit. Veröff. Deutschen Bergbau-Mus. Bochum 22 (Bochum 1980).

Kult und Glaube

Archäologische Forschungen zum Kultgeschehen in der jüngeren Bronzezeit und frühen Eisenzeit Alteuropas. Regensburger Beitr. Prähist. Arch. 2 (Regensburg 1993).

C. Behrmann u.a. (Hrsg.), Grab – Kult – Memoria. Studien zur gesellschaftlichen Funktion von Erinnerung (Köln 2007).

I. Beilke-Voigt, Das „Opfer“ im archäologischen Befund. Studien zu den sog. Bauopfern, kultischen Niederlegungen und Bestattungen in ur- und frühgeschichtlichen Siedlungen Norddeutschlands und Dänemarks. Berliner Arch. Forsch. 4 (Rahden/Westf. 2006).

R. Busch/T. Capelle/F. Laux (Hrsg.), Opferplatz und Heiligtum. Kult der Vorzeit in Norddeutschland. Ausstellungskat. (Neumünster 2000).

H. Beck/D. Ellmers/K. Schier, Germanische Religionsgeschichte. Quellen und Quellenprobleme. Ergbd. Reallexikon 5 (München 1992).

Uta von Freeden (Hrsg.), Glaube, Kult und Herrschaft: Phänomene des Religiösen im 1. Jahrtausend n. Ch. in Mittel- und Nordeuropa. Akten des 59. Internationalen Sachsensymposions und der Grundprobleme der Frühgeschichtlichen Entwicklung im Mitteldonauraum (Bonn 2009).

H. Jankuhn (Hrsg.), Vorgeschichtliche Heiligtümer und Opferplätze in Mittel- und Nordeuropa (Göttingen 1970).

M. Müller-Wille, Heiligtümer und Opferplätze der Germanen und Slawen. Sonderh. AiD (Stuttgart 1999).

W. Waldren, Gender, ritual, rites and religion: an overview. In: Ritual, rites and religion in prehistory 1 (Oxford 1995) 32–37.

M. Schlette/D. Kaufmann, Religion und Kult in ur- und frühgeschichtlicher Zeit (Berlin 1989).

G. Pfeffer, Vier Ansätze einer Ritualtheorie. Mitt. Berliner Ges. Anthr. 18, 1997, 39–45.

Soziale und gesellschaftliche Gliederung

St. Burmeister/N. Müller-Scheeßel, Soziale Gruppen – kulturelle Grenzen (Münster 2006).

J. Gledhill/B. Bender/M. Larsen (ed.), State and society. The emergence and development of social hierarchy and political centralization. One World Archaeology 4 (London, New York 1988).

G. Kossack, Prunkgräber. Bemerkungen zu Eigenschaften und Aussagewert. In: G. Kossack/G. Ulbert (Hrsg.), Studien zur vor- und frühgeschichtlichen Archäologie. Festschr. J. Werner. Teil I (München 1974) 3–33.

J. Müller/R. Bernbeck (Hrsg.), Prestige – Prestigegüter – Sozialstrukturen. Beispiele aus dem europäischen und vorderasiatischen Neolithikum. Arch. Ber. 6 (Bonn 1996).

R. Samson, The social archaeology of houses (Edinburgh 1990).

H. Steuer, Frühgeschichtliche Sozialstrukturen in Mitteleuropa. Abhandlungen der Akademie der Wissenschaften in Göttingen, Phil.-Hist. Klasse 3. Folge 128 (Göttingen 1982).

U. Wittwer-Backofen, Nekropole und Siedlung. Möglichkeiten und Grenzen der Rekonstruktion prähistorischer Bevölkerungsstrukturen. Mitt. Berliner Ges. Anthr. 12, 1991, 31–37.

Rezeption

K. Denzer (Hrsg.), Funde, Filme, falsche Freunde: Der Archäologiefilm im Dienst von Profit und Propaganda. Ein Symposium im Rahmen der CINARCGEA 2002 (Kiel 2003).

Theorie, Methodik und Analyse

Theorie

D. Bayard, 15 Jahre „New Archaeology". Saeculum 29, 1978, 69–106.

R. Bernbeck, Theorien in der Archäologie (Tübingen, Basel 1997).

P. Biehl/A. Gramsch/A. Marciniak (Hrsg.), Archäologien Europas. Geschichte, Methoden und Theorien (Münster 2002).

M.K.H. Eggert, Prähistorische Archäologie und Ethnologie. Studien zur amerikanischen New Archaeology. PZ 53, 1978, 6–164.

M.K.H. Eggert/U. Veit (Hrsg.), Theorie in der Archäologie. Zur englischsprachigen Diskussion. Tübinger Arch. Taschenb. 1 (Münster 1998).

M.K.H. Eggert, Prähistorische Archäologie. Konzepte und Methoden (Tübingen 2001).

M.K.H. Eggert, Archäologie: Grundzüge einer historischen Kulturwissenschaft (Stuttgart 2006).

B. Gräslund, The birth of Prehistoric Chronology (Cambridge 1987).

M. Heinz/M.K.H. Eggert/U. Veit (Hrsg.), Zwischen Erklären und Verstehen? Beiträge zu den erkenntnistheoretischen Grundlagen archäologischer Interpretation (Münster 2003).

I. Hodder, Reading the Past. Current Approaches to Interpretation in Archaeology (Cambridge [2]1991).

I. Hodder (Hrsg.), Archaeological Theory in Europe. The last three decades (London 1991).

I. Hodder, The Meaning of Things. Material Culture and Symbolic Expression. On Wolrd Archaeology 6 (London 1991).
H. Hundsbichler/G. Jaritz/Th. Kühtreiber (Hrsg.), Die Vielfalt der Dinge. Neue Wege zur Analyse mittelalterlicher Sachkultur (Wien 1998).
A. Praetzellis, Death by Theory. A Tale of Mystery and Archaeological Theory (Oxford 2000).
C. Renfrew/P. Bahn, Archaeology. Theories, Methods and Practice (London, [3]2000).
E. Sangmeister, Methoden der Urgeschichtswissenschaft. Saeculum 18, 1967, 199–244.
F. Siegmund/A. Zimmermann, Konfrontation oder Integration? Ein Kommentar zur gegenwärtigen Theoriediskussion in der Archäologie. Germania 78, 2000, 179–191.
Ch. Tilley (Hrsg.), Reading Material Culture. Structuralism, Hermeneutics and Post-Structuralism (Oxford 1990).
Ch. Tilley, Metaphor and Material Culture (Oxford 1999).
B. Trigger, Understanding early Civilisations. A comparative Study (Cambridge 2003).
U. Veit/T. Kienlin/C. Kümmel/S. Schmidt (Hrsg.), Spuren und Botschaften. Interpretationen materieller Kultur. Tübinger Arch. Taschenb. 4 (Tübingen 2003).
Zwischen Erklären und Verstehen? Beiträge zu den erkenntnistheoretischen Grundlagen archäologischer Interpretation (Münster 2003).

Ethnoarchäologie

Bestattungsbefunde in ethnoarchäologischer Perspektive. 2. Symposium AG Ethnoarchäologie 1997 Mettmann. Ethnogr.-Arch. Zeitschr. 38, 1997.
M.K.H. Eggert, Vergangenheit in der Gegenwart? Überlegungen zum interpretatorischen Potential der Ethnoarchäologie. Ethnogr.-Arch. Zeitschr. 34, 1993, 144–150.
Ethnoarchäologie – Ansätze und Forschungsstand im deutschsprachigen Raum (Teil I und II). Symposium AG Ethnoarchäologie Mannheim. Ethnogr.-Arch. Zeitschr. 34, 1993.
H.P. Hahn, Materielle Kultur und Ethnoarchäologie. Ethnogr.-Arch. Zeitschr. 38, 1996, 459–478.
I. Hodder, Symbols in Action, Ethnoarchaeological Studies of Material Culture. New Stud. Arch. (Cambridge 1982).
I. Hodder, (Hrsg.), The Meaning of Things. Material Culture and Symbolic Expression (Cambridge 1989).
L. Owen/M. Porr (Hrsg.), Ethno-Analogy and the Reconstruction of Prehistoric Artefact Use and Production (Tübingen 1999).
R. Vossen, Ethnoarchäologie – Über die Entstehung und die Zielsetzung einer neuen Wissenschaft. Ethnogr.-Arch. Zeitschr. 33, 1992, 3–12.
K.R. Wernhart/W. Zips (Hrsg.), Ethnohistorie. Rekonstruktion und Kulturkritik – Eine Einführung (Wien 1998).

Gender

J.M. Gero/M.W. Conkey (Hrsg.), Engendering Archaeology, Women and Prehistory (Oxford 1991).

S.M. Karlisch/S. Kästner/E.-M. Mertens, Vom Knochenmann zur Knochenfrau. Feministische Theorie und archäologische Praxis (Münster 1997).

S.M. Nelson, Gender in Archaeology, Analyzing Power and Prestige (London 1997).

L. Owen, Distorting the Past: Gender and the Division of Labor in the european upper Paleolithic (Tübingen 2005).

B. Röder/J. Hummel/B. Kunz, Göttinnendämmerung. Das Matriarchat aus archäologischer Sicht (Münster 1996).

Von der Geburt bis zum Tode. Individuelle und gesellschaftliche Dimensionen von Alter und Geschlecht in der Urgeschichte. Konfer. Humboldt-Universität Berlin 2004. Ethnogr.-Arch. Zeitschr. 46, 2004, 143–520.

Archäologie und Ideologie, Forschungsgeschichte

R. Bollmus, Das Amt Rosenberg und seine Gegner. Studien zum Machtkampf im nationalsozialistischen Herrschaftssystem (Stuttgart 1970).

S. Brather, Ethnische Interpretationen in der frühgeschichtlichen Archäologie. RGA Ergbd. 42 (Berlin 2004).

J. Callmer/M. Meyer/R. Struwe/C. Theune (Hrsg.), Anfänge der ur- und frühgeschichtlichen Archäologie als akademisches Fach im europäischen Vergleich (Rahden/Westf. 2006).

W. Coblenz, Bemerkungen zur ostdeutschen Archäologie zwischen 1945 und 1990. Ethnogr.-Arch. Zeitschr. 39, 1998, 529–561.

U. Halle, „Die Externsteine sind bis auf weiteres germanisch!“ Prähistorische Archäologie im Dritten Reich (Bielefeld, Gütersloh 2002).

H. Gummel, Forschungsgeschichte in Deutschland (Berlin 1938).

H. Härke (Hrsg.), Archaeology, Ideology and Society, The German Experience. Gesellschaften und Staaten im Epochenwandel 7 (Frankfurt/M. 2000).

M.H. Kater, Das „Ahnenerbe“ der SS, 1935–1945. Ein Beitrag zur Kulturpolitik des Dritten Reiches (Stuttgart 1974).

G. Kossack, Prähistorische Archäologie in Deutschland im Wandel der geistigen und politischen Situation. Sitzungsber. Bayer. Akad. Wiss. Phil.-Hist. Kl. H. 4 (München 1999).

A. Leube (Hrsg.), Prähistorie und Nationalsozialismus. Die mittel- und osteuropäische Ur- und Frühgeschichtsforschung in den Jahren 1933–1945 (Heidelberg 2002).

A. Leube (Hrsg.), Prähistorie zwischen Kaiserreich und wiedervereinigtem Deutschland. 100 Jahr Ur- und Frühgeschichte an der Berliner Universität unter den Linden (Bonn 2010).

H. Steuer (Hrsg.), Eine hervorragend nationale Wissenschaft. Deutsche Prähistoriker zwischen 1900 und 1995. Ergbd. RGA 29 (Berlin 2001).

B.G. Trigger, A History of Archaeological Thought (Cambridge 1989).

S. Wolfram/U. Sommer (Hrsg.), Macht der Vergangenheit – wer macht Vergangenheit. Archäologie und Politik. Beitr. Ur- u. Frühgesch. Mitteleuropa 3 (Wilkau-Haßlau 1993).

Grabungsmethodik/Dokumentation

Archäologische Ausgrabungen und Prospektionen – Durchführung und Dokumentation. ANachr 4/1, 1999, 12–45.

J. Biel/D. Klonk, Handbuch der Grabungstechnik (Stuttgart 1994 ff.).

J. Collis, Digging up the Past – an Introduction to Archaeological Excavation (Sutton 2001).

P.L. Drewett, Field Archaeology. An Introduction (London 1999).

E. Gersbach, Ausgrabung heute. Methoden und Techniken der Feldgrabung (Darmstadt 1989).

N. Griffiths/A. Jenner/C. Wilson, Drawing Archaeological Finds. A Handbook (London 1991).

J. Hahn, Zeichnen von Stein- und Knochenartefakten. Arch. Venatoria 13 (Tübingen 1992).

E.C. Harris, Principles of Archaeological Stratigraphy (London, San Diego 1993).

M. Joukowski, A Complete Manual of Field Archaeology (New York 1980).

D. Planck, Archäologische Ausgrabungen und Prospektionen. ANachr 4/1, 1999, 12–45.

B. Zickgraf, Geomagnetische und geoelektrische Prospektion in der Archäologie. Systematik – Geschichte – Anwendung (Rahden/Westf. 1999).

Computergestützte Auswertungen

J.A. Barceló/M. Forte/D.H. Sanders (Hrsg.), Virtual Reality in Archaeology. BAR Internat. Ser. 843 (Oxford 2000).

G. Burenhult (Hrsg.), Archaeological Informatics, Pushing The Envelope CAA 2001. Computer Applications and Quantitative Methods in Archaeology. BAR Internat. Ser. 1016 (Oxford 2002).

M.K.H. Eggert/S. Kurz/H.-P. Wotzka, Historische Realität und archäologische Datierung. Zur Aussagekraft der Kombinationsstatistik. PZ 55, 1980, 110–145.

K. Goldmann, Die zeitliche Ordnung prähistorischer Funde durch Seriation. AKorrbl 4, 1974, 89–94.

I. Hodder/C. Orton, Spatial Analysis in Archaeology. New Studies in Archaeology (Cambridge 1976).

P. Ihm, Statistik in der Archäologie. Probleme der Anwendung, allgemeine Methoden, Seriation und Klassifikation. Archaeo-Physica 9 (Köln, Bonn 1978).

C. Orton, Mathematics in Archaeology (London 1980).

S.J. Shennan, Quantifying Archaeology (Edinburgh 1988).

C. Theune, Möglichkeiten und Grenzen der Seriation. Ein Diskussionsbeitrag, Ethnogr.-Arch. Zeitschr. 2, 1995, 323–341.

Experimentelle Archäologie

M. Fansa (Hrsg.), Experimentelle Archäologie in Deutschland. Archäologische Mitt. aus Nordwestdeutschland, Beiheft 13 (Oldenburg 1996).

M. Fansa (Hrsg.), Experimentelle Archäologie – Bilanz 2001ff.

Neues aus dem Mittelalter, Experimentelle Archäologie im Museumsdorf Düppel (Oldenburg 1996).

E. Keefer (Hrsg.), Lebendige Vergangenheit. Vom archäologischen Experiment zur Zeitreise. Archäologie in Deutschland Sonderheft (Stuttgart 2006).

J.R. Mathieu, Experimental Archaeology – replicating past Objects, Behaviours, and Processes (Oxford 2010).

H. Schmidt, Archäologische Denkmäler in Deutschland rekonstruiert und wieder aufgebaut. Archäologie in Deutschland Sonderheft (Stuttgart 2000).

Nachbarwissenschaften

Historische Quellen

Ausgewählte Quellen zur Geschichte des Mittelalters und der Neuzeit. Freiherr-vom-Stein-Gedächtnisausgabe, begr. v. Rudolf Buchner, fortgef. v. Franz-Josef Schmale (Darmstadt 1955 ff.).

J. Herrmann (Hrsg.), Griechische und lateinische Quellen zur Frühgeschichte Mitteleuropas bis zur Mitte des 1. Jahrtausends u.Z. Schriften und Quellen der Alten Welt, Bd. 37 (Berlin 1988–1992).

Monumenta Germaniae Historica, Bd. 1 ff.

Bildquellen

W. Hansen, Kalenderminiaturen der Stundenbücher. Mittelalterliches Leben im Jahreslauf. München 1984

Pictura quasi Fictura. Die Rolle des Bildes in der Erforschung von Alltag und Sachkultur des Mittelalters und der frühen Neuzeit. Wien 1996.

E. Vavra, Kunstwerke als Quellenmaterial der Sachkulturforschung, in: Europäische Sachkultur des Mittelalters. Gedenkschrift aus Anlass des zehnjährigen Bestehens des Instituts für Mittelalterliche Realienkunde Österreichs. Wien 1980, 195–232

Naturwissenschaftliche Datierungsmethoden

M.J. Aitken, Science-based Dating in Archaeology (London 1990).

B. Becker u.a., Dendrochronologie in der Ur- und Frühgeschichte. Die absolute Datierung von Pfahlbausiedlungen nördlich der Alpen im Jahrringkalender Mitteleuropas. Antiqua 11 (Basel 1985).

S. Bowman, Radiocarbon Dating. Interpreting the Past (London 1995).

M.A. Geyh, Einführung in die Methoden der physikalischen und chemischen Altersbestimmung (Darmstadt 1980).

E. Hollstein, Mitteleuropäische Eichenchronologie. Trierer Grabungen u. Forschungen 11 (Trier 1980).

R.G. Roberts, Luminescence Dating in Archaeology. From Origins to Optical. Radiation Measurements 27, 5–6, 1997, 819–892.

M. Stuiver/H.A. Polach, Discussion, Reporting of ^{14}C Data. Radiocarbon 19 (3), 1977, 355–363.

M. Stuiver/B. Becker, High-precision decadal calibration of the radiocarbon time, AD 1950–6000 BC. Radiocarbon 35/1, 1993, 35–65.

G.A. Wagner, Altersbestimmung von jungen Gesteinen und Artefakten. Physikalische und chemische Uhren in Quartärgeologie und Archäologie (Stuttgart 1995).

B. Weninger, Studien zur dendrochronologischen Kalibration von archäologischen ^{14}C-Daten (Bonn 1997).

Archäometrie

D.R. Brothwell/A.M. Pollard (Hrsg.), Handbook of Archaeological Sciences (Chichester 2001).
A. Doménech-Carbó/M.T. Doménech-Carbó/V. Costa, Electrochemical methods in archaeometry, conservation and restoration (Berlin/ Heidelberg 2009).
B. Hermann (Hrsg.), Archäometrie. Naturwissenschaftliche Analysen von Sachüberresten (Berlin, Heidelberg 1994).
B. Hrouda (Hrsg.), Methoden der Archäologie. Eine Einführung in die naturwissenschaftlichen Techniken (München 1978).
M. Martini/M. Milazzo/M. Piacentini (eds.), Physics Methods in Archaeology (Amsterdam, Washington DC 2004).
J.-P. Mohen, Metallurgie prehistorique. Introduction à la palaeometallurgie (Paris 1990).
H. Mommsen, Archäometrie. Neuere naturwissenschaftliche Methoden und Erfolge in der Archäologie (Stuttgart 1986).
A.M. Pollard/C. Heron, Archaeological Chemistry (Chichester 1996).
J. Riederer, Archäologie und Chemie. Einblicke in die Vergangenheit. Ausstellungskat. Berlin (Berlin 1987).
R. Rottländer, Einführung in die naturwissenschaftlichen Methoden in der Archäologie. Arch. Venatoria 6 (Tübingen 1983).

Anthropologie/Archäozoologie/Archäobotanik

K. Alt/W. Vach, Rekonstruktion biologischer und sozialer Strukturen in ur- und frühgeschichtlichen Bevölkerungen. Innovative Ansätze zur Verwandtschaftsanalyse in der Archäologie. PZ 69, 1994, 56–91.
N. Benecke, Der Mensch und seine Haustiere. Die Geschichte einer jahrtausendealten Beziehung (Stuttgart 1994).
K. Habermehl, Die Altersbestimmung bei Haus- und Labortieren (Berlin, Hamburg 1975).
W. Henke/H. Rothe (Hrsg.), Paläoanthropologie (Berlin 1994).
B. Herrmann u.a, Prähistorische Anthropologie. Leitfaden der Feld- und Labormethoden (Berlin 1989).
S. Jacomet/A. Kreuz, Archäobotanik (Stuttgart 1999).
Sharyn Jones O'Day (Hrsg.), Behaviour behind bones: the zooarchaeology of ritual, religion, status and identity. Proceedings of the 9th Conference of the International Council of Archaeozoology, Durham 2002 (Oxford 2004).
R. Knußmann (Hrsg.), Anthropologie. Handbuch der vergleichenden Biologie des Menschen. Bd. 1, Wesen und Methoden der Anthropologie (Stuttgart 1988).
U. Körber-Grohne, Nutzpflanzen in Deutschland (Stuttgart 1987).
M. Kokabi (Hrsg.), Beiträge zur Archäozoologie und Prähistorischen Anthropologie. Bd. 1 (Konstanz 1997).

M. Kokabi/E. May (Hrsg.), Beiträge zur Archäozoologie und Prähistorischen Anthropologie. Bd. 2 (Konstanz 1999).
E. May/N. Benecke (Hrsg.), Beiträge zur Archäozoologie und Prähistorischen Anthropologie. Bd. 3 (Konstanz 2001).
K. Pasda, Tierknochen als Spiegel sozialer verhältnisse im 8.–15. Jahrhundert in Bayern (Erlangen 2004)
E. Schmid, Knochenatlas. Für Prähistoriker, Archäologen und Quartärgeologen (Amsterdam, London, New York 1972).
K.D. Sobolik, Archaeobiology (Walnut Creek 2003).

Nachschlagewerke und Periodika

Lexika, Handbücher und Wörterbücher

P. Bahn (Hrsg.), Dictionary of archaeology (Glasgow 1992).
W. Bray/D. Trump, Lexikon der Archäologie (München 1973).
M. Crowther/E. Pichon (Hrsg.), The Wolrd Atlas of Archaeology (New York 1988).
M. Ebert (Hrsg.), Reallexikon der Vorgeschichte. Bd. 1–14 (Berlin 1924/1929).
S. Champion, Lexikon archäologischer Fachbegriffe und Techniken (Köln 1982).
G. Daniel/J. Rehork, Enzyklopädie der Archäologie (Augsburg 1990).
J. Filip, Enzyklopäisches Handbuch zur Ur- und Frühgeschichte, 2 Bde. (Prag 1966).
A. Gorys, Wörterbuch der Archäologie (München 1997).
J. Herrmann u.a. (Hrsg.), Lexikon früher Kulturen. Bd. 1–2 (Leipzig 1984).
J. Hoops (Hrsg.), Reallexikon der Germanischen Altertumskunde. 2. völlig neu bearbeitete Auflage, Bd. 1 ff. (Berlin, New York 1973 ff.).
A. Leroi-Gourhan, Dictionnaire de la préhistoire (Paris 1988).
T. Murray (Hrsg.), Encyclopedia of archaeology. History and Discoveries (Oxford 2001).
L. Owen, Prähistorisches Wörterbuch. Dictionary of Prehistoric Archaeology. Arch. Venatoria 14 (Tübingen 1996).
L. Owen, Prähistorisches Wörterbuch. Dictionnaire d'Archéologie Préhistorique. Arch. Venatoria 15 (Tübingen 1998).
I. Tattersal/E. Delson/J. Van Couvering (Hrsg.), Encyclopaedia of Human Evolution and Prehistory (New York, London 1988).

Richtlinien der Römisch- Germanischen Kommission

Richtlinien für die Veröffentlichungen zur Ur-, Vor- und Frühgeschichte, Archäologie der Römischen Provinzen und Archäologie des Mittelalters. Ber. RGK 71, 1990, 2, 973–998.
Abkürzungsverzeichnis für Zeitschriften. Ber. RGK 73, 1992, 477–540.

Allgemeine Periodika (Auswahl)

Archäologie in Deutschland. Hrsg.: Verband der Landesarchäologen der Bundesrepublik Deutschland und Verlag Konrad Theiss, Stuttgart.
Archäologische Informationen. Hrsg.: Deutsche Gesellschaft für Ur- und Frühgeschichte.

Archäologisches Korrespondenzblatt. Hrsg.: Römisch-Germanisches Zentralmuseum Mainz (RGZM).

Archäologisches Nachrichtenblatt. Hrsg.: Präsidium der deutschen Verbände für Altertumsforschung, z.Zt. Berlin.

Ausgrabungen und Funde. Hrsg.: Sektion für Vor- und Frühgeschichte der Deutschen Akademie der Wissenschaften Berlin (Ost) (eingestellt 1996).

Beiträge zur Allgemeinen und Vergleichenden Archäologie (AVA-Beiträge). Hrsg.: Kommission für Allgemeine und Vergleichende Archäologie des Deutschen Archäologischen Instituts, Bonn.

Bericht der Römisch-Germanischen Kommission. Hrsg.: Römisch-Germanische Kommission (RGK) des Deutschen Archäologischen Instituts, Frankfurt/M.

Ethnographisch-Archäologische Zeitschrift. Hrsg.: Lehrstuhl für Ur- und Frühgeschichte der Humboldt-Universität zu Berlin.

Germania. Hrsg.: Römisch-Germanische Kommission (RGK) des Deutschen Archäologischen Instituts, Frankfurt/M.

Mitteilungen der Deutschen Gesellschaft für Archäologie des Mittelalters und der Neuzeit. Hrsg.: Deutsche Gesellschaft für Archäologie des Mittelalters und der Neuzeit.

Prähistorische Zeitschrift. Hrsg.: Schriftleitung (z.Zt.) Berlin/Mainz/Kiel; in Verbindung mit dem Norddeutschen und West- und Süddeutschen Verein für Altertumsforschung.

Zeitschrift für Archäologie. Hrsg.: Zentralinstitut für Alte Gesichte und Archäologie des Deutschen Akademie der Wissenschaften der DDR.

Zeitschrift für Archäologie des Mittelalters. Hrsg.: W. Janssen, Würzburg; H. Steuer, Freiburg; G. Binding, Köln.

Regionale Periodika

Baden-Württemberg

Archäologische Ausgrabungen in Baden-Württemberg. Hrsg.: Landesdenkmalamt Baden-Württemberg, Gesellschaft für Vor- und Frühgeschichte in Württemberg und Hohenzollern e.V., Förderkreis für Archäologie in Baden e.V.

Archäologische Nachrichten aus Baden. Hrsg.: Förderkreis für Archäologie in Baden e.V.

Denkmalpflege in Baden-Württemberg. Hrsg.: Landesdenkmalamt Baden-Württemberg.

Fundberichte aus Baden-Württemberg. Hrsg.: Landesdenkmalamt Baden-Württemberg.

Bayern

Das Archäologische Jahr in Bayern. Hrsg.: Bayerisches Landesamt für Denkmalpflege, Gesellschaft für Archäologie in Bayern.

Bayerische Vorgeschichtsblätter. Hrsg.: Bayerisches Landesamt für Denkmalpflege.

Beiträge zur Archäologie in Mittelfranken. Hrsg.: Verlag Dr. Faustus, Büchenbach/Außenstelle Mittelfranken des Bayer. Landesamts für Denkmalpflege.

Beiträge zur Archäologie in der Oberpfalz. Hrsg.: Verlag Dr. Faustus, Büchenbach/ Außenstelle Regensburg des Bayer. Landesamts für Denkmalpflege.
Jahresbericht der Bayerischen Bodendenkmalpflege. Hrsg.: Bayerisches Landesamt für Denkmalpflege.

Berlin

Acta Praehistorica et Archaeologica. Hrsg.: Staatliche Museen Berlin.
Ausgrabungen in Berlin. Bde. 1–9. Hrsg.: Archäologisches Landesamt Berlin (eingestellt 1994).
Berliner Beiträge zur Vor- und Frühgeschichte N.F. Hrsg.: Museum für Vor- und Frühgeschichte/Staatliche Museen Preußischer Kulturbesitz.
Berliner Blätter für Vor- und Frühgeschichte (eingestellt 1972)
Berliner Jahrbücher für Vor- und Frühgeschichte. Hrsg.: Museum für Vor- und Frühgeschichte/Staatliche Museen Preußischer Kulturbesitz (Archäologisches Landesamt Berlin (eingestellt 1968).
Mitteilungsblatt für Vor- und Frühgeschichte. Hrsg.: Verein für Vor- und Frühgeschichte (eingestellt 1988).

Brandenburg

Archäologie in Berlin und Brandenburg. Hrsg.: Archäologische Gesellschaft in Berlin und Brandenburg e.V.
Arbeitsberichte zur Bodendenkmalpflege in Brandenburg. Hrsg.: Brandenburgisches Landesamt für Denkmalpflege und Archäologisches Landesmuseum (BLDAM).
Forschungen zur Archäologie im Land Brandenburg. Hrsg.: BLDAM
Materialien zur Archäologie in Brandenburg. Hrsg.: BLDAM
Veröffentlichungen zur Brandenburgischen Landesarchäologie. Hrsg.: BLDAM.

Bremen

Bremer Archäologische Blätter. Hrsg.: Bremer Gesellschaft für Vorgeschichte.

Hamburg

Hammaburg. Hrsg.: Hamburger Museum für Archäologie und die Geschichte Harburgs.

Hessen

Fundberichte aus Hessen. Hrsg.: Landesamt für Archäologie Hessen.
HessenArchäologie.

Mecklenburg-Vorpommern

Archäologische Beriche aus Mecklenburg-Vorpommern.
Bodendenkmalpflege in Mecklenburg-Vorpommern. Hrsg.: Landesamt für Bodendenkmalpflege und Archäologisches Landesmuseum Schwerin.
Wismarer Studien zur Archäologie und Geschichte. Hrsg.: Stadtgeschichtliches Museum Wismar.

Niedersachsen

Archäologische Mitteilungen aus Nordwestdeutschland. Hrsg.: Staatliches Museum für Naturkunde und Vorgeschichte Oldenburg.

Die Kunde. Hrsg.: Niedersächsischer Landesverein für Urgeschichte und Abteilung Urgeschichte des Niedersächsischen Landesmuseums Hannover.

Nachrichten aus Niedersachsens Urgeschichte. Hrsg.: Archäologische Kommission für Niedersachsen e.V. und Institut für Denkmalpflege im Niedersächsischen Landesverwaltungsamt.

Neue Ausgrabungen und Forschungen in Niedersachsen. Hrsg.: Archäologische Kommission für Niedersachsen e.V.

Nordrhein-Westfalen

Archäologie im Rheinland. Hrsg.: Rheinisches Amt für Bodendenkmalpflege Bonn.

Ausgrabungen und Funde in Westfalen-Lippe, Hrsg.: Westfälisches Museum für Archäologie, Münster.

Bonner Jahrbücher. Hrsg.: Rheinisches Amt für Bodendenkmalpflege Bonn; Rheinisches Landesmuseum Bonn; Verein von Altertumsfreunden im Rheinlande.

Kölner Jahrbuch für Vor- und Frühgeschichte. Hrsg.: Römisch-Germanisches Museum Köln.

Rheinland-Pfalz

Funde und Ausgrabungen im Bezirk Trier. Hrsg.: Landesamt für Denkmalpflege Rheinland-Pfalz, Abt. Archäologische Denkmalpflege – Amt Trier.

Mainzer Zeitschrift. Hrsg.: Altertumsverein, Mittelrheinisches Landesmuseum Mainz, Amt für Bodendenkmalpflege Rheinland Pfalz, Stadtbibliothek und Stadtarchiv Mainz.

Kurtrierisches Jahrbuch. Hrsg.: Stadtbibliothek Trier.

Trierer Zeitschrift. Hrsg.: Rheinisches Landesmuseum Trier.

Saarland

Archaeologia Mosellana. Hrsg.: Service Régional de l'Archéologie de Lorraine; Staatliches Konservatorenamt des Saarlandes; Musée National d'Histoire et d'Art, Luxembourg.

Sachsen

Arbeits- und Forschungsberichte zur sächsischen Bodendenkmalpflege. Hrsg.: Landesmuseum für Vorgeschichte und Landesamt für Archäologie Sachsen

Archäologie in Sachsen aktuell. Hrsg.: Landesmuseum für Vorgeschichte und Landesamt für Archäologie Sachsen.

Sachsen-Anhalt

Jahresschrift für mitteldeutsche Vorgeschichte. Hrsg.: Landesamt für archäologische Denkmalpflege und Landesmuseum für Vorgeschichte Sachsen-Anhalt (bis 1939 unter Jahresschrift für die Vorgeschichte der sächsisch-thüringischen Länder erschienen).

Archäologische Berichte aus Sachsen-Anhalt. Hrsg.: Landesamt für archäologische Denkmalpflege und Landesmuseum für Vorgeschichte Sachsen-Anhalt.

Schleswig-Holstein

Offa. Hrsg.: Institut für Ur- und Frühgeschichte und Archäologisches Landesmuseum der Universität Kiel sowie Landesamt für Vor- und Frühgeschichte von Schleswig-Holstein, Schleswig.

Thüringen

Alt-Thüringen. Hrsg.: Museum für Ur- und Frühgeschichte Thüringens/Thüringisches Landesamt für Archäologische Denkmalpflege.

Ausgrabungen und Funde im Freistaat Thüringen. Hrsg.: Museum für Ur- und Frühgeschichte Thüringens/Thüringisches Landesamt für Archäologische Denkmalpflege.

Internetadressen (Auswahl)

www.archaeologie-online.de (umfangreichste deutsche Internetseite, gut strukturierter Guide mit Möglichkeit der Recherche zu bestimmten Ländern, Epochen und Kulturen, speziellen Themen (Theorie und Methode, experimentelle Archäologie, Unterwasserarchäologie u.v.a.m.) sowie zu allen deutschen Universitätsinstituten (> Fachgebiete, Ur- und Frühgeschichte > Institutionen) oder Museen

www.archaeolink.com/european_archaeology.htm (Linkliste zur europäischen Archäologie)

www.archaeologisch.de (Zeitschrift für Archäologie im Internet)

http://archnet.asu.edu (Europäischer Zweig der virtuellen archäologischen Bibliothek)

www.ausgraeberei.de (u.a. Grabungswörterbuch)

www.dainst.org (Deutsches Archäologisches Institut)

www.darv.de (Deutscher Archäologenverband)

www.fuerstensitze.de (Zur Genese und Entwicklung eisenzeitlicher Fürstensitze)

www.grabung-ev.de (Grabungswörterbuch)

www.hdbg.de/winterkoenig/tilly/index.html (Linkliste Neuzeitarchäologie)

www.jungsteinsite.de (Linksammlung Neolithikum)

www.landesarchaeologen.de (Verband der Landesarchäologen mit Liste aller Denkmalbehörden in Deutschland)

www.mittelalterarchaeologie.de (Linkliste Mittelalterarchäologie)

http://odur.let.rug.nl/arge/ (umfassende Linkliste zur weltweiten Archäologie)

www.sha.org (Society of Historical Archaeology)

www.spma.org.uk (Society of Post-Medieval Archaeology)

www.stonepages.com (Linkliste Megalithik)

www.webmuseen.de (Linkliste zu Museen und Ausstellungen)

Archäologie im scrîpvaz-Verlag

Christof Krauskopf
„... davon nur noch wenige Rutera zu sehen seyn sollen ...“ Archäologische Ausgrabungen in der Burgruine Schnellerts. Kultur- und Lebensformen in Mittelalter und Neuzeit 1. Bamberg 1995. 150 S., 49 Abb., 2 Farbtaf., 38 Tafeln; farb. Kartoneinband.
ISBN 3-931278-00-X
20,35 EUR

Jakob Müller
Schulmeister und Knochenschnitzer.
Archäologische Ausgrabungen in Bayreuth. Kultur- und Lebensformen in Mittelalter und Neuzeit 2. Bamberg 1996. 87 S., 29 Abb., 3 Farbabb., 45 Tafeln; farbiger Kartoneinband.
ISBN 3-931278-01-8
21,88 EUR

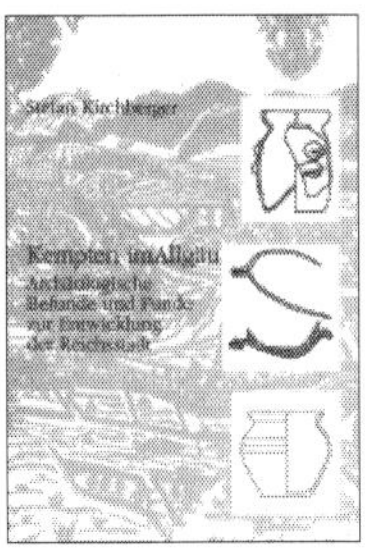

Stefan Kirchberger
Kempten im Allgäu.
Archäologische Befunde und Funde zur Entwicklung der Reichsstadt.
Archäologische Quellen zum Mittelalter 1.
Berlin 2002. 270 S., 141 Tafeln, 2 Beilagen.
ISBN 3-931278-04-2
30,- EUR

Ingolf Ericsson / Rainer Atzbach (Hrsg.)
Depotfunde aus Gebäuden in Zentraleuropa.
Concealed Finds from Buildings in Central Europe
Archäologische Quellen zum Mittelalter 2 (zugl. Bamberger Kolloquien zur Archäologie des Mittelalters und der Neuzeit 1). Berlin 2005. 184 S., 111 Abb., 21 Tafeln.
ISBN 3-931278-17-4
40,- EUR

Forschungen zum Mittelalter

Gerd Zimmermann
Ordensleben und Lebensstandard. Die cura corporis in den Ordensvorschriften des abendländischen Mittelalters.
Münster 1973, ND Berlin 1999. 577 S.
ISBN 3-931278-18-2
25,46 EUR

Wolfgang F. Reddig
Bürgerspital und Bischofsstadt. Das St. Katharinen- und das St. Elisabethenspital in Bamberg vom 13.-18. Jahrhundert. Vergleichende Studie zu Struktur, Besitz und Wirtschaft. Spektrum Kulturwissenschaften 2, Frankfurt (Oder) 1998, 457 S., 9 Abb., 2 Karten
ISBN 3-931278-11-5
20,35 EUR

Heike Schwab
Toleranz und Vorurteil. Reiseerlebnisse spätmittelalterlicher Jerusalempilger.
Spektrum Kulturwissenschaften 4, Berlin 2002. 219 S., 18 Abb.
ISBN 3-931278-12-3
20,- EUR

Katrin Atzbach
Gotische Gewölbe aus Holz in Utrecht, Gent und Brügge. Schöneiche bei Berlin 2007. 250 S., 302 Abb., 1 farbige Beilage
ISBN 3-931278-45-8
40,- EUR

scrîpvaz-Verlag Christof Krauskopf – www.scripvaz.de